武平民间习俗文化

舒 健 主 编
林善珂 执行主编

社会科学文献出版社
SOCIAL SCIENCES ACADEMIC PRESS (CHINA)

《武平民间习俗文化》

编委会

顾　　问：刘大可　钟兆云　严修鸿　王小庆

主　　任：舒　健

副 主 任：林善珂　邹丽玲　林上添

编　　委：林建华　李凤英　黄梅平　刘明辉
　　　　　饶正英

编辑部

主　　编：舒　健

执行主编：林善珂

副 主 编：林建华　林上添　黄梅平　饶正英

武平县文化体育和旅游局
武平县定光佛文化交流促进会　编

序

汪毅夫

福建武平地方文史专家林善珂学兄，嘱我为《武平民间习俗文化》一书撰序。细读这本书的目录，我即刻记起另一本书的故事。话说1915年，福建巡按使（后改称省长）许世英"巡视闽海各县"，随行人员中有巡按使署秘书胡朴安。胡朴安是许世英的安徽老乡，是个大学问家。胡朴安随长官许某出巡，居然也"载书盈椢"。一路上，胡朴安留心各地风俗，一有所见就翻书查对，却是"十不获四五"。许世英是前清贡生出身，也很有学问，他从旁看出问题了：

中国风俗，古无专书。惟方志中略有所载，其他散见于古今人笔记者，亦时时有之。顾其书卷帙浩繁多，非人人所能尽致，亦非人人所能尽读。是以留心风俗者，每苦无从考证。

他给了胡朴安一条建议：

"省、府、州、县志中之风俗，虽不尽可信，然苟汇聚为一编，益之以笔记中之所载，或足为研究风俗者之一助。吾子好读书，盍于治事之余，一事搜辑乎？"

此后，胡朴安埋头著述，成书多种，其中包括学术名著《中华全国风俗志》。在我看来，《中华全国风俗志》新创了民俗学著作的一种风格：从方志、笔记和报刊辑录各家所记各地风俗，类聚群分，集其成为专书。《武平民间习俗文化》也是一部民俗集成的专书，"足为研究风俗者之一助"，亦足为地方文化建设之一助也。

福建武平位于和属于闽西客家住区，《武平民间习俗文化》讲的是客家文化，因而也是客家学著作。我曾在福建武平的邻县福建上杭度过了近六年农耕生活。我在《客家民间信仰》（1995）一书的作者后记里写道：

> 客家人淳朴善良的民风，生动有趣的民俗，深深打动了我的心。在将近6年的农耕生活里，我有机会就近观察、从中体察客家文化外在、内在之种种情形。

此后，我又多次到闽西，到上杭，也到武平，还同当年一样留心观察和体察当地的民俗、当地的客家文化。蒙林善珂兄告知，《武平民间习俗文化》书稿已交社会科学文献出版社，我期待这本武平民俗集成的专书、客家学的大著早日出版。

2021年冬于北京寒寓
（作者系厦门大学台湾研究院讲座教授、全国台湾研究会会长）

讲好武平故事

张如春

习近平总书记在最近几次讲话中，都号召文化界要讲好中国故事。我想，中国是一个大国，包括省市县各不同地方，因此，讲好地方的故事，就是讲好中国故事的基础。

我任职的武平县，是个有着悠久历史和深厚文化底蕴的地方。如古籍记载的汉初南海国故里；如八仙之一何仙姑的故乡；如古代客家人的保护神定光古佛的修炼成佛之地；如古代客家人的唯一人文辞典《元初一》的诞生地；等等。

邑中文史工作者，根据"讲好武平故事"这一理念，策划出版了这本《武平民间习俗文化》。这是传承武平古代丰富多彩的优秀文化遗产，构建和谐社会，丰富邑中人民的文化生活的一大举措。因为，从书中列举的诸多习俗可知，它传承的是正面的文化内涵，弘扬的是正能量的因素，也有现实借鉴意义。

读罢案头的书稿，我不禁为我们邑中古代丰富的习俗文化积淀而击节赞叹。是啊，如节庆、婚姻、文化诸俗中，演绎的是吾邑礼仪之邦文化的风采；如丧葬和民间信俗，昭示的是邑中古代人民的感恩精神，这里不仅有对父母等施恩者的感恩，也有对大自然的赐予的感恩和敬畏；如生产生活诸俗，是邑中人民代代相传和不断总结创新的成果，这里不仅有生产技术和工艺的总结创新，还包含了人们对生活真谛的探索和追求。这都是博大精深的中华文化的一部分。

中华文化是中华民族生生不息、团结奋进的不竭源泉。要弘扬中华文化，构建中华民族共同精神家园。习近平总书记在视察山东曲阜孔庙时也强调：中华文化，是实现中国梦的根本保证。可见弘扬中华传统文化在国家层面的重要性和紧迫性。从这个角度看，讲好武平故事，具有十分重要的意义。

运笔至此，不禁要为邑中的文史工作者说几句话：你们以如椽之笔成就此书，描绘的是吾邑古代人民生动的风俗画卷，它起到了存史、资政、教育、团结的作用，也唤起了旅外游子的点点乡愁。你们是讲好武平故事的主力军，为你们点赞，为你们鼓掌！

是为序。

2021年初冬草于武平寓所

（作者系中共武平县委宣传部部长）

目录

丧葬习俗

生活习俗 ………………………………………………………… 301

節庆习俗

武平客家人怎样过春节

武平客家人主要由南迁的中原人与当地的世居民族融合而成，其形成时间最早为五代十国（何姓），大部分在宋元明三朝，还有少数在清朝，按辈分排，至今大体上是第十几代至第三十几代。现在，武平是纯客家县，约有四十万客家儿女。

武平客家人过年讲究的是热闹、隆重、团圆。一般冬至前后就开始做准备工作，冬至前的准备主要是酿酒，选取上好糯米，蒸熟后置缸中放入酒曲，待来酒娘（未加水之前的原浆酒，客家人谓酒酿）后在冬至日添水。冬至添水的米酒品质最佳。而且有以酿酒优劣预兆来年家运吉凶之说。"年头一伙鸡，年尾一缸酒"，指的是过年时入孵正月出生的小鸡，若顺利成长，则一年家庭平安顺利。冬天酿酒的好坏也预示一年的运气。还有就是准备"腊货"，主要有腊肉、腊鸭和腊鱼等，县城西南如民主、东留等乡镇的居民习惯在下春（半年）饲养一群黄鸭嫲，在冬至前后杀好，把鸭子遍涂盐巴，在冬日的暖阳和朔风中自然风干，留待正月招待亲朋。到了农历腊月二十日前后，要择吉日打扫卫生，浆洗衣裳、被褥、蚊帐、窗布等，干干净净迎接新年。以前农历腊月二十三日都要举行祭灶仪式，把灶台刷干净，把旧灶君像取下烧掉，年三十凌晨把新灶君像贴上，一送一迎，都要摆置酒肉、糖果、煎粄之类的祭品，在灶前烧香送、迎灶神。不过，这个仪式到现在只存于一些偏远的客家村寨，大部分地方消失了。腊月廿五日，开始"入年界"了，也就是正儿八经地"过年"了，一"入年界"，邻里间都讲究祥和忍让，力戒吵架，更不能无事生非。家家户户开始忙碌起来，做豆腐、蒸糖糕、炸"糖枣"、炒腊子，以及一年中经济往来的还账收账等。客家人讲诚信，欠账的要主动还清，对于别人欠账，一时收不回来的，不予强讨，年后再说。

武平客家人过年一般从农历腊月廿五开始到正月十五"闹元宵"结束，大致分为"三部曲"：年前是准备过年物品的准备阶段，也就是"办年货"，而成年人的担子最重，此阶段可谓忙碌而操劳，一家老小过年的吃穿用度，经济往来账目要分相（清楚），家居环境的整理清洁，食物的准备和加工烹饪等都像一个个大大小小的难题等待他们去破解；从大年三十至新年初一是过年的高潮阶段，少年体验到的是成长和欢乐，中年人感受的是岁月不再和沉甸甸的责任，老年人在岁序更替家庭团圆的氛围中享受天伦之乐更兼有一种人生的淡定；新年的正月初一到十五是最为轻松和快乐的阶段，"欢怡和祝福"为此段的主题，人们抛弃烦恼，互相祝福，祝福老人健康长寿，祝福新年诸事顺利，祝福少年成长、青年进步；享受美好的食物，享受温馨的人情，享受世间的美好，享受山河的壮美和大地的奉献。

大年三十是过年气氛最为浓郁的一天，礼拜社公、土地，在大门口贴上春联，居室、谷仓、禽畜栏、家具、床铺甚至水缸都贴上红纸条，即所谓的山川万物同沾喜气。大人、小孩都要洗澡、穿新衣。除夕之夜，不管多远的亲人都要赶回家来吃团圆饭。吃罢团圆饭，晚上要守岁，每个房间都要灯火通明，叫"砸岁"，连猪舍牛栏也不例外。正月初一的早餐要"食斋"，也就是吃素食，食物是青菜、豆腐、葱蒜和炸枣，老人会告诫后辈，多吃葱则头脑聪明，学业精进。吃素还有新岁第一餐清洁肠胃和身心的寓意。该日还有"烧头香"的习俗，开门放了鞭炮后，向乡里长辈拜年，然后赶早到祠堂、寺庙"烧头香"，岩前是武南重镇，该地居民在年初一开门后，穿戴一新，人们虔诚地到狮岩定光古佛神座前焚香礼拜，路上遇熟人也不打招呼，唯恐说出不吉之言。该日不准杀生，早上要互相祝福，给小孩和老人压岁钱。从初一到十五都不准讲不吉利的话。初二是开始走亲戚拜年的时间，特别是新婚夫妇一定要去女方父母家拜年。正月有许多娱乐节目，武平客家人最喜欢的还是龙灯、船灯和打狮等。

正月十五是过年仪式的最后一个高潮。清朝林宝树写过《元初一》：

正月十五是元宵，冲天雀子半天高；金盏银盘缔转，花筒金菊夜来烧；道士请做三官会，上元天官赐福朝。

林宝树是武平袁畲乡人，清康熙朝的举人，他生活的时代距今已有300年了，从他的诗中，可见那时的元宵也热闹非常，元宵节在武平有"闹花灯"的传统习俗，尤其是在武平城关和中山镇最为热闹，客家话"灯"与"丁"谐音，故元宵节又成了客家人庆祝"添丁进口"，期盼家族兴旺的欢乐时光。

（林东祥）

武平客家过年习俗

根据武平客家民间习俗，从腊月二十四日过小年起直到正月十五日闹元宵止，有二十多天的时间，这期间官府放假，书生歇学。在新春佳节期间，武平客家开展多种多样的庆祝活动，各显风趣。

扫屋

扫屋，古时又称除年，最初始于古代人们除疫祛灾的一种迷信仪式。唐代以后扫屋很是盛行，后来慢慢演变成为年终清洁大扫除，一般选在腊月二十四小年这一天。而今，武平城乡每逢春节，家家户户都要搞一次大扫除，扫除室内外灰尘，洗干净家具、衣被。把厨房作为重点，锅、灶、碗、筷、案板、餐柜都要搬出厨房，擦洗干净后再放回原处，干干净净迎新年。扫屋的风俗，反映了武平人爱清洁、讲卫生的传统美德。

送灶君

腊月二十三日，传说是"灶王爷上天"之日，因此要祭灶神。灶王爷要上天庭向玉皇大帝禀报这家人的善恶，让玉皇大帝赏罚。送灶君时，人们在供桌上摆放糖果、茶水、料豆等，送灶君上天。

入年界

腊月二十五日为入年界日。在年界期间，要讲好话，讲吉利话，忌用污秽语言骂人，忌讳吵架打架。古时，入年界日要在宗祠挂上祖宗像，让祖先一同过新年。

贴春联

每当大年三十日家家户户的门上都要贴上大红春联，装饰一新。春联由古时的桃符演变而来，原意是祛邪压灾，求保家庭平安吉祥。过春节除贴春联外，很多人家喜欢贴"福"字，以祈愿新年多福多祥。有人还把"福"倒贴，寓"福到了"之意。

过大年

腊月三十日过大年，这天大人、小孩都要洗澡，换上新衣服。过年时，桌上摆着猪肉、鸡肉、鱼肉等丰盛的食品，全家人团团圆圆、欢欢喜喜过大年，说好话，互相敬酒，祝贺来年心想事成、升官发财、万事如意，燃放鞭炮，添喜助乐。大年饭后，给孩子们发"压岁钱"，也有成年儿孙给年老的长辈"压岁钱"的。户内大厅灯光（没电灯时用煤油灯）照明到天亮，称为"照岁"。

守　岁

守岁就是大年三十日通宵不睡，既有对如流水逝去的岁月含惜别之情，又有对未来的新年寄美好希望之意。吃完年夜饭，到附近的神庙（如观音庙、妈祖庙、定光庙、天后宫等）守岁。如今，人们多围在电视机前，观看"春节联欢晚会"的精彩节目，欢度佳节，辞旧迎新。

开　门

"元初一，早开门"。大年初一子时或辰时，迎接新一年的到来，摆起香案，打开大门，烧起高香，人们用苹果、橘子、糖果等作为供品，迎接各路神仙，祈愿新的一年里财丁两胜、全家安康、风调雨顺、万事如意，然后，燃放鞭炮、礼花等。

拜　年

拜年是武平客家人一种极富有人情味的礼仪习俗。大年初一，吃过早餐后，孩子们都穿新衣、戴新帽，满怀喜悦，随大人到各家各户去拜年恭贺致意，祝贺主人们健康长寿、万事如意、四季发财。主人们高兴地敬茶，递烟，给小孩子分发糖果、荸荠（马蹄），好不热闹。

走亲戚

正月初二开始，就可以拜访亲戚、朋友。初二一般是女婿、女儿拜访丈人家，给丈人恭喜祝贺。初三过后，一般到亲戚朋友家拜访贺新年。

食岁饭

正月初三早餐称为"食岁饭"。前一天（正月初二）晚上，就要把菜、肉煮熟备好，早上蒸好的大米饭先盛上一碗，在饭上面放上三根蒜子（蒜苗），连同三牲（猪肉、鸡、鱼）摆放在供桌上，烧香祭拜后，加工成美味，供全家人"食岁饭"。

出年界

正月初五为出年界日，此日收起祠堂的祖宗挂像，待来年再用。

上　灯

正月十三日为出新丁日（也称闹灯），由各祠堂（或厅下）组织，每户一男丁参加，上一年添新丁的人家，备好酒菜挑到祠堂（或族中厅厦）就餐。席间喝酒猜拳，恭喜添丁，并在祠堂挂上灯笼，称为"闹灯"。

闹元宵

正月十五日为元宵节，闹花灯，放鞭炮。旧时，正月十五日晚上，小孩子手持纸扎的"马灯""鱼灯""绣球灯""鼓子灯"，灯内插上红烛，到各家各户祝贺添丁发财，主人会送红蜡烛给孩子们，称为"闹灯"。

（王闻福）

民间拜年习俗

"拜年"这个词，是中国传统佳节——春节的特有仪式，它意味深长。

据笔者在岩前一带的调查了解，群众对"拜年"这个词有很多讲究，首先从时间上它是有界定的。按照那里的习惯，用这个词只有春节前后的十天时间，即从农历腊月廿五日，群众称为"入年界"（意即进入过年阶段），至正月初五（俗称"开小正"）。按群众的说法，"年过初五六，有酒都没肉"，意思是到了初五"开小正"了，年也结束了。所以，初五以后，人们见面就不用拜年了。但是在这十天中，对"拜年"这两个字，随着时间不同，叫法也有所不同，按照那里的说法，"入年界"这段时间，即农历腊月廿五至大年三十这五天，叫"拜早年"，原因是新年未到，即提早拜年的意思。等过了年三十，即正月初三到正月初五阶段就叫"拜晚年"，意思是年过去了。实际上，真正叫"拜年"这两个字的时间，仅仅是正月初一和正月初二这两天。如果你不懂这个规矩而乱叫，就会被人笑话，说你不懂世俗。另外，对于"拜年"，不是为拜而拜，而是有其丰富的内涵。拜年不仅仅是晚辈对长辈、后辈对前辈或者亲朋好友在特定时间里见面时的一种习俗，还体现晚辈对长辈的敬意，表达自己的良好祝愿。

说起"拜年"，使我们最难忘的就是在孩提时。每当快过年了，大人就会说大年初一、大年初二，你们要去向他们（指长辈）拜年了。所以大年初一清早起来，孩子们穿着新衣、戴着新帽，满怀喜悦，第一件事就是到本村各家各户去拜年。到了人家门口，就大叫一声"拜个年来"。听见"拜年"声，主人就会给每个小孩发些花生、糖果或炒地瓜片之类的东西，几十户人家走下来，孩子们的口袋里都装满了喜果。主人又为什么要那么早起来笑容满面等候在家接待来拜年的人呢？因为拜年的孩子来了，叫了"拜年"，如果门户还紧闭，小孩就会说："这家没有人。"大年初一，新年刚刚开始，被人说"没有人"，主人会感到不吉利。所以，他们起得特别早，在家等候。吃过早饭以后，孩子们就跟随大人去向长辈拜年，不过这个拜年不是小孩子的习俗，而是大人的规矩。大年初一这天，大人带着小孩向本地长辈（即亲房叔伯）拜年；大年初二这天，夫妇带着孩子向外祖父、外祖母拜年，这个规矩，像法定的一样，雷打不动，年年如此，代代相传。大人拜年时，面带笑容，双手合掌，高高举至额顶，向长辈恭贺致意，表示祝贺，并说些祝他们健康长寿、万事如意、四季发财等吉利话，然后，主人高兴地递茶、递烟、递糖果，摆宴席、喝酒划拳，好不热闹。至于向其他亲朋好友拜年、走访，那就随意得多了。

　　总之，拜年是中国社会传统中的一个好习惯，是小孩对大人、晚辈对长辈的一种尊老、敬老的美好行为，它的确令人高兴，讨人欢喜，所以，这个习俗千百年来一直沿传至今。

（梁志进　罗汉钦）

除夕和春节的几件事

（一）敬灶神

"入年界"的前几天敬灶神。传说灶王爷能主宰一家的"吉凶祸福"。每年腊月二十三日（有的说腊月二十四日），灶王爷要上天去向玉皇大帝汇报。灶王爷嘴馋，只要给他供奉食品，他就会"报喜不报忧"。所以各家主妇都要郑重其事地在厨房点燃香烛、供上小三牲（鸡、鱼、猪肉等）和斋果祭灶神，虔诚祈祷灶王爷保佑，在玉皇大帝面前讲好话，保佑来年风调雨顺、百姓康乐、合家平安。

（二）大年初一"开门"

大年初一，在旧年和新年交接的时辰，大约23点45分（子时），打开大门，摆起香案，烧起高香，人们用苹果、橘子、糖果等作供品，朝拜东西南北后，向天祷告，祈祝新的一年，财丁两胜，全家安康，然后燃放礼花、鞭炮，全村各户也陆续开门，持续到清晨7点左右。

"开门"后，邻居们各拿几样菜集中到一个人的家里，共饮新年第一杯酒。

（三）拜年

拜年，一般是年初一上午，邻里、同事、朋友、亲属见面拱拱手，喊一声"新年好！"或"恭喜发财！"或"长命百岁！"，如此俗称"拜年"。除此之外，客家人还有晚辈专门向长辈拜年的习俗。年初一清早，有的族长在祖公堂上等候晚辈拜年，拜年是晚辈年初一大清早的头等大事，无论什么情况，都要向长辈拜年，以示对长辈的孝敬和尊重，否则就被训为无规矩、不礼貌。当小孩给长辈拜年时，长辈必定给小孩发红包，给"压岁钱"。因此，小孩特别乐意给长辈拜年。客家人从小受到拜年习俗的影响，使拜年习俗代代相传。

（四）三夜通明照年光

客家地区，从年三十开始至正月初二连续三天，在厅堂、厨房以及所有住房均在傍晚时点上油灯、蜡烛直至天明。取意是新的一年红光普照，兴旺发达。

（五）初一、初二不动帚

正月初一、初二，客家地区有不动扫帚的风俗。各家不管居室、庭院的地面如何布满烟蒂、糖纸、鞭炮纸，都不得打扫。客家人认为在这个日子扫地，会扫走家中的财气。直到年初三后，才把积了几天的秽物清扫出去。

（东　风）

岩前迎春习俗

民国以前，岩前一带过了春节以后，到了正月初五，每年都要举行一次迎春盛会。事前由灵岩村各姓族长派人到各家各户筹集资金，准备买鞭炮、请和尚、请吹鼓手等。

到了初五这天，各村与灵岩村群众有亲戚朋友关系的人都要到灵岩村亲戚朋友家做客。因此，那天灵岩村显得特别热闹。群众吃过早饭以后，一部分人便去狮岩洞均庆寺里扛菩萨。扛菩萨的先行，其后有一个农民牵着耕牛，牛背上挂着红布，另一个农民扛着犁耙，接着是鼓手班、锣鼓班，后面跟着群众，男女老少，成群结队，浩浩荡荡，热闹非凡。沿路鼓手班、锣鼓班吹吹打打，锣鼓声、鞭炮声震天动地。到了灵岩村东门外田野里，他们把菩萨放下，和尚便在那儿念经，那些善男信女，便去菩萨面前烧香叩头，祈祷风调雨顺，保佑粮食丰产丰收。然后有一个农民便在田里象征性开始犁田、耙田，以示当年春耕开始了，大家迎接春天的来临。

岩前上坊片伏虎村的农民，则在正月初四举行迎春活动，形式与灵岩村相似。但他们在游行时，有一队"走古事"的特别吸引人。走古事时要抬木架，每个木架上坐着四五个小孩，小孩身上穿着明朝时的官袍，头上戴着乌纱帽，有的扮成古时的状元，有的扮成宰相等，像舞台上演古装戏的演员，一群农民敲锣打鼓，燃放鞭炮。参加游行的人成千上万，个个兴高采烈，迎接春天的到来，他们心里期望着农业大丰收，子孙后代个个贤达、升官发财。

新中国成立后，这些习俗逐渐消失了，但伏虎、灵岩村群众仍保留着过去的传统，将每年正月初四、初五这两天定为请客的日子，因此，这两天各村农民去做客的仍络绎不绝，此风俗一直流传到现在。

（罗汉钦）

陈埔村春节习俗

武平县城东陈埔村是客家乡村，过春节的习俗以净、红、圆为基调，与本县其他客家乡村的春节习俗大同小异。

（一）入年界、出年界

1. 入年界

陈埔村入年界是在农历腊月廿五。民国及民国前，入年界要举行仪式：这天早上，在宗祠里，轮到这一年做头的房脉，由其辈分最高、诚实健康、衣着整洁的男性老人，净手后，虔诚地请出锦盒中的太公、太婆画像，挂在祠堂中堂的灵位上面。此时，几位帮手敲响铜锣、鼓钹，在乐声中摆上三牲等供品、点亮长明灯、烧高香、跪拜祖宗，随后烧花纸、放鞭炮和三声地炮，到此，仪式结束。

2. 年界内

入年界后，每天晨昏都要在鼓乐声中上供品，为长明灯加油、烧高香、拜祖宗，直到十天后出年界。在年界内，子孙要说吉利话，不许打架、骂人，如恶语伤人、骂人，要受到处罚。

3. 出年界

陈埔村出年界是在年后正月初五。出年界的仪式与入年界的仪式差不多，也要响鼓乐、烧香叩头。不同的是供品荤素两全，品种繁多，意为让祖宗更满意。烧过花纸、放完鞭炮和地炮后，由长者请下太公、太婆画像，小心翼翼地卷好，然后珍藏在原来的锦盒中，至此，出年界仪式结束。

中华人民共和国成立后，出入年界仪式破除了，但是出于对祖宗的敬仰，年界内还是要说吉利话，不许打架、骂人等，至今仍铭刻在村民的心里。

（二）过大年预备

大寒过后，选择晴好的日子，打扫房屋，清洗被褥和碗筷、桌椅。妇女们忙着蒸糖粄和地瓜粄，到了腊月廿六，家家户户用手工捶打猪肉丸、牛肉丸、鱼丸、菜丸等，并做豆腐、炸煎粄。

（三）过大年和年夜饭

1. 过年贴春联和上红

过年这一天，父母早早起来杀鸡宰鸭，为年夜饭和去宗祠准备供品而忙碌。小孩也要早早起来，在爷爷的指导下，贴春联、上红。邻里的孩子喜欢来帮忙，因为爷爷会讲贴春联的故事。爷爷说，从秦朝开始，门前悬挂桃符来辟邪，传到宋代，王安石元日诗里有说："千门万户曈曈日，总把新桃换旧符。"后来传承演变为贴春联替代桃符。

爷爷说，贴春联有顺序的，先贴大门的春联，最后在大门上再贴一个"福"字，这是千门万户祈盼"五福"临门，防止姜子牙封的"穷神"进门的意思。大门春联贴好，再按顺序贴客厅、卧室、书房、灶房、谷房和牛栏、猪舍的门联。最后分别给耒、石磨、风车、石臼、水缸、碗橱、饭桌和鸡笼、兔笼等器具贴上红纸条，叫"上红"。

传说妖魔最怕红色，贴上春联和上红，不仅房屋熠熠生辉，增加了节日喜庆气氛，而且表达了百姓祛邪除灾、祈福纳祥的愿望。

过年这天，除了贴春联、上红外，父母还要挑着供品、带着孩子们去筛酒敬香。先到宗祠，摆上供品，向祖宗敬酒、烧香、叩头，烧过纸钱后，在场人会为供品讲吉利话，互相捧场一番，然后收拾供品，去五谷神、福主神等神前敬酒、烧香，祈求诸神保佑来年好运多多，合家平安幸福。

2. 年夜饭

平日三餐，一家人都用八仙桌就餐。但年夜饭要用圆桌，表示团聚团结。年夜饭座位安排也有讲究，家中老者自然坐主位，孙子、孙女坐在老人的两旁，表示老人对孙子辈的厚爱，也显示家有后，人丁兴旺。最后是兄弟和妯娌的位子。

至于年夜饭菜肴，那是满满的一桌，非常丰盛。荤菜有客家名菜白斩鸡、生姜鸭子、葱油兔肉、武平锤鱼、干蒸猪蹄子、汀州酿豆腐、红烧肉、糖醋排骨、一鱼三吃、牛肉丸汤、猪腿莲子汤等，素食有绿色薯包子、红心地瓜叛、炒洋粉、炸煎叛等。喝的是客家水酒，芳香微甜，一般不醉人。

年夜饭开宴前，要放鞭炮，然后由爷爷奶奶领头举杯，祝福国家和自家以后，才喝酒动筷，欢欢喜喜吃年夜饭。宴席结束时，也要放鞭炮，然后由有工作的子孙向爷爷奶奶敬献红包和给在场人发压岁钱，接着由爷爷奶奶给全家人发压岁钱，祝福子孙健康发达。

（四）拜年、吃茶、喝酒

1.守岁和拜年

年夜饭后，一家人喝茶聊天，一会后，就各自回房歇息睡觉，但长子要留下来守岁开门。到正月初一到来的时候，家家户户打开大门，烧香、放鞭炮。全村都处在鞭炮、二响炮、地炮的轰然声中。大家都精神饱满，信心百倍地要在新的一年中努力奋斗。

天大亮了，妈妈拿出新衣服帮孩子穿戴好，并一遍遍嘱咐：见到爷爷奶奶、伯伯大娘、叔叔婶婶、哥哥嫂嫂等，要有礼貌，作揖拜年，要说"有"，不能说"没有"。早饭后，看到大街小巷全是穿着新衣、八九岁到十五六岁的孩子去各家各户拜年，祝福爷爷奶奶身体健康，添福长寿；祝福伯伯大娘、叔叔婶婶身体健康，四季发财，多生读书郎！说得大家忍不住笑起来，赶紧给孩子们一把荸荠、几块糖果。家家户户也都欢迎孩子们到来，带来好兆头，信心满满地迎接未来。

2.喝酒吃茶

年初一下午，小伙子姑娘们、小孩子们，去镇集上观看船灯等表演。而小时玩在一起的哥们儿，会自带一壶酒和一碗自家过年的特色菜肴，选择一家集会喝酒，天南地北地聊天，说得满堂喝彩，吃菜干杯！而哥们儿的当家老婆，则自带茶叶和拿手小吃，如炒米花、豆花、荸荠、糕点等，也选择一家集会吃茶，她们比男人聊得更欢。

（五）转娘家和吃岁饭

1.转娘家

年初二，是妻子领着丈夫和孩子转娘家的日子，向娘家父母和哥嫂拜年。吃过午饭后，除路途较远外，丈夫一般不会在岳父家过夜，都会回家去，妻儿在娘家可以多住几天。

2.吃岁饭

吃岁饭是在正月初三早晨。菜肴比年夜饭略简。吃岁饭后，要出门工作的，还要吃两个红蛋。去田间或去山场劳动的，也要吃两个红蛋；中午饭，有红烧肉、炸煎粄、酿豆腐，还有糖糕粄。

（饶稳祥）

年味中的乡愁

年关临近，新南街上早已车水马龙，人声鼎沸，街道两旁的摊子上摆满了琳琅满目的年货，鞭炮、对联、红灯笼格外耀眼。采购、置办年货的人们熙熙攘攘，摩肩接踵。街上不断有挂着各地牌照的小汽车开回，有在外工作的、做生意的、打工的；还有从台湾回来的人，带着大包小包的行囊，终于回到了他们朝思暮想、念念不忘的故乡——闽粤交界的岩前镇灵岩村。

年味越来越浓了。

（一）

春节习俗家家遵守，代代相传。过年了，外出工作的干部、打工的、做生意的和学生，无论多么遥远，即使在天涯海角，也要回家和亲人团聚。进入"年界"，村里家家户户都在搞卫生，扫房子，擦洗桌凳，清洗地板，洗晒蚊帐、被褥，就连尿桶和猪食盆都擦洗得干干净净。男人们都把头发理了，胡子刮了，个个显得精神焕发。路上碰见人也都特别客气，热情招呼，笑脸相迎。家长们忙于采购物品，置办年货，衣服、糖果、食品、对联、年画、香烛、鞭炮，样样齐全，缺一不可。欠人钱财主动归还，对别人的欠款，一时收不回的不再催讨，年后再说。年轻人则要准备好给长辈的礼物，以示敬意和孝心。过年，就是要讲卫生，系亲情，行孝道，保平安。

进入"年界"，各家各户开始做豆腐，炸煎粄，烧猪肉，备年货；大年三十上午，家家户户杀鸡宰鸭，大年初一是不宜杀生的，所以，所有食物都必须在大年三十准备好。杀好鸡鸭后是贴春联，贴春联时还要放鞭炮。然后各家门前摆个八仙桌，供上"三牲"、米酒，点燃蜡烛、香火，敬拜天神，祈愿全家平安健康，升官发财；新的一年风调雨顺，五谷丰登，六畜兴旺。敬完天神敬伯公，伯公是大家的，家家都去敬，伯公神位前的供品便特别丰盛，鞭炮阵阵，烟尘弥漫，来祭拜的乡邻都面带笑容，互相祝福。灵岩北门岭练姓人家在大年三十下午还要祭拜逝去的亲人，让他们在阴间也过上一个好年。

诸事完毕，开始操劳年夜饭，大街小巷飘荡着各种诱人的香味。小孩子们早早地洗头洗澡，换上崭新的衣服、鞋袜，一个个兴高采烈，喜气洋洋。然后听从父母分派，请爷爷奶奶吃团圆饭。不到下午四点就有鞭炮陆续响起，表示有人开始吃饭了。丰盛的菜肴，浓浓的亲情，全家一年辛苦到头为的就是这顿团圆饭啊！吃过年夜饭，长辈们要给小孩子发压岁钱，祝福他们健康成长，将来成为社会有用之材！孩子们接过红包也要向长辈说句祝福健康长寿之类的话。年夜饭还没吃完，拜年的短信已接踵而至。饭后大家围坐在电视机旁等着欣赏春节联欢晚会，年轻人则忙着收发拜年微信，或者摆开桌子搓麻将、打扑克，平时出外工作的人难得聚在一起，过年正好玩个通宵。

子时一过，便陆续有人开门放鞭炮，一家开了头，各家各户也跟着开门放鞭炮，一时间爆竹齐鸣，响声震天，顷刻间，整个村都笼罩在烟尘中，小巷狭窄，久久不能散去。在灵岩村，有大年初一"烧头香"的习俗。开门后，善男信女洗漱完毕，穿上新衣、新鞋，带上香烛斋品，匆匆赶往狮岩定光古佛像前焚香礼拜。大家都想走在别人前面烧上第一炷香，即使见到熟人也不打招呼，唯恐被别人抢了头香。烧头香的人络绎不绝，古佛像前水泄不通，只见人头攒动，香烟缭绕，鞭炮之声不绝于耳。

（二）

从开门那一刻起一直到天亮，鞭炮声此起彼伏，连绵不断。大街小巷落红满地，都是鞭炮的红纸屑。这些纸屑大年初一是不能扫掉的，它代表了财气和"鸿运"，谁家纸屑越多财气便越旺。

灵岩人热情好客，勤劳善良，淳朴的民风让人如沐春风。天亮了，拜年的人陆续登门，初一大人带着孩子向本家叔伯拜年，初二夫妇带着孩子到岳父母家拜年，邻里之间也互相串门拜年，一声"拜年了！"抱拳作揖，互祝贺词，主人满面春风端茶请烟，摆酒设宴，桌子上必放着煎粄、花生、明姜、糖果等食品。别小看了这些食品，这可是春节灵岩人每家必备的，也是岩前独有的。煎粄：岩前煎粄的特点是软、韧、香、甜，嚼劲足，回味长，保鲜时间可达三四个月。石灰酥花生：岩前是花生产地，又是石灰矿产地，岩前产的石灰酥花生脆、香、甜，让人百吃不厌。明姜：柔软透明，清甜鲜辣，具有健胃、化痰、止咳的功效。灵岩手工加工明姜已有一百多年的历史，明姜是灵岩乡亲春节待客送礼的最佳糖果。许多台胞和海外侨胞回乡探亲不忘带上几包明姜回去和家人、朋友享用。他们说，吃到了岩前明姜，就像回到了故乡。除了这些果品小吃，灵岩春节特色菜有冬笋海参汤、烧大块、肉丸和天青粉丝，每一款都让人垂涎欲滴。台湾国民党中常委饶颖奇先生及夫人来这里吃了天青粉丝，赞不绝口："这种天青粉丝我还是在少年时吃过，几十年了，今天吃到这粉丝，似乎又让我回到了青少年时代。"

在外工作的、读书的平时难得回来，一直到初七上班前，他们趁此机会都喜欢在巷子里转转，去狮岩、去蛟湖看看，故乡的每一个变化都牵动着他们的心。

练弘伟是个台湾商人，在大陆有多家企业，常年往来于海峡两岸，但无论工作多忙，每年都要抽出一定的时间带着子女回故乡看看，每年春节必定回来祭祖探亲。初四这天，练弘伟早早就来到灵岩练家祠，在祖宗神位前点烛焚香，虔诚膜拜。他对乡亲们说："我虽然人在台湾，但不会忘了故乡这个根，不会忘记我的祖宗在这里！再忙我也要抽时间，再远我也要回来！"袅袅升起的香烟里寄托着游子们对祖宗的虔诚和对故乡深深的眷恋！

丰盛的宴席，甜甜的米酒，柔柔的乡音，浓浓的乡情。米酒醉心头，年味解乡愁。柔柔的乡音中，灵岩是一首歌；浓浓的乡情里，灵岩是一幅画！

（郑启荣）

古代武平立春民间习俗

立春为二十四节气之首，是春天的开始，也是万物复苏、农耕播种的时节，故古代对立春非常重视，有丰富多彩的迎春习俗。

迎春。迎春是古代民间的重要民俗活动，主要内容就是迎接句芒神。句芒在传说中是伏羲的属神，天帝少昊的儿子，名"重"，他掌管粮食，有他护佑百姓就不会挨饿；还掌管金银财宝，有他护佑国库就充实；还掌管人的寿命，有他护佑人类就能延年益寿，不致早夭。所以民间崇拜他，向他祈福、祈食、祈财、祈寿。句芒神是东方之神，故古代迎春神活动，都在城的东郊举行。立春日，各州县都要举行隆重的迎春活动，最前面鼓乐仪仗队开道，中间是州县长官和僚属，着官衣，后面紧跟农民队伍，执农具，浩浩荡荡来到东郊，迎接先期制作的芒神与春牛像，众人在芒神像前，行三跪六叩首礼，然后由执事举壶爵，斟酒授长官，长官接酒后，浇于地以示祭奠，再行跪叩之礼，祈求风调雨顺，国泰民安。然后到春牛像前作揖。礼毕后，将芒神、春牛热热闹闹地迎回城内。

挂"春幡"。立春之日，农家院内要高挂"春幡"，各家门框都要贴上用红纸书写的对联，如"一门欢笑春风暖，四季祥和淑景新"，或"瑞雪丰年，八方献瑞；春风得意，六合同春"等联语，院内墙上贴满"迎春"、"宜春"和"福"等字，显得春意浓浓，吉祥如意，大人和小孩换上整洁的衣裳，妇女浓妆艳抹，显示春色满园，欢乐迎春之景。

鞭春牛。立春前，用泥塑一牛，称为春牛。妇女抱小孩绕春牛转三圈，据说小孩可以祛病。立春日，村里推一老者，用鞭子象征性地打春牛三下，意味着一年农事的开始。然后众村民将泥牛打烂，分土而回，撒在各自的农田。还有的把土块带回家放入牲畜舍，象征槽头兴旺。据说当天如天晴，则万民高兴，农谚曰：立春晴一日，农夫不用力（耕田）。若天阴遇雨，则表示晦气不利，预示这一年年景不佳，庄稼会歉收。

此外还有咬春、煨春、戴春鸡、佩燕子等丰富多彩的迎春接福活动。

（林东祥）

烧　花

每年的正月十一，北门坊的寨背窝就会举行烧花活动。烧花，是为放烟花，也是武平人闹灯的一个必不可少的环节！

红东村，位于福建省武平县政府的东侧，是老城区，过去叫北门坊，历史悠久，人才辈出，是清代著名画家李灿的故乡，村里人基本上都姓李。

红东村的村形像个"Y"字，最中心为李氏宗祠。左边角为寨背窝，红东村的开基始祖为仕诚公，到第十一代斗仙公时在寨背窝开基，安居乐业，后人为了纪念斗仙公，就把他的生日农历正月十一定为寨背窝打醮日。

每当打醮那天，家家户户热闹非凡，吃完饭客人就纷纷回家了。为了留住客人，有人提议晚上来抬菩萨、烧花，于是客人就留下来等晚上看烧花。烧花的形式、规模也与时俱进，后来出现了烧架花，就是在斗仙公祠前面的两口池塘边上搭木架子，烧花时从宗祠边开始点燃引火线，引火线在晚上会放出像箭一样的火光，射到挂满烟花爆竹的架子上，于是一个个架花燃放出不同的烟花造型，在夜幕下非常美丽壮观。

摄影/李喆凌　　北门坊烧花夜景

架花已成了历史，现在基本上是以放烟花爆竹为主。先是家家户户自己放，然后人们聚焦在祠堂门口，由民俗理事会的人先在祠堂祖宗牌前烧香，然后在祠堂前面集中燃放烟花爆竹。

（李国潮）

武平各地不同的元宵节习俗

平川镇北门寨背窝的焰火晚会

平川镇北门寨背窝正月十一日举办焰火晚会，也有人说是"打新年醮"。这一天会迎地福主城隍菩萨、土地神、五谷神进行祭祀。大约从清光绪年间开始，凡家中添新丁者捐出三筒礼花。20世纪60年代"文革"期间停了一段时间。从1983年起，李龙昌承先人惯例，从村民中集资复办焰火晚会，也烧过"架花"，但绝大多数年烧"竹筒花"。烧花时请十番音乐或吹唱班、龙灯队助兴，在北门寨背窝中心点燃烟花，此时，各家各户也在自家院内竞放烟花。近年来，燃放的烟花档次不断提高，甚至还有不少礼炮升空，使晚间的天空五彩缤纷，实在好看。

（李龙昌　李志俭）

中山（武所）闹灯习俗

明朝洪武年间，武所千户所驻军士兵三分守城七分垦荒种地，士兵解甲归田后，永驻武所（今中山镇）结婚生男育女。在明代，凡夫妇生男孩（生女孩不列其中）后，在来年正月十三日至十九日为上灯日期，由外祖父母家、姐妹家等亲朋前来道喜祝贺。正月十三日晚挂花灯，亲戚朋友边饮酒，主人边放鞭炮、点焰火。一般中午为女客，晚上为男客。（危明星　王文生）

邓坑村元宵节习俗

邓坑元宵节从正月十二日起至十六日止，头尾共五天。——据说从明朝初年开始就这样。

正月十二日下午迎福主公王到神坛，十三日辰时发表，宣布参醮信士鸿名。十三日晚准备好十四日使用的神坛，十四日早饭后，全村每家每户村民捧着特长的鞭炮，在大路两侧迎接梁野山大古佛和观音菩萨。扛菩萨时，100多人的队伍浩浩荡荡，大锣开道，放冲天炮，鼓乐队大吹大擂，吾寿公捧着坛炉在前头走，随后每个菩萨都用轿子抬着，在断断续续的鞭炮声中，一直扛到醮坛安放。下午跟上午一样形式迎接"大蜡烛"。十四日晚收"黄表"于十五日祭坛使用。要一一宣读这次收的黄表上的全村老幼名单，然后用明火烧化，全村老幼捐资鸿名也要张红榜公布，随后立即起坛，安香，备一根有尾叶的大竹，挽灯一篮，将篮用红布条扎在竹尾中段，此时鼓乐齐鸣，道士作法。这样的幡竹喻意观音佛母和定光古佛大发慈悲，施舍那些野外孤鬼、无主鬼魂来幡竹下领斋。正月十五日午时是敬青词，写青词文，踏卦，随后举行上供仪式，即上供十大碗荤菜和十小盘斋菜，上供时大吹大擂，晚上完醮后把幡竹上的枝叶分发给各家各户；各家各户将分得的幡竹枝叶放在猪栏、牛栏、鸡圈上边，传说可保六畜兴旺。倒幡竹，十六日一早，将各庵堂的菩萨送回原位。最后是当年的头家将所有醮事移交给下一届头家，并排成两行，一直走到醮坛外。此时就算醮事平安顺利结束。（邓文化）

武东乡闹元宵习俗

农历的正月十五日，叫"过月半"，现叫"元宵节"。节前新添丁户出钱买花灯挂在祠堂里梁上左侧，各户给自己的小孩买小马灯、鱼子灯、鼓子灯、烟花等。

正月十五日那天选好时辰上灯，把花灯挂在梁上，一边敲锣鼓，一边给花灯添油点灯，灯点燃后，花灯中的山水人物图像就会转动，转得越快，锣鼓就敲得越响，预兆新年年景会更好。白天村中有船灯、龙灯，船灯表演花样很多，有划船、搬船、船上花鼓、落地花鼓等。落地花鼓是一个男的敲着小钮锣，女的拿着小钹缠在男的大腿上，双脚夹往男的腰，二人原地旋转，就着曲调敲打，饶有兴趣。马灯表演中的跪马、窜马更是激昂刺激，观众看得如醉如痴。

傍晚时到处响着鞭炮声，很早吃完晚饭，小孩都举着小马灯或鼓子灯与大人去看船灯演出，点上蜡烛后的小马灯围成一圈很是好看。晚上船灯演出完后，各添丁户挑着菜肴、米酒到祠堂里请大家吃，大凡青、中、老男人一般都会参加。有的人来闹灯时也会带上点菜，提一壶酒来，桌上酒菜很是排场，饮酒时说说笑笑，谈论新年新事、新计划。饮酒中途还要演唱民间古典歌曲，猜拳行令，很是热闹。

（温兆铭）

岩前练家祠元宵闹花灯习俗

岩前练氏家族一直有元宵闹花灯的习俗。这天，族中在上一年添了新丁的人家都得买一盏或自己做一盏花灯，有莲花灯、鲤鱼灯、六角灯等，而最好看的要数走马灯了。年年有人自费前往高梧定做"焰花螺竹"等，由自己装点而制成"架花"。

　　练氏家族每户除上午到庙堂祭祀祖宗、大宴宾朋外，晚上就去观看烧架花。架花装得比屋还高，从这一端烧起逐渐引向那一端，火花四射，最后射向天空，有如现在的焰火，满天火花，蔚为壮观。

　　最后一个活动就是猜灯谜，族人预先拟好了许多谜面，谜底是保密的，谜面由专人负责书写成一张张纸条，贴在准备好的木板上，让人去猜，猜中的马上给奖品。奖品有面巾、香皂、学生的学习用品，甚至有背心、胶鞋等。每个谜面上都预先写上奖品名称和数量。我小时候也参观过，有一个灯谜是用中药名称组成的谜面，我还记得如下："竹丝绽气，白芷（纸）防风，生地东前，熟地不用半夏（下）。"谜底是灯笼。有人透露此谜乃当地知名人士练大政先生所作。

（高成剑　罗小芹）

中山的宫灯和天灯

古镇宫灯

从正月十三开始到正月十九，武所古街上，上庙或是下庙，正堂中央菩萨身前搭起一个两层的戏台，上层戏台扎放或悬挂各种图案的宫灯，下层戏台表演傀儡戏；前堂则聚满捧场的观众，他们为闹灯而来，也为看戏而来，他们为热闹而喝彩。

这般闹灯看戏喝彩的元宵节，是中山古镇的一段乡愁。说它是乡愁，是因为这样一个看似简单的场景，已经多年未再上演。上灯的习俗在继续，但便宜好看的现代花灯逐渐代替了工艺复杂价格不菲的手制宫灯。而傀儡戏，数十年前，中山、东留等地都还有戏班子，而今要看这样一出戏，得从上杭或连城请人了。

也许这种乡愁很快会再次成为古镇里的常设风景，因为它不仅应该存在于古镇人的记忆里，还需存在于古镇人的生活中，甚至要成为古镇人呈现给外界最出彩的非物质文化遗产之一。

傀儡戏班需从外地请，而宫灯在古镇上依然常见，所以只说那宫灯吧。宫灯是花灯中的一种，看名字就知道，专指皇宫中用的灯。其风格，简单点说大气，抽象点说雍容华贵。事实也如此，看那模样，体量比一般花灯都要高大，六角或八角，竹篾为骨架，上下两层，五颜六色的薄彩纸（或绢）为衣，彩纸被镂空，只为光的穿透，或像什么花草，或像什么鸟兽，或像什么人物，只为光的栩栩影像。彩带、彩丝、彩绳、彩结，或是小灯笼、小蝴蝶结等，皆成灯上之饰物，把宫灯打扮得别具"花"样。

宫灯本应悬在富丽堂皇的宫中，怎会挂在中山古镇的百姓人家呢？明代，有一大批来自江西、江苏等地的军人驻扎在武平所，相传，是皇帝为了稳定军心，破格恩准武平所可以按照南京城的规矩，在元宵节闹花灯。其实，元宵闹花灯的习俗在明清时期已经很普遍，无须皇帝恩准，而宫灯比普通花灯工序繁杂，一般人不会，甚至这制灯技术在古代是门世代家传不外传的功夫。宫灯会出现在中山古镇，正是因为那批进驻武平所的军人中，有一个会制作宫灯的洪将军。

在古镇里，有两位宫灯制作传承人，一位姓洪，他说，祖上从明代开始就会制作宫灯，这手艺是世代相传的；一位姓程，是洪家女婿，其岳父膝下无子，所以最后把这制灯手艺传给了他。六百年前，洪家祖上将宫灯制作手艺带到了武平所，六百余年过去，中山古镇的洪家后人依然传承着这门有点复杂、有点过时却甚是让人自豪的手工活儿。

数年前，中山中心学校新开了一门课程，叫"宫灯制作"。看着宫灯传承人教那些小学生如何制作宫灯，有种莫名的喜欢。小学生们也许纯属冲着好玩或是好看，参与探讨宫灯的奥秘，享受制作宫灯的乐趣，也许长大些后，他们会将宫灯制作流程忘记，但肯定忘不了在自己的老家中山古镇有一门技术活叫宫灯制作，有一种乡愁叫宫灯。

古镇天灯

大年正月十三，中山百姓上灯的日子，想起自己曾写过一篇文字叫《古镇宫灯》，里头说：闹灯看戏喝彩的元宵，是中山古镇的一段乡愁。叙说了古镇小庙里挂宫灯上演傀儡戏的往事，以及古镇里上灯传统和宫灯制作的传承现状。

介绍中山古镇时，很多时候会提到"九井十三灯"一词。简单解释就是：中山老城内原有明清时期的铜井等九口古井，每个街道十字路口或转弯处仿明朝南京城设置有街灯，共十三盏，世称"九井十三灯"。古井在古镇上依旧常见，但古街灯难寻，只剩一盏，存放在武所古街的武德侯王庙里一个非常不起眼的角落，庙里的焚香炉遮了其大半，游人进进出出，或是视而不见，或是一眼略过，基本无人问津。它由三块经过加工的石头组成，接地的为基石，与老宅的撑柱石无二样，中间是一截高近一米的圆形石柱，石柱上撑着一个里面掏空的石罩，石罩就像一个灯笼，一面围着三面开口，其中一面开口上刻着"火树金花"字样，另两面刻着"天磨玉镜""市剔银灯"字样，石罩里放着一盏植物油灯。它的独特造型，成就了它不怕风吹雨打的特性，古镇百姓把它用作露天的街灯，甚至形象地唤其为"天灯"。

天灯，多么吉祥的词呀。火树金花，天灯是元宵节上空的绚烂；天磨玉镜，天灯是玉石工艺品；市剔①银灯，天灯是百姓自筹建造的。最初我也不知"市剔银灯"的意思，是一位古镇老人给我解释的，他说：市，就是武平所城里的市民，是他们集资在各个路口设置了这天灯，天灯里的灯所需的灯油，则是所城里头一年添了丁的人家捐赠的，每年的元宵上灯时节，添丁的

---

① 剔，当地方言，有"挑"的含义。

人家都会自觉地去给天灯上油。我没有考究这样的解释有没有依据，却深信不疑，因为天灯与添丁同音，是注入了古镇百姓某些情结的。我甚至深信，在很久以前，古镇百姓元宵的上灯习俗，不仅包括在家中或庙祠里挂一盏花灯，还包括给照亮百姓夜行之路的天灯上灯油。

（林文峰）

尧禄"子孙塔"：独特的元宵闹灯习俗

武平许多地方（特别是城区周边）有正月"闹灯（丁）"的习俗。这个"闹灯"其实是"闹丁"，不是为了赏花灯，而是旨在庆祝头年新添丁。大部分地方的闹灯有两项内容：一是上灯。在正月十五前一两天（比如正月十三）由头一年家里添了丁的家庭买一盏花灯挂在自家厅堂（有的村落是挂在祠堂），以敬告祖宗，家里新增了男丁（后来到了独生子女时代，许多地方不再局限于男丁，头年所生新生儿不论男女都会组织闹灯庆祝，就像独生子女时代不论男女都会被载入族谱一样），祈请祖宗护佑他（她）健康成长、长命富贵。二是宴请和放鞭炮"闹灯"。正月十五那天，由添丁家庭设宴款待亲朋好友，大家喝酒、猜拳、放鞭炮。一般是中午由住得较远的亲朋（比如新生儿母亲的娘家人，俗称"外家"）来闹灯，晚上由住得近的亲朋（比如本村亲房叔伯等）来闹灯，一直热闹一整晚。随着交通的发达，也有集中到傍晚开始的，比如元宵节傍晚5点钟左右由外家亲朋来先为主家开启闹灯序幕，之后这些娘家人可以略早点结束晚宴先回家，再由本村或住得近的其他亲朋接着闹灯，闹一整晚。近年来，越来越多的人觉得这样太辛苦，"闹灯"习俗和其他一些习俗一样有逐渐淡化乃至被取消的趋势。

在武平县城厢镇尧禄村，闹灯习俗除了上述两大内容之外，还有另外一项独特的内容：制作"子孙塔"。这个习俗由来已久，却直到最近几年才被民俗摄影家、文化人发现而受到关注。就连"子孙塔"这名字也是发现者给起的。甚至连当地老人，对这一习俗也往往知其然而不知其所以然，只知道是"上代传下来的"，却说不出它究竟是何时、因何事而起。

如今，在尧禄村——作为县城近郊"五朵金花"之一的地方，发现目前可称独一无二的"子孙塔"闹灯习俗，自然格外引人瞩目。

那么，"子孙塔"是什么呢？其实就是用造型奇特的煎粄堆垒而成的塔状供品兼食品。

每年正月十五前一天（正月十四），在过去的一年里有新添丁的家庭，会用煎粄垒起一个如金字塔形状的"子孙塔"，上供祈福。"子孙

子孙塔

塔"的底部是一个大托盘，直径四五十厘米，上面用几十个甚至上百个像炸饺一样的粄子层层垒起一个金字塔。垒到顶部时，叠放一个如大松果状的粄子，顶上立一个鸟形的粄子。塔的中部四周再插上四只仰着头的鸟形粄子。

"子孙塔"整个高度约50厘米，工艺非常讲究。做一个需要20～30斤糯米。虽然各家各户都是在自家独立完成，但做出的成品却极为相似。

每年正月十五下午2点来钟，人们把一个个做好的粄塔用笒筐装着，带上酒菜，或托或扛从家中出来，走向陈氏祠堂。祠堂门口有锣鼓和十番音乐迎接，祠堂的上厅摆了两排四方桌，一个个粄塔整整齐齐摆放在桌上。2019年，全村共有10个粄塔，其中一个是龙凤胎家庭做的。最早添丁的那家粄塔做得最高最大，排在右边第一个；左边第一个是双胞胎（龙凤胎）家的两个粄塔，并排摆放。

进入祠堂后，顶鸟的头全部朝向祠堂祖先牌位方向。大家开始进香朝拜，之后大家又把粄塔转向，顶鸟的头统一朝向祠堂大门。这时，各户前来庆贺的男人围坐在桌子四周，有威望的老人讲话，祝福村里的新生儿健康成长。随后大家举杯祝福，猜拳喝酒，集体庆祝，共同闹灯。

下午4点，大家纷纷将粄塔从祠堂里抱出来，在祠堂门外装进笒筐抬回家；晚上，各自在家里将粄塔放在饭桌中央，摆上酒席，邀请亲朋好友喝酒猜拳、燃放烟花爆竹，直至深夜，有的人家甚至闹个通宵。

在祠堂闹灯时，一个老人告诉采访者，他们做的这个粄塔意喻是一座山，塔顶上松果样的大粄子象征树，树上有鸟巢，鸟巢上面的鸟象征新添的男丁。拜完祖先后要把鸟的头转向祠堂的大门，就是祝愿他们飞出大山，飞黄腾达。而下面那四只头朝上的鸟形粄，象征兄弟姐妹，意为祝愿人丁兴旺，多子多福。

摆放在桌上的"子孙塔"

搬运中的"子孙塔"　　　　李国潮　摄

（林永芳　李国潮）

二月二

　　民间有"二月二，龙抬头"之说，这是因为二月初二前后，蛇、蚯蚓结束冬眠，开始活动。古时民间认为，龙是天子的象征，是祥瑞之物，更是风雨的主宰，而"二月二"则是龙欲升天开始活动的日子，故曰"二月二，龙抬头"。"龙抬头"，万物生发、昂首挺胸、扬眉吐气的意思，故自古以来，人们也把这一天作为一个辞旧迎新、转来好运的日子。

　　在这一天，客家人有很多民间习俗。

　　（1）剃龙头。民间认为在这一天剃头，会使人鸿运当头、福星高照。儿童理发，保佑孩童健康成长，长大后出人头地；大人理发，则寓意辞旧迎新，希望带来好兆头、好运气。故民谚说："二月二剃龙头，一年都有精神头。"每逢这一天，理发店家家顾客盈门，生意兴隆。

　　（2）祭社神。二月二是龙抬头节，也是土地公的诞辰。"土地诞"也称"社日节"。社日分为春社日和秋社日，古人认为土生万物，土地神是广为敬奉的神灵之一，人们认为土地公管理着五谷生长和地方的平安，很多地方这天要奉祀土地神。在这天，人们穿上整洁的衣裳，三五成群，来到土地公王庙，摆上祭品，进香敬拜，祈求风调雨顺、五谷丰登。

　　（3）吃节。二月二这天，每家每户都准备了很多美味佳肴（有糍粑、黄米板、白斩鸡、酿豆腐、肉丸、红烧肉等），家中亲人都要赶回家团聚。出嫁女、儿子、媳妇、大舅、大姑、大姨、表兄妹、外孙等，能来的都来，其他没有亲戚关系的也可以来。就是说，在二月二这一天，客人既可以是主人的亲朋好友，也可以是主人不认识的但由亲朋好友带来的人，只要是"朋友之朋，亲人之亲"，都可以来做客，届时主人热情款待来吃二月二的客人。这天家家户户宾客盈门，家里来吃饭的宾客越多，就证明这家的家庭越兴旺，社会地位越高，越富有，越发达。酒是二月二习俗中必不可少的组成部分，是社交场合的必需品。人们在饮酒聊天中，既能澄清误会，加深了解，结交朋友，又能感觉到摆脱常规的束缚，暂时取得一种身心放松。因此，二月初二也是拓宽人际关系的一个社交日。

　　　　　　　　　　　　　　　　　　　　　　　　　　（林国华）

五月端午话古今

　　端午节是我们华夏民族的重大节日，在中国大陆、港澳台以及海外一些地区，凡是炎黄子孙，在端午节期间大多要包粽子和举行隆重的龙舟竞赛活动，以纪念我国古代伟大的爱国诗人屈原。

　　武平是个山区小县，溪流河道窄小，滩多浪急，无法竞划龙舟。但在端午节这天，家家户户的门前都要挂上菖蒲、葛藤或艾条，以驱凶避邪，祛病消灾。现代医学证明，这几种草本植物，确有健胃镇痛、消暑防病的功能。

　　包粽子是过端午节的一个必不可少的项目，以前包粽子用料十分简单，糯米用水浸透后用粽叶一裹，再扎上粽筋，煮熟就行了。随着人们生活水平的提高，现在包粽子用料就很讲究了，有的要添上鲜肉或果脯，以适合自家人的口味。粽子煮好后，除自家享用外，还一吊^①一吊地馈送给亲朋好友。要是谁家在此节日前有长辈去世，按习俗，这家就不能包粽子，街坊邻居和亲友就会主动馈送粽子，丧家也就只能用鸭蛋蘸上糯米粉油炸后作为回送礼。

　　以前武平境内的一些乡民在端午节也有饮上一小口雄黄酒的习惯；孩子们只用鸡（鸭）毛在额上抹上些雄黄酒，以避妖邪。随着现代文明的进步和科技知识的普及，这种习俗也就自然消失了。

　　端午节，是春节后的第一个民间传统的重大节日，时隔近半年，按武平的气候特点，端午节以后，孩子们可以下水游泳了。所以孩子们显得格外高兴，他们穿着簇新的衣服，小脸蛋上总是荡漾着笑容，胸前挂着一个用彩色碎布扎成的诸如鸡、猴等动物造型的装饰品；有的还悬挂着一个用红丝线结成的网袋，里面装着红蛋。也有的挂上用碎布缝成的三角形、四方形或半月形的小香袋，香袋里都装有少许的茴香粉。孩子们胸前的饰品摇来晃去，五彩缤纷，给欢快的节日平添一道难得一见的风景线。孩子们胸前悬挂的装饰品都是手工制成，每一件都寓意深刻，饱含家长对生活的美好憧憬和对孩子们的殷切期望。悬挂红蛋，是希望今后生活能红红火火，美满幸福；悬挂公鸡饰品，希望孩子今后能像雄鸡一样威武雄壮，一鸣惊人；悬挂猴子，是希望孩子同猴子那样机智敏捷；……这些母亲用一针一线缝制成的装饰品，

---

　　① 一吊，一吊是五个粽子。

线形虽不怎么规范、标准，制作也很粗糙，或许根本不能与商店里的那些商品玩具媲美，但在过去的那个年代，确实给孩子们增添了不少欢乐。如今市场繁荣，产品丰富，商店里孩子们的玩具式样繁多，品种不胜枚举，以前那些用手缝制的装饰品也就悄然隐退了。

据老辈人说，端午节这天午后还应下些雨，即使象征性地飘下几点零星小雨也可。因为这天恰逢药王孙思邈的生辰，药王有一习性，喜欢在生日这天把他采集的药材放在屋外晾晒，如果阳光充足，晾晒成功，当年可能有疾病流行，人们的健康会受到损害；若是天降雨水，便会把这些药材淋湿以至霉坏，预示众人当年身体健康，百病不生。此传说虽近乎荒诞，但也反映了乡民们一种朴素的美好愿望。

端午节前经过繁忙的春耕春种，田间管理，早稻早已灌浆，其他农事也告一段落，节后再过一段时间，早稻就要开镰收割，紧张的夏收即将开始，因此端午节给村民以休息养生、养精蓄锐的机会；也为亲戚朋友之间往来团聚、沟通感情提供了一个很好的机会。

（凌　花）

端阳节门上"插青"的来由

我县群众每年端午节，都要在家门上"插青"。这是由来已久的事了。群众中有这么一种传说——

唐末黄巢起义，威力震撼统治阶级。起义军所到之处，封建地主豪绅一面鼠窜逃命，一面煽惑群众，谣传起义军有"隔山妖剑"，杀人如麻。群众因受蒙骗，也纷纷逃避。一天清早，起义军经过某地，黄巢见一个青年妇女带着两个小孩慌忙逃跑，奇怪的是较大的小孩在身上背着，较小的则用手牵着走。黄问其原委，她说，大的是嫂嫂所生，现哥嫂俱亡，不可能再生孩子了，务须格外爱护；小的是我亲生，万一碰到危急，我宁肯扔掉亲生子也要背着嫂嫂的孩子跑。黄巢一听，深为感动，便让这位妇女带着子侄回家，不必逃避，如怕军队干扰，则在大门上"插青"，即能保证安全。妇女看这位长官和蔼可亲，遂听其言，随即回村。除自家门上"插青"外，还遍告四邻穷苦群众都这样做。后来起义军进村，凡是门上插了"青"的，兵士概不进门，真的秋毫无犯。从此，远近群众，每逢端午节（农历五月初五日）都要在自家门上挂上一束葛藤或插上几支菖蒲、艾叶等绿油油的草木，即"插青"，该习俗一直沿袭至今。

（林日基）

尝新禾

　　民谚道："几时禾黄问大暑。"小暑过后，正是稻禾将熟，新谷登场的季节，"尝新禾"（又称食新节）到了。

　　临近节日，空气中荡漾着丝丝清香。

　　夏收结束后的"尝新禾"，碓米房可是最热闹的时候，家家户户都浸糯米做糍粑，将糯米用饭甑蒸熟后碓成软软的一团，再揪成小块蘸糖吃。这个过程比将米碓成粉复杂许多。刚蒸熟的糯米饭是滚烫的，倒入米臼后要用手不停地搅拌，否则就会粘在石臼壁上，还有，如果搅拌不均匀也会使糍粑有许多麻点，既不好吃也难看。于是一双手要不停地动作，糍粑又粘又烫，直拌得一双长满老茧的手发红发紫，所以得时不时地"呲呲"吹气。碓得差不多了，就要不停地往槌头上抹冷水，不然黏黏的糍粑便会被槌头粘起，如果让快起快落的槌头带出臼外，沾上沙泥就可惜了。

　　那几天，碓米房里碓米声不绝，村子里四处弥漫着客家米酒的醇香，知足常乐的乡亲们庆贺丰收，用的是热腾腾的米酒、香喷喷的糍粑，沁人心脾的脉脉香味，衬托出乡亲们无比喜悦的心情，而那声声碓米声，分明是发自乡亲们内心深处的歌。那个时候，虽然家家户户的物质生活十分匮乏，但他们仍然热情满腔地歌唱收获，歌唱土地，歌颂慷慨无比的上苍。他们对明天永远充满向往，相信用勤劳的双手，用滴滴晶莹的汗水，可以赢得来年更多的糍粑和美酒。因而他们的笑声在碓米声中显得爽朗清脆。

　　又响起来喽，听，这碓米声声……

（王小庆）

武平过七月节习俗

中元节，又称"鬼节""七月节""盂兰盆节"，中国人过中元节大都在七月十五，而客家大部分地区在七月十四，据说是宋代末年人们正准备过节时，元兵突然入侵，为此客家先民提前一天祭祀祖先、普度亡魂，以避兵乱，这样就形成了客家人七月十四过中元节的习俗。

中元节是我国民间三大鬼节之一，正月十五汉族称上元佳节，庆贺元宵；七月十五称中元节，祭祀先人；十月十五称下元节，食寒食，纪念贤人。

农历七月十五的中元节，民间也称鬼节或者七月半，所以七月又称为"鬼月"。古人认为，人死后进入地宫，但是中元节这天，地宫之门会打开，让已故祖先回家团圆，中元节既是佛教节日，又是道教节日。佛经中记载有目连救母的故事，佛教徒据此兴起盂兰盆会，以追荐祖先、祭祀孤魂，故中元节又称为"盂兰盆节"。道家以中元日为地官清虚大帝诞辰，地官主赦罪之事，传说在七月到人间赦罪，因其宫属地，主管鬼神幽冥之事，所以道士于此日讲诵经文，超度众鬼，而追怀祖先者也要在此日祭祀地官，为先亲祈福。

在过节这一天，客家地区有家家户户吃鸭子的习俗。这个传统的由来，民间说法不一。有人认为，此时正是鸭子肥美的时节；也有人认为，出于季节原因，此时吃鸭肉能祛肝火，防秋燥；此外，还有一说是，由于过节时先祖会回家探亲，但没有船过不了奈何桥，于是，世人就要杀鸭子，让先祖乘鸭渡河回来，久而久之，习以成俗。还有一些习俗如下。

（1）放河灯。河灯又称"荷灯"，以荷叶为底座，在其上放灯盏或蜡烛，中元夜放在江河湖海之中，任其漂流，其目的是普度水中的落水鬼和其他孤魂野鬼。

（2）超度亡魂。中元节要普度孤魂野鬼。普度的形式有公普和私普两种。公普又称"庙普"，一般在七月十五举行，以各村庄的寺庙为中心，由寺庙方丈主持。私普就是以村庄等居住单位为主的普度，从农历七月初一至三十，众人商议轮流普度，普度的当天下午，家家户户门口摆上丰盛的菜饭酒食，俗称"拜门口"。

（3）放路灯。在放河灯的同时，有的还放路灯，将灯放置路边，为幽魂照明引路，指示超度。

（4）入庙祈福。准备素斋果品去寺庙，施佛及僧，诵读佛教经卷和咒语，报答父母恩情，也为去世之人祈福。

（5）烧寄包。即以金银纸折成金锭、银锭状，然后和纸制的冥衣一道装入纸袋之中。纸袋用封条封好，封条上写明祖先名讳后焚化，最后把灰烬用纸包好投入江河之中，据说这样先人便能收到，以供冥间使用。

此外还有放天灯、祭祀土地和庄稼、焚法船、祈丰收、吃濑粉等习俗。其主题是祭祀、祈福和祈求庄稼丰收和家人健康平安。

（林东祥）

源头村的"八月社"

在武平县大禾镇源头村，自古以来每年农历的八月初二被定为传统节日，名叫"八月社"。这天，武北四个乡镇中源头村最热闹。

武北民众中流传着一首"顺口溜"，形容源头村的"八月社"之盛况：

源头"八月社"，客人来了一厅下，粽子由你吃，还有拿回家；上家吃了到下家，牛肉猪肉当饭扒；大细妹子争灶下，粽叶丢了满地下；不见菩萨不见佛，如何有个"八月社"？

这首顺口溜高度概括了源头村八月社的情况。八月初一、初二这两天，客人三五成群，从四面八方陆续而来。凡与源头村村民有亲戚、朋友关系的，几乎都会派家人到源头村去参加"八月社"活动，来的大多数是妇女儿童。武北四乡又是历来的好客之乡，逢年过节，不但要请自家的主客吃饭，连房亲叔侄兄弟的亲朋也要请来家中，于是"客人来了一厅下"一点也不夸张。

在这个节日前一两天，全村各户都要包粽子和做灰水粄。有的大户人家，几个人包一两天粽子，煮粽子时要大锅才能煮得下，灰水粄也得做两三蒸笼。

全村一百余户，要杀十多头猪，还要宰几头牛才够供应，平均每户最少十多斤猪肉、牛肉，还杀鸡、鸭、兔等。也有互相攀比现象，所以客桌上都有牛肉、猪肉、家禽肉、灰水粄、粽子、豆腐等，都用大碗装着。客人们吃了这家又要到那家，确实感到油腻呛鼻，都认为实在是有些浪费了。

这个"八月社"对源头村村民，尤其是对家庭主妇来说，确实带来了极大的负担和麻烦。为了包那么多粽子，要提前几天到山上去砍粄柴（即含碱性的一种小灌木，用它烧成灰，灰水过滤出来的碱水浸米变成金黄色，包成粽子或做成灰水粄，又香又可口）；要提前一天翻山越岭去采摘粽叶，又要洗大半天粽叶，要两三个人包一天粽子，还要三更半夜把粽子煮好，蒸熟灰水粄。为了接待陆陆续续来的客人，每家主妇都忙得晕头转向。对当家男人来说，要买肉、宰鸡鸭，蒸酒、做豆腐，也忙得不亦乐乎，更重要的是还加重了各家各户的经济负担。

因此，近代村中的有识之士都认为，这个"八月社"弊端太多，建议取消。村中有个叫蓝玉龙的人，民国末年任武北区区长，曾下令村民不准搞"八月社"，因此"八月社"被禁止过一年。新中国成立后，大禾第十二区源头乡乡长蓝日泰，也下令禁过一次。可是过了一年又照样搞起来，据调查，源头村的历史上只有这两年没有过"八月社"，这个节日至今仍在源头村延续。

笔者带着好奇心，对源头村的"八月社"进行了深入调查研究，终于了解了源头村"八月社"的来由。原来源头村村民和全国广大农民一样，世代靠山吃山，靠田吃田，在那科技落后的时代，农民根本无法抵御水旱灾害，以及野兽飞禽糟蹋庄稼的现象，于是只能祈求神祇来保佑，故在村头村口、田头地尾设置了神坛社庙，供奉土地伯公等。在村口的大树下安放了"社公神"，也叫"米谷大神"。源头村村民的老祖宗选深秋稻谷成熟收割时的农历八月初二为社日，举行隆重仪式祭拜庄稼的保护神，如此代代相传，便成了源头村这个非同一般的"八月社"。

（蓝如春）

武平人的"九月节"

　　"一年一度秋风劲""岁岁重阳，今又重阳"。客家人的"九月节"即重阳节。每年农历九月初九，日月并阳，九九重阳，早在春秋战国时期就已有登高、饮菊花酒的风俗；到了唐朝，重阳节被定为正式节日，所以说这是一个有着悠久历史的传统节日。

　　每到重阳佳节，客家人会根据各地条件的不同举办不同的民俗活动，秋祭是其中的一项。"秋祭"一般选在重阳节前后，因此时天气渐寒，故烧些寒衣为故去的亲人御寒，此风俗在武北、武南地区较盛。"登高"是此时的又一盛事，重阳时节，秋高气爽，登上高处，极目远眺，重峦叠嶂，风光无限，心旷神怡！趁着秋韵正浓，趁着年华未老，与家人朋友一起把酒临风，浅酌登高，共享重阳之乐。此时山间的野果、药材之类正是成熟的季节，人们纷纷上山采集野果、药材，以备不时之需。登高避邪、祈福也是一种表达人们敬畏崇拜神灵的行为。赏菊、饮菊花酒也是武平客家人的传统习俗，菊花是长寿之花，又被文人们赞美为凌霜不屈、高雅纯洁的象征，所以人们爱它、赞它。此时县城也常举办大型的菊花展，因为菊花与重阳关系太深了，因此，重阳又称菊花节，而菊花又称九月，赏菊也就自然成了重阳节俗的组成部分。人们把菊花缚扎成各种动物、人物造型，十分美观，使人流连忘返。

　　重阳节传承至今，又增添了敬老的内涵，各家晚辈都要给上了年纪的老人多一些体贴，除了当晚要准备丰盛的美食、菊花酒孝敬老人外，晚辈要递上包有一定现金的红包慰问老者，出了嫁的闺女一早要回娘家探望父母，以报答养育之恩。有条件的人家，还要陪老人去逛逛公园，登登小山，这样会让老人心胸更加开阔，长寿延年。各老年协会也会给老人发放慰问金，组织他们参加歌咏、舞蹈、书画等有益身心的庆贺活动，让老人们老有所乐，真正享受和谐社会带来的祥和与温暖。

　　美哉重阳，美在一份思念，美在一份景致，美在一份孝心，美在一份诗酒情怀。这份美，在与亲人的团聚中得以畅享，让人感受到最真实、最朴素的幸福和愉悦。

（林建华）

民国时期的武平教师节

　　早从1927年（民国十六年）开始，武平县便有"武平教育纪念日"，相当于现在教师节。其中还隐藏着一个鲜为人知的悲壮故事。

　　1918年5月17日，军阀李厚基部团长王克悌带领部队进驻武平，并强驻武平县立小学。时为县立小学校长的钟文不畏强权，挺身而出，高声向王克悌宣讲国民教育的意义，并出示当时省政府关于"学校不得驻军"的通令，劝其另择驻地。王恼羞成怒，以"抗军通匪"之罪名将钟逮捕入狱。此时全城哗然，群情激愤，当时的县知事、劝学所长以及社会贤达等竭力营救无效。5月18日，王克悌令营长高廷斌将钟文押至东门外马草坝执行枪决。县立小学师生及家长、士绅、百姓拦道号哭求情赦免，高竟命士兵驱散群众。钟文校长被杀害，时年仅30岁。

　　1919年，福建省省长陈炯明手书"以身殉教"匾额表彰钟文热心教育的精神。1927年5月2日，武平县教育委员会举行钟文纪念会，会上决定每年5月2日为武平教育纪念日。此后每年5月2日，武平县各界及学生家长都以各种形式走访学校，慰问教师，全县尊师重教蔚然成风。据教育界先辈回忆，此后就连落草为寇的劫匪也有感于教师职业的艰辛与崇高，约定俗成，这天不拦劫过路教师，教师于全县各地均可畅行无阻。当时武平尊师重教之风由此可见一斑。

（刘勇汉）

漫谈一年中的几个节庆

三月廿三

石营村开基祖吕宏基，在村口河岸上建了一座妈祖庙，里面供了一尊妈祖娘娘像，以前放排人放排至石营村村口时，都会停下来烧炷香，保佑其一路顺风、平安无事。据说烧香后，在路上遇到大风大浪，口念几声"妈祖娘娘保佑"，就立刻风平浪静。

此俗延续到现在。每年农历三月二十三（即妈祖诞生日），石营村村民每家每户都会做粄、宰鸡、杀鸭，用三牲（猪肉、鱼、鸡）祭祀妈祖娘娘，各家各户都要准备丰盛的酒菜招待客人和亲朋好友。

（吕清油　吕炳明）

立　夏

立夏这一天，大家都待在家里休息一天。由于立夏以后，雨水增多，天气炎热，山区湿气重，为了除湿壮阳度苦夏、强壮筋骨，这天有不少人会合起来杀一只大狗，配上一些当地草药烹制。中午或晚上家人们团聚在一起吃狗肉，喝米酒，俗话说："立夏的狗，吃了千日走"，也有"春羊夏狗秋鸭冬鸡"的说法。

现在随着人们生活水平的提高，大家越来越注重保养身体，所以大家越来越注重这个节气了。

（朱添富　邱玉龙）

分龙日

夏至过后第一个节日就是"分龙日"。

此日如下雨就叫"龙母"，天晴则叫"龙公"。

当日凌晨有人鸣锣告知，村妇不能挑尿桶浇菜，以免秽气冒犯龙颜，以求风调雨顺、四季平安。

如下雨还应注意观察是从哪个方向来的雨，此法可预测相当一段时期的天气情况，以供晒谷和出门下田劳作的人们参考，做好防雨措施。

（刘佐明　刘绍明）

过　秋

立秋，我们称为"交秋"。这个节令来到之时，农民们刚好迎来了一年之中最艰辛、最紧张、最劳累的夏收夏种。立秋这天，大家都会停下各种农活，男人们买肉宰鸭，妇女们则把精选好的糯米浸透，用饭甑蒸熟蒸烂，然后倒进洗干净的石臼里，挑选出一个健壮的男人，用木槌将糯米饭捣烂变成"糍粑"，然后把它做成一个个小团。如果"交秋"时辰是在白天，老人们还会叫小孩子们在这个时辰饮上一口清凉甘甜的井水，据说此举能在"秋老虎"逞凶的季节少生或不生痱子。晚上，一家人团聚在一起，品尝蘸着白糖或芝麻粉的糍粑，吃着鸭肉等好菜，盘算利用农闲时去干点什么，边吃边讲，一家老小其乐融融。

（佚名）

"七月半"二节的缘由

武平县部分农村农历七月有二节：十四为"人"过节，大多数人家会劚鸭子，招待亲朋好友；十五日为"鬼"过节，这天，当地百姓会去祠堂烧香、烧纸钱，土纸做的钱包上写上祖宗姓名，诵念"某某公、某某婆领钱"等语。

（雷继荣）

中秋节习俗

每年的农历八月十五为中秋节，也叫团圆节。在节前人们都买月饼赠亲友和小孩。家宴后，全家在月光下围坐，吃月饼，喝茶，小孩唱"月光光"童谣嬉戏。全家团聚在一起共享天伦之乐，直至夜深始散，谓之"逗月华"。

也有乡民趁月色明亮之时举行"扛山姑"游戏。他们用大的菜篮，围上女人衫，戴上面具，还要挂一串钥匙，转动时要发响，然后在菜篮中间穿上竹杠，以平衡为好，由一人祈祷保佑，"山姑"来了之后，报姓名，让"山姑"点岁数，也可猜出各家的牲畜多少等。20世纪20年代盛行一时，现已失传。

（佚名）

寿　庆

　　武平人的寿庆比较简单，少有繁文缛节。只在每年生日这天早餐时吃碗"粉干蛋"（或长寿面）过生日。因为从前人们寿命较短，很难活到50岁，故俗例从50岁就开始庆寿。男人称"做齐头"，以后60岁、70岁、80岁……每10年做一次；女人称"做一"，即"逢一"做一次，即51岁、61岁、71岁、81岁，也是每10年做一次。

　　"寿庆"多在生日当天进行。如有特殊情况，可提前但不能推后。寿庆时，一般晚辈亲戚，带着写就的祝寿红纸联（或镜框）、蜡烛、肉、面和其他礼品拜贺。经济比较宽裕的人家庆寿很隆重。庆寿这天，家门口张灯结彩，厅堂明烛高烧，挂大"寿"字，摆寿桃、寿面，大办寿酒，宴请亲朋，并向周围乡亲散发寿饼。外甥等主要亲戚，或独自或联合特制大型寿联、寿匾拜贺。寿联、寿匾造价较高，喷漆镏金，描花饰鸟，金碧辉煌，写上"福如东海，寿比南山"之类祝语，挂在厅堂上，富丽堂皇，使祝寿气氛更加热烈。作为女儿、女婿还要另外为做寿者添置从头到脚的衣物（但不能齐全，要故意少一件，如帽子或袜子，否则认为会折寿）。祝寿时，高寿者被拥坐在厅堂正中交椅上受拜。但也有不愿受拜者，怕拜了会"失福"，会更早谢世。

　　武平的俗例，有几种人不便庆寿：一是父母仍健在者；二是配偶不全或子、媳有缺者；三是子女不孝者。这几种人，庆寿了难免引人评说。也有个别高寿的人也不庆寿，怕大张旗鼓过生日，会引起阎罗王的注意，缩短寿命。

　　眼下人们寿命普遍延长，五六十岁并不稀奇，故此年龄的人也少有人庆寿。诞辰之日，小辈人或送上一些衣物，或来个家宴就算庆寿了。时下倒是小孩过生日比老人盛行，也仿效洋人那样，每年生日这天举行家宴，蛋糕上插着蜡烛，唱"祝你生日快乐"，有点儿洋气。

　　值得一提的是，在岩前东峰等一些地方，如果父母健在，自己过生日时，要将自己煮的"粉干蛋"（或长寿面）送给父母吃，感恩父母。而父母则不再煮粉干蛋（或长寿面）给儿女吃。缘由是自己的生日，正是父母的"苦日"（母亲分娩疼痛难受；父亲忙忙碌碌，担惊受怕）。此举值得提倡。

（文　光）

农历初一、十五烧香习俗

从前，当地人们认为，农历每月的初一、十五这两天是凶险的日子，初一决定上半个月的运气，十五决定下半个月的运气，所以这两天，特别忌讳骂人、吵架……如果初一（男婴）或十五（女婴）刚好有婴儿出生，那么出生的婴儿会有疾病，长大后运气不好，故主家报婴儿出生的日期时故意推后或提前一天。如果初一刚好有人去世，则认为这是"撞头膝（七）"，死者亡魂会东撞西闯，生人碰上后会有大难。为了保佑平安、纳福，农历的初一、十五这两天，村子里的中老年妇女（也有男性）会在自家的大门前点燃香烛，朝天祭拜，口中念念有词，祈求菩萨神明保佑平安、幸福，并燃放一串鞭炮，烧些纸钱，这两天同样还有不理发、不看病的习俗，长辈还会叮嘱小孩子不能学别人说话，否则菩萨会割掉小孩子的舌头。不过，随着社会的进步和科学文化知识的普及，延续这样烧香传统的人已越来越少了。

（彭维阶　彭庆培）

昔时民间的烧头香

从前武平境内很重视大年初一的"烧头香"。

清朝武平名士林宝树在《一年使用杂字》中写道："元初一，早开门，放爆竹，喜气新……拜了新年就出门，神坛社庙都去拜，祖公堂上贺新年……"这就是说，开门放了鞭炮后，向家中长辈拜年，随即赶早去祠堂、佛寺、神坛"烧头香"。

民国时期，武平县城是个小山城，人口不满1万人，街道不足1里长。每年大年初一开门后，到处是浓郁的节日气氛。各家长辈带领晚辈（一般是男的），穿戴整齐，携香烛纸钱鞭炮，有时天将拂晓，有时还在下半夜，三五成群去"烧头香"。除到祠堂家庙外，东城内的人到观音堂、土地堂，东城外的人到关帝庙、古山寺；南门的人到南山堂、二圣庙；西门的人到城隍庙、财神庙；北门的人到东安桥神庙、观音阁、定光殿、天后宫、财神庙、七圣宫、崇真观，焚香朝拜，鞭炮声此起彼伏，连绵不断。遇见熟人，都拱手恭贺新年，互祝新的一年升官发财、万事如意、身体健康。

更有特色的是岩前镇上人，年初一开门后，穿戴整齐，携香烛斋品即往狮岩定光古佛像前焚香礼拜。在路上大家都沉默不语，来去匆匆，与熟人相遇也不打招呼，唯恐不慎说出不吉利的话来。到了狮岩，慢步轻声走向佛像前，恭恭敬敬摆上供品。为表示虔诚，脚站八字，运气用力踩地上三四回，然后瞻视佛像行香，微闭双眼意念："八尺佛陀金身放金光，坐在宝座上，我家里人，心中有心炉点心香，香云朵朵供在佛前，香云上有莲花、桂花、菊花……环绕；佛前烛光照耀，空中悬挂宫灯，开遍神奇之花，下面黄金铺地，金光闪闪，一望无涯……"再默念咒诀："年初一，早开门，喜气新，早安岩，早行香，古佛前，点蜡烛，焚香火，烧纸钱，祈保佑，享太平，佛光照，普天下，居福地，福禄寿。"接着虔诚叩首，最后烧纸钱、放鞭炮。行香的善男信女络绎不绝，成百上千，但狮岩内却是肃穆宁静，无人喧哗，唯闻连绵不断的鞭炮声。

"烧头香"就是在新的一年中焚第一炷香，虔诚祈求神明、祖宗庇佑，在新的一年中五谷丰登，六畜兴旺，财源广进，全家安康，四季平安，事事如意。这是人们良好的祝愿、美好的追求。

（李坦生）

请客习俗

　　客家人请客，有"请客容易催客难"之说。客家人请客，必得"三请四催"。十天半个月前，早早下好帖子，说定因某事在某时某地请客，务必"大驾光临"等。当天早上或前一日，再次提醒中午或晚上几时定要光临。宴会前，再请。一般来说，贵宾总是姗姗来迟，必须多次催促。贵宾到，方得开宴。

　　客家请喜酒，很隆重。结婚请酒中，女方家客人是大客，必定迟迟才至，"三请四催"之后，早已过了时辰，在众人饥肠辘辘的盼望之中，舅爷等一帮人才缓缓而至。鞭炮早就响起，在众人的恭让和目光中，一直迎到第一席上座。座位也有讲究，主客、主宾等须一一按辈分依次排座，往往又不肯落座，一再谦让，但其实又绝对不能含糊，否则主客会拂袖而去。待主客坐定，鞭炮再响，方才开席。

　　正月请客最难。重要客人，你请，我请，他请，一般人很难请到，但往往又非请不可。常常为了请一贵客，再请些陪客，凑成一席，也好有人敬酒，增添气氛。可常常左等右等，贵宾就是不到。贵宾公务、应酬都忙，公事、私事不少，届时身不由己，临时就来不了，让主人产生"要请的没来，不一定请的倒来了一堆"的感觉。如果请的是女客，请一张桌，要准备两三张桌的饭菜量。过去客家妇女一年到头难得吃一餐像样的饭菜，逢年过节，或家有客人，在厨房做饭，不能上桌，吃些剩菜剩汤而已。好不容易有人请，打扮得清清爽爽，拖儿携女，提着篮子赴宴。女人做客，没有空手的，总要带些贺礼，还要带上小孩，或背或牵或抱。小孩不上桌，拿个碗就在旁边，一开始动筷，女客就得先给孩子夹菜。小孩子最幸福的时光是做客，有爆米花、花生、糖豆等东西，由人抓到口袋。女客散席，主人要回礼。客家请客，繁文缛节很多，是一个时代的印记，如今也慢慢淡化了。

（赖志斌）

请客席位趣谈

客家人好客，而且注重礼仪，请客席位的排列也有许多讲究，久而久之，便形成独特的习俗，代代相传。

客家民间饮宴大多用方桌，俗称"八仙桌"，亦有用圆桌者，但为数较少。规模有仅一桌者，有两桌者，有三桌以上者。桌席的多少决定了排法的不同。凡两桌以上的饮宴，桌席之间的距离要适当，各个座位之间的距离要相等。此外，民间还极讲究"首席"和"末席"的排法。哪里设"首席"，哪里设"末席"，视当地习俗和饮宴厅堂的具体情况而定。因为别说整个汉族或整个客家民系，就是一个民系中的各个市县，甚至一个市县中的各个乡村，其席序和座序的习俗也千差万别，不存在一个统一的模式。这里只能拣较为常见的三种模式，略加介绍。一是靠近大门的左方室壁前设"首席"，二是正对大门的室壁即神像的正中前设"上席"，三是合五桌者则以四桌之间位置设"首席"。"末席"的位置较随便，可根据饮宴场所的具体情况灵活掌握。

下面是席序和座序的图例。

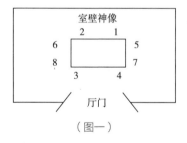

（图一）

图一所示就是正对大门的室壁即神像正中前设的首席，一席八人正座席的座序与此相同。末座者一般是第二主人或受主人委托的亲属辈，在饮宴时负责接菜、端盘、筛酒、递烟，起服务员的作用。下列各图与此同，不另述。

倘入厅门的两边加两桌，则成"品"字席，以"中"为首席，如图二所示。

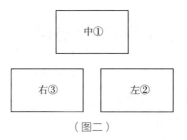

（图二）

设二席直列正向，其席序和座序的排法如图三所示。

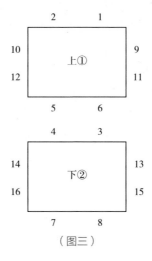

（图三）

设二席横列正向，其席序和座序的排法如图四所示。以靠近大门的左方室壁者（左①）为"首席"。

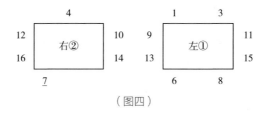

（图四）

此外，尚有三席横列正向排法者。这种排法的席序和座序均以中席为上，左席次之，右席又次之。因所需厅堂面积甚大，故此种情况较为少见。如图五所示。

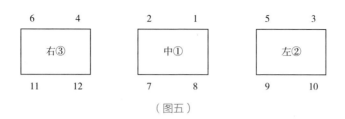

（图五）

侧向的座序较随便，故不书。

此外，尚有四席正向排法者。这种情况甚为普遍。一般均以靠近大门的左方室壁者为"首席"。如图六所示。

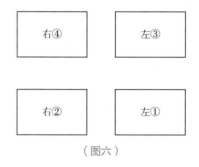

（图六）

上述为民间方桌的席序和座序安排的一般情况。这种安排一方面是为了表示礼貌或隆重；另一方面也是为了表示符合社会规范和伦理规范，所以称之为席序礼仪和座序礼仪。除方桌之外，民间也有用圆桌的。圆桌的席序和座序的安排方法，较之四方桌，有同也有异。

仅一席者，摆在正对大门的室壁即神像的前面。座序如图七所示。

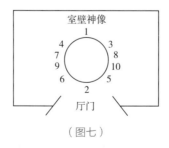

（图七）

两席以上的座序仍同图七情况，其席排法大抵如下：

二席横排者

二席直排

三席横排者

三席"品"排者

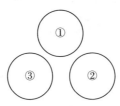

四席正排者

五席花排者

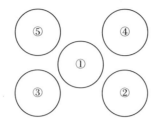

六席横排者

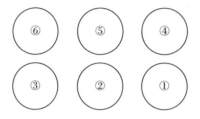

六席直排者

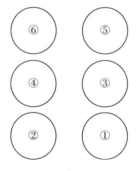

一个正厅排七席以上者，在客家地区极为罕见。故不谈。

客家的席序礼仪与座序礼仪大致如上所述。所谓"大致"，是因为各地习俗不同，所以有许多例外情况，或者与上述截然相反，孰是孰非，应以当地民众是否接受为判断的标准。

明白席序和座序之后，仍须明白宾主入座时的先后顺序。所有这些，都不是"家喻户晓"、人人明白的。为了避免差错，较大型的宴会都请有"司仪"，即请熟悉各种礼仪的先生专司其职，在主要的宾客面前拱手唱喏并一一引导入座。待主要宾客坐定后，其他宾客可随便入席就座，无须"司仪"——引导。不过，该坐何席何位，心中也应当大体有个数。

入座时的顺序，一般须遵循下列礼仪。

第一，若所请辈分有高低，则按"长幼有序"的原则，辈分低的应逊让在后。

第二，若所请关系有亲疏，则按"亲疏有别"的原则，疏者应逊让在后。

第三，若所请都是平辈，则主人应坐第一席亲自把盏。

第四，若长辈请晚辈，则晚辈亦应逊让在后。

第五，按客家一般习俗：凡寿诞宴则由寿星入首席首座；凡婚宴则由送嫁人（多为新娘的哥哥或弟弟）入首席首座，即使还是一个正在流鼻涕的孩子，也不能例外；凡三朝回门宴则由女婿入首座（若外氏有生母或养母的，则以养母为尊）；凡丧者为男则族长入首席首座，若丧者为女则由外氏入首席首座；凡祭祀宴（俗曰销蒸尝）则由族长入首席首座，次以功名高低为序（不受贫富影响）；凡筑坟宴由堪舆先生入首席首座；凡雇请工匠宴则由铁匠入首席首座（理由是泥瓦匠和木匠的工具均为铁匠所制，若论构屋建房之贡献当推泥瓦匠为大，木匠次之，而铁匠最小）；凡毕业宴则由学生之启蒙老师入首席首座；凡其他喜宴则由地方官或教师或族长或士绅入首席首座。如此等等，不一一赘述。说明不是所有筵宴都是按"长幼有序、亲疏有别"的礼仪来安排席序和座序的，须视筵宴的主题等具体情况区别对待。

（王增能）

第一席"上横头"变迁的传说

　　传说乾隆皇帝下江南的时候，拟调查"民间习俗"，遂化装成乞丐。乾隆来到一个村庄，刚好遇上有一家结婚设宴席，那时客家人的习俗是就否认身份高低所有人都可以参加，只不过身份低的人坐的是最差的座位。那时第一席是最大的，也就是在厅堂屏封算"上横头"，坐的是最尊贵的人士。乾隆因装作乞丐被安排坐在左檐边的一席上，宴席完后，他没有走，在这里住下，又刚好住在新郎的隔壁。半夜后，他听到了新郎对新娘说，今天的夜晚实在太短呀！乾隆听到后，就在木墙壁上写了这样一首诗："你嫌夜短我嫌长，阳包阴来阴包阳，明年一定生贵子，贵子定为状元郎。"后来他家人发现这首诗，才知道原来他是乾隆皇帝，接下来人们就把皇帝坐过的位置作为上横头——左檐边上的席位为第一席，第一席的上横头为最尊贵客人的席座。那小孩长大后带着那诗也考上了状元。于是这个习俗流传到现在。

（蓝贵辉　蓝国富）

武平的宴席"八大碗"

　　宴席是中国社会形态的一个典型缩影，古代的宴席自有一套繁文缛节，今人恐怕难以窥其全貌。在客家地区，至今人们把赴一场丰盛的宴席称为吃"八大盘（碗）"。八大碗酒席具有浓厚的乡土特色，八大碗往往用于宴客之际，每桌坐八个人，上八道菜，都用清一色的大海碗。这八大碗究竟有何内容，今人知之甚少。近日，笔者走访了林天赐先生（66岁），他的祖父做过民国县级官员，他小时候听祖父讲过不少排场的宴席，据他回忆，武平客家的八大碗主要形式如下。

　　旧时一般分"上席"和"下席"，这是按宴席的时间顺序划分的。上席：一般先上比较普通的和填填肚皮的菜肴（俗称粗货），通常有猪肉、粉丝（葛粉）、鸡公和鸭子。然后撤下上述菜肴，上"四分斋"，主要有：炒金针菜花、腌菜、香菜、黄瓜，之后上四碗汤料：明甫（目鱼）汤、豆腐丸汤、鱼子汤、肉丸汤等。这上面的称为上席。上席撤去之后，稍事休息，再上菜肴，则称为下席，下席有四炒——炒猪肉、炒牛肉、炒猪肚、炒杂（猪内脏），下席要先上一些水果、糖果，旧时一般水果不多，糖果主要有兰花根、冬瓜线、瓜子等，大体情况就是这样。

（林东祥）

武平"翔翼宴"

"翔翼宴"不但排场、阔气，而且有很深的文化底蕴。翔，回旋而飞的意思，出自《楚辞·九章·怀沙》："凤皇在笯兮，鸡鹜翔舞"，意为即使远走高飞，亦不忘故乡；翼，遮护，出自《诗·大雅·生民》："鸟覆翼之，"意为苍天和祖宗会保佑我们平安、吉祥；宴，喜乐之意，出自《左传·昭公二年》："衡父不忍数年之不宴。"武平"翔翼宴"是用来招待远方来的贵宾或久别故里返乡的乡贤，由当地绅士、达官，德高望重的当地耆宿作陪的一种在当地来说最高等级、最儒雅的宴席。

武平翔翼宴的主要内容如下。

1.酒席中的"首席"用方桌，坐六人或八人；后席可用圆桌，每桌八人或十人。

2.摆好洗干净后反复擦拭的碗、筷、汤匙（包括放汤匙的小碟和放筷子的"瓷架"），然后摆上盛有猪胆肝、腊香肠、红烧猪鼻子、红烧猪耳朵的四个小劳盘和四个装有时鲜水果的小果盘；四个小盘的点心（如花卷、糕子等）；两个小碟，装上好酱油、食醋、辣酱。每个席位上放置若干个用土纸折成的"纸角"（供拭手用）。

3.菜色。

（1）十大碗主菜：①"燕翼翔舞"：粉丝配以瘦猪肉丝、虾米、香菇、茶油、青葱段、沙茶粉、胡椒粉。用好酱油、精盐等烹饪而成。②"圣母降祥"：老母水鸭配上建莲、香菇，用文火炖制而成。③"五福临门"：猪肚、猪肺、猪小肠、猪尾巴、少许五花猪肉，配上冬笋干（或用笋干亦可）、鱿鱼（或乌贼）炖汤而成。④"三羊开泰"：小山羊羔，配生姜、红枣、枸杞。⑤"祥云送福"：以香菇为主料，配瘦猪肉、冬笋，将瘦猪肉切丝，拌上少许地瓜粉，用武火快炒而成。⑥"春满人间"：用发酵面团，切成小团擀成面皮；用猪网油包上瘦肉、香菇、鸡蛋为馅料，包在面皮中间，用茶油煎制而成。⑦"关羽巡城"：将刚发育成熟的番鸭，去毛、去内脏后，用水煮熟，晾凉后，切成大小适宜的块状，放在旋转盘中，用熬制好的姜汁、大蒜汁、青葱趁热淋在鸭肉上。⑧"三星拱照"：用武火炒切好的猪肚尖、猪心、猪肝，配上少许的芹菜。⑨"福寿绵长"：甲鱼炖汤或红烧糖醋鱼或炒鱿鱼丝。⑩"东坡赠文"：用五花猪肉或猪前腿肉红烧后焖笋干。

（2）外加四中碗的肉饼、肉丸、猪肾、猪舌头，或用鱿鱼肉片或黄鳝或石卵，用武火快炒。后人曰："四季平安"。

（3）两大盘点心（代替米饭）：饺子、糖沙包（内包精制的山柑子）。后人曰："双喜临门"。

4.出菜顺序："燕翼翔舞"为首，"东坡赠文"为末；先出席的四大碗的容具要与四个中碗（盘）相间，然后陆续出席完大碗菜。

5.宴席时间：前后约一个半小时；但一定要待全部菜肴出完后，客人方可离开。

6.注意事项：武平"翔翼宴"的主菜均应以本地产品为主，海产品（如海参、燕窝、虾或人参、鹿肉等）、舶来品只能当配料使用，以突出地方风味。

（罗炳星）

武平古代城关地区的宴席与烹鲜技术

俗话说："民以食为天。"人要生存，就得吃饭吃菜，而且总希望吃得好一些。但是同样的菜料，做法不同，技术有别，食味也就各异。

烹饪技术是祖国的文化遗产。好的烹饪都讲究色、味、香、形。孙中山先生在《建国方略》中，对此作了极高的评价：

我国近代文明进化，事事皆落人后，惟饮食一道之进步，至今尚为文明各国所不及，中国所发明的食物，固大盛于欧美，而中国烹调法之精良，又非欧美所可并驾。

武平县虽地处偏僻山区，但对饮食亦极讲究，前人利用本县的山珍与外来的海味，巧做出不少精美的佳肴，具有独特的地方风味。可是后来，战乱频仍，民生凋敝，昔日宴席上的豪华与讲究，每况愈下。新中国成立后，特别是党的十一届三中全会以后，农村经济迅速好转，随着物质生活水平的提高，人们对宴席的质量也有了较高的要求。现在城关地区的宴席，不但逐渐恢复当年传统的席面，开始注重质量，讲究技术，而且有所创新。

最近，我访问了城关地区已是耄耋之年的老厨师李炳文、曾昭武，他们叙述了以前酒席中天青、翔翼、燕窝三种席面的内容，以及几种名菜的制作方法、风味特点等，今特整理如下。

自晚清到民国，百年来武平县城关附近的酒席，计有三类菜单，即"天青"（学名鳐鱼）桌席、"翔翼"（学名鱼翅，即经过加工的鲨鱼鳍）桌席、"燕窝"（"燕窝"为金丝燕吐出的经过凝固的胶状物）桌席。天青桌席是比较低级的桌席，共八大碗。首先出桌的是天青，最后出桌的是色酱猪肉，其余六碗菜可随便凑数。翔翼桌席却比较讲究，计有大小盘及点心水果碗菜达二十八种之多，而且咸、甜、酸、辣、炒、烧、蒸、炖、焖，样样齐备，不可随便充数。下面是翔翼桌席的内容及几种菜肴的烹调方法。

（一）翔翼桌席的内容

（1）翔翼酒席中的前桌席，多用方桌，坐八人，亦有坐六人的，叫开席桌，后席可用圆桌。

（2）客人未入席前，桌面上必须摆好酒杯、筷子、汤匙（包括盛汤匙的小碟）：四个小荤盘——猪胆肝、腊鸭、香肠、卤蛋；四个水果盘——柑子、荸荠、甘蔗、梨；四小盘点心——烧饼、薄脆、页饼、木鱼（用面粉和鸡蛋制成，形似佛家用的木鱼）；四个小碟——酱油、辣酱各两小碟。每个席位放上草纸折的"纸角"一个（拭手用）。出桌的菜必须有十海碗（指大碗）、四个七寸盘的炒菜、两大盘点心。

（3）翔翼桌的菜单。

十海碗——翔翼、斩鸡、养鸭、猪肚肺、甲鱼、海参、甜醋鱼、墨鱼、羊肉、扣猪肉（或鱼泡、肉圆、莲子薏米甜汤、烧兔等）。

四个七寸盘——肉饼、春卷、香菇盒、腰肝花（或用红白肚、鸡胚花、荣鱼筒、炒黄鳝、炒石卵等）。

两大盘点心——饺子、糖包（或用荷叶包夹烧肉）。

（4）出菜次序——"翔翼"为首先出桌的菜，扣猪肉为最后出桌的菜。十海碗中先出桌的四碗菜要与四个七寸盘菜相间出桌，然后陆续出下六碗菜。

（二）燕窝桌席

燕窝桌席，是武平县最高级的酒席，只有大官来县视察或民间富有之家娶亲、祝寿、冥诞时方有使用。其菜单特点，是在翔翼桌席的基础上特加一碗冰糖燕窝，这碗菜是最先出桌的。第二碗菜是翔翼，这碗菜在翔翼桌席中，一般鱼翅拌洋粉丝合煮，而燕窝桌席中的鱼翅则应是全碗，只能用香菇、虾米、猪肉丝等佐料煮之。最后出桌的是烧猪仔肉，又名烤肉。其制法：将20斤左右的乳猪仔宰杀干净后，用特制的二指粗的铁条，穿入猪的头部直插到尾部，放在火盆上面，用通红的条炭火焰烤熟。烤时在猪的全身涂上拌有香料的酱油，边烤边涂，烤到猪皮酥脆时即可。食时切成小块，滴少量芝麻油。

（三）翔翼桌席中几种菜肴的烹调技术

1. 翔翼

原料：鱼　翅——三两　　　　瘦猪肉——一两

　　　虾　米——二钱　　　　洋粉丝——四两

干香菇——三钱	茶　油——四两
葱　段——少许	胡椒粉——少许
酱　油——少许	精　盐——少许

制法：

（1）鱼翅、洋粉丝、干香菇用温水浸泡，鱼翅用手撕成条块，香菇瘦肉切成细条。

（2）待锅内食油热时，先放下虾米瘦肉，炒几遍，投下香菇、洋粉丝、鱼翅、精盐，迅即翻炒均匀，放下酱油、清水（水能没粉丝即可），煮至汤汁浓稠，粉丝软熟时，撒下胡椒粉，稍翻动几下，起锅，菜面上撒上葱段。

特点：此菜黏稠软滑，味浓可口。

2. 养鸭

原料：黄　鸭——二斤左右	莲　子——一两
干香菇——二钱	酱　油——少许
瘦　肉——二两	精　盐——少许
糯　米——三两	葱　花——少许

制法：把活鸭宰杀，去毛，剖开鸭腹，取出内脏，洗净鸭身，切下头、颈、足；用温水浸泡干香菇（去足）、糯米、莲子（去心）；将香菇和瘦肉末，放入精盐，拌入糯米、莲子搅拌均匀，装进鸭的腹腔内，鸭腹向上放到海碗内，鸭的两旁放头、颈、足。投下少量盐、酱油和开水，置热锅里去蒸，起初用旺火，后用小火煨炖，烂熟时，撒上葱花即成。

特点：此菜肉烂鲜美，香气浓郁，有降火滋补之功。

3. 海参

原料：海　参——六两	冬笋片——四两
瘦　肉——二两	干香菇——二钱
酱　油——少许	葱　段——少许
食　油——七钱	虾　米——少许

制法：

（1）用温水浸泡海参，投入锅内，以旺火煮三四小时取出，用刀剖成两片，去其内脏，放在清水里浸泡半天或一天，切成长条（约小指长）薄片，香菇去足浸泡。瘦肉切薄片。

（2）将食油倒入锅内烧热，放下冬笋片，炒几下，放下香菇（水发）、虾米、瘦肉（切丝）、海参，翻炒几次，再倒入清水一碗，用旺火煮十分钟，撒下葱段即成。

特点：此菜爽口鲜美。

4. 羊肉

原料：羊　　肉——二斤五两　　　酱　　油——少许

　　　生　姜——一两　　　　　精　盐——少许

　　　蒜　头——一个　　　　　食　油——一两

制法：

（1）将整块羊肉和姜煮至烂熟，切成小块。蒜头去皮切片。

（2）锅内食油热时，将羊肉、蒜片投下，炒几次，放下适量的羊肉汤，旺火煮十分钟即成。

特点：此菜羊肉无膻味，肉鲜烂熟，极为可口。

5. 香菇盒

原料：瘦　　肉——六两　　　　酱　　油——少许

　　　干香菇——五钱　　　　　葱　段——少许

　　　冬笋片——三两　　　　　食　油——少量

　　　薯　　粉——少许

制法：

（1）将瘦肉剁成肉糊，放少量薯粉及盐，搅拌均匀，选完整的比镍币稍大一点的香菇两个（已浸泡去足的），取肉糊一小团夹在两个香菇之间，做四十个左右，放蒸笼里蒸熟。

（2）待锅内食油烧热时，放入笋片煎炒片刻，把蒸好的香菇盒投入锅内，翻炒几次，放下酱油及一小杯热水，再翻炒几次，铲到盘上，放上葱段即成。

特点：此菜爽口鲜美。

6. 炸春卷

原料：网　　油——三张　　　　葱　　花——少许

　　　瘦　肉——四两　　　　　胡椒粉——少许

　　　干香菇——二钱　　　　　薯　粉——少许

　　　虾　米——三钱　　　　　精　盐——少许

　　　鸡　蛋——两个　　　　　食　油——七两

　　　面　粉——三两

制法：

（1）将瘦肉、香菇（去足浸泡）、虾米剁成末，加入薯粉、盐搅拌均匀，放到盘里上锅蒸熟，取出，切成三四寸长的条块，再用网油（猪肚子里网状油脂）把它卷成竹筒状。另用大碗放入面粉、鸡蛋，加清水少许，搅拌成糊状。

（2）将卷好的竹筒状春卷，蘸上面糊，放到滚油里烧炸。食时切片装入盘内，撒上葱花和胡椒粉即成。

特点：此菜酥脆味鲜，香气馥郁，佐酒最宜。

（钟佩英）

宴席菜谱点滴

　　客家人在饮食方面常常图个吉利。凡是结婚、祝寿、建新房请客，席面往往非常丰盛。一般每桌有十几大碗菜。以前客家人宴会分"天青席""海参席""燕窝席"。平常人家请客办"天青席"，每桌十二大碗菜，有钱人家请客办"海参席""燕窝席"每桌至少十六大碗菜。通常每桌都有三丸、三肉、三海味。"三丸"指猪肉丸、牛肉丸、鱼丸；"三肉"指猪肉、牛肉、鸡肉；"三海味"指天青、海参、淡菜。其他有笋、肉、白斩鸡、白斩鸭等。现在随着国民经济的发展，人们生活水平的提高，席面更加丰盛，每桌多至十八九大碗菜，有羊肉、狗肉、鸽子参汤等。

　　客家人结婚请客，第一大碗菜是莲枣汤。用莲子、花生仁、红枣三样加白糖煮成，清甜可口，其含义是祝贺新婚夫妇喜结连理，早生贵子。老年人做生日祝寿，第一大碗是长寿面（炒面），其意义是祝贺老人健康长寿。建新房请客，第一碗是煎豆腐，里面放些肉桂末，又香又可口，其含义是"头富"（武平人"豆腐"与"头富"谐音），祝贺主人会赚钱发财，成为头等富裕的人家。

　　过年那天晚上，一家人围聚在一起，欢度春节，会准备许多菜，其中少不了鱼肉，其谐音是年年有余（鱼）。到了大年初一早上，吃的是斋菜（没有鱼肉），即豆腐、蔬菜等。因为过年吃了那么多肉类，第二天早上吃些蔬菜可以调节肠胃消化能力，有利于身体健康。初一早餐时，做父母的会叫孩子多吃葱、芹菜、豆腐之类，意思是吃了葱，孩子读书会更聪明；吃了芹菜，读书、劳动都会很勤劳；吃了豆腐，长大后会发财致富。这是客家人在年初一那天讲求吉利的早餐。这样既有利于身体健康，又有教育意义。

（罗汉钦）

武平"酒令"文化浅谈

客家人好客，早已闻名中外。武平乡间农民，一般喜欢喝酒，而且酒量较大，绝大部分家庭会酿酒，所以逢年过节、喜庆红事或有客人到来，都要拿出好酒、好菜招待客人，并殷勤地向客人敬酒，以示热情好客。武平人敬酒的规矩与上杭、长汀、永定基本相似，开始时先给客人斟酒，然后举杯欢迎客人并请其他陪客一起喝酒、吃菜，吃一段时间后，主人要举杯向客人表示祝福，邀客人干杯，再给客人斟酒，请客人用菜。酒过三巡之后，客人可回敬主人，陪客者也可随意敬酒。据老人说，敬酒有一定规矩，敬酒即要一手按在胸前（表示诚心诚意），一手端着酒杯与被敬者一一碰杯，而且自己的酒杯要比被敬者的酒杯低一些（表示尊敬），然后举起酒杯自己先喝完（表示全心全意），再请被敬者干杯。宴席的菜出完后，主人要邀请客人猜拳。

猜拳是一种佐饮助兴的游戏，两人对猜，出拳伸指，猜对双方出指总数者为胜，输者喝酒。猜拳不单是一、三、四地喊数字，而是代之以民间的祝福、吉祥话语。武平乡间的习惯是猜拳前，双方拱手相敬，有些还会客气地说一声"向你学习""请多指教"等，然后双方同叫"全福寿"，接着出指。开始时先猜三拳，主要说些吉利话，不管谁输，都不喝酒。接下去就是正式开始，猜拳时，一般用本地话，习惯为三拳定输赢（猜三次，输两次喝一杯酒，一般用小杯），常用十酒令为：

其一，喊"一定高升"或"一定中"，旧时还喊"当朝一品"等；

其二，喊"双生贵子"，现在还有叫"俩相好""哥俩好"等；

其三，喊"三元及第"或"三及第"、"三星高照"（三星为福星、禄星、寿星）；

其四，喊"四季发财"或"四发财"、"四鸿禧"；

其五，喊"五子登科"或"五登科"、"五魁首"、"五经魁"；

其六，喊"禄位高升"或"禄高升"、"六六大顺"；

其七，喊"乞巧"或"七个星"、"七星伴月"；

（民间传说：牛郎织女每年农历七月初七日夜晚才能天河相会。这天夜晚民间旧俗妇女要用酒脯、瓜果在院前摆开香案，用五色线对月穿七孔针，穿过者为"巧"，妇女们祈求织女保佑施巧于己，故称"乞巧"。而"乞"

与"七"谐音。）

其八，喊"八仙过海"或"八福寿"、"八匹马"、"八马双杯"等；

（"八匹马"是指在古代高官乘坐八匹马拉的车，显示权威，"双杯"是指如果双方都出四指，输者要喝两杯。）

其九，喊"九九长"或"快快来"；

其十，喊"满堂红"或"全家福禄"、"全来到"、"统统到"。

空拳（双方都未出指）喊"宝一对""宝对"。

猜拳出指也有一定习惯（规矩）：出一个只能出拇指；出两个只能出拇指和食指；出三个要出中指、无名指、小指；出四个要出食指、中指、无名指、小指。俗称"上不出三，下不出二"，出一个拇指时，只能侧出或斜出，不可竖出，否则会被人认为高人一等，不礼貌。

猜拳开始时两人对猜，输了三次后，一般输者再邀别人猜。也有的人"打通关"与本桌的每人猜三拳。

武平乡间不会饮酒、不会猜拳的人，也对猜拳很感兴趣，猜拳声起时，酒席四周常常围满妇女、儿童，欣赏像唱歌一样的猜拳声，看他们喝酒作乐的热闹场面，主家则断断续续放些鞭炮助兴。喝彩声、喊叫声此起彼伏。此时，可以看到人人都有一股不服输的劲，谁也不愿甘拜下风，如此轮番喝叫，最终是"家家扶着醉人归"。置身其中，既能看到农村祥和温馨的生活景象，又可领略民间酒文化的浓厚氛围。

农村岁时重要节日概况

节日名称	时间（农历）	主要活动内容
春节	正月初一	祈祷、拜年
立春	立春日	放鞭炮、迎春牛
元宵	正月十五	闹花灯
清明	清明日	扫墓、悼念先人
端午	五月初五（或初四）	挂菖蒲、包粽子
尝新禾	六月初六	做粄请亲友
乞巧节	七月初七	女性比赛刺绣手艺
中元（普度）	七月十四	劚鸭子，请亲友
中秋	八月十五	赏月、吃月饼
重阳	九月初九	登高，向老人祝贺节日

节日名称	时间（农历）	主要活动内容
冬年	冬至日	劏鸡，庆贺丰收
入年界	腊月廿五	搞卫生、筹备迎新年物资
除夕（过年）	腊月最后一天	祭祖、全家团聚吃年夜饭

（四文　辑录）

（林玉声）

中山旧时婚姻习俗

旧时，中山民众的婚姻形态与其他客家地区大致相同：要遵循"父母之命，媒妁之言"；相信天命，要"八字相合"；讲究门第，要"门当户对"。一般是一夫一妻，亦有一夫多妻者。结婚年龄一般很早，据武平县政府1937年风习调查记载，当时男女的平均结婚年龄为女15岁左右，男24岁左右。

从提亲到结婚大致有如下步骤：论八字—过彩—踏人家—小札—大札—送日子—归门。双方都要遵从约定俗成的婚姻禁忌：（1）同姓不通婚。（2）不与结仇家族通婚。（3）戴孝期间不迎亲。（父母死，孝期3年；祖父母死，孝期1年。无人操持家务的特困户，经族长许可，可借服完婚。）（4）嫁奁中不能有席子。（因为"席子""戏子"谐音，而旧时娼妓的别称也是"戏子"。）（5）新床不垫棉被，只铺早稻秆为垫（取"早生贵子"之意）。（6）忌将衣服借给他人作嫁衣。（旧时有句俗语："宁借给死人装殓，不借给新人妆嫁。"）（7）新娘出嫁时不穿线衫（因为线衫多空洞有"不真心"之嫌）。（8）两支迎亲队伍相遇各占高处，两位新娘互换手巾，表示不分高低；两支迎亲队伍同路同方向，则要努力争先行。行人碰上迎亲队伍，宜跑到高处以避"新娘煞"。（9）拜堂时，与新娘属相相克者，当避开不宜观看，否则对新娘不吉利。这些陈规陋习，束缚了人们的思想，捆住人们的手脚，也拆散了一些有情人。

旧时聘金多，据1937年武平县政府的调查资料，那时一般是200～300元法币（相当于银元200～300元）。后来由于国民党法币币值不稳，均改用谷子计算，一般为30～50石谷子。讲定以后，从总数中减去1元或者1石，尾数留个"九"，意为"久久长"。除钱（谷）外，还要鱼肉、鸡鸭、蛋饼等。而女家则要置办一整套的嫁奁，从被帐、衣服到尿桶、脚盆、火笼，一应备齐，出嫁时跟着新娘一起送去。当时流传这样的俗语："上等人家垫钱嫁女（因为除床铺、衣服、首饰、箱柜、用具外，还有陪嫁田、压箱角银等，价值往往超过聘金），中等人家将钱嫁女，下等人家赚钱嫁女。"

到了"过门"（迎亲）那天，择定时辰，抬着花轿，有人在轿前举着两个大灯笼，吹鼓手吹吹打打，轿后跟随一串挑着抬着的嫁奁，最后面是媒婆提着火笼，火笼上面放一双新娘的绣花鞋，一行人来到女家。上轿时辰一到，燃放鞭炮，鼓乐喧天，父亲扶着女儿出家门上花轿。花轿有门，要关起来上锁。男家大厅门口的空地中间放一面爬篮（竹制用具，扁圆形，直径约1.2米，高约20厘米，用来筛米、晾晒存放食物等），花轿要停放在爬篮上面（爬篮象征八卦，意为新娘到了夫家，大吉大利，夫妻白头到老）。进门时辰一到，即放鞭炮，奏乐，新郎开轿锁，扶出新娘，由福寿齐全的亲属老太婆捧给白糖豆腐一碗，意为"合水色"（和水土），吃了夫妻恩爱，全家和睦，水土调和，身体健康。再进大厅行婚礼。点亮花烛，新郎、新娘烧香，先拜天地，后拜祖宗、高堂，再夫妻互拜。礼毕，散喜糖。新娘由媒婆扶入点亮花烛的洞房，新郎为新娘掀去红头巾，小两口合卺交杯，俗称"打交杯"。交杯酒一般不用酒杯，只在碗中放个红蛋加点米酒代替。新郎先夹一块红蛋给新娘吃，新娘也同样表示回敬。至此，婚礼便告结束，接下去便是摆宴请客了。通常女客午餐，男宾晚席，不论人数多少，一般当天结束。

婚礼那天晚上还要"闹房"。在新房里摆上酒席、瓜果、茶烟，邀请亲朋好友来，与新郎一起团团坐，新郎要坐在床上。（新娘一般是不参加的，后面来斟一次酒，客人们要给红包作见面礼。）先由有福气、有身份的长辈"打景"：抓几粒红枣、莲子、花生掷在床铺上，同时提高嗓门喊"早生贵子""白头到老"等好话。然后一边放鞭炮，一边喝酒、猜拳，笑语喧哗，以戏耍新郎、千方百计使新郎喝酒取乐。直至深夜，杯盘狼藉，满室酒气，甚至新郎醉倒，众人也醉醺醺了，才尽欢而散。

由于聘金要价高，婚礼烦琐，请客劳神伤财，许多人家是无法负担的，甚至有些余钱剩米的小康之家亦难于应付，故当时收养童养媳颇为盛行。童养媳有的一生下来就被抱走，由婆婆家喂奶抚养，有的三四岁至七八岁被背走，极少数是十岁以上被带走的。抱养童养媳时，一般由婆婆用网罩上背回家，因为迷信说法，网有避邪的功能。个别有钱人家也有雇花轿抬回家的。抱养童养媳之前，两家要互换庚帖，论八字，若生辰八字不合，男家是绝不要的。两家都同意后，通常男家会付给女家数量不多的一些钱。这样一来到圆房时就不再花什么钱了。过几年长大些可以圆房了，由男家通知女家，通常还会送些聘金和"三牲"之类给女家。与此相应，女家也送一些嫁妆和新郎的衣鞋回礼。家境较宽裕些的也会请一些客人；家境贫穷的为了节俭，则在大年三十完婚，或者只给小两口各煮一碗面条、两个红蛋，最多加一只小母鸡了事。

有些夫妇婚后几年未生育而抱别人的女婴抚养，待生了儿子长大后让他们结为夫妻，这种抱养的童养媳俗称"等郎妹"。等郎妹都比其男人年龄要大，个别有大十几岁的。旧时流行一首歌谣：十八姐嫁三岁郎，夜夜要人抱上床，不是看你爷娘面，脚板一踢见阎王。形象地描述了等郎妹的苦楚和愤懑。

有些上了年纪的父母，没有儿子，只有女儿或养女，或者只有没等到"郎"的"等郎妹"，为了继承香火和家业，则招赘一个男子。婚后，男的做儿子，女儿当儿媳妇。一般说来，男的大都不愿入赘，尤其是长子，家里再穷做父母的也不让走。但有少数由于家里赤贫确无能力娶妻，或出于其他原因（如父子关系不好被逼出家门）而自愿入赘的。招赘婚须事先征得双方父母的同意，否则隐藏着许多纠纷，因这种结合涉及子女归属和财产继承等问题。入赘前，男子与女家订好契约，明确写上男子与女家的关系及双方的权利与义务，规定生育的子女是随母姓或随父姓。一般是子女随母姓，也有长子随母姓、次子随父姓的。入赘的男子须改为女家的姓，按女家兄弟的辈分取名，并与生身父母脱离亲子关系，才能上女家的族谱。结婚那天，一般女子要暂离开家，到了吉时回转家门，以示身份改变，从女儿转变为媳妇了。此外，也有个别寡妇，年轻但未生育儿女，又不愿离家，为继承亡夫的香火和家业，经家族认可而招赘的。

旧时还有一种婚姻形态叫作"转亲"，是嫂嫂或弟媳夫死无儿女而转嫁给小叔子或大伯子的。绝大多数是由于女方与夫家感情好，家庭生活尚可，与公公、婆婆、兄弟和睦相处，不愿另嫁他家。转婚前，必须得到全家和家族的同意，族长或房长首肯，结婚时要请客，以取得亲友和社会上的认可，否则会被人认为是乱伦。一般兄死嫂嫁小叔子的情况居多，弟媳嫁给大伯子情况极少。

"二婚"的情况是常有的。第一种是女的犯了封建礼教"七出"（无子、淫佚、不顺翁姑、多言、盗窃、妒忌、恶疾）中之任何一条，被丈夫休掉，回转娘家改嫁。第二种是因夫妻感情不好，婚姻破裂，被夫家休弃而改嫁。第三种是夫死后，寡妇改嫁，或带着子女改嫁。旧时女子再嫁，不能坐花轿，只能坐"暗轿"（椅子外面有一个竹框架，遮裹着深蓝色或黑色的土布），而且只能在半路上上轿，娘家和原夫家是不让其在家门口上轿的。

还有一种"二婚"是男子丧妻后的续娶（又称为"续弦"）。续娶的男人一般婚后要备礼物带着后妻到前妻的娘家，让后妻认前妻的父母为干父母，被称作"认外家"，以保持亲戚关系。

（李坦生）

旧时岩前一带嫁女习俗

旧社会如果女子原定18岁出嫁，男方的父母就会提前数月选好"吉日"，邀同媒人，备齐聘金送到女家。这就叫作"齐银送日子"。

这以后的日子里，女方父母便开始忙开了：购买蚊帐布、棉花、鸳鸯枕、出嫁时新娘穿的红衣布料、平时穿的四季衣服布料等。随后便请来裁缝师傅、弹棉花的师傅等，赶在良辰吉日前完成裁剪制作蚊帐、新娘衣服、棉被等。还得准备好女儿归门后使用的红凳子、火笼、浴盆、马桶、扁担、水桶等所有生活用具。如果是有钱人家，还会置办女儿、女婿的棺材（棺材用红漆色。以示吉利，不晦气。且在扛棺材的龙杠上绑上灯盏或灯笼，这就成了有官、有财、有丁了），这就叫作"全副嫁妆"。也有把女儿当儿子看待，分给一份田产的，这就叫作"嫁奁田"。女儿也日夜忙碌着，并请妯娌帮忙赶制男方一家小孩每人的一双布鞋，这有含"百年偕（鞋）老"之意。所有嫁妆都是在迎娶那天，随去吃喜酒的外家客人抬的抬、挑的挑，风风光光送到男家。

迎娶前一天，男家抬着新娘坐的花轿，备齐三牲（猪肉、鸡肉、鱼肉）、香烛供出嫁上轿时祭告天地用。另外还得备齐订婚时讲定的"猪鱼肉"（鸡、鸭、鱼、牛肉、猪肉等）数目，由媒人监督抬到女家。新娘坐的花轿由四个"轿夫"抬着，轿门的左边用大红纸书写本族的郡名，如钟姓则写上"颍川郡×月×日封"。如本族出了大官则可书写"官衔"如××军、××县县长×月×日封。轿门的右边由女家书写，如高姓的，写渤海郡×月×日封。轿门上挂上"八卦"、长命草之类"避邪"的东西。在"八卦"旁还挂着小狗的前后带毛的脚爪。新娘在这天晚上洗浴时拔下狗脚上的毛煮水洗浴后，就是新娘了。凡生肖与新娘相冲的都不能与之相见，直到新娘归到男家为止。

出嫁这天天亮前，按男家选送来的"良辰吉时"，男方会派来数位催嫁人，在门外大放鞭炮。这时女方开门相迎。在厅前摆上"三牲祭品"，点燃香烛，请来子女多、有头面的老妇人为新娘梳妆打扮，并请本族中的士绅之类的人为新娘穿上红嫁衣、戴上凤冠霞帔，高唱"百子千孙、白头偕老、丈夫高中"等祝词，然后由请来梳妆打扮的老妇人牵着新娘入轿，新娘入轿前还得大声啼哭，以示难舍娘家骨肉。此时鞭炮、高升炮连天响，有钱人家还请来乐队，吹吹打打，后面随轿跟着一大群赶嫁的少男少女和伴娘等，浩浩荡荡向男家走去。

　　花轿出门了，做父母的还得赶紧将随嫁的衣服、布鞋、床上用品、厨房用具等贴上红纸，并再邀请去吃喜酒的亲戚、朋友及本家梓叔、婆娘等；安排陪嫁物品的抬、挑人选。等这些琐事都落实完后，才算是一块石头落了地。也就不由得感叹："真是儿媳难讨女难嫁呀！"

　　十八九年来，自呱呱落地到现在出嫁，不知花了多少精力才得长大，今天一旦离别，不禁悲从中来，父母均暗暗哭泣……

（高成创）

武平武东婚嫁习俗

武平客家婚嫁习俗，沿袭不少古代中原文化遗风，又逐渐形成多姿多彩的风尚习俗。社会制度的变迁和社会的进步，促进了人们道德观念的更新，民风民俗也发生了一些变化，婚嫁程序逐步简化，但主要内容仍保留至今。

提　亲

旧俗男女婚姻均遵循"父母之命，媒妁之言"。男方父母为儿子办婚事，先要央媒人说合，托媒人上女家讨"八字"（即女方生辰年月及时辰），女方家长有意者，即将女方生辰八字写在红帖子上，带给男家。男家收到后求签问卜，请风水先生"合八字"决定男女双方八字是否合适无冲碍，或将女方"八字"放在灶君前，太平无事的称八字相合。合者择期送求婚帖子，否则将帖子退还女家。

探人家

女家择吉日由女方母亲牵头，邀集本房叔婆、姑姐等（九人）到男家察看居住环境，了解家族内有无遗传疾病等。

札（定）妹子

男家择吉日由男方父母牵头，由本房叔婆伯娓①、兄弟梓叔等（九人）到女家了解人丁情况及商定"聘金银"（彩礼）及鸡公、小母鸡、香饼数量。

定　亲

定亲时，男家备财物作为聘礼（彩礼），称"行盘"（因送礼与回赠要用红盘），行盘也有先行小盘，待选定结婚日期后行大盘。女家收帖受礼表示同意成为亲家，此后择定吉日举行定亲仪式，双方邀请亲友设宴祝贺（俗称"攀亲酒"）。

---

① 伯娓，指伯父的妻子，即伯母。

送日子

定亲后何日结婚，先由男方父母请风水先生择吉日，确定日期和出门、入门时辰。之后，男家要送红帖到女家，通知女家"吉期"即结婚日期（含出门、入门时辰），这时，男家必须备饰物、鸡、鱼、肉等，托媒人送去女家，女方接受后要准备嫁妆。

送年节

定亲后，结婚前，每逢过春节男方要给女方送年礼。一般是一只公鸡，一壶美酒（或白酒、红酒各一瓶）。逢端午、中秋等节日，也要送节礼。

辞 嫁

男家在结婚头一天早上，要送酒、菜（有的按桌数折现金）送到女家，宴请女家亲戚。席间男方要向女家亲戚敬酒，由女家介绍逐个认识。

迎 亲

结婚当天，由男方组成迎亲队伍（一般5人或7人），到女家迎娶新人，一路燃放鞭炮。男方要准备"三牲"（鸡公、猪头、鱼），交给女家敬祖。到女家后，女家留酒饭招待，待时辰到了接新人。

男家接新人要发红包，包括梳妆礼、剃面礼、穿衣礼、点烛礼、牵嫁礼、出门礼、过桥礼等。

出门时辰到后，女方由父亲或伯叔（长辈中辈分高者）牵到厅中敬香后出门交给男家长辈，这时鞭炮齐鸣。女家送亲队（一般由女方嫂嫂、哥哥、弟弟等组成，逢单数）扛挑或大车送嫁妆。媒人一头挑马桶，一头挑矮凳，随送亲队伍到男家。

接 妆

嫁妆到男家，鸣炮迎妆，放入客厅。由已结婚且多子女的妇女解被铺床，而后将所有嫁妆搬入新房，依次排列整齐。男方要给女家送亲队每人发红包。

入 门

古时新娘坐花轿到男家，如果时辰未到，要把花轿放到门前准备好的爬篮上。入门时辰一到，即放鞭炮，割雄鸡，新郎、新娘烧香，先拜天地，后拜高堂，然后夫妻对拜。礼毕，撒喜糖。媒婆把新娘扶入洞房。进入洞房后，新郎为新娘掀开红盖头，然后小两口喝交杯酒（称"打交杯"），这时还要吃红蛋，意为爱情天长地久，日子红红火火。

待新娘

婚宴时，新娘与送嫁作伴小姐姐、哥哥、弟弟共一桌，称"待新娘"。新娘一般只看不吃，宴席中途，新郎、新娘到各桌依次敬酒。

闹新房

散席后男女老少拥入洞房祝贺取乐，称"闹新房"。闹新房还有越吵越发的说法，往往闹到深夜才止。

转　门

结婚后的第二天，新郎、新娘一同去往女家，拜谢女方家长，女家以归门酒接待新女婿小夫妻当日返回男家。

新中国成立后，国家颁布了《婚姻法》，提倡婚姻自由，青年择偶有自己相识的，也有经人介绍的，各自打听对方的情况。如果双方有意，则约定日期，或介绍人引领，女方由母亲或嫂嫂、姐姐陪同到男家相亲，男家备茶水、瓜子、糖果、煮鸡蛋招待；不合意就婉言谢绝。婚前男女双方到民政部门办理结婚登记等手续，领取结婚证书。迎娶新娘已不用坐轿子，由自行车、拖拉机、农用车迎亲，现在已经发展到用轿车迎娶新娘。

（王闻福　王麟瑞）

旧时武北农村的结婚习俗

旧时武北农村结婚仪式十分隆重，程式十分烦琐，富裕人家迎亲还要抬花轿、举彩旗、请吹班师（鼓手乐队），迎亲队伍十分庞大。这里很讲究礼仪。客家人认为婚姻是人生头等大事，随便不得，结婚仪式既要隆重热烈，又要节俭办事。下面介绍武北农村旧时结婚习俗。

（一）托媒

男女两家结亲，需经介绍人传达男女双方选择配偶的条件和家庭情况，即所谓"门当户对"，经过酝酿协商，双方取得一致意见后，方可结婚。介绍人又称媒人、大傧相，媒人一般是女性，但也有男性充当媒人的。

初始谈时，男方拜托亲朋长辈随媒人前往女方家（有时男方父母及男青年亲自前往），介绍双方情况、传达双方意见，经洽谈几次双方意见达成一致后，方才决定结成亲家。

（二）求婚

男女双方经媒人说合后，约期由媒人及男方母亲、伯叔母、嫂嫂和男青年自己携带礼品如糖果、烟、酒等到女家相亲，俗称"看妹子"，如双方同意谈婚论嫁，男方就给女方戴上金戒指，叫"纳彩"，俗称"过彩"。同时，双方互换"庚帖"（生辰八字即男女双方出生的农历年、月、日、时）。男方返回后，双方请算命先生查"生辰八字"，看是否相合，俗称"合婚"。

（三）"小扎""编红单""踏人家"和"大扎""送日子""寄包"

"合婚"如得吉兆，则由媒人从中周旋，议定聘金、物资、嫁妆等事项，男方择吉日偕同媒人、父亲、叔伯、哥哥数人备办礼物来到女方家，谓之为"定婚"，俗称"小扎"。"小扎"时应送两桌酒菜，届时请来"礼生"（专司文字工作的人），将双方议定的聘金、物资数量记录在案，谓之"礼单"，聘金应说明分期付清。男方应付物资有猪肉、牛肉、鸡公、鸭子、鱼、烟、大豆（做豆腐用）、黏谷（煮饭用）、糯谷（酿酒用）等，还有"脱奶礼""寄包"的数量和金额。礼单写好后，由双方父亲及亲属、代笔人（礼生）签字画押，一式两份，男女双方各执一份，这一过程叫"编红单"，同时男方应给女方的签字人、执笔人、司厨每人一个红包以示谢意。

"小扎"过后，男家邀女方母女、叔婆伯母、姐妹、嫂嫂及好友等两三桌女客到男家"踏人家"，意即观察男家的村庄、屋舍、新房等情况。这天男家人忙得不亦乐乎。准新娘给来到厅中看热闹的男家亲戚送上一杯热茶，以示姑娘知书达理，而受茶人也送给准新娘一个红包以表热情、满意。

"踏人家"后，男女双方两家就正式以亲家、翁婿往来，逢年过节，男方必须送"年料""节料"给女方家。送"节料"比较简单，只需几斤猪肉，送"年料"的物资较多，有猪肉、鸡公及女方家衣服等。

过后是"大扎"，男方送来的物资比"小扎"时多，因为女方家还要请母舅、外婆及亲朋共餐。有些地方还要数百个"花饼"（囍字饼）分发给亲朋及邻舍。

男方家要把"预报佳期"（归门日子、出门时辰）的红帖呈报给女方家，俗称"送日子"。

同时，男方家还要把议定的"寄包"款项带来交付女方家，比较亲的如女方的外祖父母、舅舅、舅妈及祖父母、父母、兄弟、庚父母等要送"双包"，即鸡一只外加白糖两斤（现在折现金），其他亲朋给"单包"金额较少。花饼由女方母亲分送亲朋和邻舍通知其女儿何时出嫁，请对方届时来喝嫁女酒。

收到"寄包"的亲朋，在嫁女日前来喝嫁女酒并带来礼品：寄"双包"的送衣料一件，寄"单包"的送围裙一条。现在"寄包"用现金，送礼较"寄包"金额加倍。

（四）于归

于归就是迎娶准新娘归门，礼俗较多，分述如后。

1.送礼

新娘归门前一天，男方家应将议定的鸡、鸭、猪肉、牛肉、鱼籽、肉丸等送到女方家（黄豆、黏谷、糯谷早期已送达），送菜的人将木制家具等大件嫁妆带回。

2.迎亲

旧时，有钱人家用花轿迎亲（女方送嫁的"送嫁公"也坐轿送嫁），迎亲队伍庞大：有提姓氏红灯者、掌炮公、举迎亲彩旗者、伴娘、鼓手乐队及本家后生二人。中华人民共和国成立后移风易俗，婚事新办，迎新选择步行，后有公路就乘拖拉机，改革开放后用小轿车迎亲。

迎亲者带去的物件有：（1）脱奶礼（红包）是送给新娘母亲的。（2）"八大礼"：八个红包均用文字标明——大傧相、整容、启辉、祝福、金剪、润笔、引亲、司厨。大傧相是送给媒人的，可当场拆开，并由女方加上一倍；整容是送给为新娘剃面毛、整理发型、穿嫁衣的人；启辉即发烛，是送给新娘出嫁时烧香点烛的人；祝福是烧香时前辈对新娘说吉利话的人，一般是点烛的人兼任；金剪是为新娘裁嫁衣的人；润笔是自始至终为女家婚事代笔的人；引亲即扶驾，新娘在闺房中半跪与父母告别后，由"扶驾"（女家德高望重的男人，或由新娘父亲兼任）扶着新娘到厅堂中；司厨即厨房做饭的人。（3）另有包好的红包若干：一是双方议定的应发红包如女方的外祖父母、舅舅、舅妈，女方祖父母、父母、哥嫂、弟妹、姐姐、伯叔、伯叔母等，金额多少不等；二是未议定的金额不多的红包，是分发给送新娘出门的人。（4）分发新娘出门时女方挑嫁妆人员的红包。（5）"告祖三牲"，前往女方家祠堂烧香敬祖的物品。（6）新娘出门前在厅堂中烧香时用的"三牲"等物品。

女方嫁妆：（1）女方家回赠女婿的衣、裤、帽、鞋袜、笔记本、钢笔及皮箱（或木箱，里装有压箱角的银元若干）一对等；（2）寄了包的女方亲朋赠送的礼物如衣服、布料、围裙等；（3）女方送男方祖父母、公婆、哥嫂、弟妹、叔伯、叔伯母、庚父母等的布鞋，以示新娘的手艺（现在购买商品鞋）。上述嫁妆装在皮箱里。（4）新娘带走新买火笼一个，天冷时装上木炭火取暖，到夫家前，送嫁的人会把火笼里燃着的木炭倒掉，意为不能把火种带到夫家。

嫁妆多少视女方家经济状况而定，"富裕人家贴钱嫁女，中等人家将钱（聘金）嫁女，贫苦人家赚钱嫁女（意为嫁妆少，有多余的聘金留作自用）"。

迎亲那天，红灯引路，高举两面彩旗，掌炮公放"二响炮"，鼓手乐队吹吹打打，轿夫抬着花轿，后生挑着迎亲应带物资，吃罢起轿酒，一路浩浩荡荡来到女方家，掌炮公将红包等物品交付女方家主人，挑着"告祖三牲"供品到女方家祖祠烧香敬祖，吃罢嫁女酒，等候新娘出门上轿。

出门时间一到，主人在厅堂中摆好香案，新娘在闺房中跪拜别双亲，由引亲（扶驾）扶至厅堂香案前，"启辉"（发烛）点燃花烛，迎亲方的掌炮公烧香，对新娘说祝福的话："老妹到夫家去发子发孙见五代。"（实际上"引亲""启辉""祝福"大多由同一人担任。）引亲将新娘交付来迎亲的伴娘，伴娘挽着新娘手臂向大门走去，迎亲者放鞭炮，新娘坐上花轿，锁上轿门，钥匙由"随轿"保管，"随轿"一般由新娘的弟弟或堂弟充任，此时送嫁公亦坐进另一顶轿。女家大门马上关起来。女方送别人员到轿前，由迎亲方掌炮公分发红包，事毕，迎亲队伍、送嫁人员（由女方家嫂嫂、姐妹、好友组成，一般5～9人）起程，乐队吹吹打打、鞭炮齐鸣，一路返回男家。

3.拜堂

新郎母舅家族代表前期到达，拜堂前给新郎披红（五尺红布），戴银簪、礼帽，同时说上几句吉利话，意为早生贵子、白头偕老。迎亲队伍回到男家，发给送嫁人员每人一个红包，请"随轿"开轿门和箱门锁（要发给红包）。新娘打着红伞由伴娘扶于"爬篮"中的椅上坐等。入门时间将到，在厅中摆好香案，乐队奏乐，男家长辈点燃香烛，一个青年将一只雄鸡刈出血藏于大门槛内侧（此鸡称"踏煞鸡"），时辰一到，伴娘引新娘大步跨过大门槛及"踏煞鸡"，同时点燃鞭炮，伴娘引新娘从下厅左侧走到上厅香案前在新郎的右侧站立，长辈与新郎一起向"上天"和祖宗像前上香。礼生高唱："一拜天地"，新郎、新娘齐向天边行礼鞠躬；礼生高唱："二拜高堂"，新郎、新娘齐向祖宗像（或父母双亲）行礼鞠躬；礼生高唱："夫妻对拜"，新郎、新娘面对面互相行礼鞠躬；礼生高唱："送入洞房"，伴娘送新郎、新娘进入新房。新娘转身离开厅堂时，将包在手帕中的喜糖、红枣、花生等全撒在厅堂地板上，引得众多小孩争抢。

新房中喜烛双辉，两个酒碗中放有四个熟红鸡蛋（同一只母鸡生的），伴娘命新郎、新娘喝酒吃蛋并互换酒碗，俗称新婚夫妻喝"交杯酒"。

4.喝喜酒

当天上午，远近宾朋都来新郎家中道贺，有送"联对"的，有写好的，也有没有写好的，要请先生代写。新郎母舅家的对联挂在首位（上厅两边栋柱上），有送床上用品或日用品的，近几十年来送礼力求简单，改为送红包，客人方便，主人也实惠。

上午喝喜酒前，新郎披红、戴礼帽叫上两三人，放着两响炮，挑着香烛、"三牲"、供品，前往公王神及祖祠烧香敬祖。

午时正刻放礼炮开席，鼓手乐队奏乐。接着礼生安排席位，高唱××舅公或××登席（只唱来宾中主客），送嫁公（或"随嫁"男童）坐首席首位，母舅家首席客坐二席首位，每桌安排一个人掌酒壶倒酒（米酒）。桌席上的菜肴十分丰盛，一般是十六盘或十九盘，有各种肉类、海鲜，煎、煮、焖、炸、汤类菜肴及点心等。席间新郎、新娘在家人或伴娘陪同下，从首席开始，向各宾客敬酒、发喜糖，坐首席客人送给新娘红包并祝早生贵子、白头偕老。主人会向赴宴的小孩发一个红包。酒过数巡，后勤人员给每桌送上三个小酒杯和一包香烟，并在门外放响鞭炮，意为请客人们猜拳热闹，接着各席开始猜拳，开拳语是"俩相好""双生贵子""九九长"等，这时宴席达到高潮。后勤抬出饭甑，母舅家的"客人"立起身大声向众宾客辞酒："姑丈（新郎父亲）家的添丁酒喝醉了，本人不胜酒力，先盛饭（吃饭），请各位慢慢喝！"随即盛饭。接着想吃饭的人都吃起饭来了，等到满堂宾客停止吃喝后，后勤在大门外燃放鞭炮，全体起立退席。后勤端来热水请主要客人洗手洗脸，倒茶、发烟。接着宾客纷纷与主人告别，母舅家族及新娘家送嫁客人告别时燃放鞭炮以示敬意。鼓手乐队取酬后亦即离去。

5. 闹洞房

婚宴当晚，在新房里摆上酒席，本家青年及新郎好友前来闹房，喝酒猜拳尽兴而散。

6. 做朝和归宁

做朝：婚后三天叫"三朝"，新娘母亲邀请叔伯母、嫂嫂、姐妹、新娘女友带上饼干、糖果等来看望新娘，谓之送"点心"，午饭后返回。

归宁：婚后，新娘带上一些礼物由"家娘"（新郎母亲）或伴娘陪同返回娘家看望父母亲，午饭后返回。

7. 谢厨

整个婚礼过程，男主人家会请数名厨师及司茶司酒、迎亲人员，他们十分辛苦且没有报酬，婚事结束后，主人备办酒茶酬劳他们，谓之"谢厨宴"。至此，旧时结婚各项事宜到此结束，新郎父母了却一桩心愿，一对新婚夫妻以饱满的精力投入各自的事业中。

（方升照）

东留乡村新娘出嫁习俗

出嫁，在闽粤赣民间唤"出亲"。行嫁前一天，姑娘家需喊本村名声好的婆婆或叔娌用彩色丝线交叉拔去脸上汗毛，剪发、修眉，称为开面整容。

"出亲"前一天下午，男方派花轿、鼓手（民间乐队）和彩郎挑着"三牲"等供品到女家接亲。晚宴后，女家摆上两桌佳肴议聘金钱。男方必须拿出准备好的各种红包（其中有喜红、祝福、引凤、整容、长命富贵等名目）称巧利事。

"出亲"当天一早，新娘食完男方盛篮中的点心，穿上大红花衣，披霞帔、戴凤冠，以红绸盖头脸。快到出门时辰时，男方去的等嫁人放两响炮，叫"催嫁"。择定的出门时辰一到，新娘由父亲牵出闺房交给接亲婆，接亲婆撑开红伞、牵着新娘在鞭炮声中登轿。此时新娘放声大哭，叫"哭好命"。有的连哭带唱，唱一些客家山歌，歌词大意为感谢父母养育之恩，感谢邻里乡亲好情意，祝愿祖公婆今后保重，弟妹团结之类，有的歌词新娘现编，情真意切，尽显新娘才华。出门时，由新娘的兄弟手持火把引路过桥，称"跟嫁公"。

行嫁队伍最前面是两个小孩（十四五岁）分列左右举彩旗，接着是一个青年肩扛一枝连根带叶的翠竹（有些地方用小杉树），叫"拖青"。（翠竹必须是连根带尾，喻婚姻有头有尾；竹的每节必须左右对称有竹枝，喻成双成对，节节高升。）"拖青"的后面，按顺序是挑一只公鸡、一只母鸡及历书、镜子的大叔，称"带路鸡"。接着是挑箩担、扛箱柜的青年。鼓手队、花轿在中间，然后是挑子孙桶的大伯和一手提贴有红纸的马灯的男童，出门前马灯由女方父母添足油，喻女儿能为丈夫家早生贵子早添丁。

最后是送嫁的叔婆伯娌，一路行来，随着响亮的鞭炮声，优美的鼓乐，现场气氛异常热烈。

（周文根）

客家婚嫁习俗

托　媒

古语说："天上无龙不行雨，地上无媒不成婚"，早先是双方父母同意，然后找媒人去说亲，对方同意即可。最后再跟子女说一声，子女同意尚好，不同意也没办法。男女双方婚前都未见过面，更不可能谈恋爱。

相　亲

全凭媒婆一张嘴，所以经常出现对对方不满意的，但是古语说"嫁鸡随鸡，嫁狗随狗"，反抗也是徒劳。现在不一样了，无论如何双方都会见面看一下，叫"相亲"，更多的是自由恋爱。

探人家

就是女方去看看男方的家第与家底。家第，就是家庭渊源，就是门风，看看是书香门第还是仕宦之家，是农耕之家还是工商之家。

下　定

下定是客家人的叫法，就是"订婚"，下定又分为小定和大定。小定就是把男女双方兄弟、姐妹、舅舅、姑姑等主要亲戚喊到一起；大定是除了小定成员外，还需邀请本房的一些主要成员，摆几桌酒席，宣布一下他们已经确定婚姻关系。

编红单

送彩礼时开列礼物名称和数目的单子，也叫礼帖。男方家会以订婚男子的名义送给女方一份由物品和金钱两部分构成的"彩礼"：其中钱为财（聘金），物为礼（聘礼）。在武北地区比较流行。

送日子

订婚以后，双方家长就礼金、嫁妆、婚期等具体事宜进行详细商谈，这是一场真正的拉锯战！商定好之后，男方就会把婚期具体时间安排送上女方家门，这就是"送日子"。

辞　堂

　　辞堂的堂不但指父母高堂，还包括家族祠堂，以前每家都属于某个家族，家族都建有祠堂，还供奉有祖宗牌位。新娘先到祠堂里辞别祖宗，祭祀先人，痛哭流涕，这是客家婚礼中一个小高潮。女儿马上要出嫁了，辞行时，大家依依不舍。

等亲送嫁

　　客家人男的娶亲，亲戚朋友送礼叫"恭喜"；女的出嫁，亲朋好友送礼叫"送嫁"。贺喜，一般送的是被面、床单、花布、红蜡烛一对、金双喜字一个。

开　面

　　开面，传统婚俗之一。指婚礼前为新娘修饰梳妆脸面。女子一生只开脸一次，表示已婚。多由公婆、丈夫、子女俱全的所谓全福妇女操作。

上　轿

　　武平习俗，婚礼当天，新娘穿戴完毕后，一般由新娘的父亲或兄弟或舅舅充任牵引新娘出门上轿的角色。牵引新娘入门一般由新郎的母亲来负责。此时，有人领先持刀割一只雄鸡，一路淋血至洞房床下。而后，新郎、新娘手挽手喝交杯酒。

陪新人

婚礼当天请客，男方家会安排前席桌（即第一桌），请送嫁的女孩及小男孩作陪新娘，以示对新娘家人的敬重。家里桌子摆不下了，就到隔壁邻居家摆酒席。

送嫁妆

结婚喜庆当天，男方会请女方亲房叔梓到男方家喝喜酒，女方家要安排一些壮汉用一根根红木棍把准备好的嫁妆挑或抬至男方家，以示女方家殷实富足、慷慨大方。

闹洞房

　　客家婚俗中的闹洞房是真的去洞房里闹，这是婚礼的高潮。无论是大人还是小孩最后就是为了看这个过程。大人来听听新郎、新娘的恋爱经过，以便指导自己子女应对婚嫁，顺便看新郎、新娘表演节目，图个热闹。

做　朝

　　成亲后，"长征"还没有结束。男方家会请老婆舅（就是新娘的兄弟）来吃酒，这个就一桌，主要宴请妻子父母、舅舅和男方家几个主要亲戚。

归　门

　　第三天新婚夫妇归门，夫妻要人撑着带有通书、镜子的红伞，随行人员挑着礼品回娘家。女方请人来陪酒，叫"陪新客"。酒席结束，舅子还要送姐（妹）夫两人回去，有接有送。

（朱兰华）

古代武平婚姻中的其他习俗

见面礼

未来媳妇第一次来男方家，要给长辈们奉茶，男方的长辈则要拿一个红包给她，当作"见面礼"。

男女确定婚姻关系后，女方家里会组织亲朋好友到男方家里看看，本地称为"看人家"，男方家要备一桌丰盛的酒菜招待。饭后，未来媳妇要给男方的长辈逐一奉茶，男方家人接茶后要拿一个红包给新媳妇当作"见面礼"。

（何利恭）

婚嫁撑伞

嫁女必须有伞，因为伞的旧体字是大人字下还有四个小人字，以示不忘祖先，也图个吉利，寄予"人丁兴旺"之意，伞撑开来是圆瓣，寓意婚姻圆满、白头到老。

出嫁那天，由媒婆撑伞，过去的伞是用纸做的，在上面涂上桐油，伞骨是竹木做的，所以很大，很耐用，并要在伞上贴上红喜字，以示喜事盈门、大吉大利。

（李映富　李映武）

送　嫁

嫁女时要有一个与新娘血缘较近的男人（如兄、弟、侄等）跟随新娘和迎亲队伍到新郎家，叫"送嫁"。新娘嫁妆的全部锁匙由他掌管，新郎要拿出适当钱额的红包，他才会交出锁匙；男方宴客时，他坐上席，称某府大哥，不能称舅或其他。

（李荣昌）

新婚闹洞房

男女结婚那天，本家族房长叔公和有名人士要入座新郎、新娘的房间里猜拳行令，主人必须点放鞭炮迎接房长叔公和有名人士，桌上要摆上莲子及枣子。房长叔公讲一句"早生贵子"，就要把桌上的枣子丢到新郎、新娘的床上；再讲一句"连生贵子"，再把莲子丢到新郎、新娘的床上，意思是新郎、新娘连生贵子。之后，来人猜拳行酒令，酒令中有"一定添丁""双生

贵子"和"五子登科"的吉利话。　　　　　　　　　（邱国祥　邱光福）

打交杯

很早以前，新郎、新娘入洞房时有"打交杯"的习俗，这个习俗一直延续至今。

"打交杯"时，新郎、新娘的洞房里应放好两条活红鲤鱼和两个煮熟的红蛋。"打交杯"时，伴娘应讲吉利话，然后新郎、新娘每人吃一个红蛋，将两条红鲤鱼端到河里或池塘里放生，希望这两条红鲤鱼被放生后，能衍生千千万万的小鱼，小鱼又养成大鱼，象征着婚后生孩子、耕田、生意、创业都吉利、红红火火、甜甜蜜蜜、天长地久。　　　　　（王启生　林春莲）

转娘家

新婚夫妇在新婚的第三天一早要"转娘家"。去时新婚夫妇由自家的两个亲人陪同，提着鸡等礼物去拜见新娘的家人。男人走在前面，在娘家吃完中午饭后，同去的亲人会提醒娘家的人和新娘子要早早回家，并由新娘子走在前面回到自己的家里。这意味着新娘子要以婆家为主，不能留恋娘家了，"转娘家"后早早回来，还意味着早生贵子。　　　　　　　　（何利恭）

看人家

　　"看人家"是农村的一种风俗，不过，"十里不同风，百里不同俗"，每一个地方都有不同的风俗，一代一代传承，很多风俗传承了下来的，可随着时代的变化，有些风俗也在逐渐淡化。

　　"看人家"是我们这里的一种风俗，也许，很多人没听说过这个风俗，但应该都理解"看人家"这三个字的含义。

　　所谓"看人家"就是去别人的家里看看，但这个"看人家"的意义不同，它是农村人最为乐意的一次做客。而且这次做客只要带两至四个鸡蛋就可以了，不用带别的礼物，更开心的是，这次做客不但可以吃到平时吃不到的美味佳肴，吃饭时还有一个红包，回家时有一包炸粑子作为酬劳。想想就心动，试问，哪次做客有这一次合算？

　　只是，"看人家"不是一般的亲戚可以参与的，只有至亲才有资格。

　　在乡下，相了亲，把所有的程序（小定、大定）都完成之前，男方会约个日子，让女方的父母叫上几个至亲来家看看，这就叫"看人家"，即便是熟人，都知根知底的，也免不了这道程序。

　　"看人家"只有女人去，男人是不可以去的，一般小孩子也没有资格去，除了女孩子的弟妹或侄子侄女。

　　那个年代的女孩子都非常保守，白天是不会和长辈去男方家的，只有到了晚上，约上几个闺蜜去男方家看看，陪她去"看人家"的闺蜜也有红包、酬劳，晚上的待遇甚至会更好，毕竟女孩子才是主角。一切都是因为她。

　　吃完晚饭，在房间里聊会天，男孩子还得把她们送回家，女孩子绝对不会丢下闺蜜们住在男方家。

　　那时的邻居也非常"探事"，听说某人的女朋友会来，提前吃完饭，然后早早来到男方家里，只为一睹女孩芳容。

　　"看人家"是结婚前最后一道程序，这门亲事应该是"神枪手打靶——十拿九稳"了，男方家也会叫上几个至亲来。自家亲人有喜事，他们也开心，多一个劳力比多一头牛好一百倍，紧接着又能为家里开枝散叶，传承祖先血脉。

　　"看人家"一般情况只能叫一桌子的人来，但有些女方家人口多，至亲多，只叫一桌子肯定会得罪不少人，都是至亲，哪能挑三拣四，其他事情还有得商量，这次实在是没法商量的，除非你准备和她老死不相往来，不然，即使昨天刚刚吵架，今天你都得低声下气地去邀请她。

　　既然抹不开情面，那就和未来亲家说明情况，得到他们的谅解，多准备一些酒肉，多包几个红包。

　　"看人家"从女方家来的人再多也不可以分桌吃饭，得把两张桌子拼在一起，还得双份菜，有九样足够，因为都是女的，女的不喝酒，只是吃饭。不喝酒就吃不了那十八碗的肉菜，再说一进门又吃了那么多的花生、糖果和水果。

　　这种习俗一直传承到21世纪，这几年，很多人认为"看人家"既麻烦又浪费钱财，可以免了这道程序。辛苦了大半辈子的人们，觉得能免的都免，生活本就很不容易，何必被那些可有可无的条条框框拖累。

（钟巧云）

哭　嫁

　　"哭嫁"又叫哭婚，客家人嫁女都有"哭嫁"的习俗，俗称"女儿哭，子孙福"。据客家民俗专家研究，这一习俗的起源与远古时代的"抢婚"有关，后来女子被掠夺时的哭诉才逐渐演化为婚俗中的"哭嫁"。这个"做样子"都得做的，新娘的母亲会告诉你，出嫁时哭了才有"发"。但也有不哭的，因为与父母的感情不是很好，哭不出来，这是极少数。嫁人了，女孩子感叹无忧无虑的少女生活的结束，在父母、兄弟、姐妹身边生活惯了，突然要在自己不熟悉的家庭里一起过日子，心里甚感惶惑不安，因为生活习惯不一样，脑子里各种各样的想法都有。加之为了感谢父母的养育之恩，眷念兄嫂、弟妹的手足之情以及一同长大的发小闺蜜，会哭得好伤心。也有很多是父母包办的婚姻，对婚事不太满意，感到委屈，更要借机发挥，大哭而特哭一场。新娘的母亲、女友与家族中的亲人，看到新娘在哭，也会掩面而泣，尤其是新娘的母亲，女儿是娘的心头肉，在自己膝下生活了十几二十年，现在要嫁人，不能在身边，会哭得更伤心。

　　"哭嫁"，有些女孩子在出嫁前三天就开始哭了。先说说"辞嫁"，辞嫁是在女方家请客，也就是结婚的前一天，男方要送很多彩礼给女方家，挑三牲等到女方祠堂烧香，敬女方的上祖，有些是当天（露天）烧香。女方会请五门六亲来吃辞嫁酒。辞嫁的食物全部由男方提供，吃完午饭后，男方的人就回家。到了晚上，男方就准备去女方家接新娘的迎亲队伍。迎亲队伍要一路放鞭炮到女方家，如果女方家不开门要一直放鞭炮，直到女方父母开门。女孩子一听到鞭炮声，就大哭。真的要离开娘家了，到另外一个家庭生活，离开生活了多年的父母、兄弟、姐妹，新娘无不伤心而嚎哭。新娘的母亲或其他亲人，会给新娘梳妆打扮，穿红裙，盖红盖头，胸前挂一面镜子，以示避邪。到了出门时间，新娘由自己父亲或兄弟（必须是男人）牵出门，然后新郎从对方手中接住新娘的手，还要为新娘撑红伞，牵着新娘与迎亲队伍一起离开女方家。新娘走了一段路，等看不见娘家人就必须停止哭了。

　　这就是客家"哭嫁"习俗。

（吴子荣）

等　嫁

　　等嫁是武平农村风俗中的一种。所谓等嫁就是在结婚时由男方家派九个身强力壮的男人去女方家把新娘子带回男方家，九人意味着长长久久嘛。

　　农村女子出嫁一般是在凌晨一两点后，这时候路上行人稀少，与人相遇的概率比较小。如果在路上碰上其他的迎亲队伍，新娘就必须互换汗巾，汗巾可以由双方媒人传送，无论是谁都不要开口说话。一旦发现对面来了迎亲队伍，自己就马上往高处走，这就应了那句人往高处走的说法。

　　等嫁的男方亲属提着贴了红纸的马灯，挽着一袋子的鞭炮，一路兴高采烈说说笑笑，时不时放几个鞭炮，隔一段路放两个二响炮，步行来到女方家。快到女方家时，就拿出一挂比较长的鞭炮放，那是提醒人家，迎亲队伍已经快到家门口了，得做好开门的准备。

　　邻里乡亲听到鞭炮声就知道等嫁的来了，鞭炮放得越久，女方的父母就越会被人说不是，都到了这种时候，有必要去为难人家吗？自己也要娶儿媳妇呀，就不怕人家也故意为难你？有鞭炮为证，什么时候开的大门，邻居们一清二楚，过后说起，想不承认都不行。

　　到了家门口，鞭炮开始放得密集了，如果女方家的父母故意刁难一直不开大门，他们就一直放，放到他们打开大门为止。也有些通情达理的父母在迎亲队伍到了家门口时，很快就会打开大门，他们知道，女大不中留，皇帝的女儿也要匹配人家呀！

　　开大门是有红包的，父亲才有资格打开这个大门，其次才轮得到长兄开。

　　那时候的农村女孩，在父母身边生活，任劳任怨，贡献不小，现在要出嫁了，不知道往后的日子是好是坏，父母和兄弟姐妹都舍不得，会伤心地大哭。其实，结婚日子一定下，做母亲的就开始伤心落泪了。

　　等嫁的人进了门，大方的女方父母会煮点心给他们吃，让他们暖暖身子。

　　在姐姐或嫂子的搀扶下，新娘下楼后坐在客厅中间的藤椅上，母亲会给她梳头发，一边梳一边祝福，然后为她穿红衫。到了出嫁时间，再由父亲牵着手走到大门口。大门口早已等候着的嫂子或姐姐马上打开红伞撑过头顶。在鞭炮齐鸣和哭声中，新娘子款款而出，出了门无论如何都不能回头，只要跟在媒人后面一直哭着向前走就行。

农村有个说法，女孩出嫁，一定要哭得伤心，哭得越伤心越好，娘家人就越顺利越平安，如果有哪个出嫁的女子哭不出来，不但会遭到娘家亲属的责备，甚至会被娘家亲人狠狠地掐几下，直到她哭出声为止。第二天结婚喜酒喝完娘家人回家，新娘子还要哭着把他们送到大门口。

女子出嫁，娘家人也要派九个亲属送路，其中一个要是男孩，因为男孩要在前面"拖青"。青，就是提前准备好的杉树，作为避邪的东西必须是茂盛的杉树，而且要一刀砍下的。到了男方家，有人接过杉树，抛到矮屋顶上，如厨房、浴室等。

新娘出门后，男方家的一个亲属会把所有事项的红包拿给新娘的父母，由他们分配。

女子出嫁的头一天，男方家必须送鱼肉，男方必须把女方请客的所有食物连同女孩穿的红衫、红鞋、红伞等挑到女方家，女方家要把所有的亲戚朋友和关系比较好的邻居请来吃饭，所有的开销都得由男方家出。第二天大家还要去男方家做客，所以，女方家住得比较远的亲戚就只能留在女方家了，留在女方家过夜的一般是很亲的，他们起来不起来都应该给一个红包。

听到鞭炮声越来越近，在家里等候着的亲属，就赶紧把迎接的鞭炮排好，新娘一到家门口，便把鞭炮点燃，当然，鞭炮也是要从外点燃的。而且这挂鞭炮必须响到能够把新娘从家门口迎接到客厅，再从客厅迎至隔壁房间，从房间出来后再到楼上。

在新房里吃一会儿花生、糖果，闲聊几句，男方家的亲人把送嫁的红包分发给女方送嫁的人后，就叫大家去吃点心，吃完再回到新房一边吃花生、糖果，一边聊天，等着天亮，更开心的是，结婚喜糖可以任意吃，也可以装进口袋里带回家给家人吃。

这些送嫁亲人，吃完早餐后还要回家，嫁妆还得由她们扛来呢。当然，扛嫁妆也是有红包的。

姐不等、姑不送（即男方的姐姐不能去迎亲，女方的姑姑不能去送嫁），是一种不成文的说法，当然也没有人会违反。一辈子的幸福，可开不得玩笑！

（钟巧云）

子孙桶

　　客家人在结婚、迁新居、砌新灶等喜事中，身为岳父、岳母的都要送上一对"子孙桶"，祝福女儿、女婿子孙满堂或五谷丰登。

　　客家人在结婚时，岳父、岳母要准备一对水桶，他们把这对水桶称为"子孙桶"。女儿出嫁那天，做父母的要请亲朋好友把这对"子孙桶"和其他嫁妆一并送到女婿家中。结婚时的"子孙桶"中一般不需要放其他东西，只要把空桶直接送给女儿、女婿就行了，其意为祝福女儿、女婿子孙满堂。而客家人在迁新居、砌新灶的时候，岳父、岳母送给女儿、女婿的"子孙桶"，则要装不少的米谷、碗筷之类的东西，其意是祝福女儿、女婿五谷丰登、人丁兴旺。

　　不管是结婚时送给女儿、女婿的"子孙桶"，还是迁新居、砌新灶等喜事中送给女儿、女婿的"子孙桶"，娘家人在把"子孙桶"挑到亲家时，都必须用去皮的小杉木做的"扁担"来挑，因为客家人认为，杉（方言读shán，繁衍生长的意思）木能够"杉（生）子杉（生）孙"，有子孙满堂之意。

（朱春华）

安 床

传说古时候民间有一对慈眉善目的老夫妇，显得和蔼慈祥，称谓是"床公"和"床母"，传说这是周文王夫妇。周文王有99个儿子，他广行善德，造福一方百姓，有一次周文王前往国都朝歌，途经燕山时，雨中夹着霹雳，正巧在道中捡了一个孩子，便收其为义子，取名霹雳，凑成100子，当时民间把他们尊为"床神"。

日求三餐，夜求一宿。高枕无忧，美梦成真，是人们常有的心愿。一个人一生有三分之一的时间是在床上度过的，可见床在人们生活中的重要性。如果家中有婚嫁喜事，则要选择吉日良辰迎"床神"、安"合欢床"，这对结婚的意义是不言而喻的。"合欢床"关系到夫妻生活美满和谐，关系到子孙后代的繁衍，也关系到家族的兴旺发达。

现今广大乡村仍流传着"安床"习俗。

（李志俭　钟燕红）

迎亲鼓手的形式

先前的村民为了增添喜庆色彩，一般在结婚时会请鼓手乐队来热闹热闹。鼓手组成人员不得少于5人，乐器有唢呐、胡琴，笛子、六角琴、扬琴、锣鼓等。乐队人员先到男方家吹奏，给新郎理发，稍后给新郎肩上攀红，戴上相公帽，完后由男方家带领乐队吹吹打打到女方家。等待女方出嫁时，到了吉时鞭炮鸣响奏乐，一行人马向男方家走去，并在吉时入门拜堂。中午请各方亲朋好友喝喜酒，在吃喝期间，乐队人员要吃一会儿吹一会儿，直到客散方毕。

（刘佐明　刘绍明）

相亲逸事

俗话说："天上无云不下雨，地上无媒不成亲。"由此可见，媒人，作为成全婚姻的桥梁，在婚姻嫁娶中起着重要作用。20世纪之前，我们乡下人的婚姻几乎是靠媒人的三寸不烂之舌促成的。媒人只要知道谁家的儿女到了谈婚论嫁的年龄，就会不辞辛苦地去他们家牵线搭桥，磨破了解放鞋没关系，他们的婚事成功了，还愁没有新的解放鞋！

都说媒人的嘴能说，方的能说成圆的，圆的能说成扁的。确实有个别媒人为了自己的利益不顾人家的死活，总是扬长避短把对方夸得天花乱坠。当然也有一些负责任的媒人，不夸大其词，优点、缺点都不刻意隐瞒，实话实说。

那时候没有电话，男女双方有点什么意见都完全靠媒人传达，要是男女相隔太远，女方家的条件又开得多，媒人就得两头带话，媒人的艰辛也就可想而知。如果男女双方都随便，没有那么多的条条框框，媒人就轻松许多。

婚姻大事非同儿戏，有些父母听了媒人的介绍，也不完全相信，他们会客气地说要先征求儿女的意见，过几天再回复。话说到这点上，媒人也理解，得给他们一些时间去打听对方的情况，省得到时被当事人怨怪。

几天后，媒人又上门问情况，父母出面打探后觉得可以，媒人就迫不及待地说："既然没意见，就约好时间让他们见个面。"女方父母定好时间后，媒人再去男方传话。

那个年代的少男少女都极其保守，相亲只能约在晚上，给人的感觉就是偷偷摸摸的。长辈说了两个理由：一是白天没空，晚上时间充足；二是怕男女双方看不上眼，又多了一次相亲失败，让人说长道短，去相亲也就不能大肆张扬。

相亲的时候，男方会买上酒肉、香烟，或许为了证明自己人缘不差，抑或是为了给自己壮胆，男方会叫上一个关系比较好的后生哥陪同，在媒人和母亲的带领下来到女方家，女方家的长辈早已等候多时。

这里顺便说个故事，有些男孩去相亲，选择陪衬时把好朋友列入最佳人选，结果女孩子看上了好朋友，私底下羞羞答答地和媒人说她比较喜欢那个陪同的，如果是他，她马上答应。这会造成什么后果，大家心知肚明。所以，去相亲千万别把比自己帅又口若悬河的好朋友带上，很多时候会适得其反，最好带个已婚男人去，莫让别人抢了你的风头！

在女方家，大家在一块寒暄几句后，看到男女双方在大人面前害羞拘束的模样，精明的媒人就会说："和我们一起，年轻人无法沟通，得给他们自由交流的空间，我只是起了个牵线的作用，只要年轻人开诚布公把所有的事情摆在桌面上说清楚，他们自己看过、聊过，同不同意他们自己决定，到时候才不会怨怪我们。我也先声明，我做媒人只负责牵线搭桥，给两家传话，不负责包生儿子，以后生活的好与坏都不关我的事，幸福要靠你们自己去创造。"

有媒人自嘲地说："媒人说好听点是'红娘'，说难听点就是个跑腿的。"

女孩子羞羞答答地把男孩子带上楼，通过交流，感觉不错，聊的时间就会长一些，母亲就会上楼问女孩子，可不可以把男方带来的东西煮了让他们吃了再回去，女孩说可以了，就证明她同意和他交往，这时男孩子也就高兴地从口袋里掏出自己母亲为他准备好的小红包递给女孩，在农村，这叫"过小财"。关系确定后，过"大财""小定""大定"，等到"大定"做好，再走个"看人家"的程序，女孩就可以说是男方家的人了，也可以光明正大地住在男方家了。领证、请客、放鞭炮只是一个形式了。

"小定"时，男方得办九担聘礼挑到女方家，女方家要请亲房叔伯和至亲吃饭，把男方送来的大饼、鸭蛋、红包分发到至亲手上。男方家的九担篮子由9个人挑来，加上男孩和母亲，一共11个人，女方得给他们每人一包等路（食物），他们挑来的篮子不能空着回去，来时装的什么就回点什么，当然，鸡笼里不可能回鸡，那就回鸡蛋。

"大定"时还是九担，只是增加了聘礼数量，由原先9斤增加到19斤，曾经因为男方家送去的鸡有瘟疫，害得人家家里好好的鸡被传染，所以给至亲的鸡公和其他亲朋好友的鸡就由红包代替了。"大定"时，女方不但要请所有的亲戚来，还得给本村（或队）每家每户发饼和蛋，长辈每家两个蛋和两个大饼，后辈两个大饼，后来，不管长辈还是后辈，统一给一桶大饼（10个）。定好"大定"日子，得提前去大饼店预定。

在我们这里如果有谁家添了个女孩，有人问"是男孩还是女孩"时，回答说"换饼吃的"，人家就明白了，生女孩换饼吃，就是这个意思。随着生活质量的不断提升，大饼的需求量越来越少，有人提出免了这个习俗，也可给男方省下一小笔钱，可大家都不愿意自己带这个头，因此，女孩换大饼吃的习俗一直传承至今。

结婚时，除了其他七七八八的红包、聘礼，差不多和"大定"时一样。

在结婚前，男方家花在女方家的钱，男方都会一五一十地记在小本子上，万一哪天女方反悔退婚，所有的花费女方都得退还给男方，如果是男方提出退婚，那么女方可以一分不退。

从"小定"到"大定"再到"结婚"，男女双方都要分别给媒人一份礼品，比如女方给1斤猪肉，男方得翻倍给媒人，结婚那天，除了双方给的红包、礼品，媒人还可以得到一双新鞋。

如果是自由恋爱的（极少数），必须请一个媒人，媒人走在前头叫"踏煞"。

"新娘入了间，媒人脱了肩"，意思就是说新郎、新娘结婚了，媒人也就完成任务了，以后不管有什么事都与他们无关了。

（钟巧云）

绿色植物与客家婚俗

客家人为了图吉利，在结婚的喜庆中，常常用上一些茶树枝、葱、蒜、桃树叶等绿色植物。

茶树枝：客家新娘在出嫁前夕，一般要准备一根茶树枝，在绿色的茶树枝上挂上一些装有金钱的红包。新娘出门时，这棵由茶树枝扮成的"发财树"，由新娘的弟弟或其他与新娘血缘关系比较近的亲戚的小男孩从新娘家中一路拖到新郎家中，这种风俗，客家人称为"拖青"。"拖青"既有避邪之意，同时也祝愿新郎、新娘今后的日子红红火火、财源滚滚。

葱、蒜等绿色植物：客家人在结婚的喜庆中，一般要在新房中摆上一些葱、蒜等绿色植物。客家话的"葱"与"聪"、"蒜"与"算"谐音，有既聪明又会算计之意，把葱、蒜等绿色植物摆放在新房之中，既是祝愿新人今后生下的孩子聪明、会算，同时，也有祝愿新郎、新娘今后过日子能精打细算、发家致富之意。

桃树叶：客家人认为，桃树具有避邪等作用，所以客家人结婚时，还会在一对新人的床上（通常在新人的枕头底下）放上一些桃树叶来避邪，以图吉利。

此外，客家人在结婚时，还会在新郎、新娘的新房中放上一些红枣、莲子、长命草、百合之类的东西，红枣、莲子主要是祝愿新人生活红红火火，早生贵子；长命草、百合主要是祝愿新人夫妻恩爱、长命百岁、百年好合。

（周继章）

歌娱习俗

《武平民间音乐专辑》序

作为新石器时代人类活动的早期遗址，作为汉初南海国的故都所在地，作为畲族人民的故乡，这个秦汉时期就闻名于世的南武侯封地，在当时的中国无疑有比较深厚的文化积淀。宋元之际南迁的汉人，正因为继承了这样的文化积淀，又能将从中原带来的古汉族文化与之相结合，因而在之后才酝酿出了比较独特的客家文化。民间音乐就是这种文化的典型代表。

开卷浏览，我们会发现以下特色。

首先，这种民间音乐的基调仍然闪耀着古代中原文化的光芒。无论是汉剧、小调、民间器乐曲，还是民歌、曲艺，其反映的历史背景、文化内涵和外延，其宣传的道德和理想，无不留下了中原传统文化的深深烙印。《十二月古人》、汉剧各剧目，就是其中的范例。因此我们说，所谓民间音乐，实际上是对古代中原文化的一种传承和发扬光大。

其次，武平民间音乐中，有相当一部分艺术形式，带有畲族的色彩。山歌和民间器乐曲，就是其中的范例。

20世纪70年代以前的武平，最使人神往的是花前月下，山边水涯缭绕不绝的高亢而悠扬的山歌，它们一唱一答，情语双关，有的悲壮，有的欢快，有的俚俗，有的滑稽；抒情笑骂，讽刺褒贬，丰富多彩。这些山歌的曲调，也非常动听，有些往往还加上一种尾音，哀厉弥长而忧伤，使人听了不觉感泣泪下，或者引起无限的遐想，因为它们拨动了人们感情的心弦。这些山歌，即使是即兴创作，也处处合乎自然的音节，至于表现出来的情感，则非常的直率、大胆、哀艳和缠绵，没有一句不是从心灵深处流泻出来的。伟大的近代客家诗人黄遵宪曾这样称赞客家山歌：

……十五国风，妙绝古今，正以妇人女子，矢口而成，使学士大夫操笔写之，反不能尔；盖以人籁易为，天籁难学也。余离家日久，乡音渐忘，辑录此歌，往往搜索枯肠，半日不成一字；因念彼岗头溪尾，肩挑一担，竟日往复，歌声不歇者何其才之大也！

这种真正源于生活、高于生活的民间的美好艺术形式，就是畲族人民的创造。因为古代汉族的礼教是讲究男女授受不亲的。山头岗尾，花前月下的男女对歌乃至相恋，会被视为淫乱叛逆。当然，这种艺术形式还经过南下汉人的改造，如句式便借鉴了中原汉族七言诗歌的表现方式。

最后，民间音乐表达了一种非常深刻的追求社会和谐的理想和道德文化。这些音乐或抒发人们对作古亲人的感恩和思念，或歌颂人间至善至爱的孝道，等等。中国古代主张"百善孝为先"。可以说，这种道德标准在今天还是适用的。因为行孝是一个人的道德底线，如果连这个底线都守不住的人，还能指望其会处理好社会和谐以及人与人之间的和谐吗？

我们通常说的中国古代文化中的"四书五经"，实际上是"四书六经"。"六经"即《诗经》《尚书》《礼记》《周易》《乐经》《春秋》。中国古代是非常讲究诗教和乐教的。特别是乐教，中国人往往把它置于物质需求之上，所以孔夫子听了一次韶乐便"三月不知肉味"；所以那些所谓的渔樵贩夫、引车卖浆者流，他们虽然悄悄地来到世间又悄悄地离开世间，但他们没有忘记自己创作"下里巴人"式的音乐，以此自娱自乐，化解胸中的许多块垒；以此淡化胼手胝足的劳作艰辛和贫困生活；以此寄托美好的希望和未来……

运笔至此，我呼吁：让我们这些所谓现代的文化人感恩一代又一代默默无闻的普通人留给我们的丰富音乐文化遗产；让我们向历代虽然渺小却又十分伟大的民间音乐创作者们学习、仿效！

（林善珂）

民　歌

一　山歌

　　山歌是劳动人民在从事生产劳动、体验社会生活过程中创作的口头诗章。它如同常开不败的朵朵山花，默默地开放在山林田野，散发着浓郁的泥土芳香，忠实地反映了历史前进的足迹和劳动人民的生产生活，它在时代变迁的风霜雨雪面前，顽强地生存在人民中间，永远生机盎然、活力无限。山歌所表现的内容均源于生活、语言朴素真挚，歌词通俗易懂。多数歌词采用"比、兴"手法，巧用万物作比喻，形象、生动，喜怒哀乐溢于言表。歌词的格式，常见以"七言四句"为一段（启、承、转、合式或一问一答式），或有"七言五句"的变体，乃至九言、十言等多种形式。武平山歌多用"客家话"演唱，客家话里有些常用的、带有浓郁方言色彩的词、字在歌词中出现，如"偓（我）""唔（不）""咁（这样，这么）""样般（怎么）"等等。因此，有人统称其为"客家山歌"。其用韵也很有规律。在四句为一段的山歌中，一、二、四句押韵者最为常见，也有在二、四句中押韵的；多于四句的歌词，在偶数句中均须押韵。五句体的第五句必须与第四句同韵。"分节歌"可以每节的韵辙相同，视表现的内容、情感的需要而定。

　　武平山歌旋律高亢，节奏自由，音域较窄（多数在五六度之内），曲调以四声、五声音阶为主，旋律以级进为主，辅以纯四、纯五协和音程的跳进，偶尔可见小六度、八度的跳进；在调式方面，徵调式者居多，羽调式次之，可分为武北、岩前、下坝、城关四个色彩区。武北山歌多四声音阶、徵调式；岩前、下坝山歌多五声音阶、羽调式；城关山歌尾音悠长，徵、羽调式皆有。但凡武平山歌的调式主音一般为终结音，且常为全曲的最低音；商音在武平山歌的旋律中非常活跃，经常在长音上逗留。其曲式结构多为上、下句的反复或"启、承、转、合"的"四句头"结构。其旋律流畅、优美、简洁，字正腔圆。在表情达意时，则常用装饰音来加以美化、润色，并在歌词中巧妙地插入衬词，加强语气、改变结构、转移节奏，使词曲更和谐，旋律更流畅。

　　山歌的演唱不拘时间、地点、场合，一般在劳作中或劳作之余，在山野、田间、林内等处均可演唱。有男、女独唱、对唱，有时还有伴唱（和唱）等多种形式。武平山歌曲调皆简朴，出口即传情，入耳就动心，且极易上口传唱。由于山歌更具地方特色，因而深受当地群众喜爱。

二　民间小调演唱歌曲

小调，又称小曲、俗曲、时调、市俗小令、俚巷之曲等。它是一种广泛流传于城镇集市，经过多人、长期、较多的艺术加工，曲体较为完整、均衡、节奏规整、曲调细腻、声音委婉的民歌体裁。较之山歌，其唱词相对固定，艺术形象比较具体。其传唱者，除了农民，更多的是市民、商人、小手工业者以及一部分职业、半职业的歌手。

流行于武平境内的小调，其一大多来源于江苏、浙江、安徽等一些省份。其二是从与武平毗邻的粤、赣地区和福建省的上杭、长汀、永定等县流入的。这些小调是西晋至宋元时期中原汉民多次大规模向南迁徙时带来的，或在与毗邻县乡在经济往来、文化交流过程中传入的。另外，它与历史上行政区域的隶属关系变迁也有一定的联系，如《茉莉花》《泗州调》《凤阳花鼓》《孟姜女》等。其三是从本地山歌转化而来的，如《留件褂子壁上挂》《天长地久到白头》等。

小调所歌唱的题材非常广泛，城镇、乡村社会不同阶层的婚恋情爱、离愁别绪、风土民俗、世间百态、娱乐游玩乃至自然常识、历史故事、民间传说等无所不包。

在文体结构与艺术手段方面，小调多采用多段体、分节歌的咏唱、陈述方式，将抒情性与叙事性有机地融为一体。其中，有数节或数十节连缀成篇的，以数字或时序作勾连，如《闹五更》《十杯酒》《十月怀胎》《十二月飘》《十二月古人》《十五探郎》《长工调》等。它们又经常以不同的变体或填入新词而被广泛传唱，这也是上述外来小调能在武平扎根的原因之一。武平境内流行小调的基本曲体是"启、承、转、合"式的"四句头"结构。这种曲体结构不仅是一种具体的曲式结构关系，它也是中华民族既普遍又典型的音乐思维和文学艺术思维的有机融合。从调式上看，本地流行的小调大部分属于徵调式和羽调式两种，也有个别宫调式者，商、角调式的小调极为罕见。从中我们也可体会到，小调与山歌绝非巧合，而是有着千丝万缕的内在联系。在旋律方面，这些外来的小调传入本地之后，受到当地民间歌曲（尤其是山歌）的影响，经千百年来的相互渗透、碰撞、交融，已形成自己的风格。总的看来是更质朴、干练了。旋律上，原传入地那种回绕型、波浪式起伏的缠绵、委婉少见了，更多的是呈直线形的"小跳"与级进。在音阶使用方面，小调较之山歌也更为丰富，它不但有五声音阶，还有六声、七声音阶（音列）。

三　民间舞歌（船灯）

灯（舞）歌，指为各种民间歌舞、伴唱的歌曲。在武平县境内有群众喜闻乐见的各种灯（舞）歌。而最具代表性的要数"船灯"。它历史悠久，源远流长，制作精细，美不胜收。据史料记载，"船灯"始于清雍正年间，至今有三百多年的历史，为老百姓喜闻乐见。

表演时，由船头（称艄公）、船心（挑船者，也称"观音子"）、船尾（船婆子）及其伴唱、伴舞者登场。在丝竹乐器及打击乐器的伴奏下，以"八板头"接《渔家乐》乐曲拉开表演舞歌的序幕。整个表演过程以"出水、闯滩、顺水、逆水行舟"（按曲目节奏快慢前后摇渡）为内容；在领唱、对唱、伴唱、道白、念板之中进行。在演唱中间时而还穿插一些当地的民间小调，如《瓜子仁》《螃蟹歌》《凤阳花鼓调》《洒金扇》《雨打海棠》《十杯酒》《竹篷船》等。其演唱的曲目内容健康向上，段落分明，表演风趣，韵律规范。每表演或演唱一个段落所采用的曲调虽有些相同，表现的内容却不同。如"出水"这一节，《渔家乐》以载歌载舞的表现形式，赞美百姓"安居乐业""共享太平"的喜悦心情；又如《"福如东海"拆字歌》"啥字写来一片衣衫一口田"（福），"啥字写来女子开口笑连连"（如），"啥字写来一木打在田中过"（東），"啥字写来三人拜在母面前"（海）等道出了人们心中的美好祈望。

武平境内舞歌从调式上看，所演唱的曲目大部分属宫调式和徵调式，羽调式、商调式较少，但很有特色。如"落地花鼓"（又称"双人""打花鼓"），在演唱及表演过程中，艄公打小钹，艄婆打小锣，双双伴随欢快的音乐及打击乐声中翩翩起舞。此舞曲分为三个乐段（即曲一、曲二、曲三）；曲一为宫调式；曲二、曲三为徵调式，其旋律欢快、舒畅，令人回味无穷，整首曲调充满喜庆和吉祥的气氛。

（洪朝铭　林善珂）

武平各地山歌小调举例

村姑采茶忙又忙

村姑采茶忙又忙，双双巧手采春光，
头批二批采来卖，老叶粗茶自家尝。
边采茶叶边唱歌，茶树满坡歌满坡；
山歌不停手不歇，只因种茶好处多。
片片茶叶片片青，一篮春光一篮青，
这坡采来那坡转，鸟雀声声传众音。

（佚名　收集整理）

夫妻恩爱唔怕穷

隔山隔水隔条窝；对面老妹转来坐，
又有烟筒又有火，还有膝头准凳座。
羊角花开满岭红，爱嫁老公唔怕穷，
年三十日冇米煮，郎打夹板妹挽筒。
岭岗崇上一棵松，风子一吹漾漾通，
哥哥出门半个月，老妹叫（哭）嚷十五工。

（王大忠　收集整理）

阿哥（阿妹）㑌识你

女：上坵麦子下坵禾，看你阿哥没老婆。
若有老婆能看出，脚跟落地背会驼。
男：上园青菜下园葱，看你阿妹没老公，
若有老公能看出，脚跟落地乳会通①。

（朱化星　收集整理）

---

① 通，方言，意思是动。

男女对歌

男：天上落雨有人情，单单淋湿催二人，
淋湿催哥不要紧，淋湿俚妹真可怜。
女：天上落雨有人情，单单淋湿催二人，
淋湿俚郎不要紧，可怜催郎读书人。

牧牛歌

千样难来万样难，牧牛郎子最轻闲；
上午牧牛玩石子，下午牧牛讲笑谈。

挑担歌

讲起挑担真可怜，一步唔得一步前（进），
挑得多来人辛苦，挑得少来又无钱，

单身汉歌

高岭岽上一头禾，野猪食掉唔奈何，
日里想来无米煮，晚上想来无老婆。

恋爱歌

羊角花开红又红，爱嫁老公唔怕穷，
三四月里无米煮，郎打竹板妹背筒。

割草歌

对面高山壁岖岖，许多嫂嫂割芦箕（植物）；
上岽割来下岽绑，嘻嘻哈哈排队归。

石板搭桥万万年

女：月儿弯弯在半天，船子跃跃在河边。
哥在这边归对门，隔河隔海难得前。
男：有心搭船赶水大，有心恋郎趁少年。
石板拿来搭桥过，搭起石桥万万年。

十八妹子配三岁郎

十八妹子配三岁郎，抱上抱下抱上床；

床上好像牛栏杆，床下好比养鱼塘。

（过去旧社会不是婚姻自主，由父母包办。女方父母看到男方家庭好，有钱有势，不论年龄大小都可成亲）

（余学维、张荣茂　收集整理）

古代武平方言竹板歌举例

竹板歌，旧时称"叫花歌"或"讨食歌"，为乞丐或盲人谋生的技艺。用四块竹板伴奏，有单击、连击、联珠、拉锯、刮板等手法，根据唱词情节作快、慢、哭、笑、拉、散、重叠等改变唱腔语调。举例如下。

劝君莫赌博

女：一劝郎莫敢花，赚到纸票（钱币）爱做家，
　　年轻力大要去做，老里靠妹会过（较）差。你爱把话记心下。

男：一回妹催爱花，趁妹吴健（没有）落到家，
　　世上赚钱世上用，冇人赚钱带世下（阴间）。哥赚个钱也带唔下。

女：二劝郎莫敢懒，有钱也爱做点添，
　　年轻力大唔（不）去做，爷娘看哩也会淡，人人心肝一般般。

男：二回妹唔怕懒，六月天光难开担，
　　下田又怕乌蚊子，上山又怕路陡岖，风花落处多轻闲。

女：三劝郎爱赚钱，天晴爱防落雨天，
　　落雨又怕落大雪，大雪又怕结冷冰，冬天脱鞋全身冷。

男：三回妹不赚钱，有钱的人讲唔（不）听，富人赛过天下富，左脚踏
　　银右踏金，目珠（眼睛）一杀（闭，喻死了）完了情。

女：四劝郎四四方，劝哥莫去赌博场，
　　看了几多富豪子，万贯家财赌到光，读书出来打流浪。

男：四回妹四四方，催爱老妹好心肠，
　　勤俭节约把钱赚，金银玉镯都买上。让催老妹更风光。

警世歌

红峇白浪雨茫茫，忍辱柔和是妙方；到处随流延岁月，终身安分度时光，莫把他人过失扬。

谨慎应酬莫懊悔，耐烦做事好商量；从来硬弩弦先断，每见钢刀口易伤，祸从口出惹灾殃。

　　招灾多为热心肠，是非不必争你我；好歹何须争短长，荣华总是三更梦，富贵如同九月霜。

　　生老病死有注定，甜酸苦辣自承当；人有巧计学伶俐，天自从容定主张，福禄自有百年长。

（王三妹　王福荣　温启坤）

民间器乐曲

民间十番音乐

十番，是民乐合奏的一种形式，俗称"十番鼓乐"，由若干曲牌与锣鼓段连缀而成为一种套曲，起于明末。叶梦殊《阅世篇·纪闻》云：

> 吴中……有十不闲，俗讹称十番，又曰十样锦；其器仅九：鼓、笛、木鱼、板拔、钹、小铙、大铙、大锣、铛锣，人各执一色，惟木鱼、板以一人兼司二色。……音节应北词，无肉声。……且有金、草、木，而无丝竹。……万历末，与弦索同盛于江南，至崇祯末，吴阊诸少年又创新十番，其器为笙、管、弦。

李斗《扬州画舫录》卷十一云：

> 十番鼓……只用笛、管、箫、弦（指三弦）、提胡、云锣、汤锣、木鱼、檀板、大鼓十种。……番者更番之谓。后增星、钹，器辄不止十种。若夹用锣、铙之属，则为粗细十番。

由此可知十番原以敲击为主，而锣鼓与丝竹合奏则较晚出十番，流行于福建、江苏、浙江等地。

武平境内流行的"十番"，百姓称为"打十班"，约于清光绪年间（1875～1908）始流入本县，是旧时儒家子弟一种业余性娱乐活动，有的还成立了社团，如"集贤社""法通社"等。"法通社"就是由中山（武所）有个以法通子（外号）为主创的"法通社"十班（含鼓乐）。附近村庄的儒家、商人子弟常参加活动，并自制夏、冬两套制服（统一用机上白麻纱布做长衫），使用统一的鞋帽，经常择吉日游览寺庙圣地。境内各乡（镇）也有业余班社活动。中华人民共和国成立后，十番音乐在武平更加盛行，至今县城及各乡（镇）离退休老年活动室均有业余民乐队坚持活动。

十番演奏的乐曲十分丰富。主要有《八板头》《关公巡城》《红绣鞋》《和番》《过江龙》及《四景十番》（春夏秋冬）等。闽粤汉剧在武平境内流行后，其伴奏音乐中的许多丝弦乐曲（即"串调"）亦被十番音乐吸纳，以至今天已成为十番曲调的主体。这部分串调，亦有人把它称为"汉乐"。在本辑中，我们且把它当作十番音乐而一并收入。此外，还有仿昆曲、仿南词等。所谓"仿"，系以唢呐、号筒等乐器模仿闽粤汉剧、南词、昆曲中的行当唱腔，并以管弦、锣鼓伴奏，是武平十番中颇具特色的重要组成部分。

武平十番，基本上还保留了"无肉声"的传统，因此，一般只有曲调而无唱词。所使用的乐器主要有竹笛（主奏乐器）、箫、唢呐、号筒、吊规、椰胡、二胡、中胡、高胡、琵琶、月琴、扬琴、阮等管弦乐器，以及打击乐器：板鼓、檀板、堂鼓、木鱼、七星点、大钹、中钹、小钹、小锣、铜公（乳钟）、沙锣（马锣）、碗锣（又称小叫锣）等。板式有慢、中、紧，即单板（4/4拍子记谱）、双板（2/4拍子记谱）、双双板（1/4拍子记谱）等。

民间鼓吹乐曲

鼓乐即"吹打乐"，一种以吹奏乐器和打击乐器为主的器乐合奏形式。

民国以前，人们称"鼓乐师傅"为"鼓手客"，鼓乐师傅们大多处境贫寒，生活艰苦，"吹一盘鼓手（即出场演出一次），收入的钱只够买上两升米（当时每升米合五斤）"。他们与"剃头、修脚、阄猪"等手艺人同处在社会下层。中华人民共和国成立后，当年的"鼓手客"成为今日的文艺工作者。武平群众把这些职业、半职业的鼓手艺人尊称为"鼓手师傅"。民间鼓乐亦登上了"大雅之堂"，除了老百姓照样请他们去为红白喜事助兴外，政府有关部门还常请他们去录音、录像、整理资料，把他们当作"民间艺术家"；还请他们登上舞台，参加汇演，参加各种各样的庆典活动……

每个鼓手师傅的家里都贴挂他们的先师——师旷[①]的神位，名曰"敕封五音师旷先师神位"。有的在"天地君亲师"牌位左侧安上师旷先师、右侧安上子野先师的神位。

中华人民共和国成立后，武平"鼓手师傅"及班（社）都有自己的招牌，以"扬其名，招其客"。如：武平城关有"练瑞生吹班""钟兆华吹班"，武东有"牛老鼓手班"，中山有"刘辉光吹班"，桃溪有"曾兴养吹班"，东留有"徐朝凤吹班"等。他们的招牌均用"×××（即班主名号）吹班"的格式书写。目前，在武平尚在活跃的鼓乐社团还有"何梓玉吹班""练瑞生吹

---

① 师旷：五音先师，战国晋平公时的著名乐师。此人有一副非常灵敏的耳朵，能鉴别战争胜败之鼓乐，而且擅弹琴。

班""钟兆华吹班""徐朝凤吹班""曾育光吹班""林赞明吹班"等。

鼓乐的乐器，主要是"四吹""四打"。"四吹"即高音唢呐、低音唢呐、小筒、笛。"四打"即锣、钹、鼓、铃。在鼓乐中使用的乐器，除唢呐、笛子和打击乐器外，还有小铜音（铜质、三节、可伸缩，无音孔，由气息控制高、低音的乐器）、大铜号（铜质、两节，结构同"小铜音"）及一些常见的我国民族丝弦乐器。鼓乐有大、小吹之分。用唢呐与打击乐器演奏者谓大吹；用笛子与丝弦乐器演奏者谓小吹。其中，尤以大吹为常用（红白喜事均用）。武平称"大吹"为"鼓乐平对"，用于婚丧喜庆、迎神打醮等民俗活动中。但在用调、乐器及曲目方面，却有严格的区别。用调方面：红事用喜调，白事用哀调（即"鬼子调、夸包调"）；使用乐器方面：红事用小筒，白事用大筒，祭圣不能用唢呐，只能用笙箫鼓乐。曲目则根据不同习俗而选用，如：做寿用《天官赐福》《郭子仪拜寿》《十杯酒》等；结婚用《迎新客》《迎新人》《三仙》《传箫》《花鼓》《和番》等；祭祀用《烧香板》《当当点》等。

在武平文史资料第十九辑《民间音乐专辑》中，还收入了部分"中军班"音乐，所谓"中军音乐"，即宫廷、衙门、军队中专用的礼仪、队列行进、作战等场合吹奏的音乐。它们流入民间后，从建制、演奏技巧到曲目，对民间鼓乐的发展，都起到丰富、提高的作用。但它们更多的是已经被民间鼓乐吸收、融化了。

（罗炳星　洪朝铭）

曲　艺

曲艺，是我国民间各种说唱艺术的总称。这种艺术形式集文学、音乐、表演为一体，以说唱为主要艺术手段，叙述故事、塑造人物、表达思想、抒发感情。

我国流行的曲艺约有400种，在武平境内流行的主要有"竹板歌"与"开天官"（南词说唱天官赐福）两个曲种。现分述如下。

竹板歌

竹板歌是一种用客家方言、以客家山歌为基本曲调、因演唱多段体叙事性歌词衍变而成的曲种。又因早年的竹板歌，本无管弦乐器伴奏，系由演唱者手持竹板，一边敲打一边演唱而行其名。早年的竹板歌，常以艺人（尤以盲人为多）"击板歌唱，沿途乞讨，卖艺糊口"的形式出现。故还称"乞讨歌""讨食歌""叫化歌"。

竹板歌源于何时尚待考证。清道光廿三年（1843）出版的《番客》一书曾有"乞歌流浪兮，乃吾存亡……"的记载，反映了客家人出洋谋生，因生活拮据，靠唱竹板歌乞食度日的史实；据我们在田野采风时的调查，多数艺人认为清光绪年间（1875～1908），竹板歌始在闽西流行；另有一说，清中叶有客家人上京赴考落第，生活无着，遂在外地学了打竹板的技巧，配上客家山歌，以此为生计，一路乞讨回乡，从而传入闽西。

20世纪二三十年代，文艺工作者把竹板歌当作"宣传革命、发动群众、建立政权、扩红参军……"的宣传工具，使这一古老艺术形式焕发出新的生命力。中华人民共和国成立后，新一代文艺工作者继承优良传统，把竹板歌搬上了舞台，成为人民群众讴歌新时代、讴歌新生活的重要文艺形式，展示了竹板歌"最富客家民间色彩，有着极强表现功能"的艺术魅力，为我国曲苑增添了一朵鲜艳夺目的新花。

竹板歌的演唱内容分抒情性和叙事性两种。艺人们或唱历史故事，或唱男女情爱；既唱朝代的兴衰更迭，也唱人生的悲欢离合。传统长篇曲（书）目有《梁四珍与赵玉麟》《梁山伯与祝英台》《十里亭》《孟姜女》等；散篇小段有《孝敬爷娘理应当》《乞讨歌》等。

竹板歌以唱为主，偶有夹白。其唱词多为七言诗体结构。有七言四句板、五句板，七言杂三言五句板，数节至数十节乃至上百节连缀成篇。其中七言五句板一般为：第二节唱词起首句只有三个字，而且这三个字重复上节末尾的三字尾，俗称"头接尾"或"头驳尾"，其余四句为七字句。竹板歌唱词讲究押韵、合辙。四句板一般是一、二、四句押韵；五句板一、二、四、五押韵，七言杂三言的五句板押韵同七言五句板。

竹板歌的曲体结构，从总体上看，属于"板式变化体"（亦称"单曲反复体"）结构。从单曲上看，大都属于"启、承、转、合"式的"四句头"结构以及它的变体。它的主要板式有慢板、快板、哭板、散板等。其调式以"四声、五声羽调式"为主（亦有少量徵调式），且下属音——"商"，因被反复强调而成为它的"浓色彩音"。唱腔中字多腔少，并常用"介就话个""佢哇""哦""呵""啊""哪"等衬词调整唱词字位、丰富节奏变化、服务情感表达、变换唱腔结构。因此，竹板歌虽然"有板有眼"，但其节拍灵活多变——有单拍子、二拍子、三拍子。

竹板歌因演唱而配以竹板敲打而得名。竹板的敲打有一套较完整的技法，主要有"夹""敲""摇""锯"等技法。一副竹板一般为四块，每块长七寸许、宽两寸许，每块或至少其中一两块竹板的侧面要刻成锯齿状。竹板要选择无虫蛀的无节竹段，要刨削得光滑、晾得干透，还要经过尿泡、油爆沙炒后方可使用。

南词说唱"开天官"

"开天官"流行于象洞、岩前等乡镇，据我们查证，"开天官"是福建省四大曲种之一——南词的别称。"开天官"又名"天官赐福"。而"天官赐福"又是以南词八韵（或称"正韵"）为曲调的演唱曲目，是南词诸多声腔中最具代表性的曲目。其内容既有神话色彩，又表达了普通百姓祈求吉祥、平安的愿望。因之，该曲目一般作为"打头炮"的节目来演出，久而久之，人们忘却了这种曲艺的真正名称，而把它叫作"开天官"了。

"南词"，据清代严长明所著《秦云撷谱》[①]曰：

南词开始自唐初，唐明皇时盛行于宫廷，唱、吟歌、舞，总称"霓裳"之曲，又以当地口音不同，定名有昆腔、秦腔、弋阳腔、汉调之分，至金元

---

① 严长明著《奉云撷英小谱》光绪三十三年版。

年间北部盛行变体的北曲，明末经魏良辅、梁伯龙之手又改北曲为南词，后又由臧晋叔点审移就吴境，于是昆曲、南词大兴于苏，自明代至清乾嘉年间流入福建。

《福建曲艺志》载：

南词，其音乐同牌源于江南一带"滩簧词"，清中叶经由江苏、浙江、江西传入福建，除南平地区的南词属"苏派"外，我省各地的"南词"均属"赣派"。我省的南词曲调类别包括南词正韵、北调、南词小调、南词昆曲、器乐曲等五大类和少量的"杂韵类"弦索类曲目。

据考证，南词流入长汀及漳州的时间大致在清道光年间（1845年前后），流入龙岩的时间是在清末光绪年间（1906年前后）；20世纪初，常有"卖艺不卖身"的"堂子班"进入上杭城关卖艺，至30年代遂无踪迹。象洞、岩前一带流行的南词，从音乐唱腔、曲牌主要曲目上研究、比对，它属于赣派南词（以"福、禄、寿、禧"四星天官为主要特征），与在上杭的中都、下都等地一样同称"开天官"，虽然今天仍未找到确切的证据说明它的流入时间和传入地，但已可初见端倪。

武平境内"开天官"表演的曲目，除代表作《天官赐福》外，还有《宋江杀惜》《活捉三郎》《湘子化斋》《乌龙院》等。"开天官"有唱有白。其演唱方法，有用真嗓的，也有用假嗓的，均根据行当、角色的不同而有异，但演唱者多由伴奏人员兼任。其主要伴奏乐器有吊规子（闽西汉剧中的头弦）、龙头二胡（亦称"提胡"）、扬琴、三弦、椰胡、六角琴、竹笛、大椰胡、大堂鼓、剥洛鼓（两头小、中间大的皮鼓）、夹板、大钹、小钹、七星点、碰铃等。

（洪朝铭　林善珂）

汉剧各行当唱腔

清雍乾年间（1723～1795），西皮、二黄声腔以湖南班（楚南戏、祁剧）为媒介流入闽西，受当地方言的影响和民间艺术的熏陶，并吸收当地早先流行的戏曲音乐，至嘉庆年间（1796～1820），闽西汉剧（乱弹）基本形成。清光绪年间（1875～1908）闽西汉剧与广东"对江戏"交流、融会，由"乱弹"改称"对江戏"，并与广东"外江戏"先后于1933年前后改称"汉剧"，后为与广东汉剧区别，在"汉剧"之前冠上"闽粤"二字，而形成今名。闽粤汉剧于清光绪末年流入武平，至民国十五年（1926）前后，武平下坝大成、中山（武所）、桃溪小兰、东留及六甲邹屋均有汉剧民间班社，于是，它在武平境内开始流行。1957年，在原中山业余汉剧团（齐鸣汉剧团）的基础上成立了专业剧团——武平汉剧团。与闽西其他县、市汉剧团不同的是，因为武平与广东的蕉岭、平远接壤，在历史上亦因婚迁、经贸、文化交往甚密，武平汉剧团的师傅中也有多人来自广东。因之，武平汉剧的音乐（特别是声腔）受广东汉剧影响较深，遂在闽西汉剧诸同人中独具一格。今天我们在专辑中介绍的各行当唱腔中就可以品味到其中融会着较浓郁的广东汉剧韵律。

武平汉剧是以皮、黄（俗称"南北路"）声腔为主，兼融昆曲、吹腔、梆子调、罗罗腔（又称南罗腔）、南词、小调等为一体的板腔体剧种。其各行当的唱腔丰富多彩，限于篇幅，在武平文史资料第十九辑《民间音乐专辑》中收入的只有生、旦、公、婆、丑、净六大行当的皮、黄类代表性唱腔。

皮、黄唱腔的音乐特色及其表现功能

在皮、黄两大唱腔中，相对而言，西皮（又称"北路"）略为刚劲有力，节奏的变化比较复杂，旋律的起伏与音程的跳动较大，善于表现慷慨激昂或轻快愉悦的情绪。而其各种板式又因板眼（即强、弱拍）、旋律以及伴奏方法的不同，其表现力又各异。如慢板多用于抒情；快三眼宜于表达焦急的心情；马龙头善于抒情性的叙述；二六（二流）犹如朗诵式的说话；二板（紧拉慢唱）、三板（或散板）多用于感情冲动之际，唯二板较为柔和抒情，三板较为激烈、冲动；滚板又名"哭板"，其性质阴晦，音调凄切；倒板又名"导板"，气势宽广、得天独厚，先声夺人；叠板变化多端、铿锵有力。二黄腔（又称"南路"）较为柔和、委婉，其节奏稍微平稳，旋律常呈级进或回绕式进行，音程跳动以小跳或协和音程的跳进为主，故较善于表现缠绵、爱恋或幽怨痛苦的心情。反二黄尤为低沉哀怨，被称为"阴调"，最善于表现悲怆、失意、痛苦和绝望的心情。在剧中人思考、分析时，也常用反二黄腔。而反西皮悲凉苍劲，常用来表达人物的悲愤交加或威武不屈。

各行当的发声方法

生（含文、武小生）用子喉（即假嗓）发声，近年来，亦有真、假嗓结合发声的。小生的腔调柔中带刚，阴阳相济；公（即老生）用原喉（即真嗓）演唱。其腔调激昂苍劲，洪亮而沉着、成熟。旦（含正旦、青衣、花旦、武旦）用子喉发声，花旦的腔调较为活泼、轻快，使用的音域较窄；青衣腔调多带花腔，较为抒情、华美；正旦的唱腔沉静朴实而大方；婆（老旦、老妈旦）用原嗓演唱，有时夹着鼻音、喉音，腔调和顺而端庄。丑（文、武丑），用原嗓发声。其腔调忽硬忽柔，忽高忽低，强弱缓急多变化，较为夸张多样。黑净（大花）用炸音歌唱，其腔调雄壮豪迈、粗犷有力；红净发音以鼻腔共鸣为主，夹杂着头声、喉声等构成综合音，并以此综合音与本喉音交替使用，统称为"双夹雪"，音域颇宽，腔调既柔且刚，朴实而又富于变化。

伴奏乐器

文场乐器（管弦丝竹）：早期的"三大件"是头弦（吊规，亦称"外江弦"）、三弦和月琴。其他乐器有唢呐、竹笛、椰胡、一胡、中胡、阮、号头、洞箫、笙等。20世纪50年代，"四大件"改为头弦提胡（龙头二胡）、扬琴、琵琶，其余乐器基本不变。60年代末70年代初，小提琴、大提琴及铜、木管西洋乐器也陆续加入其中；20世纪末及21世纪初有时还加入电声乐器（如合成器、电贝斯等）。定调及定弦：早期定调正线一般为1=G（正官调）或1=F（六字调），反线一般为1=D（小工调）或1=C（尺字调）；20世纪60年代始，正线一般为1=^{b}E（凡字调），反线为1=^{b}B（上字调）。但无论定什么调，头弦定弦，二黄内弦为5，外弦为2；西皮内弦为6，外弦为3。

武场乐器（打击乐）：片鼓、（板鼓）、檀板、木鱼（梆子）、大苏锣、大钹、小钹、小锣、铜钟（乳钟）、碗锣、碰铃、大、小堂鼓、马锣等。

（洪朝铭　陈贻埕）

中山镇的戏剧

　　武平县戏剧活动历史悠久，范围很广，品种繁多。有史籍可考者，最早追溯至明代的武平所城（即今中山镇）元宵闹花灯傀儡戏，即现在的提线木偶戏。后来则有外江戏（闽西汉剧）、文明戏、歌剧、话剧。全县中戏剧活动最为活跃且最有代表性的当首推中山镇。该镇不但是县里戏剧艺术的发祥地之一，也是戏剧活动中心之一。现笔者根据有关历史资料、古老传闻及田野调研，按不同种类，分别记述如下。

闽西汉剧

　　闽西汉剧原来称为外江戏，据专家考证，它是由祁阳腔（以皮黄腔为主，亦称为"乱弹"）传入闽西及粤东等地后发展变化而成。民国期间，在当地文人的倡导下，改称为汉剧，新中国成立后，为了与湖北汉剧有所区别，在粤省的称为广东汉剧，在闽省的称为闽西汉剧，其实是同一个剧种，它是客家地区群众最喜闻乐见的地方戏曲形式，故也有人称它为"客家戏"。中山人则习惯称之为"大戏"。

　　汉剧何时开始流传到中山，已不可考，但据笔者推测，最迟当不迟于明末清初，明代时即有"祁阳子弟满天下"的说法，中山旧为县治所在，后设守御千户所，乃官兵驻防重地，每逢节日冬闲或迎神建醮，必请戏班来演唱，此习沿至新中国成立前夕。诸如广东的"老三多""新天彩""荣天彩""乐天彩""新华剧社"，福建的"春华园""赛桃园""汀龙剧社"及两省艺人合办的"梅龙国乐社"等戏班，都来中山演出过，有时甚至历时数月之久。

　　中山人自己也办有戏班。据传，清光绪十一年（1885），岐岭下村（今阳民村岐岭下自然村）艺人徐发龙，曾经办过一个"小人班"（即由少年和儿童为演员组成的班社，此乃当时的风气，新中国成立前潮剧基本上都是小人班），班名不详，并且到潮汕一带演出。

　　民国时中山为县里商业重镇之一，居民又酷爱看戏，因而每年都有外地戏班来演出。上庙（诸葛武侯庙）、下庙（张巡庙）、老城关王庙、大河背天后宫、中心小学操场、大塘面上席草田里、何家祠等处都搭过舞台。

　　1943年，抗日战争正进入艰苦阶段。因潮汕沦陷，原来以该地区为主要活动地的外江戏班，只好转向山区巡回演出。当时内地百业萧条，更使戏班经济上陷入困境，不得已纷纷解散。是年，广东"新华剧社"来中山演出后，已无法再维持下去，无奈封箱散班。该社名老生巫玉基、小生赖先等生活无着，只好留在中山教戏度日。就这样，他们为中山培育了一批戏剧人才，播下了汉剧种子。

1945年抗战胜利，潮汕水路复通，中山出产的大量木材又可从河道运出销售，经济开始复苏，出现了一段短暂的繁荣时期。镇中一些地方绅士及酷爱汉剧艺术的积极分子，倡导组织起一个业余班社——中山国乐社。社址设在武侯王庙，并往上杭县聘请汉剧老艺人李鹤凌（青衣）为师傅。演员与乐队均自愿参加，于业余时间进行排练。参加者中，有小学教师、乡政府职员、店员、武平中学回乡学生及热爱汉剧的社会其他人士。县自卫队中队长钟彩东担任名誉社长，由他下令把中山圩上所收屠宰税、赌场抽取的"头金"，全部充作国乐社活动经费，由于白手起家，必要的服装行头，都因陋就简马虎应对。服装用布料由自己制作，蟒袍以上庙、下庙菩萨身上换下的旧袍代替，头盔用纸壳裱制。当年，排练了《青草记》《三娘教子》《青竹寺》《三不死》《梅龙镇》《杨戬打宝刀》等十多个折子戏，可连续演出三个晚上。翌年春，该社赴岩前、十方、下坝诸地巡回演出，深受观众欢迎。此后，该社还与外地来县城的连城"三余京剧社"、来中山的"梅龙剧社"，同台演出过，亦获得好评。

此后，三年解放战争开始，社会动荡不安，国乐社遂停止活动。该社寿命虽然不长，却为武平县培养了一批戏剧人才，如陈采添、林占奇、钟运源、钟受章等人。他们后来都成了县汉剧团的艺术骨干。

中华人民共和国成立后，人民政府重视群众文艺，中山的戏剧活动呈现勃勃生机。1950年冬，由区政府牵头，组建了"红光剧团"（详情见后）。当时排练了《红娘子》《三上轿》等剧目，配合宣传土改、清匪反霸、抗美援朝等运动。次年，一些热心汉剧艺术的青年，自发组织起来，在新城罗金梅家中排演了《燕青打擂》《青草记》等剧目，极大地丰富了群众的文化生活。

1952年，遵照党提出的对地方戏实现"改戏（剔除封建糟粕，发扬民主精华、改制旧班社制转变为新的剧团制），改人（旧艺人思想改造）"方针，武平县准备成立专业剧团，遂举办了一期旧艺人学习班。

通过办班学习，中山汉剧艺术爱好者的热情大为高涨，在区政府支持下，于1953年办起了"中山（业余）汉剧团"，先后排练了《小仓山》《梁山伯与祝英台》《宝莲灯》《十五贯》等大型剧目，配合各项政治运动进行宣传，并于法定节假日、传统节日等举行公演。当年春节，第三区政府（由中山和民主乡合并）组建了春节慰问团，赴辖区内各乡村作慰问演出，历时半个多月。慰问团以中山汉剧团人员为主，还吸收了木偶戏班和部分教师参加。演出节目除汉剧、话剧外，还有木偶戏和船灯，每天走一村，上午步行，下午打船灯，晚上演戏。于元月初三开始，足迹踏遍了辖区各地，所到之处，观众人山人海，十分活跃。

1956年，要求县里组建专业剧团的呼声强烈，文化科派钟国梁副馆长亲驻中山汉剧团指导工作，排练剧目。是年冬，在他率领下，中山汉剧团联合了下坝业余汉剧团的部分人员，出发赴全县各地巡回演出，所到之处深受欢迎。但因服装道具破旧，设备简陋，建团资金无着，组建专业剧团的计划再度搁浅。

与此同时，中山区挂坑乡却自发组织了业余剧团。挂坑乡历来喜爱戏剧活动，该乡又是木材重要产地，办起采伐场后，群众收入大为增加。在热心人士倡导下，于各农户收入的山价款中提取少量资金，并接受群众自愿赞助，筹集了不少钱，购买了服装道具和幕布，外请师傅教戏，先后排演了《青风寨》《卖油郎独占花魁》等节目，文艺活动一度十分活跃。

1957年，县组建专业剧团的工作终于被提上议事日程。4月，在文化科长周荆汉策划下，指派科员林如湖、钟国梁负责，抽调了中山汉剧团的陈采添、林仁成，下坝业余剧团的谢火兴、叶增兴，成立筹备小组。因县财政没有资金投入，筹备小组乃向各系统干部职工进行募捐，募得少量开办费用，并借用中山、下坝的服装和道具，6月30日正式在县城成立"武平县齐鸣汉剧团"（后改称武平汉剧团）。剧团成员以中山为基础，共30余人。从此，以中山为中心的戏剧活动转移至县城。

1977年恢复古装戏后，排演了折子戏《拾玉镯》参加县调演。此后，还陆续上演了《逼上梁山》《十五贯》《雪华刺秦虎》《包青天》《柜中缘》等，并先后到县内个别乡镇巡回演出，深受观众欢迎。

80年代以后，因电影电视大量普及，观众欣赏兴趣转移，舞台戏剧形式开始滑坡，中山的戏剧活动也随之沉寂。

文明戏、歌剧、话剧

歌剧、话剧等戏剧种类，旧时称为"文明戏"。文明戏在中山兴起是在抗日战争期间。当时地方一些爱国人士，为宣传抗日救亡，组织起"抗敌剧团"（因为中山有座武龙山，即帽子寨，故后来改名为"武龙剧社"）参加成员以教师、学生为主，也有店员、士绅等。上演节目有《延水谣》《黄河大合唱》《放下你的鞭子》《流亡三部曲》等，还有反映新式教育的《小小画家》。为了宣传抗日救亡，剧团还自编自演了一些诸如《送郎当兵》《募捐救灾》等节目，在激发国民的爱国热情方面取得良好效果。

抗战胜利后，来中山演出的"梅龙剧社"，除外江戏（即汉剧）外，亦兼演个别类似滑稽戏的文明戏。中山国乐社也偶尔上演一些文明戏。这些剧目，大部分使用当地方言，即客家话演出，即编即演，亦庄亦谐，由于贴近生活，深得观众喜爱。

中华人民共和国成立初期，在区政府主持下，于1950年冬成立了"红光剧团"，由区文教干事张学贤负责，业余时间活动，配合中心工作开展宣传，张学贤本人也经常登台演出。成员都是当地文艺活动积极分子，自愿参加。土改时，排练了《王秀鸾》《赤叶河》《王贵与李香香》等剧；抗美援朝时排练了《鸭绿江》；农业合作化时期排演了《两兄弟》《妇女代表》《送郎当兵》等歌剧话剧节目。这些剧目内容新颖，形式活泼，深受观众欢迎。

土改结束后，广大农民分得土地，有一种翻身解放的幸福感，心情十分喜悦，因而从事业余文艺活动的积极性空前高涨。区政府每年春节期间都组织文艺调演活动，辖下各乡村也都会踊跃排演各种歌剧、话剧节目。调演期间，县城人山人海，争先恐后观看演出，非常热闹。所以可以说，50年代初，是群众性文艺活动的黄金时期。

傀儡戏、花灯戏、酬神戏

花灯戏和酬神戏，其实也是傀儡戏，即提线木偶戏。

傀儡戏何时传入中山，已不可考，但根据县志记载，可追溯至明代，即武平千户所的花灯戏。民国《武平县志》云：

> 元宵灯火，各乡皆有。唯武所旧俗，十三至十九日，灯火叠赛，为明驻防屯兵旧俗。他乡则十三至元宵而已。

武所的花灯戏，是全国少见的特殊事象，不但历史悠久，而且久传不衰。据父老乡亲相传，明初驻所城官兵，原为都城南京禁军，乃被迫外遣，大多不自愿，皇帝为安抚军心，特准他们可以按照京城风俗闹花灯。积习相沿，至新中国成立初期仍兴盛不衰。最高峰时曾有"武所十三庙，庙庙闹花灯"的盛况，但至新中国成立前夕，一般只有新城的上庙、下庙，西山岗的赤沙庙，老城的晏平王庙有花灯傀儡戏。

花灯戏在一种特殊的花灯架下上演。花灯为长方形，高2.2米，长3米，宽0.70米，分上下两层。上层用竹木纸等扎成屏景，有人物、花鸟、动物及各种历史故事等，五光十色，栩栩如生，有很大的观赏价值。屏景中间点上灯火，为下层的傀儡戏演出照明。戏班固定由上杭白砂乡请来，费用由前一年添了男丁的民户中分摊。演出剧目，由主持者根据观众兴趣点定，除正本（如《大闹开封府》《辕门斩子》等）外，大多点连台本戏，如《粉妆楼》《李旦与胡凤娇》《孟丽君》等，这些剧目以情节取胜，加上演员临时插科打诨，很能吸引观众。每到花灯戏上演期间，附近农村许多人会来城里走亲戚，到处人山人海。人们一边欣赏花灯，一边观看演出，欢声笑语，热闹非常。

花灯戏于20世纪50年代中不再举办。改革开放后，曾经复办过两年，但终因时代变迁，这种特殊的戏剧形式已成明日黄花。

旧时中山民间信仰中常有求神和还愿之举。据传，下庙菩萨——张巡极灵验，而他老人家最喜欢看戏。因而人们常以演出傀儡戏来还愿，称为酬神戏。新中国成立前，下庙每年上演酬神戏少则百余场，多时可达200多场。戏台搭在神殿侧，有时演日场，台下几乎没有观众，或仅有几个玩耍的小孩子，也照演不误。

中山人自己办傀儡戏班，始于何时不可考，估计当不迟于清末。民国期间，中山仍有石朱子（福进）办的"福庆堂"、老城王国亮办的"国华堂"、上峰王远康办的"庆华堂"等。这些戏班多系祖传，平时务农，农闲时到各个乡村甚至江西邻县境内演出，或参加庙会活动，或为人家祝寿等喜庆唱堂会。有时也兼为人家婚丧喜庆活动添彩。艺人们大都是从小习艺，故个个能拉、能唱、能表演，可谓"多面手"。

（林仁成　王文谟　徐朝祥）

"武龙抗敌剧团"追忆

　　记得1936年，武所（即今中山乡）小学毕业后到武平县立初中读书的有钟锡生、钟其生、程大德、李伟杰、王大由、苏肇贵、刘德仁、凌发广、潘顺昌、刘荣炬等二十余人。为了加强团结，增进感情，互相砥砺，由钟锡生等发起组织"武所旅县同乡会"。决定开展两种活动：成立"武所体育促进会"和"武龙新剧社"。其目的是促进武所体育事业和文化事业的发展。钟锡生等分头向武所各界劝募经费，得到各阶层人士的热心赞助。然后把所筹之款，购置必需的设备，首先在老城衙门坪内（即现今中山乡政府的地址）建了一座"千年台"（即戏台），开辟一个标准篮球场，球场的左右两边中点竖立两条木杆，作为排球场，一场二用。同时，买了几个篮球、排球。此外，又购置了大幕、侧幕、天幕，画了两大幅布景——家庭景、山林景，做了几副大小门窗，8件舞衣及几套服装等。

　　有了简易的设备后，体育组的同学经常利用星期日或寒暑假邀集当地小学师生或社会青年搞篮球或排球的友谊赛；戏剧组的同学配合小学教师谢肇圣等排演文明剧（即话剧）。曾经演出了《双簧》《爱女虐媳》《杀子报》等节目，演出时，场场满座，盛况空前。

　　1937年7月7日，日本帝国主义发动卢沟桥事变，蓄意吞我中华，亡我民族。"天下兴亡，匹夫有责"，我们后方学生虽不能浴血抗战，但也应尽国民天职。此时，"武龙新剧社"的成员义愤填膺，一致认为要投入抗日救亡，保家卫国的活动，即把"武龙新剧社"改为"武龙抗敌剧团"，扩大组织，广泛吸收各界人士入团，推举武所中心小学校长谢肇燊为团长，该校音体教师王大由为副团长，同时，吸收部分教师学生为团员。我们演出话剧，也有歌剧。剧本和歌曲由剧团供给，自己翻印，也有些是自己找的剧本。我们演出了《放下你的鞭子》《小小画家》《流亡三部曲》《送子参军》《送郎参军》等剧目。同时，还组织了歌咏队，配合剧团上台歌唱，其形式有大合唱、独唱、轮唱。内容有《大刀进行曲》《打杀汉奸》《义勇军进行曲》《打回老家去》等。利用圩天（赶集日）在"千年台"或街头演出。每次演出，围观的人群，都非常拥挤。为了更有力地唤醒民众一致抗日，我们还组织了晨歌队，每天早晨到街道及居民区大唱抗战歌曲。

1945年日本帝国主义无条件投降后，原有抗敌剧团的主要成员工作岗位变动极大，人员星散，剧团活动暂告停顿。是时"中山国乐社"成立，抗敌剧团所有财产由国乐社接收。

新中国成立后，中山区政府为了加强对群众的宣传教育工作，"中山国乐社"改组为"中山红光剧团"，团长为张学贤（当时第三区文教干部），指导员为熊伟杰（第三区副区长），导演为谢仰昌，团员有舒贵章、邹家盛、林寿基及中山中心小学的部分教师。在这期间，演出了《鸭绿江》《三上轿》《王秀鸾》《赤叶河》等剧目。由于剧本内容新颖，表演生动活泼，深受群众好评。

随后，成立"中山业余汉剧团"，原红光剧团的财产移交给业余汉剧团。

（王大由　谢发昌）

"城北国乐社"情况简介

昔日城北东安桥中宫有会客回廊厅一间，两边均有一间鼓乐亭，为演奏国乐之所。厅里贴有楹联一副：

> 酾酒传柑歌国泽
>
> 吹笙奏鼓表民欢

当地父老乡亲每每于劳动之余，聚集于此，演奏国乐。有道是"好琴弹罢三更月，良友来时四座春"，常常夜阑灯灭，而琴笛之声犹不绝于耳。城北人士有优良的文化传统，父教子，兄教弟，耳濡目染，口传身授，蔚成风气。

清光绪年间（1875年之后），城北就有国乐爱好者，各自捐赠物资，常于日丽风和之午，月朗星稀之宵，自动聚合，切磋琴术，讨论乐理。这个传艺论乐的地点就是东安桥。以后聚合地点曾移至竺轩公祠学堂（即集贤学校）、李佩环书房、李景德仓屋、李玉光楼上、崇真观农会等处。迄今约有一百年的历史。

城北国乐社里，活动分子层出不穷。他们中既有琴棋书画的老艺师，也有歌咏舞蹈的能手；或善于檀板点鼓的指挥，或精于扬琴唢呐的演奏；更有长于口才、善于宣传的人物。艺园荟萃，代代相传，共勉共行，互切互磋。

清末民初（1911年前后），城北即出有船灯甚得群众欢迎。船灯署名"集贤坊余庆堂"。时本坊人士、长汀省立七中首届毕业生李宗涛曾撰联两副，切"集贤""余庆"四字。联云：

> 集客撑船陆地行舟波浪少
>
> 贤豪击楫中原过渡荡平多

> 灾余欢祝颂升平日
>
> 果庆喜赞扬丰熟年

但因无固定经费，政府又不支持，所以船灯的出演时断时续，只能每隔两三年组织一次。在这样的情况下能够苦心维持下来，也委实不易。

　　民国二十五年（1936），城北乡农会牵头正式组织城北国乐社，并由城北乡民捐助小洋三百毫为经费，推选李振琼为社长，择定崇真观为社址，购置一部分主要乐器，爱好国乐者亦自动献金献物，还邀请外乡能手钟佛山、钟德巴等参加。当年终就出了船灯，在城区进行演出，深得当时各界人士的好评。

　　民国二十六年（1937）农历正月，城北国乐社除在城区和万安演出外，还往十方、鲜水、叶坑、伏虎、莲塘、岩前等处演出。在岩前练惕生将军家演出一次，深得练将军赞赏，赏给艄公、艄婆、观音子、十班各小洋一百毫，还赏给国乐社集体一百毫，共计五百毫。由岩前回县时，取道中赤、下营。适逢下营祖祠入伙，厚意接待。当年冬，下营人从潮州购赠城北国乐社扬琴一架。翌年（1938）春，下营村出龙灯来县城演出，城北国乐社同样厚意接待。从此，下营与城北结成友谊村。

　　民国三十四年（1945）春，武平县抗敌后援会组织抗敌宣传队，深入农村，城北船灯踊跃参加宣传。那年的船灯裱褙得特别新颖、雅观，张贴有抗日标语和抗战图片等，以激发武平民众抗敌救亡的热情。抗敌后援会秘书陈培英在船头还撰联一副：

　　　　看楫击中流雪耻何须明日
　　　　听笙歌大地胜利就在今年

　　宣传队所到之处，民众的抗敌情绪大大提高，纷纷捐金献物，支援前线。当日本帝国主义无条件投降的喜讯传到武平那天，城乡各界在南门坝大操场，举行了盛大宴会，几百人席地饮宴，热烈庆祝，盛况空前。

　　　　　　　　　　　　　　　　　　　　　　　（李永荣）

艰苦创业育奇葩

——记武平汉剧团建团经过

新中国成立不久，武平全县就完成了土地改革和民主建政工作，摧毁了旧社会封建秩序，生产力得到解放，人们心情舒畅，积极性空前高涨，群众文艺活动十分活跃，尤其戏剧演出，更为群众喜见乐闻，以至业余剧团遍地开花。当时，岩前区组建了"新岩歌剧团"，各学校也经常演出歌剧、话剧；由于武平历史上是"外江戏"（即汉剧）流传地区，群众对汉剧情有独钟，因而在中山、六甲、中堡、下坝、东留、中赤、象洞、高梧、桂坑等地，先后组建了业余剧团。每逢喜庆节日，都有演出活动。其中最活跃的是中山"红光汉剧团"（后改称中山汉剧团）。

为了对旧戏曲艺术进行"三改"——改戏、改制，改人，县文化馆于1953年举办了民间艺人学习班，把流散在各地的汉剧老艺人召集起来进行培训。当时全县剧团都是业余性质，艺术质量不尽如人意。为发展武平的文化事业，组建一个县级专业剧团的任务被提上了议事日程。

中山乡是武平县汉剧的发源地，有较雄厚的基础。1955年冬，县文化馆馆长钟国梁奉命到中山汉剧团扎根，进行重点培训。在他的帮助下，剧团排演了《大闹开封府》等一批剧目，到全县各地巡回演出，为专业剧团的诞生奠定了良好的基础。到了1957年，县文化科长周荆汉拿出了组建剧团的方案，成立了筹备小组，由陈采添、林仁成等负责，开始向广大干部职工募捐，筹集经费。

在县财政没有拨款的情况下，仅凭募捐所得数百元，根本无法购置服装道具。但大家热情非凡，决定因陋就简，艰苦创业。没有服装道具，就把中山、下坝两地原有设备暂借使用。剧团以中山汉剧团为班底，吸收了下坝、县城、象洞、中赤、岩前等地的艺术人才。被选中参加剧团的人员，尽管知道生活条件十分艰苦，根本没有工资，连创办初期的伙食费都要自己带，但大家还是踊跃前来报到。我于1955年从武平一中休学回家后，就常随中山汉剧团演出，主要拉头弦，也有时当演员和导演，后来又到桂坑去教戏。我从小原就喜欢戏剧，听到剧团就要成立的消息，非常高兴，便按时去县城报到。

剧团取名"齐鸣汉剧团"（取百花齐放、百家争鸣之意，但次年即改称为"武平县汉剧团"），团址设在县人民剧院（今东大街文化大酒店），由演员陈采添任团长，蓝兆昌为副团长。当时为民间职业剧团（1960年改为地方国营）。全团有40余人，于1957年6月25日报到，6月30日正式对外演出。

首场演出《大闹开封府》，尽管舞台设备非常简陋，但观众还是争先恐后前来买票。此后，剧团陆续重排了《乔太守乱点鸳鸯谱》《梁山伯与祝英台》《宝莲灯》《十五贯》等节目，开始下乡巡回演出。下乡时，我们都是自己挑服装道具，徒步翻山越岭，其辛苦可想而知。每到一处，总是住祠堂、睡地铺，往往还得自己搭台。大家不发工资，每月只供给7元钱的伙食费，连一分零用钱都没有。但我们的足迹却踏遍了县内山山水水，甚至如民主乡的平天湖这样偏僻的山村都去。观众热情欢迎，使我们忘记了生活的艰苦。有一次回县休整，周荆汉科长见我们如此辛苦，心里很过意不去，便把他自己的转业费（他原是部队营教导员）给每人发了2元钱，为大家购买必需的生活用品。

是年冬，县财政给剧团拨款2000元，我们才有可能到福州添置了一批蟒袍、大靠、生旦行头、大幕、布景灯光设备，服装道具焕然一新。剧团又陆续到广东等地招收了一批演员，加上大家积极苦练基本功，演出质量大为提高。

不料次年（1958年）我们经费基本上靠自力更生，不要政府拨款，但还是被下放到民主乡的坪畲劳动。剧团不能演出，演职员们每日上山拖竹子，一天来回几十里地，靠挣来的工钱维持生活。几个月如此，个别人受不了，就离开了剧团，但绝大部分同志咬咬牙硬是坚持过来了。不久，文化科就把我们召了回来。于是我们继续上山下乡演出，还到了江西的会昌、寻乌境内演出，所到之处，深受观众好评。

那年秋，上级考虑到长期生活待遇太低，演职员根本无法安心工作，决定每人每月一律发给11元，其中7元为伙食费，4元零用。那时的情况确实很狼狈，如在江西演出，我们一些人鞋子破了没钱买，只好穿木拖，连街上都不敢去。5分钱1斤的黄酒，我们也喝不起。但我们着眼未来，为了事业的发展，必须艰苦创业，尽管身无分文，还是有说有笑，日子过得很愉快。不久，上级派罗炎贤来担任团长，剧团工作逐步走上正轨。他把每人每月的待遇提高到20元，我们才有可能添置一套新衣服，不再穿得破破烂烂了。在剧团经费使用上，我们仍然坚持勤俭办团的原则，许多服装道具都自己动手制作。到了1960年，剧团才实行薪酬制，这是后话。

办团初期，党和政府对我们的工作十分关心。当时的县委副书记张奎、刘东明等同志，每逢县城演出，常常亲临指导。每年重大节日，他们总要代表县委、县政府召集老艺人和主要演员开座谈会，听取意见，帮助大家解决工作和生活上的困难，开完会还备办盛筵宴请我们。这种尊重和关怀，对我们无疑是莫大的鼓舞与鞭策。

冬天，我们创作和排演了现代戏《魏秀英》，在专区会演中一举夺魁，荣获创作奖和演出奖，并被选拔为龙岩专区代表队，于次年赴福州参加省举办的第三届戏剧会演。从那时起，剧团事业蒸蒸日上，演员队伍日益壮大，演出质量不断提高，舞台设备逐渐更新。到了60年代，剧团的影响已经扩及江西赣南各县，广东潮汕、兴梅地区各县，福建的三明、永安、漳州、长泰、南靖……以及闽西所有地方，每到一地，观众莫不为演出的精湛技艺所倾倒。武平汉剧团上山下乡为工农兵服务的先进事迹，也多次受到省文化局的表彰。

武平汉剧团成立至今，有四十多个年头了。回忆当时，剧团在粤东、赣南、闽西等地能够享有很高的声誉与上级的关心支持，以及广大演职员的艰苦奋斗和无私奉献有很大关系。

（钟德盛）

东留"福瑞堂"木偶戏

　　新中国成立前武平曾有十余家木偶戏班，由于"文化大革命"的荡涤到现在只剩下桂坑村"福瑞堂"提线木偶戏班了。"福瑞堂"提线木偶戏班起初由江西省传入，多在东留乡周围及邻近的江西省的一些乡村演出，历经四代传承，已有一百多年的历史。现"福瑞堂"第四代传人李砚达已将提线木偶戏演出扩展到全县各地和周边省市县。

　　《江魁抢妻》《郭子仪拜寿》《水漫金山》等是这家木偶戏班的传统保留剧目。

　　1949年以前，它以高腔的方式表演（即伴奏方式只有锣鼓、钹、梆子，没有其他乐器）。1950年以后，结合社会发展，"福瑞堂"木偶戏以"乱弹"方式表演为主（即有铜锣、钹、小锣、鼓、梆子、头弦、二胡、唢呐、扬琴等乐器，唱腔以汉剧为主）。木偶戏亦有生、旦、净、丑等各种角色。

　　台上演出时的道具主要有线、服装（黄袍、乌袍、白袍、绿袍、红袍及各种颜色的提线木偶）；主要乐器有铜锣、钹、小锣（又称碗锣）、鼓、梆子、夹弦、二胡、唢呐、扬琴等；主要演出地点在本县及周边省市县的寺庙、祠堂、庵场打醮的地方。

（李砚达）

中湍民俗 "上刀山" "下火海" "捞油锅"

永平乡有一个群山环抱的美丽小山村——中湍村。每年农历十月十五是该村的醮会日。向来逢寅、申、巳、亥年的醮日，就会举行 "上刀山" "下火海" "捞油锅" "竹篮挑水" 等神奇的民俗表演，邻近五乡十村的亲朋好友都纷纷前来做客，观看表演，热闹非凡。2001年11月29日，笔者有幸亲自看到了这一盛况。

中湍村距武平县城大约30公里，距乡政府所在地帽村7公里，有公路相通。村里蓝姓为大姓，百余户，千来人，讲客家话，早年祖先从邻乡大禾迁入。醮日的来历已不太清楚，据说是祖先在此开基后连年五谷丰登、六畜兴旺，闲暇之时，很想庆祝一番，于是选中了一年中较有空闲的 "十月半" 作为节日。

那天上午笔者来到村子里，只见公路上摩托车数百辆，大小汽车十几辆，大田里围观群众数千人，田中间竖立一直径20多厘米、高约8米的大杉木柱，36把长35厘米的钢刀磨得闪闪发光，分别插在木柱两侧。12时，在欢快的唢呐、锣鼓、鞭炮声中，一位由村民饰演的 "法师" 头插令旗，光着脚板，开始 "上刀山" 表演，他两手抓着柱上利刀，两脚踩在刀刃上，一步步攀登，到顶后坐下。接着 "上刀山" 的人一一脱掉鞋袜，用同样的方法上到柱顶，由 "法师" 发给每人一个红包作奖励。上去的11人中，有10人是本村的普通百姓，1人是来自帽村的外姓人。所有的人下来后手脚丝毫无损，而那钢刀却锋利无比，看一眼都使人毛骨悚然，敢上去的人确实有过人的胆量。1小时的 "上刀山" 表演顺利结束。

晚上举行 "下火海" 表演。天刚黑，忠新馆的人来到村中大田里开始点燃大火坑里的木炭，火坑长7米、宽1.2米，由砖块围成，里面堆上近2000斤木炭，高约40厘米，经过近2小时的燃烧，已烧得通红，5米以内围观者不敢靠近，距火坑4米的笔者早已热得满头大汗。晚上8时15分，"法师" 在通红的火坑里放进一些盐和酒，然后脱掉鞋袜，卷起裤脚，在十番乐曲、唢呐、锣鼓、鞭炮声中，抓起一只雄鸡砍了一刀丢进火坑，然后赤脚踩进通红的火炭里，带头走过7米火坑。接着，20多人一一脱去鞋袜卷起裤脚走过火坑，无一烫伤者。据刚走过的16岁女孩蓝荷花说，脚好像踩在发热的沙土上。表演大约只有10分钟，结束后天空便下起了大雨。

　　第二年的元宵节，笔者又有幸看到了该村"捞油锅"的表演。

　　上午9时，中澜村忠新馆的人在村中心的大桥头空地上放一木桌，烧完香，念过经后，一位来自本村的六七十岁普通老人，脱掉上衣，双手各抓一大把筷子粗细的香，点燃，每把香有20余支，烧着后，双手把香火顶到自己的胸前，直到全部香火熄灭，而老人的皮肤一点没有被烫伤。

　　在表演灭香火的同时，另外一些人在旁边搭起了一口大铁锅，锅里放入八九斤的花生油，下面点燃柴火，将油烧沸，将一簸箕的白色米粄放入油锅，约10分钟后，白色的米粄渐渐炸成了深棕色。这时，十番乐曲齐奏，一位50岁开外名叫蓝如柱的村民脱去外衣，双手喷上画了符的"符水"，晾干后双手伸入沸腾的油锅里将米粄全部捞起，分发给观众，观众当场把米粄吃掉。蓝如柱的双手却和捞油锅前一样，未受任何伤害。

　　中澜的这些表演历来是为醮会日助兴的娱乐活动。

　　20世纪60年代中期笔者出生于与中澜村相邻的亭头，孩童时期常常听老人们关于"上刀山"的描述，但当时正处于"文革"期间，谁也不敢去表演，也没有道具。到80年代改革开放之后，中澜人才特地到乡农械厂打制了36把"上刀山"专用的钢刀，民间自发恢复了原来的忠新馆。据说过去武平有36馆（编者按：所谓"馆"，应是指原来存在于武平民间各地的一种社会团体"孝经馆"组织），中澜村有一个馆叫忠新馆，读书人小学毕业后都要到忠新馆念经文。现在忠新馆仍供奉了多种神祇，是专为打醮筹办各种事务的场所。管事的全为上了年纪的人，相当于别村操办民事活动的理事会。据忠新馆的人介绍，中澜的这些绝技是由一个蓝姓祖先首创的，他在忠新馆念经，"魂童"（即神灵附体，是过去的一种迷信现象）睡了7日7夜，醒来后，突然获得了"法术"。笔者曾听说在武东、东留、上杭、长汀甚至在全国很多地方有这样的表演，至今在台湾还有"走火坑"的民俗。

　　由此看来，笔者猜想"上刀山"等这些所谓的"法术"，是在过去普遍推广的一种技能技巧，如现在的舞蹈、杂耍一样，创作出来后大家可以仿效排练。但中国历史上的技术、绝活是不可外传的，更不会著书立说，所以一旦忘记其中关键的秘诀后，人们就无法再做，使之失传。

　　民俗表演关键是其本身带有神秘色彩，且极富刺激性，所以才能经历各个时代后保留下来。中澜的这些民俗也不例外。如"上刀山"的人要先在菩萨面前"跌爻子"，"上刀山"之前要请"王母仙娘"来，"下火海"时要叫"雪山大师"到，"捞油锅"之前手上要喷"符水"等。

就中湍的这些绝技而言，笔者产生了很多疑惑。如"上刀山"，笔者亲自看过刀刃，非常锋利，表演者不是受过专门训练的人，是普通百姓，甚至还有外村、外姓人，每次有那么多的人上去，竟然一个都不会被划破脚皮。走火坑时，7米长的火坑，人走过去需十来步，就在时间上来说也会烧伤。下油锅时，有些人说油里加了东西，沸点会下降，只有几十度，但笔者亲眼所见油锅里的油把没有煮、没有炸的白米粄炸成棕色起焦皮，即使要煮熟它也要100度以上的水。当然这些成功技巧也正是这些民俗能保留至今的关键因素。至于其中奥秘，只有深谙科学知识的专家们或魔术大师们能够破译，笔者不敢妄加猜测。

（李国潮）

武所花灯似南京

"中山镇闹花灯很是独特！"凡看过该镇元宵节闹花灯情景者皆会有如此的赞叹。原来中山镇昔称武所，明代朝廷派遣十八将军镇守于此，设立武平千户所。驻守的将军们元宵节不能回南京观灯，便奏请朝廷，准许元宵节在武所闹灯。因这些将军皆有战功，朝廷规定从农历正月十三日开始，到正月十九日下灯。闹灯时间之长，花灯式样之多，为四邻所罕见。这就有了"武所闹花灯，如同南京城"的说法。

这种闹灯习俗，几百年来在武所一脉相传。每年冬天，未等到年假，武所的民间艺人便各在家中剪剪贴贴，扎起花灯来，筹备闹灯事。大年初五刚出年假，街头摊贩，店内铺外，便挂着各种各样的莲花灯、八角灯、鲤鱼灯等供观赏选购，称为灯市。特别引人注目的是木架大花灯，呈长方形，高2.2米，长2.5米，宽0.7米，分上下两层。上层正面立体屏景，有山水、人物画，可谓五光十色，精心制作的花灯的背面根据风车走马，设置灯盏圈72个，表示七十二行，行行出状元。人们争相购买花灯，想必图个来年吉祥如意吧！

正月十三称为上灯，又叫开灯。家家户户的门口都挂上美丽的花灯。旧时武所城十三庙，张灯结彩贴对联，搭台放灯，请傀儡戏班演戏。下午各坊寺庙，到处成群结队迎接大花灯，一路敲锣打鼓，好不热闹。大灯迎回放置于台沿，晚上上灯，家家放鞭炮，开台演戏，引来众多的观光客。

正月十五为正元宵。武所城内，多处烧架花，竹筒花，放高升炮等。各村的龙灯队，狮子队也云集于此。龙、狮并舞，火树银花，热闹非凡。男女老少穿红着绿，走街串巷。孩童们提着各种灯笼，燃放冲天炮、两响炮等。若是添丁人家，他们的亲戚朋友都来登门道贺，主人设宴款待。这天晚餐，家家做"捏粄"，捏粄形似银锭，作为元宵头碗小吃，象征月圆人圆，招财进宝。

（钟德彪　林长基）

武所（中山镇）的"香火龙"

武所的"香火龙"，起源于元朝末年，明朝时开始盛行，每年春节后直至闹元宵都有"香火龙"在走街串巷。家家户户都争相迎请香火龙到家中表演，因为龙是吉祥的象征，龙进屋有扶正祛邪、富贵康宁、全家幸福之意。

（1）扎制"香火龙"。春节前准备材料，聘请纸扎艺人扎一个龙头、一个龙尾，请木匠做七个"T"字形横扁圆棍木架。自己动手，用干净稻草扎成扁圆形（粗约25厘米、长60厘米）稻草把七个，捆绑在"T"字形木架上面，再在龙的头尾套上纸扎的龙头、龙尾，即成为七节"香火龙"。然后组织七人培训舞技、五人培训香火龙锣鼓的打法，学好了即成为一支舞龙队伍。香火龙锣鼓的打法和船灯锣鼓的打法不同，香火龙锣鼓由小锣跳锣，船灯锣鼓由大锣跳锣，人们听到锣鼓声就知道是舞香火龙灯，还是舞船灯。

（2）恭敬"迎龙神"。农历除夕上午集中舞龙队全体人员，身穿统一舞龙服装，点燃香火后把它遍插在七节龙身上端，即成为火树银花的"香火龙"，然后整队出发，敲锣打鼓，手举龙头、龙身到老城西山岗刘家围龙坊山边去接龙神（传说此处是龙脉所在），在此叩拜并舞弄一番，接受"龙气"后，香火龙即为神龙，然后返回放龙地点，从除夕夜开始到正月十九日夜为止，即为香火龙活动时间。

（3）"香火龙"打法。香火龙一般在晚上表演。由一人高举竹筒火把领头，队伍跟进、敲锣打鼓、手举香火龙，到已发帖子的人家中，此时，户主放鞭炮，站在门口迎接。如果家中有柱子的，香火龙要先绕柱子兜一圈（喻神龙擎柱）后，再到该户厅堂叩拜，后退出。这时主人拿出香来，点燃香后遍插在龙身上，此时香火龙在门前舞动起来。主要动作有滚龙、跳龙、串龙、龙头吻龙尾，最后，整条香火龙组成"天下太平"四字。香火龙每组一字，均有上述各种动作，每组成一字，主人鸣放鞭炮一次。完成整个表演后，香火龙再入主家厅堂叩拜，主人即将两个红包挂在龙头上，表示奖赏酬谢，后在龙身上拔三支香火插在厅堂上，以示龙魂入屋，人丁兴旺，家庭美满幸福。然后香火龙再到下一家表演。

香火龙表演也有较大型的，它由两条龙组成，加上一个提珠飞舞，进行抢珠表演，叫作"双龙抢珠"。"珠"的构造是：一条圆形木棍插上能灵活转动的空心铁球圈，再粘上纸扎花边，喻为龙珠。晚上装上电池，使其放光，带动两条龙飞舞抢珠。

因"香火龙"只能在晚上表演，后进化为纸龙，形状一般为七节，白天晚上都可以表演。后又改为"七节布龙"，在布上画龙鳞。黄布为黄龙，青布为青龙，其表演方法和其他舞龙一样。

（林仁成　程荣昌）

沾阳龙灯 "双龙抢珠"

　　龙是吉祥之物，传说神龙出游，国泰民安。龙灯象征着龙，舞龙灯预示着神龙游。百多年前，在春节时，武平县象洞等地就有舞龙灯的风俗，以图吉利，增添节日祥和气氛。龙灯的制作非常细致，特别是龙头、龙尾要做得非常逼真，龙身用一节一节竹制和纸折图案，并在每节装上灯泡（以前用蜡烛，现用电池）依序用绸布连接而成。一般是七节或九节（包括龙头、龙尾）。珠是人间之宝，双龙抢珠预示着好上加好；龙头含珠，喻为招财进宝，人们生活更加幸福安康，社会更加和谐。

　　"双龙抢珠" 由15～17人表演，每条龙7～8人，持珠者一人，锣鼓演奏8人，双龙分为黄龙和青龙两种，一般男性持黄龙，女性持青龙，黄龙与青龙同时起舞，晚间表演时熄灯观看，更是绚丽夺目，尤为精彩。

（钟启智　钟文川）

别具一格的恬头"龙灯"

　　龙灯为吉祥之象征，俗语云："龙灯入屋，买田做屋。"故每年春节期间，以"龙灯"给人恭贺新年的形式一直受人欢迎。恬头村的"龙灯"表演层次分明，礼节周到，别具一格，属于传统文化中的美善文化，故得以代代相传。

　　该村扎制的"双龙滚珠"，与该村之水口"双龙抢珠"相联系，其珠就是"神坛"（即福主公皇），每年"出灯"必须在此点燃红烛，散灯亦必须在此"熄灯"。这里有九大步骤：其一，这是本县永平乡恬头自然村的"真火夜龙"。其龙灯扎制为两个龙头、两个龙尾、两个龙身、两个陪灯、一个珠，称"双龙"抢珠。其二，锣鼓也逢双，其中必须大锣、小锣一齐奏，锣声鼓声配合响，其奏法效仿"狮鼓"。其他龙灯锣鼓行路时敲的是×、×、×音，而恬头龙灯则用××、××、××、××，表示阴阳和顺，含义恭喜、恭喜、添丁、添丁。其三，用真火（亦曰"阳光"），即自制的油烛火。人们认为真火才是真龙，才能扶正祛邪，纳祥得福。其四，即龙灯队在走街串巷时，掌锣鼓者随时"催钹"，引龙"作浪"，远眺像真龙翻滚，令人心悦。其五，进别的村时，必须选择吉日良辰。其六，出外村时，提"灯头"的人必须选择能说会道、知名度较高或辈分较大者。其七，送帖联系时必须找到村里的最高长辈（族长）取得对方支持，由对方妥善安排后再发帖，进村后对方长辈即来接灯。其八，进村后必须先敬拜其总祠，然后"客随主便"听安排，赢得对方支持和尊重。其九，龙灯进厅入堂时，在鞭炮声中，经锣鼓"催钹"、引龙"作浪"，龙灯徐徐入屋，在厅堂旋转三圈后，打锣鼓者站在天井边，待撑"灯头"者行到堂中时，锣鼓紧急"煞锣"（即停），由撑灯者说几声恭贺词，稍后，前面龙头、龙尾向天空三鞠躬，后面龙头、龙尾向后堂（即天子壁）三鞠躬，然后"催钹"，引龙尾先退。整体龙灯退到外坪后，随即"打灯"，其间转换三次（含锣鼓），"抱花"结束后再进厅"回灯"，其程序与首次入厅礼仪基本相同，祈祝词中只加句"再一次恭祝"就行，是时，主人欢天喜地，热情敬茶和办"点心"（就餐）。就餐后再热闹一番，有节奏地敲响锣鼓，轰轰烈烈退堂，主人把灯头送出两三米远的地方，然后互相道一声客气话，此时才算全过程结束。

　　恬头龙灯起源于清嘉庆年间（1796~1820），龙灯队活动人数须24人，是喻指一年二十四个节气。民国以前和20世纪80年代以来，恬头的龙灯表演之风盛行，主要是为了节制赌博。当年该村之长者，用悦耳动听的锣鼓声将村中青少年吸引到村之中心地段的总祠上，教育村民新年必须敬祖宗，必须拜福主公皇。打龙灯就是崇祀祖宗，拜敬公皇即敬畏自然、顺应自然，这样才能做事随心如意。由于龙灯的精彩表演将村子里的人集中于此，的确减少了许多赌博事件，而且人与人之间沟通了感情，促进了团结，有益于社会，因此村中"龙灯"表演长久不衰。

（郑选和）

武东船灯

　　船灯，是我们客家文化中璀璨的文化遗产之一，相传起源于武平。我们武东村村都有打船灯的历史，男女老少都会哼几句船灯曲。

　　船灯历史悠久，仅凭口传，已有好几百年历史了。据福建省志、县志记载，传统的武平船灯，以单船表演为主，道具船舱的后上方正中挂有一面圆镜作"夜明珠"，模拟清朝康熙皇帝恩赐的"夜明珠"，在其上方镶嵌"圣旨"两字，船舱两边镶对联："江河湖海波涛涌，道迹通达远近遥。"船舱头部八字门头正中下方镶康熙赐牌匾"渔家乐"三字，对联为："歌舞升平颂盛世，箫笛和弦奏乐章。"船尾彩架上，挂一盏用于照明的灯笼，作夜行船之用。"灯"与道具"船"合称为"船灯"（船与灯的结合，是客家船灯的特色，也是与其他旱船的根本区别）。加上船头、船尾表演者的划船等舞蹈动作，谓之"客家船灯"。

　　据传，清朝康熙皇帝微服出巡江南，至福建沿海，突遇风暴，险些丧生，幸投宿于一渔船，在与船家祖孙言谈之中，皇帝获悉渔家是武平人，为了生活，背井离乡，寻找生计，由于客事他乡，饱受渔霸欺凌，不得温饱。康熙皇帝恻隐之心顿生，翌晨临别时，特赠夜明珠一颗，亲笔题赠"渔家乐"金匾和"圣旨"金牌各一。渔翁顿觉福从天降，惊喜交集，叩头跪接。以后，出海的渔民们再也不受渔霸欺凌，且有夜明珠之光，风雨黑夜，均可出海捕鱼。渔翁回武平老家走亲探友，将这故事讲给他们听了，后人便根据这一传说排演了船灯歌舞。虽然史书和典籍对这一传说缺乏完整的记载，但从船体的传统构造和装饰可以证明，在船灯的道具即船舱的后面上方正中有一圆镜为灯，模拟清朝康熙皇帝恩赐的"夜明珠"，从中可以证实这一传说的历史渊源。

　　据《平远县志》记载：

　　两百多年前，船灯表演艺术从闽粤交壤地带的武平传入平远县差干乡湍溪村。到中华人民共和国成立前，各县流传的船灯舞表演形式和曲调均与福建省《武平县志》记载的一字不差。①

---

　　① 见《平远县志》卷二十八之文化。

"船"用木、竹制作，长约3.5米，腹宽约1米，舱内高约1.6米，外表涂以鲜艳的色彩，配以花束、彩带、彩灯。船无底，底部周围饰以约0.6米宽的布条，称"水布"，用以遮挡操船者的脚，全船约重30公斤。船灯舞由3人表演，其中男女演员各1人，男饰老翁，女饰孙女，分别在船头、船尾表演；另一人藏在舱内操纵彩船，用一布条系于舱内前后对角处，绊挂在双肩，双手抓紧前后横档另一对角处。表演时，前后左右，停靠摇摆，全由操船者控制，舱内舱外需动作娴熟，配合默契，才不失"水中行船"的韵味。伴奏乐器以民间管弦乐器如唢呐、笛、扬琴、三弦、板胡、二胡为主，有时还加上锣、鼓、钹、铛等打击乐器，节奏明快，气氛热烈。曲调大多为民间小调，如《渔家乐》《闹元宵》《迎风斗浪》《夜行船》《卖杂货》《十二月古人》等，表演内容起初为爷孙两人出海捕鱼，其乐融融。以后逐渐增加男女谈情、劝世讽俗之类的内容，无一定程式。

武东船灯

操船控制者，叫作观音子，隐藏在船舱内将船体舞动，前后左右停靠摇摆自如，但他必须懂得十番音乐，不然节拍不合；船上的艄公、艄婆则模仿划船行进等动作；舱内舱外应配合默契，自始至终给人以"船在水中行，人在船中舞"的韵味。舞蹈动作中则有出水、入水、划船、旋船、会船、拉船、跳船，模拟船在水中行进、急水转弯、抢滩搁浅等动作。

船灯表演队伍庞大，有前堂（即打锣鼓的）、打十番、舞船灯的艄公、艄婆等。在逢年过节演出前，艄公、艄婆要到一些名人家拜灯，提花灯的带头，后面跟着前堂（锣鼓钹），打十番在中间吹拉《南词》《北调》《一枝花》等步行曲，艄公、艄婆扛着船灯在后紧跟，最后面还有一人提灯，要到被拜访人家的中堂恭喜祝贺。艄公要头戴斗笠或草帽，腰束红腰带；艄婆打扮得像渔家小姑娘。艄公、艄婆都要活泼灵动，必要时还要打情骂俏。船灯表演完毕，还要回灯，跟拜灯一样，表示发财添丁。

在舞台表演时，船灯先放在舞台的左边（即大片），出场时，担船的观音子先入船舱将船灯担至舞台中央，然后顺时针转三圈，艄公、艄婆即可上船准备，十番奏响《八板头》，表演就开始了，接下来是《渔家乐》《十月怀胎》《一枝花》《竹篷船》《闹元宵》《卖杂货》《十杯酒》《洒金扇》《拆字问答歌》《状元游街》《螃蟹歌》《十二月古人》《凤阳花鼓》《瓜子仁》《雨打莲》等传统的民间小调，打船灯最后必须要打《搬灯》，不然不算完整，人家会责备的。表演的途中，艄公、艄婆喊"添丁添丁再添丁"，示意主家和观众们要赏红包了，表示大家人丁兴旺，吉祥如意。当然这也是为了提升表演气氛，使演员们更加卖力。

打船灯有很多规矩，不按规矩入村船灯会被人烧掉。船灯每到有人居住的地方，必须打锣敲鼓，不能冷灯；进村时，到了村的水口，大家都要步行，打锣敲鼓，表示喜庆；到了有福主公王或水口公王①的地方，前堂（打锣敲鼓者）必须前去敬礼，以示入村先敬伯公，不得无礼。

（吴子荣）

---

① 公王，方言。即土地神。

龙　灯

我国古代人民为寄托美好愿望而创造了龙的形象，用舞龙的方式祈求龙的保佑，以求风调雨顺、国泰民安、四季丰收。经过民间艺人不断加工制造，到现在"舞龙灯"已发展成为一种形式完美，具有相当表演技巧和带有浪漫主义色彩的民间舞蹈艺术，深为广大群众喜闻乐见。

武东镇川坊村的九节龙灯有着悠久的历史，相传在明清时期就已很盛行了。九节龙灯，身长20米，直径60～70厘米，一般用竹木布扎成。龙头是用竹条扎成架，糊上白色清明纸，涂上各种颜色，形态逼真。龙身各节是用细篾（或铁丝）扎成圆形，外糊清明纸。龙尾扎成鱼尾形。再用黄布将龙头、龙身、龙尾连接起来，曰"黄龙"。整条黄龙巨口张，目生光，角尖厉，须飘扬，身婉长，尾刚劲，千鳞万甲，神采飞扬，威武壮观！

九节黄龙，寓意龙为九五之尊，其中黄色代表权力、财富，富含生活美好之意，又暗含客家人"久久长"的好彩头。

耍龙灯

舞九节龙侧重于花样技巧，较常见的动作有蛟龙漫游，龙头钻裆子，头尾齐钻，龙摆尾和蛇蜕皮等。舞龙中，不论表演哪种花样动作，表演者都得用碎步起跑，巨龙追珠煞是好看：忽而高耸，似飞冲云端；忽而低下，像入海破浪，蜿蜒腾挪。

龙灯平时一般被放置在祠堂厢房。正月出龙时，乐队锣鼓开道，随着有节奏的铿锵锣鼓声，一后生持竿举龙珠，上下左右来回摆动，龙头也跟着舞动起来，全村老幼循声追赶在龙尾后面，顿时整个村庄沸腾起来了。在经过每户门前时，户主都会燃放鞭炮接龙。谁家建造了新房子，龙灯都要光临其厅堂舞动一番。入门前，龙灯挡在门前舞动，做上下遨游之状，寓意福临门。接着龙灯游动来到厅堂，在或急或缓的锣鼓声中，熠熠生辉的龙灯或潜游，或翻滚，或腾飞，或缘壁，或沉静，或狂欢，令人目不暇接，颇有"风箫声动，玉壶光转，一夜鱼龙舞"之古韵。龙灯辞行前，主人家定要给龙灯队一个大红包。

川坊村舞龙灯还有个习惯，就是不仅在本村舞，还要到外村表演，以满足各村群众的要求，并到镇上或城市宽阔的街头、广场去"赛演"。每当新春至元宵节期间，在此起彼伏的锣鼓声、鞭炮声中，各个民间"舞龙队"大显身手，引动万人争看。舞龙的伴奏乐器主要有锣、鼓、铍等。川坊村舞龙对周边的寨背、福庄、三峙、丰田等村影响很大，他们也效仿组建"七节龙"队。

川坊村龙灯体现了人民群众的智慧和民间艺术的魅力，具有很强的艺术性和观赏性，并且在娱乐的过程中凝聚了人心。

（林建华）

武东舞狮

　　狮子，是中华民族喜爱的一种动物。于是，舞狮也成了中华民族喜爱的一种文娱活动。武平人舞狮队一般由四人组成，一人掌狮头、一人摆狮尾；其余两人，一人扮"大脸"，一人扮"猴子"。"大脸""猴子"戏弄狮子，狮子扑、跌、滚、翻，或前跃，或后顾，或腾空，或滚地，生动传神。舞狮者有较好的武术功底，特别是当狮子纵跳腾越几层高的八仙桌时，难度很高，危险性很大。二人必须配合默契，动作必须准确、劲健而又轻捷。表演舞狮时，必须有打击乐伴奏。鼓声指挥，锣钹配合，三位一体，效果极佳。乐队鼓师特别重要，鼓点节拍指挥着舞狮节奏。武平地区还流传着一种舞狮时专用的曲调，叫"狮鼓"，鼓声响时如疾风骤雨，缓时如清风徐来，鼓声与狮子动作神态相配合，妙趣横生、扣人心弦。狮分青狮、黄狮两种。表演前，锣鼓先行，"大脸"（或"猴子"）引狮向人礼拜。舞毕，仍由"大脸"（或"猴子"）引狮向人辞拜。

　　舞狮表演完后，常常紧接着表演武术。大致有单人徒手与双人徒手耍拳，以及钯头、钩刀、单双木棍、单双刀、铁尺等。此外，还有倒立走、跳桌等节目。

　　武东镇的舞狮表演主要分布在新东村的古崒、长坑尾、黄埔村的古楼背等村。

（本　记）

忆马灯

我的家乡在武东镇黄埔村车头坪自然村。那里有历史悠久、流传至今的马灯。马灯是武东片区元宵节时的民俗娱乐活动，也是武平县民间歌舞艺术之一。

马灯可分两类：一类是配有音乐、锣鼓、演员，边歌边舞用的。马灯用竹篾扎架，色纸盖面。白马用白纸糊盖全身，杂以其他色纸。赤马、青马用红纸、青纸糊盖全身，加以其他色纸。整个马灯由两节合成，从马头至马鞍的前半段为第一节，从马鞍的后半段至马尾为第二节。前后两节都不装马脚，而是把前节挂在舞灯者面前，马鞍前半段齐腹部，后节挂在舞灯者后面，马鞍后半段齐腰椎，下面用布或纸围起来，这样，连起来看好像人骑在马上。通过舞灯者的腰、身、手、脚的动作，使马活灵活现，有如真马一样。表演时配上锣鼓音乐，舞灯者按鼓点踏步、起舞，步伐以小跑为主。两队各站一边，同时上场，穿花、造型，边歌边舞，深受群众喜爱，特别是在新春佳节，有着浓郁的民间风味。舞灯者们走家串户，不但增添了节日气氛，而且配以新词，宣传党的方针政策。

另一类是专供观赏用的走马灯。元宵节晚上，小孩子在马灯的马头里点起蜡烛，在客厅里或走街串巷，呼朋引伴，双手撑着马灯，欢快蹦跳，一起闹元宵。

扎马灯的习俗流传已久，我家的"扎马灯"是外公家传承下来的。我从小在母亲的影响下也学着扎马灯，而自己对马灯也有着独特的情感，虽然这个手艺赚的钱不多，也比较累，但失传的话太可惜，也对不起祖辈传下的手艺。

从儿时起，每到农历十二月时，就要准备好编扎材料，如小竹竿（支撑马头用的竹竿子）、竹篾、彩色纸等。我们做的是供观赏的走马灯。制作方法：先把毛竹劈削成30厘米、50厘米、70厘米长，再削成0.3厘米左右厚的竹篾，用竹篾扎成不同直径的圆形和椭圆形的筒状，再将它与竹篾组合扎成形状各异的马头、臀尾形状。然后在马头上装裱上彩色的纸，使马头鲜艳好看、炫目。最后用一根小竹竿撑起马头，使小孩能方便举握。每

马灯舞

元宵马灯

当过新年时，一家人说说笑笑地度过幸福的团圆年，也有人带着马灯走访亲戚或行街游赏。

我们家一直忙着扎马灯，而马灯的制作时间很短，要赶在正月初七至十五期间，做好后到圩上（一般会去陈坑圩、六甲圩、高梧圩、寨背圩），把做好的马灯卖掉。

记忆特深的是去高梧圩，那天是赴圩卖马灯的最后一天（正月十五），我和妈妈很早起床后出发，妈妈抱着一大捆（20～30只）马灯，我抱着一把（约10只），我们从家里出发经过何屋、常进庵大山，再过乐畲村、黄柏村，最后到高梧圩，这一路过来，全是小路，经过的路段有许多没有人烟，而树木比较茂盛，总担心那些树枝刺破马灯纸裱面，我们小心翼翼抱着，一路不敢停歇。到了圩上，已经人来人往。圩上已摆有各式各样的灯具，如纸扎花灯、鼓灯、马灯、船灯等。我们编扎的马灯栩栩如生，总会吸引很多大人、小孩前来购买，不久马灯就卖完了。此时，我和妈妈的脸上洋溢着笑容。

（饶正英）

回忆武平旧时流传下来的几种少儿游戏

天真、爱玩、不断创新玩法，是少年儿童的天性。但是古代没有现在这么多游戏产品，儿童的游戏活动，一是靠大人当中能人的创作，然后传承给儿童们。当然，其间还要不断补充完善，才得以代代传承下来。二是，儿童们虽然幼稚，但其中也不乏一些小能人，他们在日常游戏活动中，也领悟到某些游戏是可以持续或特别有趣味的，于是总结成固定模式并传播开来。儿童游戏，对少儿的智力发展极有裨益，当然更重要的是丰富了儿童们的生活，也有利于儿童们的情商发展，促进他们之间的交往沟通。以下谨根据亲身经历回忆古代传承下来的一些少儿游戏项目。

儿　歌

民间流传的儿歌，最著名的应首推《月光光》。武平民间的儿歌《月光光》，至少有五个版本，但大同小异，一般是遵循全国各地较普遍的版本。

"羊尾麻子脉当当"

一人扮演狼，一人扮演母羊领头，另有五人扮演小羊抓住母羊的衫尾巴，其他人依次抓住前一人的衫尾排成一队。狼遇见母羊唱道："羊尾麻子脉当当，屎燕刁子打广咯。大伯大伯，你的羊子出了几只？"母羊回答："出了一只。"狼围着羊群又唱道："羊尾麻子脉当当，屎燕刁子打广咯。大伯大伯，你的羊子出了几只？"母羊回答："出了两只……"狼唱道："羊尾麻子脉当当，屎燕刁子打广咯。大伯大伯，你的羊子吃得几多子？"母羊回答："吃得一调羹。"狼说："会饿死。"狼又唱道："羊尾麻子脉当当，屎燕刁子打广咯。大伯大伯，你的羊子能吃几多子？"母羊回答："吃得一桶。"狼说："会撑死。"母羊说："呸！呸！"狼只好走开，遇到母羊，狼又唱道："羊尾麻子脉当当，屎燕刁子打广咯。大伯大伯，你的羊子去哪里？"母羊说："上山了。"狼问："上山做嘛事？"母羊说："上山砍竹子。"狼问："砍竹子做嘛事？"母羊说："破篾子。"狼说："破篾子做什么？"母羊说："做竹笼。"狼又问："做竹笼做嘛事？"母羊说："做粄子。"狼说："做粄子有无分给偓吃？"母羊说："撞得到有，撞唔到狗屎一塞。"于是狼就生气了，就去追"羊子"。母羊用力保护小羊不让狼吃，小羊躲在母羊身后，小羊一边跑一边叫喊："狼来了，大家来打狼啊！大家来打狼啊！"

我们在小时候，晚上经常做这样的游戏。大家很喜欢扮演狼的角色，因为扮演狼就可以唱非常顺口的"羊尾麻子脉当当，屎燕刁子打广咯"，有的人做梦都在唱"羊尾麻子脉当当，屎燕刁子打广咯"。现在的小孩子没有人会唱这样的民谣，更不会做这样的游戏了。

扑棋的玩法

玩扑棋时，在地上画一个棋盘（如下图），甲、乙两人对弈。玩法：每人各执六个棋子（一般用小石子或小瓦片作为棋子，也可以用小树枝代替，双方的棋子要有区别）。棋子放在棋盘两边，玩前两人要"刺咚"（每人各出一个手指决定大小），以三盘两胜决定谁先走第一步棋。每人一次只能走一步棋，两人轮流进行。如果甲乙双方在同一条直线的交叉点上各有一个棋子对峙时，其中甲方动一步后有两个棋子，甲方就以二比一的优势把乙方的棋子吃掉。吃掉棋子的甲方还要说一声"扑"，乙方吃掉甲方的棋子时也要说一声"扑"，所以这种棋叫作"扑棋"。最后哪一方棋子先被吃光了就认输，输的一方要给胜的一方捶背以示奖励。如果有时走得好，一步棋就可以把对方的两个棋子吃掉，这就叫作"一子打两扑"。如果两人的棋艺水平相当，也可能造成和棋。玩扑棋可以就地取材，简单易懂，很受小朋友的喜爱。不过，这种玩法虽然看似简单，要下好还得动脑筋，不然就有可能一步走错，满盘皆输。

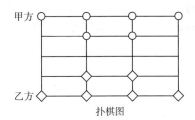

扑棋图

踩高跷

踩高跷是以前少年儿童的游戏，20世纪60年代最为流行。

高跷是用两根杉木或竹做的杆，杆长与自己身高差不多，每根杆上拴牢一片宽约10厘米、长约20厘米的木板作"短横"。行走时，两手臂夹住木杆。双足踏在短横上向前行走，走得最远最久的为胜。

踩高跷是少年儿童喜爱的在节假日进行的一种体育活动，既增添了喜庆气氛，又锻炼了身体。

打香梗

20世纪五六十年代，小朋友总是盼望过年。大年初一，家家户户都要开门点香烛、放鞭炮，祈求吉祥平安。天亮后，男孩子就分散到周围人家，把燃尽的香烛梗取走，有了香梗就约好一伙人进行比赛。比赛程序是人不管多少，只要有一块平坦的空地就行，空地长10米以上，坪头放一块砖，每人把香梗（同等量）放至砖面上，然后抽签发击。发击的用具是铁丝做的链子，再按顺序对准砖头上的香梗出击，谁打落多少就归谁。有瞄得准的击手一次就可以把砖头上的香梗全部击落，有时要击几次，反复地玩，比谁赢得多。

打陀螺

20世纪三四十年代至六七十年代，永平中湍的孩童普遍喜欢打"陀螺"的游戏，该乡其他村也有流行。

"陀螺"的制作方法是取硬木（一般用茶树或紫林子）一截，直径有小茶杯口粗，用刀削成蘑菇形状，用一根带子，最好用苎索子缠绕根部，右手两指捏住绳子一端，再用力甩出，甩陀螺时力要大且用力要均匀，以便于陀螺快速旋转。

游戏规则：可双人比赛也可多人比赛，一方先把陀螺旋转，另一方（或多方）用鞭子抽打，旋转时间久者为胜。

滚圈圈

滚圈圈是在20世纪六七十年代学校里学生的体育活动之一，现在很少有人玩了。圈圈一般利用竹做的簸箕、米筛坏了时剩下的一个圆圈（也有铁丝做的），环上套一根扶杆，通常在操场或乡间小道上进行，手扶扶杆，向前行走使圆圈滚动，滚动时不倒而走得远者为胜。

（刘庆秀）

漫谈中堡石氏宗族武术

客家是中原士族的后代，为了生存和发展，耕读传家，礼义教化，同时也崇文尚武，习武健身，锤炼意志。梁野山下，中堡河畔乡农忙时耕种，闲时练武，几百年来成为武平地区有名的武术之乡。现存的有罗助村上竹湖李氏武馆等遗址。

中堡乡民中长期流传有关中堡石屋人武术精湛的传说，在清朝中期，上杭县旧县城有位厉害的教打（武术）师傅听说中堡人武艺高强，特意来此地切磋武艺，在村外摇子头草坝上，见一拾粪农夫，他问某某武师是不是村里人，农夫答曰，是啊。又反问来人，你身强体健，一定有好功夫，让我见识见识。外乡武师想，亮一亮功夫给农夫也无妨，就快速从衣衫中拿出一枚飞镖打向农夫，不料那农夫手持拾粪竹夹，刹那间，不但夹住了飞镖，还反打至武师身边，武师吓了一跳，心想，这里夹狗屎的农夫功夫都比我好得多，哪敢鲁莽行事，就转身回城了（朱坊村石群秋口述）。

遐迩闻名的还有石家棍、石家拳，而传说中不同姓氏间武术技击之术秘不外传。中堡镇中堡村、朱坊村为石家棍法发源地，石家棍为武平客家武术主要流派。清康熙年间，清廷以福建南少林寺"整军经武，图谋不轨"为由，带甲三千"围剿"，焚烧位于福建泉州的南少林寺。南少林拳法传人洪门前五祖突出重围，加盟天地会，广收门徒，矢志反清复明。石家棍法，有打单棍、双棍对打、单棍对双刀、单棍对耙头等套路，其手眼身法步及挑、扣、拨、撞、劈、扫、斫、缠、点、摆、压等功法与南少林棍法同出一源，其功法口诀为"气沉丹田棍在心，棍有劲力分两头。挑打力出两腕间，扣拨两足稳如山。撞劈全靠中盘力，旋风横扫敌千军"。其主要招式有"青龙出水""石敢当""龙摆尾""旋风扫""斫柴倒树""借力打力"等。石家棍一般取铁梨木、鱼骨柴制作，长2.15米，重约4千克，以盈握为宜，棍两头用铁套环锁。区别于北少林的"单出头"的南少林正传石家棍为"两头出"的棍术，棍法更精准，威力更猛。

习武健身保家乡的传统使中堡武术远近闻名，《武平县志》称中堡石氏"武科尤盛"明清两朝，有武进士石绍烈，武举人石懋猷、石梦纯、石际唐、石京元、石梦菁、石兼优、石淑前、石廷珏、石作圭、石史书、石宝坤等。

石膺保（1375年生）是石家拳的开山祖，明末清初的石席之是石家拳

（棍）发扬光大的重要传人，他组织了有300多人的三堡（上堡、中堡、下堡）乡勇，武功了得，保卫家乡。中堡村的佛祖岩寺香火鼎盛，清朝时常年有武僧礼佛练武，全盛时有200多人。

清咸丰七年（1857），太平军破汀州，直奔上杭官庄，本要经过中堡攻武平，但听闻中堡人武术精湛，民风强悍，故避锋芒，转而先攻上杭后转攻武平。咸丰八年，太平军攻破武平县城，中堡武师石琢球、石兼仁率乡勇与太平军拼死血战，不幸身亡。

在土地革命战争时期，石家拳发源地中堡石屋燕子窝成立了红十二军独立团，独立团的大部分战士是石屋和周边练武的青年，他们在阻击国民党军"第五次围剿"战役中英勇作战，给白军以重创。

新中国成立后正当盛年的武师有石魁耀（第25代传人）、石基佩（第24代传人）、石太日（第24代传人）等。改革开放后，中堡村重组武术舞狮队，当时有80岁高龄的石翠臣、石玉臣、石喜福、石富盛、石元喜、石中田等以老带新，培养了一批年轻的传人并参加国庆三十周年会演，他们的精湛表演受到县政府表彰和群众的欢迎。

现如今，中堡全民健身蔚然成风，2005年被国家体育总局授予"全民健身先进单位"称号，2019年石家拳（棍）被列入龙岩市非物质文化遗产名录。

（林东祥　石珠明）

武举之乡——下坝镇贵扬村

（一）贵扬村人的尚武风俗

贵扬村地处闽粤赣三省交界处，奇峰兀立、怪石遍布。除自然风光秀丽外，还是历史文化久远、人文积淀深厚的地方。贵扬村历史上曾是藏龙卧虎、兵家必争之地。明清时期，武平最重要的八小隘口之一的盘龙岗隘口就在贵扬村境内。贵扬村人历来崇文尚武，非常注重传承客家耕读文化。丘氏十一世祖廷赠公时期，下村的水口学堂是他的练武房，门口还有练武场。为整肃村风民风、家风、学风，后取名肃正学校。水口学堂下面有个造型古怪的石洞。据说贵扬村的武举人经常在此洞中闭关修炼。此洞极像影视作品中如来佛的莲花宝座。旁边有一只金蟾支撑着。洞内冬暖夏凉，尤其是无蚊虫之扰，着实是个习武练功的理想之地。贵扬村竹子岌下有座清朝时期建造的石拱桥。顺着桥下的水流下去不到1公里处就是箩寨岌旧址。箩寨岌气势雄伟，四周都是悬崖绝壁，就像一个箩筐放在溪水旁。离石拱桥不远处的石头上至今还可以看到许多用作建造拦水坝开凿的石窟。为抵御外部入侵，丘氏祖先充分利用自己的聪明才智和山水地形优势，建造了一个"一夫当关，万夫莫开"的水寨。太平天国时期的太平军从广东五指石过来，数次攻打箩寨岌都无功而返。箩寨岌是贵扬丘氏的天然守备之地。历史上，贵扬村人从小就跟随师傅习武，这成为当地人的一大习俗，贵扬村人也个个身强力壮，武功高强。而今每逢节假日闲暇之时，贵扬村人还会三五成群地一起举磨石比力气等。

（二）贵扬村四个武举人的简况

据民国三十年《武平县志》记载：

武邑僻处闽西，距京数千里，士获乡举，代不乏人。然赴部会试，措资非易，一试不第，力难再图。故历代进士出身者如凤毛麟角。……其中，武进士明代一人，清代八人；武举人明代三人，清代八十一人。清代武举人中，仅贵扬村就有丘鸿相，癸酉科；丘殿升，乙卯科；丘殿华，乙卯科，共四人，尚有一武举人的姓名待考。

　　清代武举依文榜程序，考试，大致分四个等级进行。

　　童试：在县、府进行，考中者为武秀才。乡试：在省城进行，考中者为武举人。会试：在京城进行，考中者为武进士。殿试：会试后已取得武进士资格者，再通过殿试（也称廷试）分出等次，共分三等，称为"三甲"。一甲是前三名，头名是武状元；二名是武榜眼；三名是武探花。前三名世称为"鼎甲"，获"赐武进士及第"资格。二甲十多名，获"赐武进士出身"资格。二甲以下的都属三甲，获"赐同武进士出身"资格。

　　清代考试办法与明代差不多一样，分三场进行。第一、二场考试弓马技勇，称为"外场"；第三场试策论武经，称"内场"。第一场试马上箭法，驰马三趟，发箭九支，三箭中靶为合格，达不到三箭者不准参加第二场。乾隆年间，第一场又增加了马射"地球"，俗称"拾帽子"，专为考察伏射能力。第二场考步射、技勇。步射九发三中为合格。

　　所谓"技勇"，实际上主要测膂力。一共三项。头项拉硬弓，弓分十二力、十力、八力三号，另备有十二力以上的出号弓。应试者弓号自选，限拉三次，每次以拉满为准。第二项舞大刀，刀分一百二十斤、一百斤、八十斤三号，试刀者应先成左右闯刀过顶、前后胸舞花等动作。刀号自选，一次完成为准。第三项是拿石礩子，即专为考试而备的石块，长方形，两边各有可以用手指头抠住的凹槽，但并不深。也分为三号，头号三百斤，二号二百五十斤，三号二百斤。考场还备有三百斤以上的出号石礩。应试者石号自选，要求将石礩提至胸腹之间，再借助腹力将石礩底部左右各翻露一次，叫作"献印"，一次完成为合格。凡应试者，弓、刀、石三项必有两项为头号和二号成绩，三号成绩超过两项者也为不合格，取消三场考试资格。

　　三场是考文，当时叫"程文"，也称"内场"，相当于文化课考试。内场考试对大多数武人来说比外场考试更难应付，所以考试办法不得不屡有变动。最初是考策、论文章，"策"相当于问答题，"论"是按试题写一篇议论文。顺治时定为策两篇、论两篇，题目选自四书和兵书。康熙年间改为策一篇、论两篇。策题出自《孙子》《吴子》《司马法》三部兵书，论题只从《论语》《孟子》中出，考试难度有所降低。乾隆时，又改为策一篇、论一篇，题目都选自《武经七书》。

　　到嘉庆年间，考虑到武人多不能文，所考策、论多不合格，而不少外场成绩突出者又往往败于内场，于是干脆废除策、论，改为按要求默写《武经七书》中一段，通常只一百字左右。这样一味迁就，使内场考试的水平越来越低，最后差不多只是个形式了。当时社会上歧视武人之风很盛，经此一改，武人更加被文士们看成轵赳武夫，武举的社会地位大不如清朝前期了。

1. 武举人丘鸿相臂力过人

丘鸿相，在清代癸酉科乡试中试第51名。相传他身材魁梧，酒量饭量惊人。特别是经常习武，臂力过人。在福建考区弓马考试中，有一把最难拉的弓已经多年无人可以拉开。与他一起参加考试的考生都无法拉开它，考官看到他的体型后便叫他去试试。没有想到真的被他拉开了，得到了众人一片欢呼声。

2. 武举人丘命达（丘殿升）被人称作"花将军"

丘命达，相传他长相似李逵，凶神恶煞。由于他作战英勇，经常被朝廷派去镇压土匪及农民起义军。虽然他武艺高强，但有时一个人要对付六七个敌人，实在力不从心。无奈上司每次都要派他出战，他往往被打得遍体鳞伤，甚至连脸上都是疤痕累累，因此大家都称他"花将军"。

3. 武举人丘命瑞（丘殿华）错过武状元

丘命瑞，相传他武艺精湛，手持一百二十斤的关公刀，远近无人能敌，但有时悟性不好。据说参加殿试时，皇帝安排一个自己赏识的武将与他比武。比武场上，邱命瑞把关公刀舞成一朵花，着实让对手胆战心惊。一般比武点到为止，不可伤及性命。由于他听不懂北方口音，看到考官一直打手势叫停，还误以为要加快节奏。他把关公刀舞得更快了，差点要了对手的性命。皇帝看到他傻乎乎的样子，认为他四肢发达、头脑简单，不听号令，便把他的录取资格取消了。

（三）四个武举留下来的传承

贵扬人以习武为荣。如今丘家把丘鸿相中举后朝廷颁授的捷报印板、使用过的练武石，以及武秀才丘命安的画像依旧保存完好。武举人之后人大多体质健壮，许多常年从事重体力活，练就了一身好本领。每年县政府组织的西南片区农民文化体育节，下坝镇总是到贵扬村挑选大力士参赛，且他们每次都能取得较好成绩。

（邱隆柯）

丧葬习俗

客家人的丧葬习俗是一场生动的感恩演绎

中华民族习俗中，虽然不过感恩节，但传统文化中却处处体现感恩情怀。社会生活中，体现在对大自然赐予我们生命之源生活之源的感恩，如汉族人的春秋两祭。谁都知道，逝去十几二十代的祖先早已化为泥土，但我们还是非常隆重地祭祀他们，表达的就是感恩列祖列宗赐予我们生命传承，给我们各种生产生活技能和文化。又如汉族人对各种自然神（如土地神、灶神、雷公、电母、风神、树神等）的崇拜和祭祀风俗，这代表的是对大自然的一种敬畏，也彰显了人们对大自然赐予的一种感恩。

再如对养育我们的人民的感恩。封建时代的知识分子，包括部分官吏，他们尽管不劳而食，但对养育他们的劳苦大众也是感恩的，历代文学作品中都有这种表述。最典型的是唐代白居易，他在《观刈麦》一诗中写道：

……今我何功德，曾不事农桑，利禄三百石，岁晏有余粮，念此私自愧，尽日不能忘。

一个封建知识分子，看见劳苦大众辛劳时的感慨，一种对衣食父母的感恩跃然纸上。对我们后世的知识分子应该也是一种感恩教育和启迪。

这里要重点谈的，是汉族客家人丧葬习俗中的感恩精神。

一是报丧。逝者亲属，首先要分头去向近亲梓叔和外家姑姐报丧。报丧者是要送报丧帖并向被报者下跪痛哭的，意为子孙后代不孝，导致逝者作古。报丧帖中，有追忆先人功德，也有感恩近亲对逝者生前的关爱表达感恩之意。

二是哭丧。近亲属都是要哭丧的。哭述的内容全是对先人的追思。如先人一生创下的业绩，一生的功德，特别是对自己的施恩。这也是哭丧者的一种感恩自述。

三是丧葬音乐的烘托。丧家一般会请丧葬奏乐班子，借助各种乐器，奏出低回悲凉的曲调，烘托葬礼的氛围。而最让人感动的是丧葬乐班中的歌者所唱的歌曲。一般来说，如果逝者是女的，唱《十月怀胎》《拜血盆歌》，如果逝者为男性，则唱《十二月古人》。其中表述的，是对女性怀胎生育之苦的演绎和歌颂，是对男性生前建功立业（哪怕是小小的功业）的颂扬，如当今追悼会的悼词，也是生者对逝者作出贡献的肯定、缅怀和感恩。

特别令人动容的是对女性逝者，一曲《十月怀胎》，几乎让所有在场的人（无论是亲属和围观者）都泣不成声。因为这个曲调非常哀婉缠绵，旋律极其优美，叙事内容特别感人：从少妇怀胎一月时的羞涩和惊喜与忧虑交加的心情，到十月临盆，每个月、每个阶段肚子里胎儿的发育、孕妇的反应、亲属的配合，都刻画得淋漓尽致。令每个活着的人，都会联想到母亲孕育自己的不易与伟大，由此引发对母亲的追思和感恩。《十月怀胎》也是客家民间音乐宝库中的一朵奇葩。

　　四是葬后的持续追思缅怀也体现了感恩精神。客家人中的穷人，尽管都是薄养薄葬的，但对一系列的丧葬礼俗都还是遵循不悖的。中产以上家庭更是如此。如对逝者的"一七"至"满七"（据说这是逝者在黄泉路上跋涉至另一个世界的四十九天时间）祭祀，也充满了对逝者的追思和感恩；如逝者故去三年的"脱孝"仪式（在此三年内，孝子孝孙是不得举办如婚庆之类大的喜庆活动）等。

（林善珂）

丧葬习俗撷谈

人死是大事，亦为人生之大哀。武平客家老人（男、女六十岁以上）去世后，处理死者殓殡祭奠的仪式谓之葬礼或称丧礼。武平客家人对死者的处理是一件很隆重、很庄严的大事。作为汉族的客家民系，其丧葬仪礼除承袭周礼外，更受到源远流长的巫文化的巨大影响，形成了颇具特色的客家丧葬习俗。

（一）客家丧葬习俗形式

武平是纯客家县。俗话说，十里不同俗。即使在同一个县域的不同地方、不同年代往往也有所不同。本文以武平城关的老人丧葬习俗为例，兼采其他；所述丧家以中产以上之家为对象；所叙时间为民国至今。至于极贫之家，度日尚难，老人卒，苟得一薄棺，涂以淡墨，即日掩埋，就算完事，无甚礼仪可言。

武平客家丧礼之繁文缛节、清规戒律甚多，兹分弥留、入殓、报丧、安灵、家祭、埋葬、改葬等数节。

1. 弥留

把即将断气的老人移出寝室，设床板于厅堂的左侧（女置右侧），撤掉床上的蚊帐，待其断气，这才冠曰"寿终正（内）寝"。由于厅堂较宽敞明亮，便于人来人往和治理丧事。此时，如果还有在外边的儿女等直系亲属均要火速赶回，以示孝道。如老人在外边（如在医院、路边等）断气者则不能抬入住屋，抬运时，脚前头后，以示反常。只能停留在屋外边，草率装入棺材，尽快使之入土为安。

2. 入殓

老人在厅堂里断气后，家人立即点燃"长明灯"，由至亲骨肉为其理发、沐身、更衣后随即放入棺材。入殓时，忌孝男孝女和在场人的人影照入棺材。棺材底垫上白棉布，死者穿若干件（必须单数，如5件、7件、9件）棉布衣服，头戴布帽，脚穿布鞋，盖上白布，寓意死者一生清白。家属还要为死者把冥币纸钱包成若干个小包，让死者握在手中，便于死者在黄泉路上使用。之后，焚烧纸钱，儿孙即匍匐棺前恸哭，体现生者对死者的孝顺和悲痛。死者尸体进棺后，在棺材上加两根小圆木棍，然后盖上棺盖，使棺盖能活动自如，其意义为一是期待亲朋诀别，二是冀其万一尚能返魂矣。

3. 报丧

由长子或长孙赤脚跑步至本族中的长者面前跪哭报丧，长者忙上前搀扶。本族长者乃召集族人，安排治丧事宜，死者子女亲属不再过问。被长者安排到的治丧人员，即使工作再忙，或跟死者生前有矛盾、隔阂，也不能拒绝参加治丧工作。体现了客家人"一家有难，众人相帮"和"宽大为怀"的传统美德。治丧工作的第一件事即以丧家出面，书写讣闻，分送六亲及生前好友，告以入殓成服与扶柩还山时日。如属丧母，其尤为紧要者是向其娘家报丧。丧家发讣之自称及讣闻之格式均有定规。（详见旧时亲属之间的称谓之一）长辈及高龄者死称"寿终"，年龄称"享年"。男死曰"寿终正寝"，女死曰"寿终内寝"。讣闻之落款署名，只写主丧者一人的姓名。

讣闻格式举例：

不孝男△△△等罪孽深重，不自殒灭，祸延家严（慈）。△△世祖△公（母）老府（太）君，不幸于△△年△月△日△时，寿终正（内）寝。△生于公元△年△月△日△时，享寿△△有△（不满六十岁谓之享年），不孝等随侍在侧，亲视含殓，停柩在堂。兹泪择本年农历△月△日，遵制成服，△时△日△刻开奠，△月△日△刻葡匐扶柩还山。

叨在

世　学　友　戚　族　谊哀此讣

闻　泣辞轴

末了是落款。孤子（或哀子），用"泣血稽颡"；杖期孙、齐期孙，期服弟用"泣泪稽首"；期服侄用"泣泪顿首"；五月曾孙则用"拭泪顿首"。如长子已死者，则用长孙名字出帖并排在前头，谓"承重孙"。（详见附：1、旧时丧祭礼仪的称谓）。

4. 安灵

灵堂布置须显哀伤气氛。灵堂里一要挂死者遗像，安放死者灵牌，俗谓灵屋。二要用白布或黑布结妆内外幡帷。三要张贴灵堂挽联。一般书以绿纸或白纸。挽联的内容要言悲不言吉，否则就是违反人之常情，不合民间丧礼，因而会受到社会舆论的指责。至于丧家门额词，有的是通用的，有的是某种人死专用的，有的源出《诗经》或《礼记》等古代经典，有的来自古代典故，早已在民间广为流传，习惯沿用，成了一种既出自古籍又约定俗成的公认的规定，人们不宜随意改变。四要在棺前不断燃香烛，以示香火不断，后继有人。五要在棺前摆放一碗直插筷子的白饭，外加一杯水，一日三餐供祭，由长子（长孙）率领全体子孙跪告亡灵，以示不忘死者的哺育之恩。跪告毕，长子（长孙）跪食斋饭后，举家方可进餐。

　　讣闻发出之后，奔丧者如期络绎而至，亲友或备奠仪，或送香烛、挽幛。同宗或同乡可送钱，包以白纸，书"代烛"二字。女婿须备用于祭奠之三牲及供养之五素。亲友以送挽幛者居多，绿布、青布、蓝布皆可，长短无定规，然总在五市尺以上为宜。挽幛上写有挽词，例如："年高德劭"、"忠厚可风"、"大雅云亡"、"典范长存"、"南极星沉"、"老成凋谢"、"福寿全归"、"泰山其颓"（挽岳父用），"哲人其萎""德重乡邻"（以上挽男），"孟母遗风""教子有方""仲郝流芳""徽音谁嗣""懿德流芳""懿范犹存""宝婺埋光""玉箫声断""瑶池赴召"（以上挽女），等等。如今亦有仅书一"奠"字者。

　　兹举挽幛式例二则：

（1）大德望△府△△世伯老先生　千古

　　　忠　厚　可　风

　　　　　　　　　阳愚世侄△△△敬挽
（2）大懿范△府内祖母△老孺人仙游

　　　懿　范　犹　存

　　　　　　　阳　愚婿△△△率男△△泣泪

　　为婿的父亲或伯叔，对其岳母逝世的挽幛，称呼上应加一"夫"字（指死者丈夫尚在）。例如夫姻教弟△△△领孙△△敬挽。"弟"是与死者丈夫称，故应加一"夫"字。如系间接亲属则写"夫姻眷教弟"。总之，凡是男与女称，都要加一"夫"字。此同样适用于其他亲友。

　　所有挽幛均应按亲疏和辈分布置于灵堂或周围，俟丧事毕丧家须将挽幛送还原主。亦有不送还者，视当地传统习惯而定。

　　5.家祭
　　家祭又名堂祭，是慰死者亡灵，附生者之望的一种奠仪。
　　死者装进棺材，灵屋布置完后，儿孙即用丧服，这叫入殓成服，旧时丧服恪守孔教，以亲疏为差等，有斩衰、齐衰、大功、小功、缌麻五种名称，统称"五服"。如今用丧服者无非披麻戴孝而已，无问差等。守灵时，子女、尊卑、长幼有别有序，须执丧杖，俗称"哭丧棒""孝养骨"。其实那只是一根尺许长短的杖。父死用竹杖，含义为竹之"未出土而有节，虽凌空仍虚心"。母死用桐杖，含义为"桐树能开花结籽""凤栖梧桐"。二者均取其不忘根本的意思。

将装有死者遗体的棺材移动到厅堂外时叫"出殡"。"出殡"后要将棺材盖钉牢，叫作盖棺定论。钉盖要选吉时，用长铁钉四枚，这四枚铁钉谓之"子孙钉"。钉盖之前，又须揭开棺盖，让亲友最后一睹死者遗容，此是亲属向遗体的告别仪式，于生者是一个最悲痛的时刻。吹鼓手大吹大擂，高奏哀乐铜锣声当当响鸣，回旋于天地之间，儿孙、女婿皆披麻戴孝哭泣悲号，以示至孝。孝妇更要大放悲音，慢调长拉，如泣如诉，有板有调，把自己的孝顺言行尽量表达清楚，使人听得声声入耳；亲友捶胸顿足，呼天抢地，哭声哀哀欲绝。

钉盖之后，便举行堂祭仪式，此属丧葬阶段之大礼，是正式追悼亡人的仪式。

堂祭之前，须先请礼生。聘礼生要用请帖，其帖式为：

泪择农历△月△日为家严（慈）遵制成服，△时△刻开香，伏乞教礼，并赐哀章。

旧制的礼生须是与丧家同姓者，奠祭时，灵屋前置方桌一张，上放水酒三杯，斋素三碗，两个礼生分立两边喊班，声调呈抑扬顿挫。礼生甲居左片喊："乐工起鼓！……"礼生乙居右片喊："主奠孝男就位！"接着是一系列的"起、跪、上香、献帛、献酒、献羹、叩首、读奠章、祭奠文"等烦琐礼仪。礼成，撤馔化帛焚奠章，孝子孝孙执杖入帘。

在祭奠时，礼生怎么喊，奠者就怎么做，叫跪就跪，叫起就起，一连串动作都要迅捷麻利。这对于素无训练又上了年纪或身带残疾的孝子孝孙来说是一种折磨。中华人民共和国成立以后，一些地方对这种堂祭形式作了改动。凡六十岁以上的孝子孝孙（即称为"上了寿"的人），在堂祭时可垂头站立在一边。烦琐的礼仪也有一些简化。

附奠章（式例）两则如下：

（1）父丧奠章

维

公元△△年△月△日，主奠孝男△△等，谨以香帛珍馐之仪，致祭于显考△△世祖△公字△△老大人之灵前曰：

哀哀我父，秉性善良；治家勤俭，巨细咸藏；

待人和蔼，内外皆康；训儿课侄，教育有方；

宜期上寿，侍养高堂；胡为一疾，遽梦黄粱；

为子职亏，调度鲜方；兹当成服，泣奠三觞；

灵其如在，鉴此格尝！

呜呼哀哉！尚飨！

（2）母丧奠章

维

公元△△年△月△日，主奠孝男△△等，谨以牲醴烛帛之仪，致祭于显妣△△世祖△母△老孺人之灵前曰：

哀哀我母，性安俭朴；善气所终，一门雍睦；

育儿课侄，历多劳碌；母德可风，内外钦服；

深恩未报，难记顾复；宜期遐龄，少补恩沐；

胡为一疾，术穷医卜；忽谢红尘，痛彻肝腹；

月冷璇闺，萧条风烛；薤露悲酸，观化何速；

失恃之痛，五内颠覆；泣具奠仪，惟祈鉴服！

呜呼哀哉！尚飨！

　　奠章辞简意赅，情感深沉，如泣如诉，催人泪下；既有对死者生前美德之赞颂，又寄托着生者的期望和无限哀伤；名为献给死者的亡灵，实为教育在世的人们，故不可一言以蔽之为"迷信"也！

　　主祭孝男奠毕，是为一台。随之为：亲侄儿、侄孙一台；堂侄儿、侄孙一台；宗族梓叔一台；女婿一台；外甥一台；姑郎姐丈一台；外氏一台；生前友好一台；等等，不一一尽述。孰先孰后，均有定规。其跪、起、叩首、献酒、献羹、读奠诸程序一如前述。唯奠章因奠者身份不同而内容略异，然多为歌颂死者功德。仪毕，礼生亦向灵牌烧香、鞠躬。嗣后更有众多乡邻及生前友好一一向灵牌烧香鞠躬。此时，孝男须从幡帘里跪出来哭拜稽首。祭者须扶一下孝男，孝男复退回幡帷里，如此反复，以至终了。从孝男主祭伊始，至众人烧香完毕，整个过程费时很长，而此仅为堂祭之部分程序，继之复为和尚及道士在晚间念经，保佑亡灵早越"奈何"（有说"难河"）桥超生，由丧家请和尚、道士在灵堂烧纸钱、念经，唱《劝魂曲》《沐浴歌》等超度亡魂，此俗谓"做半夜光"或"做天光斋"。经念一遍，乐奏一通，呶呶不休。对男性死者加唱《十二月古人》，对女性死者加唱《十月怀胎》。这些经文、歌曲，其实也是劝善篇，劝孝篇，它不但劝慰死者，更昭示教育后人要行善积德，孝敬长辈，友悌兄弟姐妹，睦和左邻右舍；它还道出了做人的哲理和生死的必然规律。也借以减少人们对死亡的恐惧，是对死者亲属的心灵抚慰。

　　6. 埋葬

　　堂祭一般于晚间举行，棺柩在堂祭之前从灵堂移出，或者之后移出灵堂，此谓之移柩，移柩则系扶柩还山之义，意味着埋葬。负责移柩、抬棺的人称为"八仙"。凡移柩，须拣吉日吉时，以不与儿孙相冲为宜。事前须拟讣闻，用白纸印刷或书写，送亲戚同宗及生前友好，或张贴于公众场所。此时又有一番堂奠，其仪礼与前述大同小异。移柩之后，复有拦路祭，即于开阔地段摆台三个，前面是香炉，中间是祭品，后面是灵牌，末了是棺材。孝子、孝孙、女、婿均披麻戴孝匍匐于棺木两旁，旁系亲属、好友臂挽黑纱。凡路祭必先外氏，次为戚友宗亲。现在的路祭多为本村或本宗族内（或单位）的长者主持召开追悼会，由另一长者致悼词。然后，"八仙"抬棺入圹。此时，大锣开路，旗幡飘动，唢呐喧天，鞭炮连绵，路人回避。长子手捧死者灵牌，垂头涕泪，次子手持香炉，子侄辈沿途为死者抛撒"买路钱"，求各路神灵野鬼放行勿阻。到了埋葬死者的圹前，儿男奉土掩棺，"八仙"负责掩土，竖碑以时，乃为祭。送殡毕，在本族祠堂里烧灵牌纸以示归宗。并将冥屋、幡竹、纸扎的金童玉女及所有冥具在祠堂里焚烧，表示送入冥府供死者享用，体现子孙对死者的孝敬。此时，送葬队伍须从另路折回丧家，每人发给两个染红煮熟的鸡蛋，以祈吉祥圆满。由外氏来的长辈撕去贴在大门口的丧联，将预先准备好的九尺红布隆重地挂在大门的门楣上，以示老人已入土为安，噩运已过，鸿运重来。晚上由丧家摆设宴席，感谢来协助丧事的亲戚朋友、左邻右舍。至此，丧事方告一段落。之后的礼仪，如理七、断七、百日、周年等祭，系属追荐仪式，不过是由对人的礼仪转为对"鬼灵""祖灵"的礼仪罢了。

　　纵观武平客家的丧葬习俗，尽管在不同地方、不同年代礼仪也有所不同，但其丧事活动都突出一个"孝"字，"以孝为荣，以不孝为耻辱"。而

"孝"是儒家立世理论之本。儒家认为，"孝始于事亲，中于事君，终于立身"，是"至德要道，百行之首"，是"修身、齐家、治国、平天下"必须遵循的重要原则。"至孝"则家国长治久安，不孝则天下大乱。这种鼎盛于中原士大夫阶层的封建伦理道德观，在今武平客家老人丧事礼仪中得以保留，从另一个侧面证明了北方文化对南迁客家后裔有根深蒂固的影响。当然，旧式丧事礼仪属实烦琐，势在必改。幸喜近年各地逐步将土葬改为火葬，其间程序减去不少，但其中的"孝义"却是不会改变的。

7. 改葬

俗谓"入土为安"。死者入土之后没有必要再去移动尸体本身。此种情况，各地都差不多。唯独武平客家风俗例外，死者埋葬后还有检骸易罌、易地改葬一事。

武平客家人改葬，一般在死者埋入泥土若干年后，刨去泥土，打开棺盖，检骸而置之罌，别迁吉地。将原棺木焚烧，并在原穴地上象征性地种上一棵树。其原意为客家人从北方向南迁徙，颠沛流离，初衷原为弗忍抛亲别祖，乃负其亲骸而藏之新地，一俟世道太平仍负其亲骸返归桑梓。孰料世事纷争，兵燹频临。故园之思，终不能遂愿，流移转徙之不常，恐去而之他，故相传为检骸之法，以便携带欤。另外一种原因是客家人多迁徙，所居多为山川险峻贫瘠落后之地，环境恶劣，在生产力极为低下之时，总爱把人力不及之事归诸天地鬼神，至于家有病疾或不如意，归咎于地之不吉，又复起骸，迁之他地。如不得吉地，则将金罌（检骸曰检金，故罌亦曰金罌）寄于田坎岩穴之间，任凭风吹雨淋，雹打霜降，甚且听信堪舆，营谋吉穴。

（二）武平客家丧葬习俗的成因

史官文化和巫文化是华夏文化的两条根，其他种种文化内容及其表现形式都是这两条根派生出来的。这两条根是相互对立、相互统一的两极。武平客家丧葬习俗正是这两条根嫁接杂交所结的果。

商代是中国用文字记载历史的开始，是史官文化的萌芽时期。因为巫文化的出现早于史官文化，所以萌芽时期的史官文化深深地带有巫文化的烙印。史官文化的特征是重事实、重人事。巫文化的特征是重幻想、重鬼神。尽管武平客家丧葬文化是史官文化和巫文化杂交的结果，但巫文化对武平客家丧葬习俗的影响力和渗透力却大大超过了史官文化（即儒文化）。

史官文化对武平客家丧葬文化的影响，归纳起来主要是两条：一是对祖先的崇拜与孝道。二是礼义。这两条都是儒文化的重要部分。崇拜祖先与孝道是汉民族的共同心理，并非客家所独有。但客家由于自己频繁的迁徙史，所以追宗念祖的感情表现得尤为显著和强烈。礼义虽不一定就是汉族的共同心理，却是封建统治者视为固定不变的秩序。"道之以德，齐之以礼。"亲亲、长长、男女有别是礼的根本，尊卑、贵贱、亲疏、长幼均有严格等次，这个等次就称为"义"。"仁近于乐，义近于礼。"说"义"实际即说"礼"。儒家认为，不合礼就等于失去了做人的资格。武平客家丧仪的种种繁文缛节和清规戒律，就是由儒家的这个"礼"衍生而来。丧礼仪式既是生者对死者生平事迹的褒扬，又是亲属对死者的哀悼和缅怀，是重事实、重人事社会民俗的一种表现。

形成武平客家丧葬习俗的另一个原因是相信风水。客家人相信风水的原因归纳起来，主要有如下四点。第一，客家人多迁徙。所居多为山川险峻之地。生产力低下，使人将不顺归诸天地鬼神，并希望能获得祖先在天之灵的保佑，这就有必要极力去营造"风水宝地"；而山川险峻的地形又使客家人屡迁屡葬并寻觅有"龙"、有"局"、有"水"的"风水宝地"成为可能，若在一望无际的平原地区，便不能形成客家人那样的风水观。第二，继祖嗣宗，多子多福。客家人均由他处迁来，与当地居民不睦甚而发生械斗的事时有发生；若人丁不兴旺，则很难安身立足。第三，劳动力是昔日影响生产力的重要因素，为了生存和发展，不得不投入大量的劳动力，以求得极低的边际产值。若无人丁，则无劳动力。第四，客家人有很强的自尊心，极重视气骨和体面，把"贵"看得甚于"富"，非猎取功名不可。所以武平客家人的风水观把"龙"放在首位（"龙"主"人丁"），把"局"放在第二位（"局"主"功名"），把"水"放在第三位（"水"主"财路"）。无论人丁、功名、财路都从"风水宝地"上来，于是在第一次埋葬、第二次改葬时均十分讲究，孜孜以求有"龙"、有"局"、有"水"的"风水宝地"。

史官文化和巫文化都有其民主性精华的一面，也有其封建性糟粕的一面，我们的要求是弘扬优秀的民族文化传统，汲取其民主性精华，剔除其封建性糟粕，这就是本文的归宿。

（王增能　王民望　罗炳星）

武平各地丧葬习俗异同

安　灵

灵堂布置须尽显哀伤气氛。灵堂里一要挂死者遗像，安放死者灵牌，俗称"灵屋"。二要用白布或黑布结装内外幡帷。三要张贴灵堂挽联。一般书以绿纸或白纸。挽联的内容要言悲不言吉，否则就是违反人之常情，不合民间丧礼，因而会受到社会舆论的指责。至于丧家门额词，有的是通用的，有的是某种人死专用的，有的源出《诗经》或《礼记》等古代经典，有的来自古代典故，早已在民间广为流传，习惯沿用，既出自古籍又是约定俗成的，人们不宜随意改变。四要在棺前不断燃香烛，以示香火不断，后继有人。五要在棺前摆放一碗直插筷子的白饭，外加一杯水，一日三餐供祭，由长子（长孙）率领。

（温光铭　温光禄）

存　枢

人生于世，时间长短不定，终究会有一死，死后就得抬去埋葬，入土为安。旧时，埋葬要选好日子，且要家中有钱，子孙归齐，缺一不可。把尸体放进棺材后存放在祠堂里或庵庙里，这叫"存枢"。存放时间要看家中情况，等到家中有钱了，子孙归齐了，再选好日子，选好山头（埋葬地点），才扶枢还山。

为防止尸体腐烂发臭，得先把棺材用桐油反复涂擦，再铺上葛布，再油漆一至三遍，这样不论存放多久，腐臭气味都不会溢出棺外。

（温光铭　温光禄）

守　夜

老人过世后，在其入棺以前，用一张草纸遮住死者的脸，烧香、点烛，要有家人守着逝者的尸体，不能睡觉，目的是防止老鼠挖了死者的眼睛，直至保存死者完整的尸体入棺为止。

本地有个良好的习俗，谁家老人过世后，在入棺以前，左邻右舍的人都会主动轮流和死者的孝子孝孙一起守夜。

（何利恭）

祭奠礼生唱班仪式

（1）肃静；（2）整齐衣冠；（3）发炮三声；（4）击鼓三通；（5）鸣锣三阵；（6）奏大乐；（7）奏小乐；（8）起擂；（9）酢酒；（10）排班执事各司其事；（11）主祭嗣裔孙就位；（12）从祭裔孙就位；（13）主祭与从祭裔孙盥洗净巾；（14）复位；（15）迎灵鞠躬，跪起，起跪，跪起，起跪；（16）主祭与从祭向死者灵位前行上香礼；（17）跪，初上香，再上香，三上香；（18）舆酒；（19）俯伏听读悼词（奠章）；（20）起，复位；（21）跪，起（四次）；（22）主祭孝男（孙）诣向父母灵位前行初献礼；（23）跪；（24）初献帛，初献酒，初献羹，叩首；（25）起，复位；（26）跪，起（四次）；（27）主祭孝男（孙）诣向父母灵位前行五献礼；（28）跪；（29）亚献酒，亚献羹，亚献汤，叩首；（30）起，复位；（31）跪，起（四次）；（32）主祭孝男（孙）向父母灵位前行三献礼；（33）跪；（34）三献酒，三献汤，三献牲，献刚猪，献柔毛，酌酒，献蔗膳，献羹，终献果，终献茶，叩首；（35）起，复位；（36）跪，起（四次）；（37）三献礼毕，化帛焚悼词，揖，再揖，三揖，退班。 　　　　　　　　　　　　　　　（王文珠　王金福）

旧时殡仪的成服仪式

成服（亲戚按照与死者关系的亲疏穿上不同的丧服）时辰一到，八仙头敲起锣，主事人点蜡烛和烧香，礼生高喊："遵礼成服仪式开始，鸣炮！"孝子孝孙手持香火向天跪拜三下，再向灵堂遗像跪拜三下，然后跪在地上穿孝服或把衣服反着穿（嫁出妇女们向外，娶进来的向里），腰上系上草绳。当全体穿好孝服后，礼生高喊："孝子孝孙就位！"孝子孝孙们起来面对灵堂排成一排。甲礼生高喊："乐工起鼓。"乐工连敲三下鼓，礼生分别高喊："鼓始演！鼓再演！鼓三演！"乐工分别敲鼓三下。甲礼生高喊："跪！"孝子孝孙全部跪下。甲礼生喊："叩首！再叩首！三叩首！四叩首！"礼生每喊一句，孝子孝孙们就叩一下头。乙礼生喊"起！"大家站起来。甲礼生又喊："跪！"大家又跪下。甲礼生又喊四声"叩首"，大家分别叩首四下。乙礼生又喊："起！"大家站起来。甲礼生再喊"跪"，大家再次跪下。甲礼生喊道："主祭者在灵位前三献礼！"接着又喊："上香，献帛，始献羹，二献果，三献酒，三献羹。"礼生每喊一句，灵堂里的主事人就分别把香、帛、羹、酒杯双手向上举一次，孝子孝孙双手向上举一下或叩一个头示意敬献酒。乙礼生喊："起！"大家站起来。甲礼生又喊："跪！"大家又跪下。甲礼生喊："停鼓乐，读哀章。"乙礼生大声诵读写好的哀章。哀章读完后，甲礼生喊："叩首！再叩首！三叩首！四叩首！"孝子孝孙叩头四下，甲礼生喊："焚香齐。"乙礼生将哀章递给灵堂里主事人焚烧。甲礼生喊："礼成，孝子孝孙执杖入帘。"孝子孝孙们走进灵堂里，此时其他人到灵堂前向死者遗像烧香或跪拜以示哀悼。孝子孝孙则以跪拜之礼，表示对来宾的感谢。

　　成服仪式在很久以前就在我们这里流传，只是在近几年才改为开追悼会。20世纪80年代又开始恢复盛行，并讲究的礼节更为烦琐，也很折磨人，一些思想比较守旧的人认为，只有这样做了才算对得起死者，并以仪式隆重为荣耀。但也有人认为，应在父母和长辈生前的时候，对他们尽到做儿女和晚辈的孝心，尊重和善待老人才是真孝，不必在人死后做戏给人看，如果生前对他们百般虐待，死后办得再隆重也没意义，反而被人耻笑。

（钟荣生　谢明生）

武平武东丧葬习俗

丧葬文化是中华民族几千年文明史的组成部分，武平客家的丧葬习俗与其他地方有不同之处。虽然随着社会进步和推行殡葬改革，丧葬程序也逐步简化，但主要内容没有多大变化，并流传至今。现将武平丧葬习俗简要介绍如下。

报　丧

家人死后，由家族中人向亲友报丧。请风水先生按死者生前的生辰八字和断气的时辰，测算出办丧事、入殓、安灵、出柩时间及埋葬的山头坐向，踏山寻落葬地点，安排丧事的有关事宜。

转　尸

家人为死者更换衣服、鞋袜，用门板抬放在祠堂或主屋，称"转尸"。头边放一香炉，点上香烛。死者生前的衣物，清理到河里（或溪里）让水漂走。将死者床上用品（草席、棉被）捆上稻草在三岔路口焚烧，称"烧床祭"。子女披麻戴孝，轮流守灵。

入小敛

入小敛即将已经理发（梳头）的死者下棺木，又称"端送"。入棺时，儿子捧头、女儿捧脚。

设灵堂

主家人请礼生在祠堂或主屋设置灵堂，待道士或和尚为死者安灵。灵堂中央安放灵屋，将死者遗像和灵位牌放在供桌正中。待安灵后亲友才可烧香。

半夜光

主家人请来和尚或道士为死者超度亡魂，同时请乐队奏乐哭丧。孝子轮流手捧灵位牌，跟随和尚或道士哭丧。其间有"哭亡魂""劝鬼沐浴"等节目，加上乐队、哭丧等要四五个小时。

入大敛

入大敛是盖棺仪式。盖棺前家人亲友绕棺一周向死者遗体告别。盖棺后由长子把一枚较长的铁钉垫上白布交给"八仙"（抬棺和挖坟坑的人）钉在棺盖前部中间"封钉"，称"子孙钉"。

打坑窟

按风水先生看好的地方、坐向，出葬前请"八仙"打坑窟，牵出中线，做好下葬准备。坑窟打好后，主家要分发红包给"八仙"。

落　葬

棺材由四人或八人抬出，子孙披麻戴孝，手执"孝杖骨"（又称"哭丧棒"，男用竹，女用杉）腰系草绳，脚穿麻鞋，以示孝心。家族亲友在棺后相送，称为"送殡"。亲友路祭（圈九运），在道士、和尚的带领下，绕棺转九圈，与死者作最后告别。出丧前，由和尚或道士报魂驱邪，直到棺材出场角。棺材安放入穴后筑成坟。送殡毕，在本族祠堂里烧灵牌纸以示归宗。并将冥屋、幡竹、纸扎的金童玉女及所有冥具在祠堂里焚烧，表示送入冥府供死者享用，体现子孙对死者的孝敬。此时，送葬队伍须从另路折回丧家，发给每人两个煮熟的鸭蛋（或鸡蛋），以祈吉祥圆满。由外氏来的长辈撕去贴在大门口的丧联，将预先准备好的九尺红布隆重地挂在大门的门楣上（称"上红"）。以示老人已入土为安，噩运已过，鸿运重来。而后，由丧家摆设宴席，感谢来协助办丧事的亲戚朋友、左邻右舍。至此，丧事方告一段落。

做　七

人从死亡那日起每逢七天一祭，其中大的祭日"三七"由女儿主祭，"五七"由儿子主祭。第四十九天称"满七"。死后一百天为"百日"，邀请至亲一起悼念。死者过世一年（即头年），家人供祭和烧化纸钱，称"做周年"。丧期三年后到周年日，称"脱孝""满孝"（守孝三年为满）。俗称"入土为安"。死者入土之后，没有必要再去移动尸体本身，此种情况，各地都差不多。唯独客家风俗例外，死者埋葬后还有捡骸易罂、易地改葬一事。

斋　饭

人死后第二天或第三天办丧事，称开丧，一般备"豆腐饭"，桌席根据前来悼念者和参加帮忙办丧事的人数而定，菜肴以素食为主，称为"斋饭"。丧葬一切事务由本房辈分高的人主持，安排具体丧葬事宜。

新中国成立后，政府提倡丧事从简，逐步实行"火葬"。人死后也进行揩身、换衣、撤帐、烧床祭、向亲友报丧、接受吊唁、设灵堂等。尸体运往火葬场，在殡仪悼念堂举行追悼会向遗体告别，亲友赠送花圈及烛礼。火化后骨灰入盒，寄存殡仪馆或家属带回，有的择公墓或择地埋葬，戴孝也改为佩戴黑纱。仍做"半夜光""做七"，超度亡灵，以示孝心。

（王闻福　王麟瑞）

武平县桂坑村丧俗

从中原迁来的武平客家人，一向尊崇古风，婚丧喜庆的操办，都依古礼。"死生亦大矣"，丧俗是红白喜事中最隆重的。武平位于福建省的西南角落，偏处一隅。"礼失，求诸野。"随着经济的发展、时代的变化，很多地区的丧俗已经简化。而远在山区的武平县还遵循周礼，将古汉族的遗风完好地继承下来。武平各乡镇、各村落的丧俗不尽相同，现以笔者所在的东留镇桂坑村为例，介绍其流程。

送　终

病人在弥留之际，至亲、挚友必须在病榻前侍候，为其送终。病人快要支撑不住时，亲友赶紧为他擦洗身子，穿好寿衣寿服。衣服穿好后不能脱下，只能静候其断气。

病人临终，常常会有一番挣扎，即所谓"两腿一伸"。驼背的人，死后背会挺直。如果病人死前大小便失禁，这是吉兆，称作祖辈留下遗产。

死者遗留的钱财，称作"子孙钱"，将会平分给子女。"子孙钱"不能用掉，要贮存箱底，据说能保后人发财致富。

死者在入殓前，亲人是不能哭泣的。传说此时灵魂刚离开身体，六亲不认，听到哭声会扑过来害人。

报　丧

孝子（死者的儿子或孙子）在死者去世之日（半夜去世的则次日上午），由礼生（丧事主持人，一般是族中长辈）引领，挨家挨户到其他族亲家报丧。孝子不能进入别人的家门，只是跪在家门口。主人赶紧出门，把孝子扶起。此时，孝子会哭诉死者姓名、生辰。族亲知闻后，会前去吊唁，并帮忙处理丧事。

较远的亲友，由前来帮忙的族亲通知。以前交通不便，族亲逐户上门通知，现在都改成电话通知。

下床（入殓）

病人弥留时，亲人会将其移到厅堂，堂中设简易的床榻。死后择时将他装入棺木，或移交给殡仪馆的工作人员。这就叫作入殓。入殓后，亲人就可以开始放声痛哭。

如因故不能把病人移出，病人在房间去世的，就要准备好一只"骚鸡"（小公鸡），称为"下床鸡"。礼生将"下床鸡"割颈，绕着死者的床周洒血，一直洒到房门外。这时才可以把尸体殓入棺材，或抬到殡仪馆的担架上。

如果不用"下床鸡"，可将死者偷偷放入棺材，在不惊动灵魂的情况下，悄悄盖上棺盖。这叫作"偷捉棺"。

入殓前，死者如是男性，全部子孙要看最后一眼；如是女性，要让外家（娘家）的人看过尸体。

设灵堂

入殓或火化后，在厅堂设灵堂。灵堂正中是棺木（或骨灰盒）和灵牌、灵屋，亲人侍候在两侧，出殡前吃住都在灵堂，不能离开。

出殡前，灵堂必须24小时香烛不断。香烛熄灭就是"断香火"，是大凶之兆。

择时、卜地

病人去世的当天或次日，家属会请来地理先生（风水先生）。地理先生根据孝主（死者）的年龄、性别、生肖、去世时辰，和子女人数、年龄、生辰，推算成服、移柩的时辰，以及和孝主生肖相冲，不能参加成服、移柩的人。

选好时辰，地理先生在族亲的陪同下走山踏水，选择适宜做阴宅的风水佳地。

成服和出殡之日，地理先生会亲临指点。

烧香（上香、吊唁）

亲友得知死讯后，会带上香烛纸钱前来吊唁。

亲友入门，子孙要跪迎。亲友进入灵堂，子孙跪伏两侧，放声痛哭。上香时，子孙中有一人（一般是妇女），会对着灵牌报来人的姓名，报完后哭着唱挽歌。亲友上完香，将子孙逐个扶起，子孙才可停止哭泣。

吊唁的人走时，族亲会给他们两颗红鸡蛋。他们回到家门口，面朝天把鸡蛋吃掉，门口用芦箕（铁芒箕）燃一小堆火，从上面跨过。用这种方式除去秽气，才能进入自己家门。

成　服

在风水先生选好的时辰，家属、亲人裸跪（卷起裤腿跪）院中。礼生高声唱礼："成服！"鞭炮哀乐齐鸣，家属亲人同哭。族亲按各人与死者的亲疏关系，穿上不同的丧服。配偶、儿子、儿媳、孙子、孙女、孙媳等与死者生前一起居住的人，穿全白丧服；女儿、女婿、外孙、兄妹等在外另有家室的人，丧服的袖子上缝一块红布，称为"上红"。全白为全孝，半白为半孝。穿孝服后，腰间用麻绳或稻草绳系住，这就是俗称的"披麻戴孝"。

长子（无子则长孙）手上还要持一根孝杖，杖头缠麻绳或稻草绳。若死者为女性，孝杖为梧桐木；若死者是男性，孝杖为竹子。《礼记·丧服小记》有云："苴杖，竹也；削杖，桐也。"父丧持竹，表示他的节操经四时而不变；母丧持苦苓、刺菖、梧桐，表示十月怀胎、母恩深重。出殡时，孝杖和灵牌、灵屋一起在灵枢前烧化。

成服一般在出殡前一两天。孝服穿上后，吃住都得穿在身上，要"脱孝"时才能脱掉。

超　度

移枢前晚，有法师（和尚或道士）做法事，超度亡灵。

法师作法的程序繁杂，大致可分为安灵、请神、送神三步。安灵是通过为亡灵诵经的方式，抚慰亡灵。请神是请天上诸神下界，超度亡灵是请亡灵上天。送神是在亡灵上天后，送走下界的神仙。

移　枢

移枢是指把灵枢移到户外，等待出殡。

移枢前一天，孝家要跪拜"八仙"。"八仙"又称"八大王"，是指扛棺材的八个人。推行火葬后，棺材改成骨灰盒，抬灵枢只要两人，但仍然称"八仙"。"八仙"有很多忌讳，比如叫别人在前面扛棺材，不能说"你先走"或"你走前面"，这样说的意思是比死者还先走。而要说："你打前差。"

临近移枢时辰，"八仙"会将棺盖钉上，或将骨灰盒放入箩筐。时辰一到，"八仙"即将灵枢抬到户外空旷的地方。此前，灵枢都在室内。移枢之后，才能见天日。灵牌、灵屋仍留在灵堂，等出殡时带出。

还山（出殡）

移枢之后，孝家还要在灵堂举行隆重的跪别仪式。

在礼生的唱礼下，亲人按亲疏关系次第上香跪拜。最先跪拜的是配偶、子女、孙子、孙女，接着是女婿、孙婿、儿媳、孙媳，然后是兄弟姐妹。这些都是至亲，行三跪九拜礼后，退立两旁跪下。至亲之后是族亲，族亲不必分次序。最后出场的是"八仙"。"八仙"一进灵堂，就是出殡的前兆，亲人会立即放声痛哭。"八仙"和死者的长辈、平辈都只需上香作揖，不必跪拜。

"八仙"上香完毕，孝子手捧灵牌，腰插孝杖，带头前行。旁边有一人撑着黑伞护送，因为灵牌不能直接暴露在天日下。其余的亲友哭喊着跟在孝子身后，鼓乐手奏乐跟行，法师持灵屋殿后。这些人就组成了送葬队。

到了停放灵枢之处，"八仙"扛起灵枢，送葬队送行一段路程。到了离坟地较近的空旷处，送葬队止步，亲人跪伏灵枢前。法师开始作法，亲人按命令举行一番仪式。孝子在法师的指引下，绕灵枢数周。如果灵枢是棺材，会用长条凳垫起，孝子还要在棺材下钻过。作法完毕，"八仙"抬起灵枢上山，子女哭喊着追上前，不忍其离开。其余亲友则用力把子女拉住，嘱其节哀勿追。

"八仙"走后，送葬队回家。此时，法师、乐队的使命便完成了，他们会马上收拾东西离开。当他们走出门时，亲人手持扫帚，跟随其后，在地上扫几下，然后迅速把扫帚扔到他们的身后。这是要把他们扫地出门，希望他们永远不再来。

脱孝（除孝服）

旧时父母去世，子女要守孝七七四十九日，甚至数年才能除孝服。但现在的子孙有很多在外地工作，不可能再像古人一样守孝，所以除孝服都是在出殡当天。

送葬归来，亲人回到家，院子里摆上数条长板凳。配偶、儿子、儿媳、孙子、孙女、孙媳等与死者生前一起居住的人，面朝内坐；女儿、女婿、外孙、兄妹等在外另有家室的人，面朝外坐。在礼生的唱礼下，每人拿两颗红鸡蛋，沾上酒，朝天吃完，然后才可将孝服除下。脱孝后，外亲撑着一把伞，各自回家。

谢"八仙"

出殡当晚，孝家准备宴席，答谢前来帮忙和给予关心的亲友，特别要感谢"八仙"。这时可以喝酒，当作喜事操办。

三　朝

"三朝"是指出殡后的第三天，武平不同乡镇的叫法不同。"三朝"的本意是族亲来探望沉浸在悲伤中的家属，关心他们的身体是否安好。

当天上午，族亲会备好礼物（一般是鸡蛋和红包）慰问家属。家属则带上香烛纸钱，到坟前祭拜。祭拜完毕，每人砍一根杉树枝，倒拖着回家。"杉"在客家话里，与"绽"同音，是生长的意思，预示子孙繁衍不息、蓬勃发展。

祭拜归来，孝家在中午准备宴席，答谢族亲。

七七四十九天（断七）

死者去世之日到第四十九日，每七天都有一个名称，分别为一七（头七）、二七……七七（断七、尾七）。客家人与广府人不同，没有过头七的习惯，只有尾七。如果七个"七"中，有一个逢上农历带七的日子时，则是凶日，要举办仪式除凶。

七七四十九天的仪式可以提前举办，但要以儿子的人数定。死者有一个儿子可提前一天，有两个则提前两天，依此类推。

尾七时，至亲到坟前再次祭拜。此日一过，死者的灵魂就彻底离开生前居所，永不回头。

周　年

死者去世一周年（农历第二年当天），至亲再次到坟前祭拜死者。有些孝顺的人家，死者去世的第三年，还会祭拜。一般在一周年祭之后，丧礼就完全结束了。

武平县的客家丧俗程序繁杂、操办严格，与周礼大致相同。《论语·学而》中说："慎终追远，民德归厚矣。"武平的丧俗虽然带有浓重的封建迷信色彩，但这种"事死者，如事生"的人文思想充分体现了客家人对生命的敬畏、对逝者的尊重、对亲人的至爱。

（王继峰）

武平客家人的祭祖习俗

　　纪念先人是我国特有的优良传统，祭祖是孝道的体现，是帮助我们寄孝思、敦人伦，继续保持我们的孝德。武平人的春分、清明祭祖习俗由来已久。人们通过一些仪式来表达对祖先的追思之情，人们相信只要不遗忘，幸福就能传递下去，惠及子孙后代，也体现了大家对美好未来的期待。作为春暖花开的季节，很适合在此时寄托慎终追远的情怀。

　　春分清明祭祖习俗可追溯至汉代，这一天要在大殿举行隆重的祭祖仪式。参与人数众多，国家启用隆重的仪式祭祀，希望在即将到来的一年里国泰民安、风调雨顺，寄托人们美好的向往。

　　春分至，祭祖始。民间扫墓前先要在祠堂举行隆重的祭祖仪式，杀猪、宰羊、请鼓手吹奏，由礼生念祭文，带引行三献礼。扫墓开始时，首先扫祭开基祖和远祖坟墓，全族和全村都要出动，规模很大，以至于远在千里之外的本族后人都会赶往祖籍地祭奠祖先，队伍往往达几百人甚至上千人。开基祖和远祖墓扫完之后，分房扫祭各房祖先坟墓，最后各家扫祭家庭作古近亲墓。大部分客家地区春季扫墓祭祖从春分或更早一些时候开始，最迟清明前要扫完，有种说法，谓清明后墓门就关闭了，祖先英灵就受用不到了。有些地方还有春秋两祭的习惯（分别是：正月和八月）。

　　祭祖前，先将坟墓周围的杂草、淤泥等清理干净，在墓的正中摆上祭品，祭品一般是三牲（猪肉、鱼肉、豆腐）、茶叶、果品、冥币、香烛、鞭炮等。并要在墓地杀雄鸡，将雄鸡的血洒滴在墓碑上及草纸上，把洒满鸡血的"花纸"用石块压在墓地的四周。在酒杯中斟满米酒，点燃香烛后，依辈分大小先后烧香、磕头，最后焚烧冥币、"花纸"及鸣放鞭炮。祭祖完毕后，一般在晚上成人举行聚餐，叫"消蒸尝"，他们举杯敬天敬地、开怀畅饮，以此再次缅怀祖宗遗德，不忘祖宗之恩，薪火相传，灯灯相续。唯愿我们的心，能合于天地，合于古今，合于祖宗、父母，伴随圣人的脚步，共襄善举，民德归厚。

（林国华）

东留人扫墓习俗

客家人重祭祀，这是千年不易的传统。作为纯客家县的武平，大部分乡镇习惯在春分至清明期间扫墓。子孙虽各自成家，且身在远方，但扫墓时也会聚齐。大家提着"三牲"、香烛等祭品，带着锄头、镰刀等开路工具，踏上一条朝拜先人的路。武平山多，一路水碧山青，处处都是明媚的春光。在生机勃发的时节感念祖先的恩德，也是很有意义的事。

各个坟墓之间常相距甚远，有的甚至藏在深山老林。一路跋山涉水，披荆斩棘，很能考验体力和诚心。客家人就是这么虔诚，每年都不畏艰险，怀着崇敬之情翻山越岭，深深地感恩先人。

到了坟前，大家挽起衣袖，铲草、培土，默契合作。时隔一年，坟头杂草丛生，仿佛长满缕缕的哀思。在武平这片红土地上，最常见的草莫过于"芦箕"（铁芒箕），铲草往往是在割芦箕。除完草，在坟头挂上"花纸"（洒了鸡血的黄表纸），摆好"三牲"和酒杯。牛、羊、猪为"大三牲"，猪、鱼、鸡为"小三牲"。现在普通人家一般选用煮熟的豆腐、馒头、猪肉、鱼肉、骚鸡（未阉割的公鸡）肉等食物，将其中若干种搭配起来当"三牲"。有时，还加上"四果"，"四果"不固定，橘子、苹果、香蕉、葡萄……各种水果都行，但必须是开花结果的，预示子嗣绵延。

祭品摆好后，每人往酒杯斟一次酒，向祖先表示敬意。大家边倒酒边汇报上一年的情况，谁结婚、谁添丁、谁乔迁、谁考上大学……向地下的亲人分享喜悦。汇报完后是祈福，希望祖先能用神力保佑在世的亲人健康、吉祥。

祭扫时长辈还会不断追述墓主生前的好处，如何贤良美德，如何疼爱子孙。说到动情处，眼眶微润，忍不住又上前斟酒。对于扫墓的人而言，这是一次很好的感恩教育，清明其实是客家人最好的感恩节。

开始烧纸钱了，一大沓不同面值的冥币，全用烧化的方式寄送。纸钱烧尽后，估计祖先也已享用完祭品，便燃放鞭炮恭送他们回去。接着收起祭品，到下一处祭拜。

所有的墓都扫完了，勤俭持家的客家妇女会把割下的芦箕带回家。芦箕是客家人厨房中最受青睐的引火之物，可不能浪费。有人还会砍一根杉树枝，倒拖回去。客家话"杉"和"绽"（意为草木生长）同音，预示子孙蓬勃发展。

　　回家后还有一道程序，就是在家门口祭拜。有些年代久远的祖坟已找不到，便在宗祠或家门口隔空召唤祖先自己前来享用祭品。

　　武平客家人就这样诚心诚意，自始至终一本正经地完成每道程序，宛如墓主就在眼前。子曰："祭如在，祭神如神在。"《弟子规》亦云："丧尽礼，祭尽诚，事死者，如事生。"慎终追远、祭祀尽诚，体现客家人对生命的敬畏，更是儒家孝道的极佳延伸。

（王继峰）

旧时亲属之间的称谓

（一）旧时丧祭礼仪的称谓

1. 对死者的称呼

死　者	死者家属自称	称他人
祖　父	先祖父、先大父、先相考	令先祖父、令先大父、令先相考
祖　母	先祖母、先大母、先祖妣	令先祖母、令先大母、令先祖妣
父　亲	先父、先严、先考	令先父、令先严、令先考
母　亲	先母、先慈、先妣	令先母、令先慈、令先妣
伯父、叔父	先伯父、先叔父	令先伯父、令先叔父
夫	先夫、亡夫	令先夫、令先夫君、令先良人
妻	先室、先妻、亡妻	令先室、令先妻、令先夫人
夫之祖父母	先祖翁、先祖姑	令先祖翁、令先祖姑
夫之父母	先家翁、先家姑	令先家翁、令先家姑
备　注	对未列出的，可参照类推，如对已死老师，自称：先师。别人则称"令先师"。自称平辈以上应冠"先"，平辈以下冠"亡"。称他则应冠"令"字。	

2. 丧服（守孝人）的称呼

亲属死亡情况（死者家简况）	生者（守孝人）称呼
母在父死	子自称：孤子
父在母死	子自称：哀子
父先死，今居母丧（母死）	子自称：孤哀子
母先死，今居父丧（父死）	子自称：哀孤子
生母先死，继母在，今居父丧（父死）	子自称：前哀孤子
生母已死，父在，今继母死	子自称：前哀哀子
前母已死，父在，今生母死	子自称：未及哀哀子
前母已死，生母在（生身继母在），今居父丧（父死）	子自称：未及哀孤子
生父母先死，今继母死	子自称：前哀孤哀子
前母及父先死，今继母死	子自称：闻哀孤哀子
前后母俱死，今居父丧（父死）前母之子	子自称：前哀哀孤子
后母之子	子自称：哀前哀孤子

续表

亲属死亡情况（死者家简况）	生者（守孝人）称呼
出继子遇生父母死	子自称：降服子
养父母死	子自称：孤哀嗣子
养父在、养母死	子自称：哀嗣子
养母在、养父死	子自称：孤嗣子
生身父母死而无子，由出继子回治丧	出嗣回治丧降服子
长兄无子而死，今居父母丧	孤哀众子
祖父母死	齐期孙
父居长而先死，今主祖父母丧	承重孙（长子之长子自称）
父先死，今主祖父母丧（指次子以下的长子）	承服孙
父先死，今主祖父母丧（指众孙自称）	期服孙
养父母之父母死	嗣齐期孙
父居长而先死，兄亦早死，今主祖父母丧	承重次孙
过继伯父而伯父先亡，今主祖父母丧	嗣承重孙
曾祖父死	齐五月曾孙（三世孙）
祖父与父先死，今主曾父母丧	承重曾孙
祖母在，祖父死	孙自称：孤孙
祖父在，祖母死	孙自称：哀孙
祖父母俱死	孙自称：孤哀孙
伯叔父母死	期服侄
堂伯叔父母死	功服侄
族伯叔父母死	缌服侄
伯叔祖父母死	功服侄孙
胞兄弟死	期服弟、兄
大嫂死	护丧功服夫弟
父母在而妻死	期服夫
父母先死、今妻死	杖期生杖期夫
夫死	未亡人
弟妇死	护丧功服夫兄
长子死（子死，父在）	反服生，也有写反服父
次子、众子或长孙死	期服生
长子妇死	期服生
众子妇死	功服生

续表

亲属死亡情况（死者家简况）	生者（守孝人）称呼
众孙死	大功服生
父死未满百日，今母又死	孤加哀子
父死百日外，今母又死	严制加哀子
父先死而母死百日内，祖父母又死	孤哀承重孙
生父母丧百日内，养父母又死	降服期加孤哀嗣子
父母丧百日外，今妻死	制加期服生
随母出嫁后而继父死	义服子
出嫁母死后，继父死而无子	降服杖期随子
岳父母死	缌服婿
乳母死	乳服子
业师死	心丧门人
朋友死	义缌友弟
祖母丧未除而父死	在承制孤子（嫡孙自称）
祖父丧未除而父死	在齐期孤子（从孙自称）
父死丧未除而母死	在制承重孙（嫡孙自称）
后母在而前母死	前哀子
前母在而后母死	后哀子
父死期年（周年）	常事子（孝子自称）
父死二周年	祥事子（孝子自称）

　　说明：（1）新社会实行一夫一妻制，无嫡、庶、妻、妾之别，服制从简，孝子称谓也省略。改称为不孝男、女、孙等。
　　（2）居父母丧可以通称"棘人"。所谓棘人者，哀戚之人也。

（二）谥法

　　按旧制，父母死后，请有名望者或族中长辈、舅父等题谥，用以表彰死者生前的美德，用两字或四字，字要符合其生平所为，不可过于褒奖或轻率，以恰如其分为宜。现将男女谥法常用字列表如下（仅供参考）。
　　1. 男人谥法用字

谥	解　　释	谥	解　　释	谥	解　　释	谥	解　　释
文	文章名世	武	抗暴卫国	刚	坚强不屈	锐	果敢锐猛
缀	坚忍力行	孝	善事亲长	孝	善继善还	忠	尽心不欺
恭	持身敬谨	敏	心明行速	慎	言行谨慎	烈	献身革命

续表

谥	解　释	谥	解　释	谥	解　释	谥	解　释
庄	容貌端严	介	取与不苟	勤	勤奋不息	明	深察明理
俭	勤俭节约	端	品行端正	善	本性纯良	直	公正不屈
惠	好施乐善	静	沉静自守	良	心体良善	温	宽厚和平
谨	小心敬谨	纯	德行纯粹	朴	质素无文	厚	忠厚老实
仁	存心博爱	诚	诚实无妄	笃	纯厚而固	侃	言语率直
友	善处兄弟	创	创建家业	廉	廉洁自持	雅	美秀而文
颖	聪颖拔类	博	见闻广博	睦	团结和睦	教	厚重过人
正	言行端正	义	公正合理				

2. 女人谥法用字

谥	解　释	谥	解　释	谥	解　释	谥	解　释
宜	和顺适理	淑	德行良善	节	矢志守节	揔	善持家务
顺	和从无违	柔	性情柔顺	慈	惠爱子孙	孝	善事父母
婉	和顺而美	娴	容仪端雅	贞	揔行坚贞	懿	品正德美

（三）九族世系统图

直系亲

旁系亲				高祖父母				旁系亲
	旁系亲		曾伯叔祖母	曾祖父母	曾伯叔祖父		旁系亲	
		旁系亲	曾伯叔祖母	伯叔祖母	祖父母	伯叔祖父	曾伯叔祖父	旁系亲	
		旁系亲	再堂伯叔母	堂伯叔母	伯叔母	父母	伯叔父	堂伯叔父	再堂伯叔父	旁系亲
旁系亲	三堂姐妹	二堂姐妹	堂姐妹	胞姐妹	己身	胞兄弟	堂兄弟	二堂兄弟	三堂兄弟
		再堂侄女	堂侄女	胞侄女	子	胞侄男	堂侄男	再堂侄男	
			堂侄孙女	胞侄孙女	孙	胞侄孙男	堂侄孙男		
				曾侄孙妇	曾孙	曾侄孙男			
					玄孙				

直系亲

家族中孙辈以下人的称呼：

孙之子曰曾孙；曾孙之子曰玄孙（元孙）；玄孙之子曰来孙；来孙之子曰昆孙；昆孙之曰礽孙；礽孙之子曰云孙；云孙之子曰耳孙；余下通称为嗣孙、嗣裔。

（四）亲属称谓一览表

1.父系

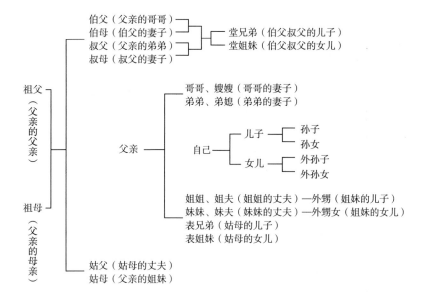

2.母系

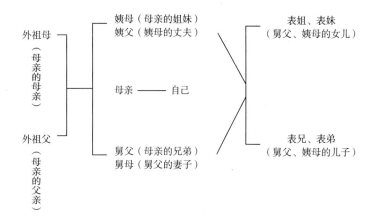

3. 夫妻系

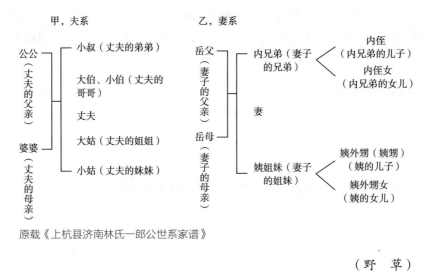

甲，夫系

公公（丈夫的父亲）——┬—— 小叔（丈夫的弟弟）
　　　　　　　　　　　├—— 大伯、小伯（丈夫的哥哥）
　　　　　　　　　　　├—— 丈夫
　　　　　　　　　　　├—— 大姑（丈夫的姐姐）
婆婆（丈夫的母亲）——┴—— 小姑（丈夫的妹妹）

乙，妻系

岳父（妻子的父亲）——┬—— 内兄弟（妻子的兄弟）——┬—— 内侄（内兄弟的儿子）
　　　　　　　　　　　│　　　　　　　　　　　　　└—— 内侄女（内兄弟的女儿）
　　　　　　　　　　　├—— 妻
岳母（妻子的母亲）——┴—— 姨姐妹（妻子的姐妹）——┬—— 姨外甥（姨甥）（姨的儿子）
　　　　　　　　　　　　　　　　　　　　　　　　└—— 姨外甥女（姨的女儿）

原载《上杭县济南林氏一郎公世系家谱》

（野　草）

古代武平崇文重教的习俗

崇文重教，是中华民族的优秀传统文化和美德。古代武平人，则把它融入社会日常生活中，从官方到民间莫不如此。现将民国以前武平历史上的崇文重教习俗简述于下。

重　教

首先，在官方倡导下办学之风盛行。据历史记载，至清末，武平县拥有书院二十六所。这些书院的办学形式及经费来源：一是民办。由数个家族或村社德高望重的士绅或长者，组织集资并聘请先生。凡参与者的儿童即入该书院学习。此类书院规模比较小的也叫舍学或私塾，教授的内容也比较浅易，有如后来的识字班之类的学校。二是官办。即由当时最低一级政权县衙主办的县太学（统称县学），其经费自县衙拨付，教师则聘请秀才以上的人士充任（也有由退休的举人、进士充任的），招收的学生，主要是各初级书院毕业的人，或准备赴省试的秀才。县学分初级班、高级班。前者是准备赴府试（即秀才考试）的生员，后者是准备赴省试（即举人考试）的秀才。教材内容则一律用"四书"（《论语》《孟子》《大学》《中庸》）"五经"（诗、书、礼、易、春秋），以迎合国家各级考试内容。县学就学的生员（武平每年招收40名，属中下等县的招生数）县衙包食宿，赴州府省考试的生员还酌给路费。三是民办官助。有如今武东镇六甲村原"崇文书院"，此书院地处经济文化比较发达的武东、十方、城厢三镇交界处，迎合当地绅民的请求，县衙拨给适当经费，并协调充公的庙产、族产等或有关乡村的公尝田产纳贡的一部分充作经费，然后由当地绅民集资创办。此类书院规模较大，教员一般由未考中举人的秀才或当地德才兼备的绅士充任，学员则招收当地童蒙为低级班（启蒙识字）和招收各地私塾毕业生员组成高级班，高级班主要预备参加县太学考试。

其次，寓教于碑。古代武平境内，各种碑刻比比皆是，有牌楼、牌坊、分田碑、分山碑、寺庙碑和大型建筑物碑及各种功德碑。立碑是一件非常严肃的事，立碑事宜必须得到有关官府的审批，直至礼部或皇帝。如贞女节妇牌坊，应由立碑地方申请，至少报告县衙审批，批准后即列入由知县主编的县志中。

　　文天祥有"人生自古谁无死，留取丹心照汗青"的名句。说明中华传统文化是非常重视每个人身后的声名的。法兰西国王路易十五"我死后管他洪水滔天"的"名言"是为中华文化所唾弃的。古代各类碑文的内容大部分弘扬的是优秀传统文化，即立德仁义礼智信，处世天地君亲师。仁人志士的千秋功德刻于碑石，供后人景仰赏析，教莫大于此。碑刻还是书法习练传承的主要渠道。

崇　文

　　古代武平民间的崇文重教习俗，融会贯通在各种社会生活中，具体表现在以下方面。

　　一是对文化人的敬重。古代乡间的文化人，无论是教书先生、看病先生还是风水先生，他们都比较讲究德行，且与乡民接触密切，所以备受尊重。民间口口相传的历史故事中，多有土匪不抢上述三种人的故事演绎。此外，据说，县长或税官下乡巡视收税，往往要上述三类人陪同，才能达到目的，否则会有不虞之患。

　　二是对写有文字的字纸的珍惜。民间是不允许用写了字的纸如厕的，认为这是亵渎孔圣人，应当予以焚化。

　　三是对读书博取功名的追求。武平客家人有实施二次葬的习俗（这与他们系中原移民有关）。我们在春秋（清明和中秋）祭祀时，往往会看到很多墓碑上刻有"清（或明）太学生×××"字样，就是向后裔昭告，此墓主是有功名的人，值得尊敬和仿效。这个"太学生"，即县学生员。直至民国，武平民间都有小学六年级（高小）毕业摆毕业酒的习俗，即源于此。意即你高小毕业了（上述民办官助书院高级班），即将成为县学生员（太学生），值得庆贺一番。

　　四是奉私塾先生为神圣。古代武平，散布于大大小小村镇的私塾很多，其中的私塾先生是乡绅文化的代表，他们是很受乡民敬重和信任的。他们当中的大多数人，既识文断字，又具有一定的道德修养，还有一定的经济实力。因此，他们主业是课读童蒙，兼营各种职业（因教书收入微薄），首先是包揽民间各类契约的起草（如兄弟分家、婚契、房产契、田地产契、林产契等），收取一定的润笔费；其次是书写节庆对联；再次是担任红白喜事的礼生，本来礼生是要由有功名（秀才以上）的人担任的，但广大乡村找不到这么多有功名的人，因此由私塾先生充任；最后是充当民间纠纷的调解员，学校俨然成了民间法庭。

五是林宝树《元初一》一书中表述的崇文重教内容。林宝树，清康熙年间举人，曾任知县，后赋闲在家，创作了流传闽粤赣客家地区的启蒙读物《元初一》（又名《一年使用杂字文》）。这也是清中期武平民间生动的风俗习惯画卷。

《元初一》[①]（节选）

世间第一读书篇	打扮学堂安圣贤
厨桌一条并凳子	墨砚纸笔要齐全
温熟书来原本背	分明章句莫乖蹇
最怕学生打有口	字眼不识亦徒然
惟有破蒙加小心	起头先点三字经
合本纸库学写字	捉笔填红上大人
直落横画并点子	端端正正分均匀
幸有聪明智慧者	学庸论孟及五经
若然蛮蠢并躁暴	跪打难免郁性情
油盐柴米轮流去	供膳先生也要勤
再言经馆大书堂	不比舍学点句章
上午讲书下昼想	更深夜静读文章
宗师月课府县考	头名案首志昂昂
学院场中取了卷	新入黉宫秀才郎
父母伯叔同兄弟	家中日日接报房
岁考复试加补廪	高升拔贡姓名扬
门前一对桅杆竖	表旌门第是书香
再加中举又中进	出入跟随衔轿扛
状元榜眼探花第	翰林学士近帝王
此是读书为第一	犹如平步上天堂

六是文风昌盛。封建时代的武平虽地处偏僻，人口稀少，但崇文尚武之风，却不输周边粤赣各县。据府志县志记载，仅清一代，见于府志县志艺文

① 参见《梁野东风——武东印记》，社会科学文献出版社，2019。

志的学者诗人，就有五十余人，传世的诗文上百篇。

七是"新年请老师"成传统习俗。古代武平，因为地处边远山区，文化教育相对比较落后。因为落后，民间就更加重视文化知识，正所谓"万般皆下品，唯有读书高"。因此，传播文化知识的教书先生便成为乡民仰视的对象。每逢新春佳节，新学期开学一两个月内，村里的私塾或舍学的先生是不用开伙的。他们轮流到各家各户吃好饭，哪怕是一家或一族举办的舍学先生，也享受同样的待遇，没有童蒙子弟在学的家庭也争先恐后地请先生。此风一直延续至今。

（刘庆秀）

古代武平的女儿经

　　女儿经，仔细听，早早起，出房门。烧茶水，敬双亲，勤梳洗，爱干净。勤针线，莫懒身，火烛事，要小心。穿衣服，旧如新，做饭菜，要洁净。人传言，莫要听，出嫁后，公婆敬。丈夫穷，莫生气，夫子贵，莫骄人。抚百姓，劝宽心，我富贵，莫欺贫。积公德，爱子孙，夫妻和，家业兴。妯娌们，团结心，邻居人，要尊敬。修己身，要端正，守淡泊，要本分。他家富，莫眼红，行嫉妒，损了心。勤治家，过光阴，爹娘病，多服侍。丈夫病，要温存，育儿女，教勤读。抚成人，继宗承，看古人，多贤德。宜以之，女儿经。

（温启坤）

"桥会"

古时候的"桥会"是民间自发的慈善组织，是维护乡村道路交通的载体。在中赤、下坝并与之接壤的广福、石峰、曹田以及与岩前（灵岩有通广桥，岩背坞桥）接壤的乐干、杨屋均有桥会。岩前双坊、永平帽村、东留等有溪流的村庄，亦有类似的组织。

桥会，一般由各村民主选举的5～7位理事组成。首席理事或叫执行理事负责办理各项事务，人选由理事会协商，民主推选产生。

（一）经费来源

（1）田租收入。即上代传下的桥会田，由佃耕户按田亩面积每石（担）田的产量总数的五成缴纳。（2）按人口交纳，即溪流两岸的村民，每户按人口多少缴纳，如：3人以下每户每年一斗谷，4～7人每户每年1斗半谷，8人以上每户每年两斗谷。也有交银元的，如：3人以下每户每年交一毫银元，4～7人每户每年交一毫半银元，8人以上每户每年交二毫银元（此银元不与每石谷价相等）。（3）毗邻村村民的乐捐赞助这笔款占了相当数额，有效地弥补了修桥、建桥、护桥经费的不足。

（二）经费开支制度

对购买维修桥梁的杉木、石灰、石块等开支，制作桥板、桥柱、桥墩的工钱等均在"桥会"的收入中开支。收支账目按年度结算。由全体理事参加的理事会议审核无误后公布。

（三）桥会的作用

村道桥梁与村民生产生活息息相关，桥梁畅通对人民的生产生活具有重要意义。桥会的作用，主要是对整个村庄交通要道上的桥梁以及村道溪堤缺口的建筑与维修。清朝晚期，武平至上杭、龙岩没有公路可通，福厦漳泉沿海工业品与水产品无法运回武平县城，人民生活必需品如食盐、蔗糖、煤油、花生油、各种布匹、水产品等均从广东潮汕、梅县贩运过来；武平东留、中山、民主、中赤、下坝等乡村的竹木，亦从水路运往潮汕出售，县域里的工商界老板和乡村竹木生意人，顺便买得一批食盐、煤油等生活必需品，请挑工挑回时，经中赤至武平城，甚至从下坝、民主转运至江西会昌、寻乌等地卖出。这批生意人均由陆路返回家乡，其间要经过许多桥梁，如果没有完好的桥梁，后果是不堪设想的。这些桥梁日常的维修、保养均由桥会负责，足见桥会的作用之大。

（钟信德）

民俗中的部分古词解释

△兄弟排行中，古时常以"伯、仲、叔、季"代表其长幼之排序，次第是：伯是老大、行一；仲是老二、行二；叔是老三、行三；季是老四、行四。

△封建帝王时代的公、侯、伯、子、男五等爵位是这样的：公是第一等；侯是第二等；伯是第三等；子是第四等；男是第五等。

△冠笄：古时男子成年时戴冠帽的仪式叫带"冠"；古时女子成年时插发簪的仪式叫"笄"。

△问名：问者访问也，名者名声也。俗曰"探门风"。

△订盟：即男女双方互戴戒指一对为订婚。俗曰结指仪即订婚，又云"过定、文定"。

△纳采：送采花、布料、礼品等物至女方家。

△请期：通常由男方请择日师（一般是算命先生或风水先生），就男女双方八字择一适嫁娶之吉日良辰，即"嫁娶日课"，由媒人送至女家，请其同意所择定之婚期之意。

△结婚：收受聘金缔约婚姻的形式，与实际娶入门不同。

△合帐：做蚊帐。

△嫁娶：择吉日时举行男娶入、女嫁出的迎亲仪式，并进洞房合卺。比"结婚"仪式复杂得多，是举行结婚典礼的日子。

△纳婿：男方入赘女方为婚，与嫁娶同。

△会亲友：新朋聚会或访问亲戚朋友。

△安床：（1）新婚安置新床。男方在结婚之前，将新床依择定的时辰、床位的方向安置新床。（2）有因人事不顺，或不合地理方位，八字五行及久不受胎等，重安新床或重移旧床。（3）迁徙搬床，若有孕妇，宜察看六甲胎神等。古云"新床易安，旧床难移"即有孕妇之情形。

△安和砌："安"即安门、造门、安装门扉。"砌"即门前台阶，安砌即安装敷设门前石阶。

△整容：俗称"挽面"。新娘出嫁前，请人拔新娘脸上的毫毛之礼俗，亦称"开容"。

△留须穿耳：指男子留胡须，女子穿耳洞。

△安灶：即做灶，安装厨房生火器具；修灶，做厨修厨。

△竖旗挂匾：竖立旗杆与悬挂招牌或悬挂各种匾额。

△开市：新店铺开始营业。新厂开工、动工。新公司、商号、各行各业开市、开业、开幕等头一天择吉开张做生意均是。

△立券：订立契约。"立券交易"即订立买卖契约。

△纳财：指商贾置货及购置产业、收租、讨债、收账、五谷入仓及借款。

△修置产业：修建或购置房屋、土地或其他贵重生产资料

△出货财：生意人送出货物营销或放债。

△开渠穿井：开筑水道、穿凿水井。

△修筑破堤：修建堤门堤防，以蓄积水利灌溉田禾之事。

△作陂：做蓄水池。蓄水的地方叫"陂池"。

△做染：染造布帛绸缎等事。

△架马：指建筑场所建立的定架台，亦即起工架马。另指配马鞍亦是。

△定梁：固定梁木。

△竖柱上梁：竖立建筑柱子，安装上屋顶的梁木等。

△修造动土：即新基动土、动土平基、开土动工，建筑时开始动锄头、铁锹。（按："动土"系指阳宅建筑用，而"破土"系指埋葬用的刨坑，不宜混用。）

△起基定磉石：起基，即开始基础工事。定磉即固定石磉，"磉"即柱子底下的石礅。

△归岫：因工作关系须先上梁，而上梁之日又逢凶宿，宜先寄梁；归岫即指寄梁后再上梁固定之工程。

△盖屋合脊：谓盖房顶等工事。

△盖屋泥饰：油漆粉刷盖好的房屋。

△安碓硙磨：安装上磨和舂米的器具。

△开厕井渠：挖尿屎坑建厕所，开凿水井及开筑下水道、水沟等。

△造畜稠栈：建造六畜的住处、家禽的小屋，或建造堆积货物的房舍仓库及筑栈道等。

△畋猎：猎取禽兽，打取猎物。

△教牛马：谓训练牛、马服役。

△破屋坏垣：拆除房屋、围墙等。

△平治道途：把道路铺平。

△出火：火指"香火"，即移动神位炉及祖先牌位炉。

△入宅：即搬家，迁入新宅，新居落成，进神明、进神主等。

△安香：奉请各神明或祖先之香位于堂上供奉。俗称安祖宗位，安神位。

△修饰垣墙：修整围墙、粉刷墙壁。

△补垣塞穴：补修破墙，堵塞蚁穴或其他洞穴。

△祭祀：殷代称年曰祀，祭即动词叩拜之意，一般指祠堂的祭祀，寺庙的祭拜，即祭祖先、拜神明之事。

△祈福酬神：祈求神明降福，许愿或答谢神恩等事。

△求嗣：子孙谓后嗣，即向神佛、送子娘娘祈求添后代子孙。

△开光：神佛雕像供奉上位前之点眼。神佛像雕塑后，择日致礼开眼光而在庙，在空供养上位曰开光点眼。

△塑绘雕刻：雕刻神像、人像及寺庙之绘画及描绘画像、雕像、彩绘神像等事。

△设醮：僧道及地方信徒建道场设坛给人祈福、祈祷平安。

△斋醮：指人死亡择有神佛下降之日辰，为往生之人设坛，请僧道们或牧师诵经祈福祈祷一路光明，早日接引往西方圣地或天堂，俗称"功果"，作功德也。

△整手足甲：指对初生婴儿第一次剪手指甲、脚指甲。

△受戒道牒：接受佛教道教的戒律。

△开生坟：即人尚健在，做"生基"。人未死先找地预作坟墓，称"寿坟""长寿坟"。

△合寿木：制造棺材之谓。

△入殓：将尸体放入棺木之中。

△成除服：成服即穿上丧服。除服即脱去丧服。

△移枢：葬仪时，将棺木移出屋外之事。

△破土：有关修坟、开坟、启攒、埋葬事的破土。非指一般建筑房屋的动土，宜辨明之。

△启攒：开启死者的坟墓。攒者，打开棺木，俗称"拾骨"，需将骨骸整理干净并装罐，再择吉日良辰重新"进金"，亦称"吉葬"。

△行丧：慰问遗族。

△立碑：立纪念碑或立风水坟墓之墓碑也。

△谢土：完成工事后所举行的祭祀典礼，即谢"土地公神"，阴阳宅同。

（野　草）

谢氏讳

　　闽粤赣边界地区，是客家聚居地。客家祖先南迁时，氏族人丁并不兴旺。所以，希望本族人丁兴旺，使本族延续下去。因此，各姓氏都有自己的忌讳。这里说说谢氏的忌讳。

　　在社交中，我们习惯对某人的好心好意表示"感谢"或"十分感谢"等文明礼貌用语。而这对谢姓的人都是忌讳的。"谢"与"谢"同是一个字，"感谢"听起来成了"减谢"，其意竟成了姓谢的人要减少，这是对谢姓氏族大大的不敬，所以，与谢姓的人交往应酬要特别注意口语，要说："多谢"。"多谢"意为姓谢的人丁多多发展，一派兴旺，这样谢姓的人听了才会高兴。

（何安庆）

闽粤赣边界客家人心目中的《春牛图》

　　古代交通不便，信息传递困难，科技落后，人们耕作往往听天由命，靠天吃饭；人畜的健康状况只好听其自然。为了顺应自然，求得康泰平安，人们渴望了解未来一年的物候变化、雨水多寡、人畜疾病流行情况，以便提早筹划，因而适应广大农村农耕生活需要的《春牛图》应运而生。

　　旧时闽粤赣边区客家农村住户，几乎家家户户都有一张贴挂在家中墙上的《春牛图》。这张《春牛图》既有一年360天的阴、阳日月对照，还有24个节气的交界时辰光黑时刻；农家日常生活的"宜""忌"事项等。正中上方印着一张内涵丰富醒目的"春牛图"。《春牛图》画面虽然仅有A3纸大小，简朴无华，却有百科全书般的丰富内容。

　　闽粤赣边区客家人心目中的《春牛图》全称叫"芒神春牛图"，画面上有一头膘肥体壮的大黄牛，站在一边执鞭的农夫被称为"芒神"。"芒神"又称"句芒神"，他原为古代掌管柭木（柭，古读fú。柭木即椎柳，是一种古代的农具）的官吏，后来作为神名。他身高三尺六寸，象征农历一年360天，手中握着的竹鞭长2尺4寸，代表一年的24个节气。《春牛图》上的句芒神没有穿草鞋和裤管高束时，暗示当年雨水丰沛，农民要做好防涝的准备；相反，若芒神双足穿了草鞋，则暗示当年干旱，农民要做好抗旱蓄水的准备，多种耐旱作物，以避凶趋利；若芒神一只脚光着，另一只脚穿了草鞋，则暗示该年的雨水适中，是个好年景，农民要勤奋耕作，勿误农时。如果芒神头上戴着斗笠，暗示该年为天气炎热；如果芒神的斗笠只挂在背上，则暗示该年天气凉爽。若芒神站在牛的左边必逢"阳岁"（地支中的子、寅、辰、午、申、戌）；若站在牛的右边必逢"阴岁"（地支中的丑、卯、巳、未、酉、亥）。若芒神站在牛前，"立春"必在岁前的腊月中旬，表示春天来得早，农事宜早点准备；若芒神立于牛后，"立春"必在年后正月中旬，表示春天来得较迟，可放心过春节；若人、牛并行，"立春"即在春节前后，则时令适中。

　　《春牛图》的左右两边各有四句似诗非诗的"卜辞"，用来推测本地一年的运气，民间称它为"牛郎歌"或"流年歌"。例如1992年《春牛图》上的牛郎歌左边为："壬申流年属水猴，七龙治水雨调源。四牛耕地田间足，二日得辛民丰欢。"右边为："立春适逢元旦会，万象更新指日闲。工农恢复欣远景，农夫高唱太平年。"1999年《春牛图》上的牛郎歌右边为："春雨如油己卯岁，慨叹流年暗然伤。三秋九夏白波漂，谷黍遭灾不成粒。"左边为："淮鲁庶民多瘟疾，吴楚桑麻甚丰盛，若言询问流郎语，前苦后甘是此年。"2008年《春牛图》上的牛郎歌右边为："天运无功理不穷，有功无运也难逢。因何镇日纷纷乱，只为阴阳数不通。"左边为："能使妖魔胆尽摧，身如束帛气如雷。一声震得八方恐，回首相看已成灰。"2021年《春牛图》上的牛郎歌为："春种夏长逢甘雨，秋收冬藏满金仓。才喜吴越桑麻好，又闻荆楚米麦香。"左边为："青青桑叶枝头秀，婷婷蚕娘田野香，人民苏息四季慎，瘴疠逡巡六畜防。"

图中一头膘肥体壮的大黄牛，传说是天神体恤民情，看到人间的农民靠人力拉犁耕地，便让天上仙牛下凡，从此人间便用牛代替人力犁田。为了感谢牛的帮助，客家人还会在仙牛下凡的农历正月初九，让牛休息一天，并给牛灌进用糯米酿制的黄酒和半水桶用大米煮成的夹生米粥，意为给牛补补身子，迎接繁重而紧张的春耕生产，也表达对牛的爱惜和尊重之情。

纵观现存的十几张《春牛图》，都蕴含着客家人对丰收的祈望、幸福的憧憬以及对风调雨顺的祈求。它是闽粤赣边区客家民间最常见的吉祥图案，也是千百年来一直为客家人喜闻乐见，长盛不衰的绘画内容。

回忆《春牛图》上"牛郎歌"对当年气候概况和收成的丰歉，似乎有一些巧合之处。但因为客家人居住分散，分布广袤，对《春牛图》中插入的牛郎歌只是过去经验的总结，未必适合不断变化的形势。社会在前进、科技在发展。年成的丰歉、雨水的盈缺、人畜疾病的流行，长期、中期、短期、即日、即时的天气，《春牛图》内容丰富，是老百姓最朴素的心灵慰藉。

（罗炳星）

邓坑廊桥

巍巍武夷山中南部有一座大坪山，虽然名不见经传，但是在大山东北麓，有一座山村是武平北区四乡有名的、历史悠久的村庄——邓坑村。

它之所以有名是因为村口有一座廊桥。几百年前怎么会在这里建廊桥呢？说来话长，有牛郎歌为证：

狮崖嘴头起廊桥，磜公山上水倒流，嘉靖皇帝出仙道，邓坑村中道观修，顺治年间谢志良，兵焚廊桥及道场。乾隆复修廊桥貌，高家邓家姓名扬。村中庙变回龙庵，儒释道教合供养。世事变迁几百岁，谁人了解个中相。

邓坑村在明朝时期居住了好几户不同姓的人家，在那个时期邓坑村叫大坑头，到清朝初期邓姓人家多了，才慢慢地叫邓坑头。原来的大坪山口有个大天坑，天坑的水流到磜公山成为瀑布。

廊桥的建造

据传，廊桥是由高仙一郎、高廿二郎、马三郎三仙建造的。高仙一郎回到邓坑头，在磜公山建道场。他施展法术，吸引了周围村庄的村民来参拜。百列排的土地和村中的田没有水，只能种耐旱作物，种水稻要到十多里之外的冷水坳背神门口去耕作。如果能使磜公山的水倒流，百列排可以开梯田，村中的地也可以种水稻。但是大坪山流下的水存在深坑深涧，不可能在水源头上作坡开圳。磜公山后面是大坑，所以村子叫大坑头。清澈的山泉只能白白地流失，因此村民央求高仙一郎施展法术让磜公山的水倒流，高仙一郎答应了，决定在大坪山口砌起高磜。他施展法术，让神雕衔来彭山之石，可是神雕衔来的彭山之石到村口就掉下来，堆积成山。据传现在的狮崖嘴上的巉崖怪石，就是那个时候神雕衔来的彭山石。

高仙一郎察看后，认为那里的龙气旺，村中旺气走出，自然不吉利，应该在那里建造廊桥拦住旺气。于是召集村民，群策群力集资，在村口建起了一座廊桥。高仙一郎又叫神雕衔来彭山之石，投放到大坪山口，大坪山起了堰塞湖。堰塞湖时间久了，变成高山瓮湖，后来变成了湖洋田，可以种水稻。从湖口开水圳，在百列排开梯田，灌溉百列排和村中田地，后来都种上了水稻。大坪山堰塞湖的水引流到百列排后，堰塞湖水位下降，也成了水稻田。而到了清朝初期，被反兵谢志良毁掉。

重建廊桥

自廊桥和道场被焚毁以后，村中人口和牲畜多有病疫。有几次乡贤组织村民重建廊桥都没有成功，因为一开始就出事故。经过了近一百年，一直到乾隆中期邓坑出了一位奇人，名叫九日干公，这个九日干的字是这样写的：上面一个旭，下面一个干。这位九日干公说，高仙一郎曾告诉他，道场没有了，道场没有建起来，廊桥就建不起来。因此选择现在的回龙庵建道场，由造纸厂出钱建造，名字叫"回龙观"。乾隆三十六年（1771）由邓发达、邓发昌组织村民筹建廊桥，小坪坑乡贤邓上联、邓昌盛也积极参与。到乾隆四十年乙未（1775）重建竣工，廊桥供奉天后圣母娘娘。

廊桥重建后几十年，邓坑村出现了好几家富户：邓华榜、邓炳开等，小坪坑邓昌盛的儿子邓新富也发了财。做公益事业是有回报的。有人说建廊桥是造风水，这也没错，廊桥是一个村庄的风水景观。入村看水口，作客看笑脸。村庄的水口景观确实不错。邓坑村廊桥狮崖嘴，怪石离奇。倒可看到村中西有礁公山瀑布，南有百丈礁瀑布。登山探泉，处处景色宜人。

廊桥的梁木上用毛笔字记载了廊桥的历史，记载了乾隆四十年乙未岁重建时乡贤的名字，记载了捐钱人的功德名，字迹还十分清晰。前几年重修时字迹没有了，也没有人把它记下来。

（邓益亮　邓一笑）

古代书院概述及崇文书院简介

书院是中国古代民间教育机构。开始只是地方教育组织，由富商、学者自行筹款，于山林僻静之处建学舍，或置学田收租，以充经费。书院最早出现于唐代，正式的教育制度是由朱熹创立的。宋代书院十分发达，出现了如白鹿洞书院、岳麓书院等一大批著名书院。元代书院更为兴盛，专讲程朱理学。明代自从出了东林书院，批评时政，遭当道之忌，受到当政者贬逐，至魏忠贤时，则毁天下书院，书院乃没落。

清兵入关后，起初仍对明代书院有所顾忌，至雍正十一年（1733），才改采鼓励态度，正式明令各省、州、县设书院，书院才再度兴盛。唯明令不论官立私立，皆受政府监督。光绪二十七年（1901）庚子新政，诏令各省书院改为大学堂，各府、州的书院改为中学堂，各县乡的书院改为小学堂。至此，书院退出了历史舞台。但我国香港、台湾地区，尚存书院形式的教育组织。

古代书院教育

书院制度的外传开始于唐代，日本遣唐使从唐朝将该种教育制度带回日本。再后来，书院制度遍及东亚汉文化圈。

书院的设置，一是由中央官府设立，属于收藏、刊刻、整理图书的机构。二是由民间设立，供个人读书治学的地方；也有叫书屋的，如鲁迅笔下的"三味书屋"。清朝时期，地方书院演化为读书人攻读诗书准备科举考试的场所。[①]

---

① 来自民国《武平县志·教育》。

书院设"山长"一人，主持讲学。较大的书院增聘"助教""讲师"，有时还请名儒来院讲学。书院的学生，一类是经童试合格或相当程度的童生；另一类是准备乡试应考的秀才。学习内容以"四书""五经"为主。采用个人自学、集众讲解、个别点化和质疑解难相结合的教学方法。重视指导写作，学生所写的文章和诗赋交山长批阅。书院订有学规，以约束学生修正品行，勤于学业。①

见于史志记载或据当地老人回忆的仅武东镇就有培英书院（川坊）、观成书院（四维）、崇文书院（六甲）、三松书院（陈埔）、鸣冈书院（五坊）、奎文书院（三峙）、崇德书院（袁田）、向阳书院（袁田）、雷公井培英书屋（四维）、大窝里文化学堂（四维）、新文书院（安丰）等11所。其中前三所规模较大，相当于民国时期的高等小学堂。在这些书院就读的主要是准备赴汀州府考取秀才的童生，这类书院创办于清乾隆年间，属民办官助跨地域的书院。而后7所书院，则相当于民国时期的初级小学堂。实际上应称为私塾。这些私塾大致有四种类型：由教师在祠堂庙宇或自己家中设馆，收费招生入学的，称为私塾；由族人出经费聘请教师设馆，免费教育本族子弟的，称族塾；乡绅殷户聘请教师，在家里教育子弟的，称为家塾；由一村或数村热心教育人士张罗馆舍聘请教师，收费招生入学的，称为村塾。每所私塾1个教师，授几个至十几个学生。私塾又分"蒙馆"、"经馆"和两者兼备三种。古代武东的私塾应属"蒙馆""经馆"兼备型，主要教《三字经》《百家姓》《千家诗》《增广贤文》《幼学琼林》《声律启蒙》《朱子治家格言》等读物。稍高一点年级的学生也教"四书""五经"，准备参加科举考试。而袁畲村举人的《一年使用杂字文》（也称《元初一》），则成为武东范围内所有私塾的必读内容，也是闽粤赣边区客家居地私塾的必读内容。

上述私塾也有称义塾、社学的。前者经费来自学田地租或社会捐助，学生免费入学。后者经费由民间慈善人士筹集，入学者可免差役。两者每年均需按规定将师生姓名造册呈报县学正备查。学生学完教材，能背能写，就算启蒙阶段结业，也相当于后来民国时期的初级小学堂毕业。②

武东崇文书院，建于清光绪初年。建院费用由县先贤祠尝产分成加劝募

---

① 参见1993年版《武平县志·教育》。
② 参见1993年版《武平县志·教育》。

所得，属民办官助型较大型书院"规模颇壮，蔚为大观"。①该院初筹建时，由武东六甲片的袁畲（今袁上袁下村）、文光背（今教文村）、六甲（包括已移往他处的角洋、大洋田）、东流坑（即今东兴、张畲村）、上山下山村（即今美和村）的绅商筹资（包括县先贤祠堂产拨款）创建，后在城厢镇的尧禄、东岗村，十方镇的乐畲、高梧村，武东镇的陈埔、黄埔、炉坑村等地的一部分初级书院就读的童蒙馆生员也升入该院就读，办学规模相当于清末时期的跨界高级小学堂。

武东崇文书院建筑群属于六甲片区民居中规模较大者之一。初建于六甲圩桥头。其以上下大厅为主，其中上厅面积一百多平方米，作礼堂或讲堂用。上下厅的侧厢房，作教师职员宿舍用。后厢为半月型建筑，二层楼房有五六个房间，作学生宿舍用。上下厅之间、左右厢房之间、后栋房屋之间广植柏树、桂树等花木。整个建筑群有点类似于客家人的典型围屋。

1913年农历二月，此书院改设荟英学校，1940年改为第三区县立六甲中心学校。校产以庙宇、祠堂附属的田地尝产每年收实谷124石为主，县府补助费每月50元，后增为277元。应设班级四级（后增为六级）。1968年，崇文书院校舍改为武东五七中学六甲分校，后改为六甲中学。直至20世纪90年代末，六甲水库规划拟淹没六甲中学，六甲中学才迁至美和村邹屋，崇文书院建筑群的历史到此终结。

（林善珂）

---

① 参见民国《武平县志·学校》。

林氏家训家规

敬尊长。敬他人之父，人亦敬其父；敬他人之兄，人亦敬其兄。非特名分尊于我者为长，即年齿长于我者，皆长也。有问必答，隔坐随行，未出不敢先，既出不敢后。此所谓敬长之义也。

正心术。为善降之百祥，不善降之百殃。善恶两途任人所行，未有不从心术中得来者哉。

念之善。尊宰相之荣；一念之善，中状元之选，心术不正，不受阳诛，必遭阴谴，岂细故哉！有则改之，无则加勉。

端人品。人品者，立身之攸关也。务正业以禁游荡，近君子以远小人，谨口过以戒讼非，除骄傲以耻妖媚。怀德怀刑乐善不倦，乡党推为端人，父母亦乐有贤子也。

勤读书。天下事利害常相伴，唯读书则有利而无害，不问贵贱、老幼、贫富，读一卷便有一卷之益，读一日便受一日之益，读书固能变化气质而循良善，即恣性愚鲁便不为士，亦觉高人一等。其拾青紫，取荣名，又进一层焉。格言："欲高门第须为善，要好儿孙必读书。"

交朋友。友本取信，莫为滥交。既订金兰之好，当尽友谊之情。在善相劝，有过相规，患难可共。

尊师长。天产栋梁，必需斧凿。师之教子岂异斧凿哉！诗书谁传我，学问谁教我，是非谁正我，功名谁成我，舍师其谁与归？

笃勤俭。读书勤以口诵，种田勤以耕耘，妇女勤以纺织，子弟勤以孝悌。勤乃俭之本，俭乃勤之根，勤俭二字为传家之珍。

（原载武东乡袁下村《林氏新修族谱》、大禾龙坑村《林氏家训家规》）

饶氏祖训十则

一则：孝悌宜敦

孔子云："孝悌为仁之本"；孟子云："人人亲其亲，长其长，而天下平。"可知孝悌为人生之首务。为子者，当思有以服牢不养，尤必体其心志，万一遭人伦之变，亦必善全乎骨肉，毋伤乃父之心。至弟有伯兄，尊曰家长。则当推事亲以事长，使如手如足。敬爱弥周，庶处则为孝于悌弟，出则为一代伟人，各宜凛遵，毋违是训。

二则：宗族宜睦

曾文正公之言曰："宗族于吾固有亲疏，自祖宗视之，则均是子孙，能以祖宗之念为念，自知宗族之宜睦也。乃有不肖者流，或以意见偶乖，顿失宗亲之义，甚至小练细故，借端泄恨，恃其强横，诬善良为奸盗，群起而倾其家。如此浇风，殊堪痛恨。吾族中倘遇此等人儿，合族自当共斥，或约族中正直伸者，送官究治，以借儆强暴，庶不失雍睦之宜焉。"

三则：乡党宜和

窃念此间相接，缓急可恃。家有贫富，概接之以温厚；邻有强弱，皆处之以谦冲。谈言可以解纷，施德不必望报。倘睚眦小忿狎昵缴嫌，一或不诫凌，竟以起因而互相械斗，屈辱公庭，甚至报复相寻，靡有底止，大非安生长子孙之计也。尔其鉴诸。

四则：职业宜专

凡士、农、工、商，各有正业。当思各勤其业，毋得游手好闲，惰其四肢。否则背业而驰，势必入于邪避赌博奸盗，败家破产，无所不至。甚至流于下贱，甘为差役，恬不羞如斯人者，有玷门庭、辱祖先，为吾族中所宜共恶也。宜慎之凛之。

五则：子弟宜课

古者八岁入小学至十五岁。各因其材而归于四民，秀异者入大学而为仕，教之德行。愚谓子弟之成败，关一家之盛衰。人之爱子，尚有力者，务宜延请有品有学之士，隆其礼意，使之当教为孝、悌、忠、信。所读须经孔孟，明父子、君臣、夫妇、昆弟、朋友之节次；读史知历代兴衰，治平措置之方，至科举之业，志在登科发甲，所谓求在外者得之有命是也。

六则：名分宜正

凡上下尊卑、长幼贵贱，各有定分。否则属乱伦。语云：名不正则言不顺，言不顺则事不成。可如分所关断不容苟。吾族中有继嗣者例，宜立贤、立爱而昭穆，务求其合称呼，方不混淆。万一得异姓之子，养为式毅，谱内刊刻一子字，以广推恩之义，是亦为宗族中立权变之方也。

七则：纶纪宜肃

男正位乎外，女正位乎内，男女有别，礼之大经。倘有不顾廉耻、悖理乱伦者，此名教之罪人，族中所不容也。通族查实抹名黜族，永不许载入谱内。第事关名节皂白，务必分明，如有挟嫌而凭空架，热使捏抱不白之冤，不诬罔之罪，律有明条，合族亦所共斥。不肖者知所惩戒矣。

八则：争讼宜息

太平百姓，不登讼庭，便是天堂世界，盖讼事有害无利，要盘缠、要奔走；若造机关又坏心术同，虽万不得已，只宜从直告诉，又要早知回头，不可终讼。切不可听讼师、棍堂教唆，财被人得视，自己当省之省之。

九则：窝匪宜诫

周易曰："比人匪人，不亦伤乎。"晏子曰："群子居九择邻，所以避患也。"可知奸猾浮荡之徒，为非作歹之人，断不宜利其财物窝藏，以干国宪。吾辈不交游手无籍之徒，不断行险侥幸之事。如此，则井里安然，鸡犬无惊，不亦善乎。

十则：邪巫宜禁

夫禁止师巫，律有明条。一切左道惑众，诸辈宜勿令至门。至于妇女识见庸卜，更喜媚神缴福，其惑于邪巫也。尤其自风俗日愈，斋婆、卖婆、跳卜、女相、女戏等穿门入户，人不知禁，以致哄诱费财，甚有犯奸盗者，为害不小，各家须宜预防，杜其往来，以免后悔。

（原载武平陈坑仙人桥《饶氏族谱》）

平民文化的赞歌

——林宝树与《元初一》

　　林宝树，字光阶，清康熙十二年（1673）出生于武平县武东乡袁畲白泥田村一个清贫的农家，9岁时，他走上了他父辈的道路，开始下地劳动，挑起生活的担子。如果没有一件偶然的事触动他，他也许会像他的父辈一样，耕耘稼穑，老死田园。可是，11岁那年，命运却让他走上了另一条道路。

　　和所有孩子一样，他盼来了他的第十一个新年。一起床，父亲就给他一摞请人写好的春联，让他在各个门楣上张贴，他很快完成了任务。拜过年后，他正与一群孩子放鞭炮，忽然，随着家门口的一片哄笑声，他父亲铁青着脸走来，先狠狠地扇了他两记耳光，接着又搂着他呜呜地哭了起来。欢乐的新年被搅乱了，他含着眼泪怔怔地站了许久，怎么也不明白，迎接自己第十一个年头的第一天，竟是两记耳光和父亲的悲恸。母亲告诉他，春联贴错了。唉，父母的房间门口，赫然一对"六畜兴旺猪为首，……"的红联，而那一对"夫妻和睦百年偕好，……"的红联却孝敬了牛爷爷、猪婆婆。迷信的山村人最重视的就是一年的第一天，似乎这一天顺利与否与全家运命悠关，这种希望和寄托的颠倒，给他们全家笼罩了一片阴影，本来欢乐的佳节，却像办丧事的日子一样。

　　从此以后，他和他父亲决心摆脱这种愚昧的境界。付出的代价是惨重的：一弟一妹被卖到了江西，一家更是勒紧了不能再紧的裤腰带。就这样，他还是一个不伦不类的人，在书院里，他是一个用破布包书，从来不进书院饭房的"泥腿子"学生；在田里山上，他又是一个把太阳从东背到西的识文断字的秀才。

　　艰难的十几年过去了，他已长成为一个23岁的小伙子，除了一身好力气外，还满腹经纶。一里之外就是上汀州府的官道，望着上城入府考取功名的骡马轿子，他充满了幻想。

　　机会终于等到了，26岁生日的这一天，族中老人聚在他家，在几碗水酒中作出了对他前程的决策。贫穷的族中人你一斗、我一升地为他拼凑盘缠，族中每年祭祖的积谷也全数端给他。他们把他的赴省赴考看成改变本族面貌的大事——他们恪守着祖先崇尚文化，尊重知识的民族传统。

"光阶中举了！"康熙三十八年（1699）暮秋的一天，消息报来，邻近村镇轰动，他们不相信山沟里真能飞出金凤凰。于是关于光阶中举的传奇应运而生：一说在考场上，光阶答时把一个关键性的字的一点漏了，而阅卷官后来却发现那一点上正好爬了一只黑蚂蚁，这不是天意吗？另一说光阶曾祖有一块好坟场，曾对他的五个儿子说，谁先谢世谁就先葬这块坟地，以免争执，几个月后，光阶的父亲刚满周岁，三十挂零的祖父就吞断肠草占了这块坟场。

"那是一块出状元郎的好坟地啊！可惜后面露了龙骨（瀑布），只出了一个举人"，人们纷纷惋惜："这都是命啊？"千百年来，古老山村的人们有谁把握过自己的命运？因此他们宁可相信命运的赐予，而不相信发奋和自强。关于这一点，光阶先生在他的自撰墓志铭里解释得很清楚："寒窗稼穑之苦，兼于一身，十二年发奋，何曾懈怠？……"

同年，吏部任命他为海城县（一说海澄）知县。关于他赴任与否，有两种说法，他的故乡老人们是这样回忆的：1699年，他带着一个近房侄儿（为了让他在任上读书）走马上任。康熙年间，这个所谓的"盛世"时期，实际是腐朽的中国封建统治行将就木前的回光返照，正如《红楼梦》《儒林外史》中展现的那样，清王朝正病入膏肓，政治黑暗，吏治腐败。使怀着满腔报效国家和民族的他理想破灭了。接着，他又接连几次在审案中得罪了海澄县护官符上的几个大家族，因而连遭攻讦。不肯低头的他，一气之下，摔掉了乌纱帽，从陶渊明的出世哲学里找到了归宿。两袖清风。只当了三个月知县的他，在1700年春，归隐田园了。《武平县志》却认为，当时林宝树授海城县知县职，因路遥（海城在东北奉天，今辽宁省）未赴。（县志此说亦据民间采访）

虽然赴任与否二说相左，但共同的一点是，他曾长期赋闲乡里。光绪年间的《元初一》刻本跋作者隐山悟机氏作《梁峰公行略》称："梁峰林公……晚年居家，手不释卷，深沉涵养，道味盎然，游优自得。然有难以言语形容者……"所谓"有难以言语形容者"，他的故乡老人是这样回忆的：赋闲乡里期间，先生靠举子的微薄俸禄生活，在乡里，他没有与文人骚客饮酒赋诗的雅兴，他觉得自己辜负了父老乡亲们的厚望重托，既没有为振邦报国出力，也没有为故里博取荣耀，又不能为那些"悄悄地来，悄悄地去"的乡亲鸣不平。他觉得自己欠了许多良心债、责任债，经常思图一报乡亲们的升斗之恩。于是，他开始以自己微薄的力量为乡人服务：为穷人诉讼提供免费文墨；为红白喜庆司礼；为穷人抄写文契字据和计算往来账目；包揽一年一度四乡八村的大字春联等。

在上述服务中，再加上几十年乡居生活的体会和感受，他深深感到，占农村人口95%以上的农民群众，读书机会甚少或根本没有读书的机会，他们与那些"子曰诗云"的读物无缘，纵使读了几句古书，在实际生活中也无法运用。于是改"子曰诗云"之弊端、开"乡俗文化"之先河（墓志铭）的尝试，成为他的抱负。他开始酝酿写作能为普通群众接受且能在日常劳动生活中广泛应用的通俗读物和工具书。这就是《元初一》的创作动机和肇始。雍正初年（1730年以前），《元初一》小册子刻本开始流行（最早的刻本是雍正七年本。成书及在武平武东一带流传，时名《一年使用杂字文》。1734年，先生告别尘世，享年59岁。

在中华人民共和国成立前的200多年中，《元初一》不胫而走，已经广泛流传于客家居地的福建旧汀州八属：广东梅江、韩江流域；江西会昌、寻乌、安远各地。受益于它的人民逾500万人。关于这本小册子的价值，拟从五个方面略述于下，以示其概。

首先，《元初一》是作为一本闽粤赣客家方言地区的通俗启蒙读物而存在的。由于它通篇述事立足于下层劳动群众的喜怒哀乐和人们熟悉的农耕风俗，语音上采用客家方言口语，并采取韵文形式，读起来朗朗上口，易读易记。因此它能在广大人民群众中扎根，为广大人民群众所喜闻乐见，这也决定了它持久的生命力。新中国成立前的200多年，闽粤赣客家的许多舍学私塾把这本小册子连同《三字经》一起作为入学儿童的启蒙读物。与《三字经》相比，它给予幼童的启发更为生动具体。因为童稚对自己周围熟悉事物的理解远比古时的三皇五帝要容易得多。作为启蒙读物，它最重要的社会作用是为那些没有机会读书的广大农村青年提供了识字读书、熟悉农村事务和风俗习惯的教科书。客家地区曾经流传着这样的称颂："可失千两金，莫失杂字文"，"一年十二月，行事不需问"。直到今天，还有许多农村的中老年人能记忆背诵，甚至还有人辗转传抄。由此我们可以看出它的人民性。二百多年来，多少破蒙的童稚，得到它的启迪，多少与"子曰诗云"无缘的农村青少年，因为有了它而享受了文化的教益和熏陶。它对客家地区的乡土文化、文明的传播和普及起了重要作用。

其次，《元初一》是一本客家方言的通用工具书，全篇共4800余字，所收单字近三千，其所收单字，均为农村应用文常用字。而它的七言白话押韵形式，使人易记易诵。人们能通过通俗易懂的字句悟出其含义。笔者的家乡便有许多中老年男性，他们青年时代之所以能奇迹般地无师自通，自己给自己扫盲，究其奥秘，正是《元初一》这部工具书发挥了它的特殊作用。

再次，《元初一》向我们展示了200多年前闽粤赣客家地区生动的风俗画卷。风俗方面，它概括地叙述了闽粤赣客家地区的葬丧哀悼、婚嫁喜庆、盛大节日一应仪式，特别提到了当地人民的群众性文化娱乐形式有船灯、马灯、龙灯、扇灯（今已失传）、秧歌舞、木偶戏、花鼓戏、舞狮等。而民间的体育活动则有拍棉球（今已失传）、踢球子等。宗教信仰方面，它客观地反映了我国古代人民对自然灾害无可奈何地有"病"乱投医，于是创造了许多佛、菩萨的偶像，上至伏羲、神农、黄帝，下至掌苗使者五谷神、雷公、电母、风伯、雨师，乃至田头地坎的土地神杨大伯公等。此外还介绍了四季祭祀仪式，对风水算命卜卦的迷信风俗。作为儒学后人，林宝树对这些迷信是采取批评态度的："又有算命哄人钱，五星盘子及流年，探知人病来送煞，弄得人家颠倒颠。"教育方面，他把知识和读书列为"世间第一"，虽然不免有读书做官的迂腐思想，但它主张为学的原则要"温熟书""分明章句"，切勿"打乔口"。读书，要注意启蒙阶段的基本训练，"合本纸库学写字，捉笔填红上大人，直落横画并点子，端端正正分均匀"。至于经馆大书堂学习，则强调听讲、思考、复习三个环节，"上午讲书下昼想，更深夜静读文章"。农耕方面，它把一年二十四节气所应操作的农事介绍得非常详尽，诸如什么时候下种，什么时候耕种施肥，什么时候收成，农耕应用的各种农具名称、用途，甚至什么品种适宜什么土壤，是直播还是插插，都一一写明："南安早赤甲迟禾，蚁公包子掂者多，又有黄早野猪糯，栽在塘中种在窝。"思想修养方面，它劝告戒除赌博恶习，表旌妇德。此外，当时的商业贸易，各类手工业生产状况也得到反映："织布师傅又如何，脚踏楠机手抛梭"。《元初一》在风俗习惯的描写中，充满了对劳动人民勤劳刻苦的歌颂、悲惨生活的同情，也隐约表述了对地主阶级"为富不仁"的控诉，"穷人籴米来过年，富人封仓不粜谷"。

复次，中国汉族文化中，书面语与口头语的分离，几乎有上千年的历史，这种状况给文化的普及和发展设置了许多障碍。20世纪初，陈独秀、胡适、鲁迅等提倡和推行白话文运动，这方面的障碍始渐消除。从此，汉语书面语与口头语又趋结合，为中国汉文化的普及和发展开辟了道路。白话文运动，是提倡平民文化、主张以白话写文章为核心的，从这个角度看，我们可以说《元初一》是白话文运动的先驱。它是用客家方言写作的第一部白话读物，是200多年前平民文化的典范，它之所以能影响如此深远，白话形式也是个重要原因。

最后，谈谈《元初一》的文学价值。工具书通常是比较呆板枯燥的，但

《元初一》别具一格，它具有浓厚的文学色彩，不仅把几千个常用字艺术地包含在农耕习俗和日常生活的叙述中，而且以极其生动的语言、刻画细致的描写、精练概括的叙述、朗朗上口的对仗押韵，表现出了较高的文学价值。请看一段："又有一种坏妇道，舌尖嘴长牙齿老。忤逆家官并家娘，惯斗叔婆伯媄嫂。门前敲脚手撑腰，行路摇头又折脑。食茶单想酒娘糟，油膏只顾自家饱。头发垂到嘴唇边，出入人嫌人耻笑。不锁门户过别家，恰似黄婆骂街道。懒尸惰骨害人妈，万金家门败得了。"一个懒泼刁钻的缺德妇人，栩栩如生，跃然纸上（请不要以为这是"唯女子与小人难养"的布道，因为它已旌表过妇女的美德，这只是一种比较教育）。再请看："笙箫笛子同吹起，弹琴唱曲两相和。风流浪子台上跳，花鼓双双两公婆。"只四句话，便令人心驰神往于朴实敦厚的农村节日的文化娱乐生活。《元初一》的文学艺术光彩，也是它之所以能够深入人心、广泛流传并具有持久生命力的原因。

当然，作为封建时代成书的读物，由于时代的局限，《元初一》也有许多陈旧落后的内容。但这些封建糟粕属于次要方面，限于篇幅，不一一赘述。

光阶先生原有著述颇多，除了《元初一）外，还著有《梁峰诗文集》《四书大全摘录》（又名《学庸摘抄》），其中《灵洞石赋》还被列为《汀州府志》的《艺文》卷，被全篇录载。

（林善珂）

武平和古越人、古越语简说

武平县最近很重视对"南海国"的考证，认为武平与历史记载的"南海国"可能有密切关系。

从极有限的地下发掘遗物和比较可靠的文献资料推测，武平县在唐朝以前，总的来说是人烟稀少、山林茂密、交通不便、经济落后的地方。根据人类学家林惠祥先生的研究，1937年他们在武平发掘的有段石锛、石铲、曲折纹陶等，是相当于北方夏朝时期以前的新石器时代的遗物，与台、闽、粤、赣、浙以及东南亚的文化比较接近，共同构成了中国东南区到东南亚及其邻近地区共同的地域文化传统。从人种来说属于与马来人同源的古越人。

据《武平县志》（清康熙三十八年重纂）：

> 《禹贡》为扬州之域。《周·职方》为七闽地。秦属闽中郡。汉属闽南地（应为闽越国）。三国吴属建安郡。晋太康三年为新罗县地。唐天宝元年为龙岩县地。

在唐朝以前，武平应属于自然发展的时期，难以找到历史上准确翔实的记载。有人认为武平曾经是南海王的辖地（参见《汀州府志》）。《汉书》上说，汉高祖十二年（前195）曾封织为南海王。《汉书》卷44《淮南王传》载丞相张苍等劾刘长云："南海民处庐江界中者反，淮南吏卒击之。"又说："南海王织上书献璧帛皇帝。"历史学家根据这段仅有的记载进行分析认为，这位南海王的封地在庐江郡之南，与庐江相邻或相近，介于汉、南越、闽越之间，大致在今江西中南部至福建汀、漳和广东潮、汕一带，也是越人的一支。具体的区划今天已经难以考证了。晋永嘉之乱后汉人南迁的第一次高潮，只有一小部分到达古江西北部。只是在安史之乱以后，由于黄巢起义军在江西境内的活动，逼使部分移民进入闽粤赣交界地区，这里的人口有了一定的增加，政治经济文化也有了一定的发展，从而有了新罗（汀州）这样的建置。

武平县的疆域和建置在唐朝以后才有了比较清楚的记载。在唐朝，武平就是新罗县或汀州（临汀郡）的一部分。据《长汀县志卷一·地理志·建置疆域沿革表》（丘复原纂，邓光瀛复纂，廖狄甫增补）记载，长汀县在唐大历四年（769）以后为州治。开元二十四年（736）开福抚二州山峒，与州同时置。《清一统志》云：

> 唐初复置新罗县，后徙漳州界，误。县境东及东南兼有清流半县、连城全县之地。南及西南兼有上杭半县、武平全县之地。东界沙县。东南界龙岩。南界上杭场。西南界广东海阳程乡。西界江西雩都。西北界江西虔州。东北界宁化。

到了北宋太宗淳化五年，割长汀县南境并上杭场为上杭县。同时割县西南境，升武平场为武平县。从此以后，才有了武平县。

林惠祥先生对武平的考古和历史学家的研究表明，武平原来是古越族居住的地方；武平当地的原住民是古代越族人。

从客家方言的一个点（武平话）上出发，通过对武平和古越族历史关系的探讨，对一些怀疑是壮侗语（其祖语即是古越语）的词进行推敲，通过与古汉语、壮侗语比较，参照有关的依据，能够找到武平客家话中的古越语的遗存。举例如下。

（1）马荠（荸荠）：据周振鹤、游汝杰《方言与中国文化》[1]，广州话把"荸荠"称为"马蹄"。"马蹄"是古台语的底层遗存，意思是"地下的果子"。"马"是台语中表示水果的类名，一般放在前面。"蹄"是"地"的意思，合起来就是"地下的果子"。ma（马）是台语中称果子或果子的大名的词，"荠"则是汉语的成分，可以说是台语加汉语的珠联璧合。

（2）打帮（互相帮助或依托）：壮语中，表示动作的动词有的能加词头 $to_{42}-$ 或 $ta_{55}-$，分别表示互相或泛指的意思，例如：$to_{42}dei_{42}$ 表示相好，（相互）好；$to_{42}pa$：η_{42} 表示互相，相帮；$to_{42}to$：t_{55} 表示（禽类）相斗，相啄；$ta_{55}ka$：i_{24} 表示卖；等等。武平话的"打帮"的"打"，可能来源于壮语的 to_{42} 或 ta_{55}。

（3）依呀 [$i_{452}ia$]（指称母亲）：可能是由"姐"演变而来的。《说文女部》："姐，蜀人谓母曰姐，淮南谓之社。"《说文解字段注》："姐，方言也，其字当蜀人所制。"在武平话中，"姐"用于指称祖母、外祖母；对母亲当面称谓则多用"依呀"。"依呀"可能是由"姐"的语言内部屈折而演变来的。武平话中，称祖母为"娭姐"，外祖母为"外娭姐"。也用于尊称年老的妇女："老娭姐，还极健啊？"

《现代汉语词典》写作"娭毑"，有两个义项：祖母；尊称年老的妇女。

---

① 上海人民出版社，1986。

李永明《衡阳方言》[①]，"娭毑"指称母亲。

陆宗达先生在《说文解字通论》[②]中指出，姐与祖、社属于转注，是由方音的差异而分化为三个词三个字的。姐、祖、社是同源词。

由此可知，"姐"或"毑"原是指称母亲的。衡阳方言保留了原来的用法。武平话用为指称祖母，当是从原来的意义转移过来的。

今壮侗语叫母亲多为 ja_{31} 或 ia_{31}。究竟是汉语向古越语借用了"姐"，还是古越语向汉语借用了 ja_{31} 或 ia_{31}，还有待于考证。

（4）牛栏 $[\eta\varepsilon_{22}la\eta]$：栏（1an），在壮侗语中是房子或杆栏式高脚屋的下层（养牛用，如傣族）。

（5）象洞 $[tshio\eta_{42}thu\eta_{42}]$：洞，又写作峒、峝，在壮侗语中是"山间盆地"的意思，常常用作地名。

其中，例（1）是以语素（马）的形式保留在武平话中；例（2）是以语素（打）的形式保留在武平话中；例（3）只能说与壮侗语密切相关，还不敢说是由古越语演变而来。例（4）是以语素（栏）的形式保留在武平话中；例（5）是以词（洞）的形式保留在武平话中。以上例子至少说明古越语以各种不同的形式保存在武平话中。

从历史考古和语言的情况来看，武平的确与古越族有着密切的关系。但是，历史事件、人口迁移、天灾人祸等间接因素，给我们梳理武平人、武平话和古越人、古越语之间的关系增大了难度。比如我们可以说古越语以各种不同的形式保存在武平话中，却不敢说今天的武平话是由古代越语逐渐发展而来的。古越语保存在客家方言、闽方言、吴方言等南方方言中；古越族也分成闽越、吴越等各种不同的越族。"南海国"与闽、粤、赣地区都有关系。对这些因素我们必须进行认真的思考，才能得出比较符合历史事实的结论。

（林清书）

---

① 湖南人民出版社，1986。
② 北京出版社，1981。

明代民俗文化遗风在武所

明洪武十六年（1383）贾辅奉调汀州西南重地武所。率领十八将军，兵士1100人，镇守汀州西南边陲。贾辅是朱元璋在江西与陈友谅决战鄱阳湖时的救驾恩人，因此皇上任命贾辅为武平千户所首任正千户（世袭）。明王朝对他特别赏识、优待、信任。武所素有"小京城"之称。

由于明朝军队的下级军官实行世袭制，又可落籍为民，实行屯田。所以将士们更加忠于主子，为统治阶级歌功颂德。自明始600多年来，在一个弹丸小镇上，仍然保持着明代民俗文化遗风。举例如下。

（1）来所的常备军将士及其家族独自形成一种语言，叫军家话，在百姓聚居的武所（中山）杂居不乱，600多年来相传不衰。

（2）在一个小镇上建造有两座皇帝庙。一为朱天子庙（朱元璋），二为真武祖师庙（永乐皇帝）。在老城西山岗（旧时叫来龙上中下三坊），为明初大将常遇春、徐达（功臣）、胡大海建立三座庙宇。庙曰赤沙庙、中沙庙、洪沙庙。

（3）独钟闹花灯。每年元宵节前后闹花灯为期七天（正月十三开灯，十九下灯）。武所十三庙，庙庙闹花灯。满城呈现着元宵佳节的热闹气氛。入夜千家万户，灯火辉煌，一派升平气象，沿袭至今。中山有句谚语："有聊（玩）无聊，聊到灯了；有食无食，食到正月二十。"

（4）大演木偶戏。元宵节开灯时演《八仙》《永乐观灯》《郭子仪拜寿》，下灯时演《狮子进城》《瞎子观灯》《化子入城》。这些戏文谐意来年风调雨顺，国泰民安。

（5）军家独特的婚俗。娶亲时，当新娘被牵出闺房到厅堂中央时坐在椅子上。椅子前放把斗（量器），斗的中间点亮一盏油灯，斗面上盖着米筛。新娘的双脚轻轻地踏在米筛上。父母给她换上出嫁新衣装、穿绣鞋、着红袜在习俗上认为此女出嫁后就有千里眼护身，一切都会吉祥如意，夫妻和好，百子千孙。新娘到了新郎家门前，要坐在大爬篮内放的太师椅上，等候吉时入门。其意表示坐在八卦中央，到了夫家团团圆圆、事事吉利、白头偕老。新娘进门前，夫家大门关闭，进行出煞。出煞时将大门打开，一人左手持菜刀，右手抓公鸡，口念《出煞歌》，燃放鞭炮，把鸡杀死扔出门外。这样就表示把凶神恶煞驱除精光。象征新娘娶进来了，全家祥和，夫妻恩爱，早生贵子。这些风俗沿用至今。

（6）春节期间，有舞狮、舞龙、吹十番、打船灯、烧花（烟花），其中有两首小调，内容是歌颂安徽凤阳的（因为明朝时朱元璋、贾辅均是凤阳人）。一是凤阳花鼓，二是赣州花鼓，今在中山民间还在流传着。歌词抄录于后，以飨读者。

凤阳花鼓

男：说凤阳，道凤阳，凤阳本是好地方，自从寇贼来到后，地方百姓真遭殃。
女：你打鼓，我打锣，敲锣打鼓唱起歌，一篙点水千层浪，一歌唱出万人和。
男：凤阳花鼓凤阳锣，朝朝音乐夜夜歌，在家能知天下事，寂寞仙境不如我。
女：打响鼓，敲起锣，良宵美景为什么？风调雨顺万民安，皇恩浩荡记心窝。
合：你打鼓，我打锣，我们来唱丰收歌，丰收歌声传四海，万民欢笑乐悠悠。

赣州花鼓

〈一〉

赣州十县九条河，

也有一条透博罗，

博罗透到凤阳府，

凤阳府内花鼓多。

哎哟 花鼓多。

〈二〉

赣州十县九条河，

也有鸳鸯也有鹅，

也有人家养老女，

也有单身无老婆。

〈三〉

赣州十县九条河，

铜盆打水养田螺。

田螺不吃铜盆水，

打烂铜盆走江湖。

哎哟 走江湖。

〈四〉

赣州十县九条河，

也有一条透广东，

广东出有好东西，

南京出有好铜锣，

　哎哟　好铜锣。

〈五〉

赣州十县九条河，

个个花鼓闹哩哩，

有钱打得花锣鼓，

无钱莫向鼓边企。

　哎哟　鼓边企。

〈六〉

赣州十县十八滩，

滩滩也有紫金山，

紫金山上多景致，

缺少芙蓉配牡丹。

　哎哟　配牡丹。

（华　子　明　心）

"泰山石敢当"之来历

　　我县民房的墙壁上，每每可见"泰山石敢当"的字牌，这是什么意思呢？

　　据考，"石敢当"最早见于文字记载的是西汉史游（汉元帝时为黄门令，其职为待从，传达皇帝的诏命）所著《急就章》一书，中有"师猛虎，石敢当，所不侵，龙未央"等句。"石敢当"较早见于刻石的，是唐代宗大历五年（770）在福建兴化军衙内发现的"石敢当"刻石，其铭文曰："镇百鬼，压灾殃，官吏福，百姓康。"由此可见，"石敢当"被视为"镇邪消灾纳福保安康"的灵物。

　　那么"石敢当"为何会被古人视为灵物呢？原来，古代穴居的人类，把石跟洞相连在一起。因为有的住在天然的石洞里，有的住在由石头垒成的石洞中，以免受自然界的种种侵犯，并运用小石块制成石器，用以打击动物、击落木果等，获得赖以生存的食物。石，便成了人类生活的主要武器。然而这石又往往给人类带来灾难，如山崩石滚、洞石崩塌，陨石落下，等等。于是古人类便把石视为灵物，由此产生敬畏的心理，进而使之成为群体上的崇拜物（图腾崇拜）。在历史的发展中，人们对石又编造了许多离奇曲折的故事。如"女娲炼石补天""精卫衔石填海"等，更增添了石的神话色彩。人们从单纯的敬畏崇拜，变为宗教上的偶像迷信，认为写上"石敢当"字牌，钉挂在住房墙壁上，它就能够帮助人们"除煞祛邪、消灾纳福"。

　　那么，后人为什么要写成"泰山石敢当"呢？这是因为泰山自战国至汉代乃是君主封禅圣地，泰山是五岳之首。泰山之石当更不同于一般石头。人们在"石敢当"之前加上"泰山"两字，就更提高了它的威灵。

　　由此看来，"泰山石敢当"，是从原始社会的图腾拜石而来，后为民间奉为"镇邪消灾纳福保安康"的灵物。这虽纯属迷信，但也能起到认识历史长河的一点小路标的作用。

（王增能）

新中国成立前武平群众兴办的几项公益事业

武平县广大人民群众在旧社会虽历经变乱，生活困难，但对于各种有益于民众的善举，不少人本着"为善最乐"的思想，积极为公益事业忘我地劳动。而且当时在群众中"助人为乐"的风气普遍存在，一经有人倡议，有钱出钱，有力出力，共襄善举，如建造茶亭，设置茶缸、路灯，修桥，铺路，施药，舍粥等公益事业，许多人悉心以赴，尽力而为。此一优良传统，历千百年在群众中相沿而不衰。

这些善举，都是群众自发自愿承担经费、劳力、物资，包干完成。兹将当时公益事业略述如次。

（一）茶亭

武平县毗邻广东、江西，与粤赣人民来往频繁，尤以经营商业者为多。民国前期下坝为武平县商业窗口，赣南人民往下坝肩挑食盐者日达千余人，县城人民肩运大米、米粉、草纸、大豆等土特产往下坝者日达数百担。及至民国后期，开辟有蕉武公路、杭武公路，武平商业窗口逐渐转移至岩前，但因往来车辆甚少，且俱属烂壳车，当时货运仍以肩挑为主。

长途肩运货物与长途跋涉旅行，在风霜雨雪、烈日下行走，其劳累困乏，实不堪言。幸而这几条交通线上，群众建有不少茶亭，供人休憩，而且多数茶亭有人卖茶，还备有糕点、糖果、米粄、鲜果等食品，以备行人充饥解渴。在茶亭里的驻足行客，稍坐片刻，喝几杯茶，吃些糕点，谈笑风生，疲劳稍解。在休憩之时，往往有人在茶亭壁上用木炭或粉笔题上山歌抒发幽情，兹录两首如下。

其　一

牧牛郎子赶阵归，戴顶笠麻被风吹；
捡得笠麻牛又走，赶得牛哩伴又归。

其　二

送哥送到五里亭，再送五里难舍情；
再送五里情难舍，十分难舍有情人。

当时所建茶亭，非公款所建，全由热心于公益事业者所创建。他们看到某地交通要道，山高路远，或两村镇相隔甚远，往来行人无歇脚之地，认为兴建茶亭实有必要，于是热心人士提出倡议建亭。一呼百应，有钱者出钱，无钱者献瓦、献砖、献石灰、献桁桷，无料可献者献工，集腋成裘，众擎易举，建亭事业很快竣工。武平县的官道上（即石砌路）建有茶亭数座，一般相隔五里至十里。茶亭墙壁镶上石刻纪念碑，将建亭缘起及乐捐人名刻于碑上，以资鼓励，并留纪念。

（二）桥会

武平县较大的河道有两条，一条为平川河，另一条为小澜河，这两条河的支流贯穿全县六个乡镇。春夏之交常淫雨绵绵，夏秋之时多台风暴雨，洪水猛涨，桥梁常被冲毁，若无人管理，就不能及时修复，影响行人来往及生产生活。因此，当地热心人士发起组织桥会，由理事会出面向各方筹集资金，及时进行修理，或改建木桥为石板桥、石拱桥、屋桥（即荫桥）。如修理费尚有节余则充桥会基金，全部购置田产，若连年桥无破损，不需修，则将连年所收租谷出售，所得谷款添置田产，扩充基金。

当时建桥用公款者闻所未闻，皆由独资或数人集资所建，如县城东门外的翔凤石拱桥（即东门大桥），清光绪三年（1877）毁于洪水，十三年（1887）为邑绅钟传益募集款项重建；城东的马鞍石桥，系邑绅多人募建，绅耆陈仲英记有此事；县南十五里之盈科桥，为邑人钟孝出资所建，后来被山洪冲坏，由其后裔拨祖尝款修复；城北之东安桥属屋桥，乃岁贡李仑率族人所建，此桥屋高敞，迭废迭修，皆由城北李氏族人修葺。

武平县桥类中荫桥极为壮观，既可跨桥行走，又可休息纳凉。其中，中赤河的"万成桥"，跨河面积较宽，木料结构复杂，桥墩用条石砌成，桥面用数百根硕大长条杉木架设而成，桥面两侧竖立木柱十余对，用桁桷砖瓦铺设长桥屋顶，桥面用鹅卵石砌成，桥中间的两旁设有神龛，安奉神像。人在桥上行走，如履平地。惜于数年前被特大洪水冲毁。另一处是东留乡大阳村的大阳桥，其亦是盖有屋瓦的荫桥，结构亦极美观，暑天不少农民在此纳凉聊天。该桥有一副对联："大块文章浮水面，阳春烟景锁桥头"，是从李白《春夜宴桃李园序》文中摘取"阳春召我以烟景，大块假我以文章"二句化作而成，十分恰切、工整。

（三）茶缸会

茶缸会是由热心公益事业者发起而成立的，会金由会友凑集，并将全部会金购置田产，田产收租由理事会推举一人经管或轮流管理，翌年初夏起将所收租谷作为当年正式施茶与转席之用。煎茶时间一般从立夏开始至秋分为止，一般有四个多月（农历四月初八日至八月十五日止）。

将近夏至时，会召开一次理事会。经管人员向理事会报告去年收入租谷情况，并议定租谷价值折成现金，估计煎茶所需茶缸（桶）、茶叶、饮茶用具及柴火等所需费用若干，设置茶缸地点，推举会友一人负责办理施茶工作。

茶缸会是永久性质的，会籍是可继承的，不会停办。茶缸设置地点大都选定行人往来较多的通衢处。据笔者所知，附城设置茶缸的地点有：东门大桥樟树婆太庙门口，米行街天元店门口的汲香亭，这两处茶缸是由富户王纪堂设置的；南门城门口左侧长条石上，南门外甘露亭前面的大荷树头下的石板上，西门外三大夫人庙前的凉亭下，这三处茶缸是桥会设置的。北门因地处偏僻，来往行人不多，未闻置有茶缺。

有不少乡村的茶亭内，若有人卖茶点者，其也置有一口茶缸放在茶亭口，把粗茶叶放入开水里煎煮，倒入茶缸，冲入冷泉水，谓之"阴阳汤"，方便来往贫苦行人饮用。

（四）路会

新中国成立前武平县的主要道路属于官道，俗称石砌路，或鹅卵石路，路基稳固，结构简单。取用河里的鹅卵石在路面上密密麻麻地铺设，鹅卵石的隙缝间有黄泥沙粒。上坡地面则用大的鹅卵石或石块为阶唇，阶内有小的鹅卵石，石下铺有黄泥粗砂，亦极坚固。但如遇山岗崩塌，掩盖路面，或山洪暴发冲毁路面，修复工程较大者，由当地热心公益事业的人士发起组织路会，筹集资金，并发动群众，立即进行修复。如七坊村的路会便充分发挥了路会的作用。七坊村的东门坝人口稠密，地势较低，且靠近河岸，每遇下大雨时，河水猛涨，河岸道路常被冲塌。这里有一个路会组织，他们不辞辛劳，马上召开修堤会议，发动群众献工修理，河岸道路很快就可修好，恢复交通，便利行人。

（五）路灯

民国初期，武平县农民夜间行路全靠火把照明，其火把原料有两种：一为老松树碎片（含松油多的）装在铁线罩上点火，提着往前行走；二为竹支篾片，将其放入水里浸数日，取出晒干，用手擎着点火行走。这两种火把不怕风吹和细雨。为官的用灯笼。士绅富商则用手提茶油灯，后来商店有保险灯出售的时候改用保险灯。

城关地区人口众多，多数人夜间行路没有照明工具，没有乡下农民使用的松树片、篾竹片等自然资源，且城关大小道路纵横交错，房屋鳞次栉比，大小巷口甚多，如无照明灯火，容易失足跌倒。为方便夜间行路的人，城关热心公益事业的人组织起天灯会，筹集资金在三岔路口及河堤岸边建起天灯，方便夜间行路的人。

天灯的形式有石天灯、砖瓦砌成的天灯、装有玻璃罩挂在木柱上或墙上。城关装有天灯十多处，灯油俱用茶油（当时没有花生油）由会友轮流点灯，每人一周或半月，从不间断。群众认为设有天灯就有天灯菩萨在那里主宰，所以有的人在孩子出生后以天灯含义而命名，如光明生、天佑生、天保生、天长生等，并将名字写在红纸条上贴在天灯的旁边，祈祷孩子长命富贵。

（六）施药

疾病多，药也多，百病就有百药医，群众多以草药救治。尤其居乡之人，发生疾病要到城内就医购药，路途遥远，十分艰难。如遇急病，必须争分夺秒医治，才能转危为安。武平县山村农民认识草药的人很多，对于什么疾病用什么草药积累了很多经验。特别是农妇，在田间耕作或上山割草时见有草药随即采来晾干，邻里发生疾病时，就能立刻送药疗治。很多草药，不用花钱而疗效显著。乡村农民的施药精神，都出于仁爱之心，很值得我们学习。

武平县地处山区，多数人常年劳动于山里田中，常有撞伤、跌伤、摔伤、压伤等事故发生，有时劳动过度成为暗伤者，若不及时治疗，日久成为痼疾，会痛苦终生。

城北前清时有一位李翰才先生，得一伤科良方，药物便宜，不收分文施药于人。民国时期传予其子李宝林先生，他更广为施送。他住所偏僻，为便于群众取药，将每服药包好送交其侄李金声店里代为施送，方便病人。后来李宝林先生传给儿子李金蟾（已故）、李金亮，直到现在仍然将此伤药施送于人，三代人都施药，实不多见，可谓"难能可贵"。

前几天，笔者拜访李金亮先生，问及伤药处方事，他将秘方给我看，并愿将祖传秘方公之于世，使伤病人服用此药，早日恢复健康。兹将该方抄录于后：

木香、归尾、丁香、大茴香、小茴香、牛七、川芎、制川乌、细辛、桂枝、红花、制乳香。上述诸药各重三钱，制草乌四钱，七厘丹①六两共研细末。

上述各药按十六两的老秤计算，今可按比例折成克。服用方法：内服：每次服量一克半，勿多量，用黄酒送服。吃下不久，即会呕吐（反应）。若频频呕吐，则用鸡蛋三四个煮汤服之，即愈。外用：因伤出血，用盐开水洗净伤口，血止后，将药末敷上，伤口就会结痂痊愈。若伤口红肿，皮下出现淤血者，用老姜打碎布包或将姜切开蘸药末频搽患部。

（七）施粥

新中国成立前，每年四五月间正是青黄不接之时，奸商们趁机囤积居奇，富人大放高利贷，穷人为了生活，常常被迫典卖田屋，卖儿鬻女，以免饿死。此时贫苦农民，死于沟壑者，不可胜数，其惨状实不忍睹！当此之时，群众中亦不乏仁人君子，慨然伸出同情之手，首先捐献若干大米倡议施粥，并邀集乐善好施之人向城关地区殷商富户募捐钱米。待捐献工作告一段落后，即推举人员负责办理施舍事宜。并贴出告示，自某月某日中午起在某处开始施粥。到了那天中午，穷人们自备大碗、竹筷携男带女奔向施粥处，由施粥人员一勺一勺地舀到他们的大碗里，虽然没有菜，只放少量油盐调味，饥民已相当满意。

施粥期每年一个半月左右。城关地区的施粥处设在东门大桥的文昌宫内（即今总工会址），或在东边钟屋祠堂内（即今百货大楼一带），如遇吃粥的人员较多时，则两处同一时间施粥，不致拥挤。

施粥虽是杯水车薪，只能救一时燃眉之急，但确实也救活了不少人。

（王焕章）

---

① 七厘丹属草药的生药，即本草所载的藜芦，别名旱葱，有毒，孕妇勿服，此药在武平县梁山顶能找到。

中山军家话的祖先是赣方言

（一）基本观点

武平中山军家话原本是明洪武至嘉靖200年间江西抚州府的赣方言，由于长期与武平人接触，所以吸收了大量武平话的成分，包括语音、语法、词汇，特别是词汇。可以说，武平中山军家话在语音框架上是赣方言，在词汇方面却吸收了许多武平话。

（二）历史依据

据《武平县志》（民国本）[①]，从明洪武至嘉靖约200年间，先后调驻武所的军籍即有抚州临川的王、程二姓，金溪县的丘、艾、李、周、许、舒、邬、董、刘、洪（以上均注明洪武或明初）、车（嘉靖中）等十一姓。有来自吉州永丰县的危氏（天顺三年），九江德化的张氏（洪武二十三年）。来自安徽的徐氏、郑氏、贾氏，来自浙江的何氏、黄氏，还有来自山东兖州的陈氏，来自潼州射洪县的向氏，来自通州卫的祝氏，来自广东潮州的彭氏，也有来自临县上杭的翁氏。这些姓氏注明是明初洪武或宣德、正德年间来到武平，总之，以上姓氏均在洪武至嘉靖年间来到武平，总共二十五姓（此外尚有一些军籍如连、夏等姓源流不太清楚，或是在其他年代来的，此处不再详说）。其中，江西有十五姓，抚州有十三姓，金溪县有十一姓。一方面，两三百年间的方言应该不至产生太大的变化，所以来自祖籍地的赣方言能够在当地形成较大的凝聚力；另一方面，江西人在军籍中的人数众多，才有可能形成一定的阵势，将祖籍地的方言一直传到今天。军家人虽然不拒绝与当地客家人通婚，但娶来的客家媳妇应在家中学会说军家话，这是保存祖籍地方言的重要的原因之一。

（三）方言依据

军家话与武平话不同的地方，往往就是赣方言。主要表现在以下方面。

[①]《武平县志》（民国本），丘复主纂，武平县志编委会整理出版，1986。

1. 声调

客家话多数是6个声调，少数是7个声调或五个声调。据黄雪贞先生[1]列举的19个地点中，唯有长汀、南康、石城是5个声调，但长汀已无入声，入声已归阳平和阳去。石城和南康是平分阴、阳、上、去、入皆不分阴阳，却不见于其他客家话。据颜森的《江西方言的分区》[2]，赣方言中倒是有11个地点是5个声调，上、去、入不分阴阳，讲官话的九江市和赣州市以及讲客话的石城、崇义、南康均是如此。由此可见，5个声调，平分阴阳，上、去、入不分阴阳的特点，应该是一部分赣方言的特点，石城等是受到赣方言的影响（有学者认为，石城话不是客家话）。

另外，军家话的阴平是降调，上声是升调，在客家话中极为罕见。黄雪贞列举的客家话的阴平都是平调或升调。上声全部是降调。在江西方言中，阴平为降调的如宜丰、上高、清江、新干、贵溪、乐平以及"客家"石城、"官话"九江等；上声为升调的如贵溪、景德镇以及"客家"南康、"官话"九江等，乐平、上高、宜丰则为曲折调（降升调）。从声调调值来看，军家话与资溪、乐平、铅山、宜丰、上高等地都极为相像。

2. 韵母方面

（1）军家话的棍、困、滚、军、裙等都有[kv'in]或[kvin]的念法，这在客家话中极为罕见，我们在赣方言的南城、修水、阳新、宿松、余干、宜丰、建宁等地常见到类似的读音。

（2）军家话"嘴"（咀）念[tsi]，赣方言有两种极普遍的念法，即[tsi]和[tsy]，在客家话中极罕见。

（3）"玩"在客家话中都说成"嬲"（音"料"），军家话说成"猥耍"[ui²⁴, sa²⁴]。把"玩"说成"猥"（广韵、乌贿切）是赣方言抚广片（包括附近的丰城、余江）最突出的特点，江西其他地方都没有这种说法。

3. 声母方面

"我"在客家话中都说成"偓"[a]，这成为客家话最主要的特点之一；军家话说成[a]，与赣方言中的宜丰、余干、南城、横峰、弋阳、铅山等地相同。

4. 词汇方面

（1）吃茶：颜森《江西方言的分区》收集的92个方言点中，说"食茶"

① 黄雪贞：《客家方言声调的特点》，《方言》1988年第4期。
② 颜森：《江西方言的分区》，《方言》1986年第1期。

的客家话区以及相邻的南丰、广昌（抚广片）共有19个点；说"吃茶"的赣方言的有56个点。下面列出"吃早饭、吃午饭、吃晚饭"的军家话、客家话和赣方言，以资参照：

军家话	赣方言	客家话
吃朝	吃早饭、吃朝饭	食朝、食早饭
吃昼	吃昼饭、吃中饭	食昼、食昼饭
吃夜	吃夜饭、吃暗饭	食夜、食夜饭

（2）衣裳：据《客赣方言调查报告》[①]，客家话都说成衫裤，赣方言绝大多数说成衣裳。

（3）栽禾：客家话一般说"莳田"，唯宁都等少数地方说"栽禾"。三都、吉水、醴陵、新余、宜丰、平江、修水、安义、都昌、余干、弋阳、南城等赣方言都说成"栽禾"。

（4）娌妯：客家话大多为"叔娌"，赣方言大多为"妯娌、娌子、娌得"等。

（5）该个：见于吉水、醴陵、新余、平江、修水、安义、南城等赣方言中，客家话中极为罕见。

（6）该里：见于吉水、醴陵、新余（点）、平江、修水（点）、安义等赣方言中，客家话中极为罕见。

5. 小结

从语音、词汇情况来看，军家话与赣方言中的抚广片最为接近，其次是鹰弋片。这与金溪县正好处于抚广片、鹰弋片临界处有很大关系。

另外，现在的金溪话有7个声调、调值与调类都与抚广片的大多数地方以及昌靖片的大多数地方极为相似，这是因为现在以县城为代表的金溪话已经受到政治、经济、文化比较发达的南昌市、抚州市等地长期的影响。所以，寻找明朝的金溪话就应当到比较偏僻的地方去，到乡下去。即使这样，在金溪话当中也仍然能找到与军家话相同的地方，如"我"说成[a]，"我的"说成[ako]，"喝茶"说成"吃茶"，"玩"说成"猥"等。

---

① 李如龙、张双庆主编《客赣方言调查报告》，厦门大学出版社，1992。

附录：军家话的音系

（1）声调：阴平31   诗 事 是   阳平213   时

上声24   屎 死   去声341   世 试

入声4   识 食

（2）声母

p巴 杯   p'稗 被   m麻 迷   f花 飞 方   v握 王 黄

t斗 底   t'头 弟   n糯 你 让 娘   l漏 李

ts渣 真 精 尖   ts'车 深 亲 共 从   s社 神 信 星 腥

k鸡 间   k'去 糠   ŋ鱼 吴 ×限 闲 项   Φ用 暗

（3）韵母

l四 迟	i雨 岁	u乌 树
ə赵 走 至	iə桥 要	ui贵 归 妹 袋
a茶 花	ia谢 夜	ua瓜 桂
ɔ老 高		
o哥 坐	iu袖 手	
ai柴 带 坏		uai筷 快
	in晨 门 孙	
en船 根	ien欠 镰	uen短 乱
aŋ炭 办 硬 撑	iaŋ星 晴	uaŋ关
əŋ重 公	iəŋ穷 龙	
	i?力 直 习	
ə?毒 族	iə?肉 绿	
e?色 舌	ie?热 切	ue?国 骨
a?客 石	ia?壁 踢	ua?刮
ɔ?桌 勺	iɔ?脚 弱	

（林清书）

武平命名的由来

　　史载，武平之谓有五：一为元初的武平路（宋元时的行政区划名），辖区在今蒙冀之交，治所在大定（今内蒙古宁城西），元至元二十五年（1288）改为大宁路。二为曹操散文名篇《让县自明本志令》中所述的武平。在这篇文章中，曹操非常坦诚地说（大意，无考），这个天下如果没有我曹操，真不知道会有多少人称帝称王。当此乱世，兵权我是不会放弃的，但赐封给我的四个县食户三万，我可以上还其他三县以及食户两万，留下武平县及食户一万，以减少别人对我的议论诽谤。这个赐封给曹氏的武平县（武平侯国），其辖区治所在今河南鹿邑。三为北齐后主高纬年号（570～576），公元570年即北齐武平元年。四为今福建省武平县①。五为广西一个乡镇，百色市靖西县武平乡。

　　武平县有建置隶属始于秦朝，时隶闽中郡，为南武侯封地。汉初，汉高祖为分地减权，在南粤国和闽越国之间，在秦时南武侯封地的基础上，分割南粤国和闽越国部分领地，合成一个新的异姓王国，即南海国②，后来的史家考证，其辖地大约在今汀州、潮州、赣州之间，其国都治所即今武平县境内。现有近一个世纪以来当地出土的汉初高级陶器、青铜宝剑及宫廷用编钟为证，但城治所在地仍有待于考古发现。

　　武平县之名源于"南武"，即南武侯封地。唐置汀州后，以本州西南为南安、武平两镇，即以南武分析得名。其中，南安镇镇治在今县城所在地（今平川镇），因今平川河古称南安溪，③据此即可推断，武平镇镇治在今中山镇（即古代之武溪源）。南唐保大四年，两镇合并为武平场（场治在今中山镇）。北宋淳化五年，升场为县，县治仍在今中山镇，之后才迁今平川。武平之谓，可能兼有尚武之风盛行且地处一马平川之意（"以其地坦夷而人尚武，故名"④）。

　　武平初建县时，辖地辽阔，今粤赣周边县部分地区都在其辖区内（如广东平远，即划出武平大部和安远一部组建成县，时在元明之际），但人口不多，宋初仅分七乡十七里，按每里110户计，又按每户5人计，则在万

---

① 见《辞海》武平条。

② 见《汉书·高帝纪》、杨澜《临汀汇考》、丘荷公《南武赘谭》。

③ 见清朝康熙三十八年编《武平县志》。

④ 见民国三十年编《武平县志》。

人上下。当然，古代人口统计多有不便，漏统肯定不少。至民国二十九年（1940）才有比较准确的统计，为152471人。[1]

武平县地处闽粤赣三省交界地，面积2630平方公里，今辖17个乡镇214个行政村，3个居民委员会，人口近38万，居民绝大部分为客家人。这里物产丰富，历史悠久，人文兴盛，是20世纪初中国南方第一个发现新石器文化遗址的地方，汉初曾经是南海国故都所在，宋元时期又成为酝酿客家人的大本营（南海国遗民与南迁汉族融合的新民系即客家人）；这里是客家保护神定光佛祖的修炼成佛之地，也是八仙之一何仙姑的故乡；古代抗金名相李纲、抗倭名将俞大猷、哲学家王守仁都曾在这里活动并留下了遗迹；这里还是清末戊戌六君子之一刘光第的祖籍地；是中华人民共和国第一任空军司令刘亚楼上将，著名文艺理论家、全国文联党组书记林默涵先生的故乡。

武平县域内名胜风光独特，名山梁野山为国家级自然保护区；灵洞山（西山）是邑中另一名胜，是道家葛洪的炼丹胜地，也是北宋名相李纲的读书避暑胜地；狮岩为定光古佛与何仙姑的修炼之地，名载《中国名胜大辞典》。

（林善珂）

---

① 见民国三十年编《武平县志》。

武平客家方言与普通话的差异举例

普通话	客家方言	普通话	客家方言	普通话	客家方言
拔萝卜	挷萝卜	厕所	屎缸	铅笔	洋笔
白酒	烧酒	插秧	莳田	洞	窟窿
白天	日里头	馋	候食	哆嗦	胆胆颤
半天	半工人	长寿	长命	肥皂	洋枧
傍晚	挨夜	钞票	纸票	蜂蜜	蜂糖
爸爸	爷子	吃、饮、喝	食	妇女	妇人家
拔秧	脱秧	池塘	塘	谢谢	多谢
播种	畏谷子	脆	爽	高粱	高粱粟
鼻痂	鼻屎	吹牛	吹大炮	鼓掌	拍手
鼻子	鼻公	刺（动词）	搐	闺女	大细妹子
菠菜	角菜	刺（名词）	勒头	孩子	细人子
捕	捉	打雷	响雷公	黑	乌
猜	估	大麦	谷麦	猴子	猴哥
裁缝	做衫裤	小麦	米麦	蝴蝶	洋翼子
采	摘	锅	锅头	花生	番豆
苍蝇	乌蝇	歹徒	歪人	红薯	番薯
铁钉	洋钉子	稻子	禾	南瓜	潘莆
集市	圩	华侨	番客	盲人	瞎目
火柴	自来火	痱子	热痱（bèi）子	明天	天光
煤油	洋油	胎盘	胞衣	母亲	姆媪
家畜	头牲	砍	斫	内心	肚里
搅拌	搣、拌	黎明	天光边	鸟	雕子
节省	节俭	劣	差	前天	晡日
今天	今朝	搂、抱	揽	晚上	夜晡
茎	梗	蚂蚁	蚁公	强盗、小偷	贼古
咳嗽	嗽	蚂蟥	湖蜞	青蛙	拐子
洪水	做大水	霾	濛沙	蜻蜓	蝶贝子
口	嘴	毛毛雨	雨毛子	清早	打早

续表

普通话	客家方言	普通话	客家方言	普通话	客家方言
理发	剃头	毛巾	面帕	娶	讨
舌头	舌麻	毛衣	羊毛衣	去世	过身
草鱼	鲩鱼	眉毛	目眉毛	蚯蚓	虹蜷
亏本	蚀（shè）本	蒙（动词）	慢	摄	影
烟窗	烟兜	梦	眠梦	抛、扔、掷	拂
生锈	上钨	睡觉	睡目	跑	快走
香皂	香枧	蜜蜂	糖蜂	小便	屙尿
劈	剖	太阳	月头	大便	屙屎
屁股	屎背	月亮	月光	学校	学堂、书堂
热水瓶	暖壶	躺下	眠倒	眼睛	目珠
慢慢地	挪挪之	疼	疾	眼泪	目汁
晌午	昼边	跳蚤	狗虱	衣服	衫裤
上午	上昼	替	代	呼吸	透气
深夜	半夜	土壤	泥	阴天	阴暗天
绳子	索子	腿	脚	婴儿	赤孩子
拾	捡	唾液	口水	游泳	洗浴子
沙子	沙	晚上	夜晡、暗晡	浴室	洗浴槽
闪电	雷公刀子	胃痛	肚痛	早晨	朝晨
收拾	捡揪	下雨	落雨	崭新	簇新
手枪	驳壳枪	闻	鼻	战胜	打赢
摔倒	跌倒	香烟	纸烟	站（动词）	企
睡	睡目	香肠	腊肠	折（动词）	拗
说	讲	眼镜蛇	膨颈蛇	芝麻	麻子
祖母	媪娲	做寿	做生日	眼球	目珠仁子
祖先	祖公	鱼腥草	狗帖耳	土箕	畚箕
上吊	拓颈	水瓢	莆勺	脐	腹脐
斗笠	笠麻	泥鳅	沙鳅	哭	叫嘴
打架	相打	穿山甲	鲮鲤	锄头	镬头
没水	没水浸子	银环蛇	白弓瞠	晕车	昏车、闷车

（饶正英　辑录）

生产习俗

武平人的建房习俗

在高楼林立的现代，随着人口的增多，以前的建筑方式被逐渐淘汰。但其中的文化依然是值得借鉴的，作为炎黄子孙，建筑文化也是中国文化传统的一部分，我们不仅要发展现代建筑，更要吸收以前建筑中的营养，走中国特色建筑之路，让中国建筑文化得以传承和延续。

客家人历史上的建筑讲究大门、小窗、大进深、大屋檐、四合院式，直通自然，充分体现了"天人合一"的思想。它与现代建筑的风格大不相同，唯一互通的就是都讲究风水了，毕竟有句俗话说得好"一命二运三风水"。建筑朝向是一件十分重要的事情，中国地处北半球中纬度和低纬度地区，由这个自然地理环境所决定，房屋朝南可以冬季背风向阳，享受迎风纳凉，所以建筑朝向便选择了坐北朝南。而建筑选址也是极其重要的一环，"龙"是人们崇拜的对象，也是权力与富贵的象征，好的风水宝地因在山脉的形态上与龙相似而被称为龙脉，建筑选址要求"前宽阔，后有靠"。"前开阔"于耕种，避免热反射，减少空气污染，防止洪涝灾害，避免滑坡，防止崩塌下沉及泥石流等；"后有靠"能挡住风势。其实风水对于建筑学来说也是一门学问，并不是只有封建迷信的色彩，也多少有一些科学依据，因而武平人建房必请一位较高明的堪舆师，按主人的意愿，仔细察看地势及前山后坑、左右山水以及水源的来龙去脉后，再端起罗盘，按天干地支、二十四方位测算。公房以有利于子午为佳，俗称"天下衙门子午向"，私宅则以壬丙、丙壬、乾巽、巽乾为最佳方位。选罢方位，再与房屋主人、一家之长的生辰搭配测算，相生为佳，相克为忌。确定新宅地点即可选择黄道吉日动工兴建。

动土之日，由堪舆先生执导，屋主领合家子孙挥锄舞铲，率先动工开基，随即泥水师傅跟在后面猛挖。堪舆师择一吉地安放上土地神明灵位，以保佑建房过程平安无恙，顺利竣工。木匠师傅则取出斧锯劈造木马，祭告鲁班先师。上大梁是建房过程的关键之举，习俗也更加有趣，主梁材质以双心材及有一定树龄的杉木为上品，经木匠师傅锯、刨、劈、凿一番精心制作成弯状，曰"虾公梁"。"虾公梁"下方的中间钉一个钩子，备添丁时悬挂花灯，意指梁丁兴盛、万代富贵。上梁需选择与全家男丁生辰八字吻合的大吉日，木匠师傅一手提大雄公鸡，一手操斧，以斧敲击大梁，在一片喝彩声中，由两位年轻力壮的后生仔，用大红布绑住梁头、梁尾，将大梁平衡徐徐上升，以示宗族内的各兄弟均平衡上升，不分先后，一齐兴旺发达。更奇特的是在主梁之上还有一根屋顶梁，主梁与屋顶梁间隔几尺，所谓"梁不载四两"，梁上有梁，这就是客家屋与其他民居不同之处。上梁大功告成后，亲房叔伯会带上米谷，抬送建宅之家，以示恭贺。

　　房屋竣工后，还有一道重要仪式，叫作"呼龙出煞"。相传鲁班先师首次建万花楼，重檐飞甍，高入云霄。大厦建成之日，八方鬼怪见高楼巍峨多姿，不胜羡慕，都来观赏，觉得在这里舒服，都住下不走了。鲁班先师只好请来道士，设道场，烧符念咒，驱赶鬼妖，后形成的这一近乎荒诞的习俗延续至今。新房出煞时，时间选在夜深人静的子时，在新客厅中摆下八仙桌，桌子中央放一斗新谷，接着木匠摆上曲尺、墨斗、铁凿；泥水师傅奉上准绳、直尺；堪舆先生安放罗盘，用草纸铺一条从厅堂通往外坪的纸路，然后主人点燃香烛。但见道士头戴云冠、身着道袍、右手持桃木镇妖剑，左手抓住雄鸡，烧符纸、喷法水、念动咒语驱妖，木匠、泥水匠也在一旁助威。咒语声一浪高过一浪，喊杀声不绝于耳。随即几个壮汉把准备好的一头肥猪宰杀后，用绳索拖着环绕新居前檐后墙转一圈，让猪血洒在地板上，以祛邪避灾。同时，道士则将雄鸡的鲜血溅在铺好的草纸上，众人手持竹片，到处敲打作响，跟着道士，浩浩荡荡冲出大厅，直冲到沿河或池塘边，方才收兵回屋。仪式结束意味着赶尽杀绝了妖魔鬼怪，新居即可安然入住了。

　　客家人房子的前面都有大小不等的余坪和围墙，这是新居的附属设施，怎样砌好围墙、做好门楼是很有讲究的：围墙高矮应符合主屋面积的大小，太高会防碍财运，太低则不能防盗，应高低适中，而一幢房屋风水的好坏几乎取决于门楼。因此，据说在筑门楼前必请风水先生到现场选好位置和朝向，如位置或朝向有偏差就会直接影响到风水，导致家运衰败。在造型上，门楼呈八字形的设计风格，楼顶四角有向上翘起的"燕尾"，视觉上给人以庄严、雄伟的感觉，建材要经得起风雨侵蚀，因为宁可房子倒塌而门楼不能倒。而较为讲究的大户人家还需在门前建一小池塘，以备消防之用。

　　最后，在新居内坪还要适当地栽种花草树木，让环境更显优雅宁静，把新居装点得更加美妙多姿。栽种树木是有讲究的："五树进阳宅，人穷家也败。"古人这句俗语看起来有着浓厚的封建意识，但其中也有一些道理。以前的房子房梁大多是用木头做的，桑树、松树、柏树、槐树这四种树木的味道偏甜，容易招引虫子，木质也不好，容易开裂，不能用它们作盖房子的顶梁，也不能用作支撑房子的柱子。其实现在的木制家具用品也不会用到这四种树木。至于梨树有离别之意，也不宜种在家里。一般会栽种这样三种树，一是石榴树，外形漂亮，果汁甜美，且籽多寓多子多福；二是柿子树，火红的灯笼一般，寓意消除霉运，万事如意；三是桂花树，意味着吉祥如意，万代富贵。其他树种，只要不是太高，也宜种植。

　　建新房是人生之大事，人们都追求新的环境，新的向往，新的人生，新的感受，新的畅想；人们都希冀带上快乐与甜蜜、运气和福气、健康与如意、吉祥与顺利在新房安居。因而，建新房的一些传统习俗一直沿袭至今，绵延不绝。

（林建华）

《元初一》中记载的清代客家人的农耕生产习俗

　　《元初一》，又名《一年使用杂字文》，作者为林宝树，武平县袁畲乡人（今属袁上村），他于清朝康熙三十八年（1699）中举，时年27岁，但中举后并未去做官，而是在家乡教书和农耕度日，后世人们常常把他与晋朝大诗人陶渊明相比较，从《元初一》对农业生产熟悉和详细记载的情况来看，虽然林宝树的声名只传扬于客家地区，不及声名远播的陶渊明，但他不但继承了陶渊明光明高洁的人格，而且在农事生产上亲力亲为，可以说他在思想感情上与社会最底层的农民是息息相通的，这在"官贵民贱""士贵农贱"的封建社会中是难能可贵的，他从大约40岁后开始创作通俗韵文《元初一》，而且通篇语言用客家话，《元初一》写作的本意是为上不起学的孩童读书识字之用，他也参照了《三字经》《幼学琼林》等流行的儿童启蒙读物。林宝树是有平民情怀和社会责任感的乡村知识分子，他超越了当时成千上万的文化人，其《元初一》对客家文化有传播之功，因此林宝树在客家文化的灿烂的历史星空中熠熠生辉。

　　《元初一》不计标点符号约4780字，自问世300多年来，一直为客家人所喜爱，"宁失千两金，莫失杂字文"，是客家人对林宝树此文的最高褒奖。

　　《元初一》中有关农事活动的描写主要有三大段。第一段从"于今来讲农家事"到"有闲好烧芒头灰"；第二段从"夏至到来热难当"到"检整粪寮堆秆草"；第三段从"处暑最爱好天时"到"寻得事业自有功"。第一段34行476个字，第二段19行266字，第三段14行196字，三段相加938字，这还不包括零星涉及农事活动的字句，这些文字占全篇的22%，可见在农耕活动在文中占有很大分量。

　　在漫长的历史时期，客家农村的社会经济主要由种植业、养殖业、手工业和商业贸易支撑，除商业外，其他产业均称为第一产业或者第二产业，是民生的基础产业。

　　兹列其中一段并释义：

　　于今来讲农家事，镬头铁锤与犁耙；
　　耕田正爱好秧地，作坡开圳水路佳；

扩烂泥团更好耖，牛藤牛轭当用他；

尿桶担肥打落脚，浸洋田肉容易耙；

作大田塍贮稳水，刬去茅根拖草楂；

大墩之中无田坎，最怕溪水冲泥沙；

山田高埂并排壁，落垄湖窟凹凸斜；

田头地尾杂种好，薯姜芋粟及黄麻；

春间日日去耕作，身穿蓑衣并笠麻。

【释义】：现在（给后生讲讲）农事生产情况，镢头（锄头）、铁锤（用于整畦的农具）和犁、耙是耕田的必备生产工具，开春耕作，是一年有好收成的关键，秧地需理好，夯实陂坝，疏通水圳，扩烂泥团，平整田地，尿桶挑肥做基肥，引水溶田，浸溶田泥，耙田就容易多了，田塍需作大，（使之）贮水充足，清除茅根草楂。大墩田没有（高的）田坎挡水，要防备雨天涨水冲上泥沙，山坑田高梗及排壁上，需整平沟垄。田头地尾也不要荒弃，可把薯、姜、芋、粟和黄麻等根据季节见缝插针地栽种，春天气候多变，雨水多，劳动时蓑衣和笠麻不能离身。

《元初一》文中讲到的农具有：镢头（锄头）、铁锤、犁、耙（大）、尿桶、蓑衣、笠麻、耙子（小）、匏杓、粪箕、茅镰、刀鞘、草篮、担杆、田刀、箩、谷筥、桶枋、竹杠、盐箕、撮斗、谷筛、辘轴（用来平整溶田之用）、搪子、锄头（大扁）、水车、风车、锃尖等。畜力只有耕牛，这些耕种、收获、晾晒粮食的工具主要有竹、木和铁制农具，大部分工具是铁和竹木组合的，大型农具有犁、耙（大）、辘轴、桶枋、风车等。种植的作物有：谷子（水稻）、大薯、番薯、姜、芋、黄麻、麻子（芝麻）、豆子（黄豆黑豆）、油茶等。其中水稻的种类最多，早稻（南安早赤）、糯稻（野猪糯）、大糯、秂子、番稿等。养殖业也是农业的组成部分，家养动物有牛、猪、羊、鸡、鸭、兔、鹅、狗，水产养殖有鲢鱼、鲤鱼、鲩鱼（草鱼）等。

农事活动则有：作陂、开圳、整秧地、浸谷种、掊谷子、耘田、脱秧、插秧、塞粪、捡稗草、斫田塍、割田塍、掊豆子、烧火土、上火土、补箩、破篾、箍桶枋、打禾、碾田、车谷子（风车）、入仓、踏禾稿（鸭）、堆秆草、摘茶籽、晒秆、犁田等。

在春耕篇中，《元初一》描述："春间日日去耕作，身穿蓑衣并笠麻；二月惊蛰浸谷种，撅下谷子就生芽；大家请人掂谷子，扯得直行无粒差"。"祭得墓完到清明，出水掂头又爱耘；耙子一张田里擦，掷来送去甚艰辛；谷雨到来爱莳田，翻耙秒烂轭牛肩；早晨脱秧昼边莳，腰驼背屈真可怜"。

在夏收夏种篇中，描述如下："六月小暑早禾黄，尝新禾饭荐馨香；请人补箩买谷笪，又爱破篾箍桶枋……大暑到来正打禾，盐箕撮斗谷筛箩；后生担秆岭上晒，辘轴碾田用牛拖。"

在秋收冬藏篇中，《元初一》云："番稿莳在立秋边，莳得田完莫挨缠；笼鸭上田踏禾稿，检整粪寮堆秆草。……九月九日是重阳，寒露到来菊花黄；霜降天气要晴暖，糯禾收割也停当。……立冬万物当成熟，家家屋屋赛收成；小雪之时是冬天，撮只牛牯去耕田，犁辕象鼻犁拔线，犁横刀上缚牛藤；改变天时转冷风，蛤蟆老鼠尽潜踪；少年后生莫懒惰，寻得事业自有功。"

畜牧养殖方面的描述有："好养牛嫲与牛牯，又肥又壮在家栏"。"笼鸭上田踏禾稿，检整粪寮堆秆草"。"小雪之时是冬天，撮只牛牯去耕田"。"捡鸡蛋，看猫兜，鸡鸭早夜要跟收；门前狗子爹爹叫，夜间恐怕贼来偷"。"又有屠户常打屠，朝朝宰杀剐牛猪"。从中我们可以知晓，当时饲养的家禽家畜主要有牛、猪、鸡、鸭、狗、兔、鹅、鱼等，其中牛既是役畜，也为乡民提供肉食来源，狗看家护院，猪、鸡、鸭、兔是养殖用来吃肉的，同时猪、鸡、鱼也可以用来作为牺牲（供品），这些动物可以满足客家山乡居民生活的肉食需求，同时兼顾耕种、祭祀等社会生活的需要。

《元初一》记载一年中拜佛祈福中很大部分是祈求风调雨顺、五谷丰登的，也就是与农事活动相关联的。比如："立春已过雨水来，烧灯送神切莫呆"。"初三扛佛保禾苗，落佛忏后做午朝"。"伏羲神农黄帝氏，掌苗使者五谷神；又请雷公并电母，风伯雨师加虔诚；又有田头地墈等，杨大伯公召几声；上至坑源下水口，通乡福主一切神；尽是恳求保禾稼，丰亨大熟救济民"。据不完全统计，与农事活动密切相关的有五月初三的保苗醮，六月初小暑时节的尝新禾，小寒时冬闲时的保安醮。祭祀的神明有伏羲、神农、黄帝、五谷神、雷公、电母、风伯、雨师、杨太伯公、福主等。

应该说，《元初一》反映的农耕生活包括春耕、夏收（种）、秋收、冬藏，是明清以来直至20世纪90年代前武平客家山乡农事活动的常态，清朝中期的知识分子林宝树用他那饱含深情的笔触生动地描述了这一状态，因为文章雅俗共赏而且通俗流畅，故填补了方志记载的缺漏。但随着时代的发展，现在和以后的农村肯定与林宝树先生所处的时代不一样了，这也使得他的文章更加珍贵，因为这些是打上了地域和时代烙印的，是闽西山乡客家人用汗水和泪水也饱含智慧的农耕文明的生活实录。

（林东祥）

火笼的制作

火笼是客家人用来烤火取暖用的一种工具，它整体成筒形，上面安上形如弓的抓手供手提之用。火笼外层均用毛竹劈成的竹条，手工精细地编织成圆筒形，里面放上未过釉的陶钵。做成后，冬天在陶钵里装上烧旺的木炭，盖上柴灰就可用来取暖御寒，其暖度一般一次可持续四至五小时，手提方便，随处可去。经济较宽裕的人家，还会在火笼的提手下边加上一个铁丝织成的"火笼篦子"以防手指烫伤。女儿出嫁时，会用精致的火笼作嫁妆。

火笼是古代武平一般人家普遍的御寒工具。

武平客家人的火笼

（蓝添养　蓝文亨）

斗笠的制造工艺

俗话说："雨天农活真无奈，斗笠蓑衣必须带。"斗笠是农村生产生活必备的重要工具。武平谚语说："蓑衣当得一件袄，斗笠当得一顶帽。"说的是斗笠不但可以遮阳抵雨，天气寒冷在野外作业时，戴在头上还可御寒。在田里劳动感觉累了，还可当坐垫或作扇子扇凉。直到20世纪六七十年代，武平客家妇女还会在斗笠边沿镶上一块宽约3寸、长约9寸的彩色布条，它不但有装饰作用，而且可遮挡折射来的阳光，在田间劳作时，随着空气流动，有如小童跟在后边扇凉风，形成一道武平客家妇女特有的风景线。客家斗笠形美质好，深受消费者好评。最好编织斗笠的手艺在武平县十方镇乐畲村，已有200多年的历史。武东的产竹区如张畲、东兴、美和、教文、兴东、袁畲、上畲等地也流传着编斗笠工艺。

客家斗笠看起来简单，真正要编织起来工序却很繁杂。首先是取回毛竹，然后按照编制斗笠大小的需要，锯成长短不一的竹筒。接下来就是劈篾，用篾刀把竹子劈成0.2厘米左右宽的篾子，劈完篾子再刨薄后就可编斗笠，笠顶与笠底分开编制，编一个笠顶要用50多根篾，编笠底的篾要90多根，斗笠的大小不同，用的篾多少也不等。

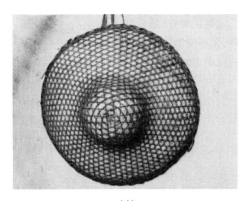

斗笠

编完笠底与笠顶后，在笠顶与笠底中间铺上棕叶、毛边纸或薄膜，压平吻合后，再编制斗笠沿。经过这几道工序，花四个小时左右一顶斗笠才制作完成。编斗笠师傅说，编制斗笠最困难的步骤不在编竹而在剖竹。剖编斗笠的竹篾不是一般的直剖，而是倒剖，要用柴刀把毛竹剖成厚薄均等的竹篾，除了手的稳定之外，刀法更要干净利落，否则剖出来的竹篾就厚薄不均，斗笠骨架容易断裂，若竹篾太厚，笠顶与笠底无法完全吻合，而且斗笠也会因厚重而戴起来不舒服。

　　据仍健在的编斗笠老师傅说，一天一人最多能编3顶，平均1顶斗笠成本为0.8元，售价为5元左右。师傅说现在年轻人不干这又累来钱又不多的活。他们这些上了年纪的人，手上功夫是现成的，动动手脚编制斗笠，不仅舒筋活血，而且生活充实，或多或少能增加点收入，减轻儿女的经济负担，更重要的是不会使这一传统手艺失传。

（四　维）

话说"蓑衣"

据考，在唐朝以前蓑衣就为民间使用。在唐朝大诗人张志和的《渔歌子》中就有：

西塞山前白鹭飞，桃花流水鳜鱼肥。青箬笠，绿蓑衣，斜风细雨不须归。

唐柳宗元《江雪》诗：

孤舟蓑笠翁，独钓寒江雪。

在武平等地，蓑衣通体以棕制成，俗名蓑衣。蓑衣无袖，披在肩上能盖住背脊，穿着时既能活动自如，又不使雨水淋湿衣裤。棕蓑衣是纯手工制作，工艺异常复杂，编制成一件蓑衣需要十多道工序。首先要把从棕树上割下来的棕片用铁刷刷洗，使棕毛平顺，并清理干净附着的碎物，去掉杂质，并做防腐处理，然后晒干。接着用手工搓揉剥下来的棕树叶纤维，制成缝合线，把经过晒干的棕片，一片接一片，一针一线缝制成衣裙状，领口用薄嫩棕片包边细缝，最后缀上系带和扣子，一件可遮蔽风雨的棕蓑就算制作完成。由于工艺异常烦琐，每个环节全为手工制作，且需要很长时间和娴熟的技巧，所以其手艺几近失传，现能够掌握这门技术的已多为年过七旬的老人。

随着时代的变迁，20世纪70年代后，棕蓑虽然早被五颜六色的塑料雨衣所代替，甚至成了民俗艺术品收藏或作为商店的装饰品，但笨重的棕蓑也有塑料雨衣不能比拟的优点。其一，耐用。一件蓑衣可穿上十几年，倘若用得小心，还可用得更长久些。其二，蓑衣穿着透气。轻便的塑料雨衣，占用空间小，平时好带好收藏，但透气性差，夏天下雨时穿起来，闷热难当。其三，穿着棕蓑劳作时，不会有碍手碍脚之感，两臂活动自如；而塑料雨衣易与衣

蓑衣

服贴在一起，不易活动。其四，棕蓑的保暖性对于当时贫穷的人们来说也是很实用的，初春或深秋下雨，穿着棕蓑下田、耕作都非常暖和。没雨时，累了，穿着棕蓑、头枕斗笠，躺在田间地头歇息，棕片散发的味道连小爬虫和蛇都不敢靠近。在旧社会，不少穷人在夜晚用蓑衣作棉被御寒。蓑衣除了挡雨、御寒外，还有一传说：朱元璋皇帝一次危急时，正因为用蓑衣遮掩，才躲过一劫。因此有的客家人建造新房子到"上梁"时，正厅中间的"正梁"肯定要用蓑衣包裹。客家人认为用蓑衣包裹"正梁"，能家业发达。用蓑衣包裹木炭，放置在井底下，据说除了能起杀菌过滤作用外，还能镇住"邪气"……

（蓝玉文　邱开勇）

漫话木屐

客家人大多居住在山区，雨多路滑，木屐在以前是客家男女老幼必备的生活用具。

武平客家人的木屐，先用整块桐木劈成屐坯，经十几个小时的高温烘烤后，用特制的工具把屐坯刨削成光滑的"8"字形后，再把屐底切削成屐齿。然后把一块宽约5厘米、长约10厘米的废车轮上的橡胶皮弯成船篷形，用几枚小铁钉钉在屐体前边四分之一左右的位置便成。以前，武平人平时都以木屐代拖鞋穿用，走在石砌路上哐当哐当，声音煞是好听，在热恋中的青年男女，很远就可辨认出心上人的脚步声。

说起木屐，还有颇为动人的传说：在2700多年前的春秋时期，由于宫廷斗争，晋文公流亡他乡十几年。公元前206年，晋文公登位执政后，赏赐患难与共的臣属时，把忠心耿耿的介子推给忘记了。不愿争功邀禄的介子推，背着母亲隐入绵山。晋文公听说后，亲往绵山求访，介子推却避而不见。这时无可奈何的晋文公下令放火烧山，想以此把介子推逼下山来。三天后人们发现介子推和他的母亲抱着梧桐树被烧死了。晋文公痛惜之余，砍下梧桐树做成屐。他天天望着屐哀叹道："悲乎，足下。"据说"足下"这一称呼，就是从这里来的。到宋朝时，屐已十分普遍了。南宋诗人叶绍翁在《游园不遇》一诗中写道："应怜屐齿印苍苔，小扣柴扉久不开。满园春色关不住，一枝红杏出墙来。"诗中的"屐"就是这种木头鞋。

穿着木屐的这种中原遗俗，隋唐时随着遣唐使者还流传到日本、朝鲜和东南亚各地。经过各地人们的改造，男人穿的木屐刷黑油漆，小孩穿的刷红油漆，至于妇女穿的高跟鞋似的木屐，经画工描金绘花后被作为嫁妆，称得上民间工艺品。但更多的木屐不刷油漆、不绘花，穿起来更舒适，价钱更便宜。改革开放前，武平民间穿着木屐还十分普遍，农村几乎人人一双，农村中小学住宿生也几乎都穿木屐上学，因此课余一片木屐声。

在武平客家地区，质地和造型最好的算是岩前镇迳田村生产的木屐。尽管随着环境的变化和生活水平的提高，古老的

木屐

木屐被价廉物美的各种塑料拖鞋所取代，但仍有不少人士路过岩前时，还不忘给家中老幼带上一双。甚至台湾、香港同胞以及海外回乡探亲的侨胞，回去时也要带上几双木屐，作为绿色环保礼物送给家人和朋友。在家里洗浴完后，把屐穿在脚上，不但清爽舒适，穿脱方便，还可防治"香港脚""烂脚丫"等。所以，木屐至今还受到许多人的喜爱。

（罗炳星）

布鞋的制作

　　20世纪80年代前，人民穿的鞋几乎都是家中妇女自己用布做的，材料是将穿破了的衣服洗净晒干剪成细条，将糯米粉用开水搅拌成浆，把细条一块一块粘成多层厚布，依鞋底的样子剪出来。再照着样子粘接剪好，有了一定厚度后，用文火把粘好的鞋底烤干。再用苎叶皮拧成的索子，把几张鞋底连在一起，一针一针缝纳。鞋底衲好后，用快刀截平整，接着更重要的工序是做"鞋面"。做鞋面时要先打"布骨"，布骨用烂布制成。先把一块块旧布在门板上铺平，上面用粥汤粘贴，叠上几层后放在太阳下晒干，干后取下，按照鞋样剪成鞋面，鞋面用几层的新布叠成，用针线缝制紧密，之后鞋底、鞋面反面连接，再用蒸笼蒸软，把它翻转过来，一双布鞋才算完成。

手工制作布鞋

（钟奇招　邹崇光　王文廿）

风车的制作

材料：选取上好的杉木板、杉木条（木质越老越耐用，且要绝对干燥，否则任何一处裂缝均会影响风力）、牛角、风车钮竹片、元钉等。

制作风车首先要加工好四只脚，根据尺寸需要凿眼；第二步是风车扇叶的制作，选取一根坚硬的杉木作芯，四边凿眼安上风叶，轴的一头安上铁轴，另一头安上"Z"形风车把手；第三步将需用的木板刨削平整，用竹钉固定镶嵌成较大的板块，而后把木板加工成风车上面的"盛斗"，并依序安上漏斗、风车"肚"、风车尾、风车箱，最后安上风车扇叶、风车脚。为使风车"肚"经久耐用，需用竹片或小圆钉固定，同时为使扇轴两头的轴孔不至于越转越大，一般轴的两头均要安装上已钻孔的牛角，使风叶旋转时又滑爽又耐磨。

风车一般用来扬净稻谷中的瘪谷和米中的谷糠等。

风车

（兰立养　兰李福）

编织谷笪的方法

选生长三年以上的毛竹，竹的根部要有海碗口大。毛竹砍回后，用锯子锯齐头尾，长度一般在5米以上，先对半剖开，再用竹铲铲去竹节，再分成大小均匀约1.5厘米的小块竹片，去掉篾屎（竹囊）再破成6～8片比书皮稍厚的竹篾片，以供编织谷笪时使用。编织时周边要用稍嫩的竹破成的篾片，通过在锅里用大火煮过，以免篾片断裂（因通过火煮的篾片韧性强）。用一种专门用以绞篾索的、用铁制成的篾索转子固定一头（通常在屋厅口的木柱上，须用三根篾方能拧成篾索）。固定一头后，另一头由操作者用手一边拧、转子一边转，转拧到够长度时（能够在谷笪四周圈过）即打上结，作谷笪的四周锁边用。编织谷笪时，编织时以笪的中点为中心，使中心点线为八字形，隔二压二，花样为人字形，开始起笪心，起至4.2尺即可，然后开始捡花，插上短篾青，可选择包沿或扭沿，边沿花样压二起二，压四起二，压二。一直到3.6尺处即长度的一半。另一头用同样方法，两小角打完后，翻转背面，继续织两个大角。割谷笪头：从两端套上约1厘米见方的谷笪筋，把篾头向右对齐筋子折断，把篾头向左的方向包住，包完后再加篾头。最后把谷笪卷起，用篾心捆绑即成。

谷笪一般长约8尺，宽5尺，可用于晒稻谷及其他农产品。

谷笪

（兰成芳　兰李福　温兆福）

咬捶、车钻

武平县武东镇张畲村，是远近闻名的藤椅之乡。笔者小时候，看到哥哥和邻居们加工藤椅时必用的一种自制工具——咬捶，就忍不住想：谁这么聪明！今天，看到两千多年前的《论语·卫灵公》中"工欲善其事，必先利其器"这句话，又情不自禁地想起咬捶。

咬捶的用料选用山茶树或油凿树这些坚硬致密的树木，把它砍削成一头大一头小。大的一头为边长8~10厘米的正方体，在20~30厘米处往小的一头自然收缩变小成圆木，适合单手抓握。再在大的一头中下位置锯一个4~5厘米的斜口。把藤椅椅脚、椅圈、靠背等原料，放进咬捶的斜口，把咬捶当作杠杆，就能轻轻松松把原料折弯。每折一次，都留下一道咬印。咬印间距因原料的用途和材质而异，全凭师傅得心应手的掌控。加工藤椅所用的神器——咬捶沿用至今，在朱枚昌、朱耀石、朱桂生、朱赐通、朱志勋、朱映昌等人的家（店）里，都有不止一个咬捶。

其实，除了咬捶，朱家还有一种自制工具——车钻。车钻可用于加工藤椅，更多用于加工竹椅。车钻选用一根两三厘米粗，约30厘米长的坚硬笔直的木棍。在木棍一头钻一个小洞，大小约5毫米，能穿绳而过就行。在木棍另一头钉入一根钢钉，把钢钉外露的一头磨成自己想要的一字形或锥形。然后把有钢钉这头的木棍插进用火砖或圆木磨成的直径约12厘米、高5厘米的圆柱体正中间的圆洞，再找宽约4厘米、长30厘米的竹片或木片，在其中间凿一个比木棍略大的圆洞，两端各钻一个直径约5毫米的小洞。最后把竹片或木片套进木棍，把穿过棍子小洞的绳子两端分别穿进竹片或木片两端的小洞并打结，避免绳子头脱出。也有人把穿过棍子小洞的绳子折回第二次穿进小洞，相当于把绳子中间固定在这个位置。目前，车钻几乎已经被电钻代替。我只知道朱太奇加工竹椅时偶尔还用，而且圆柱体是用齿轮代替。遇到所用竹子较粗，而电钻钻头不够长时，就会让自制车钻派用上场。

不管咬捶，还是车钻，都凝聚了客家先民的智慧。不管它们是否被替代，都闪耀着客家先民的智慧之光。

（朱金昌）

农村木工习俗

　　农村木工风俗主要有：做门时，树头必须向下，还要合黄道中的"生、老、病、死、苦"中的"生老"，大门高度一般为6.6尺，宽3.6尺；小门宽2.1尺，大门由小块板（大小一致）组合而成，最好是5块加5块合起来10块，喻为"食风食刹"。做梯叫作"步步高"，而且梯页板一定要单块。做床更讲究，宽度一般为4.2尺或4.6尺，床沿要用同一棵树锯开的木板，而且要树心对树心，比喻夫妻要"原双原对，心心相连"，床板块数要选单数。吃饭桌，桌面的木板要用双合，坐的长凳叫"五尺凳"是长度3.3尺加高度。以上长度是"鲁班尺"的长度1米为3.1尺，长度也不能做成整数，寓意安乐日子"永远也过不完"。

（练忠平）

瓦的制作

瓦是一种用手工制作的技艺，瓦的坯经火烧制后，用于房屋屋顶，以遮风挡雨。制作方法：用含沙少的田骨泥，先用水泡三天左右，后在泡软的泥中让水牛或黄牛在泥中反复踩捣，使"生泥"变成"熟泥"，后将泥用手按在制瓦的模具上，用手工起墩，晾干后，放在特制的瓦窑中用柴草熏烤五至七天，至整个瓦坯发红，当窑内烧红的瓦片成波浪形时，封住窑门，在窑顶上用冷水淋浇，五天后，即取出使用。此瓦物理性能和化学性能均极稳定，在无强大外力冲击的情况下，可保持几百年不变质、不变形。

（陈开龙　陈启平）

谷 砻

谷砻未问世之前，当地先民用春米方法脱去谷壳，这样费工费时。客家先民在南迁中带来了中原文化和先进的生产工具，南方有丰富的竹木资源，他们在实践中凭劳动经验和智慧发明创造了谷砻。谷砻的发明和使用，提高了工效，解放了生产力，促进了社会文明进步，谷砻（以下简称"砻"）成为广大农民家家户户必备的工具。

砻的结构

砻是根据春米磨擦脱壳原理发明的，按使用的情况可分为两大部分，即砻的上座和下座。砻的结构有砻颤（砻谷时装谷用的），砻手（挂砻钩用的），砻的中间有四块木隔板（它的作用一是挡泥，二是砻谷时谷流进砻内的入口处），上座砻的工作原理是人力通过砻钩的传动，带动上座砻逆时针转动，将谷壳剥掉成糙米。然后通过碓臼使糙米变成白米，再经过糠筛、米筛，将糠和一些谷粒分离，即成可下锅煮饭的大米了。

武平客家人的"砻"

下座砻的结构是固定的，由砻盘、砻脚、砻心组成。砻盘也是下座砻的座盘，也是装糙米用的，有竹制和木制两种，以木制砻盘最佳，制有漏口，砻手装上竹制括米片，随着上座砻的转动，括米片也随着转动，当糙米砻出来时就会落到砻盘里，随着括米片的工作，糙米就会漏到箩筐里，形成流水作业过程，砻心的作用是把上下座砻连成一体，为砻的轴心。

造 砻

造砻的主要材料有竹篾和篾瓢片条，砻钉、黄泥等。砻钉是当地人称"杜树"的木材做成的，此树材质系直条纹且细嫩，便于加工，质坚耐磨，是加工砻钉的理想材料。

凡是上座砻或下座砻坏了都要重新钉过。

　　一般一位钉砻师傅一天可以完成一座砻（含上下座）的制作。其工作程序是，先清除旧砻里的残留砻钉和泥土，做好上下座砻筐的修复纬篾等，主家应做好黄泥，炒好砻钉。砻筐编好后一般先钉上座砻，过筛的黄泥分层夯好，不能夯得太紧也不能夯得太松，夯得太松砻不耐用，夯得太紧钉到最后砻钉无法钉下去。上座砻分八卦，每卦长短共16行，下座砻分十卦，每卦长短共13行，上下二座砻的行数基本相等①，再行砻钉的角度应略向前倾斜，整座砻钉的角度应上下、左右、前后一致。当砻钉钉好后，用过筛黄泥和木刀捶实，上下座要合起来试砻，不平之处要整平，这样钉的砻才是好砻，耐用且工效高。

　　自从发明了碾米机，砻就退出了历史舞台。碾米机也是根据砻的磨擦原理发明的，碾米产量高、质量好，省工、省时，深受广大农民的欢迎。

（洪　军）

---

　　① 据了解，砻的上下座均采用易经八卦式钉竹片砻钉。

踏　碓

　　"踏碓"发明于西汉，是去秕、脱壳的粮食加工工具。客家先民南迁后，把这种在当时来说是很先进的工具传播至客家人居住的广大地方。当时杵臼、踏碓、水碓、风车、石磨等的使用很普遍。特别是"踏碓"的使用更为广泛。"踏碓"是由杵和石臼以及杠架组成，把大石臼的约六分之五埋装在地下；上部杠端上安装杵，杵的底端安装上用生铁铸成的杵套，不但使杵经久耐用，还可提高去秕、脱壳的工效。杠的后部安装一条轴，在杠后部装轴的地方，还会架起像小门一样的栏杆，脚踏杠端时，手扶在栏杆上既省力又安全。人们利用杠杆的原理，借助人体的重量，用脚踩踏另一端使杵一起一落，将臼内的谷物脱去皮，或舂成米，或加工成糍粑、米果等。

　　随着科学技术的发展，粮食加工技术手段不断提高，现在农村大部分农民已不再使用这古老的加工方式了，只有逢年过节、婚丧喜事需要用它加工特种食品，比如糍粑、米果之类，才偶尔被派上用场。

　　"踏碓"等古老的农机具已逐渐退出历史舞台，但也有不少地方在旅游建设中，把这些古老的物件归属到民俗展演之中，让游者不仅看到以前的生活状态，而且可以了解到这些物件背后的故事……

　　踏碓的使用在武平地区一直延续至今。

使用踏碓加工粮食

（四　维）

远去的风车砻碓

　　风车砻碓在客家山村，20世纪70年代以前还随处可见，如今博物馆只收藏了客家人历经千百年的一些家具，但却很难见到风车砻碓。暑假时，我的孙儿闹着回老家玩，我就顺便让他们看看难得一见的风车砻碓。

　　我和孙儿回到老家厅堂，首先让他认识风车。风车是用杉木板，经木匠师傅精巧加工而成，上有车斗，后有半圆形堵风，中间有摇把手摇动风叶时用，中间安装斜口，堵风的车尾口吹出的是谷壳或砻糠，精谷或大米就从中间斜口流到待装的箩筐。祖先们利用风车内不同方位的风力，分开谷壳（糠）和（精谷）糙米。这种风车，一般的木匠不会做，只有十方镇山岭村的木匠师傅最专业，远近闻名。

　　我又指着下厅左角的"砻"，我先出了"雷公吼吼，雨后洒洒，窝内烧香，窝外毕赤（裂缝）"一个客家谜语给他猜，然后告诉孙儿，这是你爷爷的爸爸钉做的砻。上层是装谷子的砻斗，下层是砻身，即磨盘，磨盘放置在木板做成的砻圈子上，砻斗、砻身都是用竹篾围织成圆柱形，里面填进黄泥。黄泥要选没有细沙的，经反复夯打，后又用锄头反复翻边刨细，最后用圆形的竹编的筛筛过，将筛过的细小泥沫填进砻斗、砻磨盘，插入用坚木刨制的圆形木柱，这叫砻心。夯实后，再将炒熟的老竹片像摆八卦一样有顺序、有规则地钉进黄泥中，并用力夯紧，使之片片紧密相挨，好像一排排白生生的牙齿。同时在砻斗上安装上木制的砻手，砻手凿孔。使用时，先把稻谷倒入砻斗，再把弯成90度的砻钩，插入圆盘砻斗中的砻手，用两手或一手握住砻钩，用力推拉，使砻斗旋转，谷壳糙米从砻沿周围泄下，流入砻圈的缺口掉入箩筐内。

　　我又带他来到溪边那破败的碓寮坊，那碓头已变成朽木，只剩石碓臼。原来碓头有两种，一种用人力的脚踏碓，另一种用水流推动的水碓。脚踏碓形如跷跷板，石臼埋在地下固定，跷动的一截是由6尺长两头粗、中段细的圆木。前头圆木装有直角的碓嘴，碓嘴下裹镶着一层铁皮，内有特制的铁钉。碓身后端为刨平的便于脚踏的碓尾，支撑点用一根横木连在扶手架上。碓米、碓糠或碓粄时，用脚一踏，碓头就高高翘起，脚一松碓嘴落进石臼，如此反复踩踏，能把糙米舂成白米，谷壳便成细糠。用水流推动的水碓，其构造原理与人力脚踏碓一样，只是用途有所不同，它大多只用来造纸时碓竹麻时使用，这种水车碓不需人工用力，只要掌握规律，定下时间让水碓将做纸用的竹麻碓烂就行了。水车碓可利用水流使之转动，水大车斗旋转得快，水小车斗旋转得慢。但随着机械化的来临，这种水车碓现在已难以见到，只有偏僻小山村的土纸作坊偶尔还用。但祖先们利用当地资源就地取材、独具匠心的睿智却永远留在人们的心中。

（钟春林）

大蜡烛的制作

　　大蜡烛制作工艺在大禾乡已有几百年的历史。它分为主蜡和配烛，主烛高1.3米、30厘米粗，配烛高1米、14厘米粗，全部纯手工制成。相传古时的蜡烛制作从正月初六起，制作人员要净身吃素，制作地点要全面清洁，不能有闲杂人上前。严格清场后，摆起香案请天神，以五色糖果作贡品，跪拜完毕开始制蜡烛心。蜡烛心用干竹片两片，刨平后用竹钉锁紧，再拿到油锅里煎五分钟，后拿起来把它晾爽。开始制烛了，按比例把60%的清油和40%的蜡放到油中一起溶解，油温不能超过40℃，然后用铁勺浇蜡油。冷却以后再上第二遍油，否则，会发热做不成。蜡烛渐渐大起来了，达到要求的粗细与高度时，再在外围浇上一层红蜡油。全部制作完成后在蜡烛上贴上金字，这就算完成了一大步。

　　大蜡烛做好以后，制作人员要天天守护，如有不顺还要跪拜，立刻补救，直到迎蜡烛队伍到来才能安心。

　　迎蜡烛时由鼓乐队、香手公护送8位扛蜡烛轿夫，一直把蜡烛抬到醮坛下，此时才算大功告成。

（邓建容　邓文化）

藤椅之乡——张畲村

张畲村地处武东镇西部，距县城约18公里，距镇政府约5公里，南与城厢镇礤文村相邻，北与尧禄村相接，山林面积6500多亩，耕地面积960亩，382户，1386人。

张畲是藤椅之乡，是武平县唯一做藤椅的专业村。张畲加工藤椅这一手工技艺，大约起源于明清之际，20世纪七八十年代，随着对外经贸的繁荣，张畲藤椅就有名气了。张畲村编织藤椅的技艺是祖辈相传的，至今已有几百年历史，全村家家户户都有人会编织各种款式的藤椅。张畲人编织的藤椅的靠背和扶手相连，与圆形座圈连成一体，寓意和谐圆满；四只椅脚代表东南西北四方，寓意方方得利；人坐舒适精致的藤椅，寄寓天时地利人和，这与客家人天人合一的审美和生活向往一致。编织、营销藤椅也是村民的重要经济来源。张畲人加工藤椅的材料、工艺技术均以东南亚地区的传统工艺为主，这使藤椅充满东南亚风情。由于藤椅重量轻，经久耐用，加上取材天然，夏凉、冬不冷，透气适肤，很受人们的喜爱，尤其受到喜欢环保天然座椅的人们的青睐。

据朱文招老人说，他的母亲是一名广东蕉岭女子，勤劳聪慧，心灵手巧。有一天，他的母亲上山砍柴，看到山上到处有加工藤椅的主要材料藤子，联想到娘家有人用这种藤子编织枕头，便把藤子割回家，以藤子为主要材料，加工成长方形枕头。没想到，藤枕头深受当地人欢迎。后来，就加工模仿本村人从江西买回来的藤椅。朴素的村民不吝啬谋生的技艺，你肯学，我愿传，渐渐地，全村人都学会了这一手艺。

加工藤椅，首先是采割或购买藤子，用刮刀把藤子去皮、去芯刮成片条。还要上山砍伐粗细适宜的灌木、杉树枝干和毛竹。其次把充当椅脚的粗灌木、杉树枝用火烤，使用"咬锤"压弯至适宜的弧度，在门框里固定直至阴干，以防回直，作为椅脚。毛竹也要经剖细、晾干、压弯后钉成椅圈。然后把这些材料

师傅们正在制作藤椅

和作为支架用的已去皮晒干的小灌木、枝条，按尺寸裁截，用粗细不一的铁钉钉成椅架。最后用浸泡变软的片状藤条缠好椅腿，通过提压穿梭，用藤条在椅背、椅座编织精美的图案。每一道工序都需要在师傅指导下经过较长时间的反复练习才能习得。

自从藤椅加工技术传遍开来，在一间间简陋的土木结构的民房里，粗细不一的藤条在藤匠们粗糙灵巧的手中穿梭，在简单而又富有诗意的劳作中，一件件实用、美观、精致、富有风情的藤制品孕育而生。也为村民带来一份稳定而且不菲的收入。小时候，父母偶尔同意让我和哥哥一起赶早挑藤椅到县城赶集售卖。赶集的人们手持手电筒或竹火把，天不亮就出发，三三两两结伴而行，有时，翻过了阳鸟山，天还没有亮。在星光之下，留下一道独特的风景。

张畲的藤椅工艺从最初的模仿到后来的不断改进、发展，品种越来越多。有大有小，有单人椅也有多人沙发椅，有固定椅也有转椅。由单一的椅子到茶几、饭桌、床。主要材料除了单一的土藤，增加了塑料藤、洋藤，还用容易塑造各种形状的 PE 藤替代竹木制作椅架。

改革开放后，不少藤椅匠人凭精湛的编制技艺去各地谋生，比如，朱占禄曾前往江西会昌县加工修补藤椅，朱枚昌曾前往明溪县盖洋镇加工藤椅沙发。目前，在县城及周边开店加工、贩售藤椅的有几十家，朱金华是其中的佼佼者。朱赐通夫妇是加工藤椅最年轻的师傅。张畲村还是著名的竹制品加工村，各种高竹椅、矮竹椅、长竹椅、竹床、小儿竹座椅等都制作得非常精美，远近闻名。

藤椅匠人朱占旺说，加工出一张美观的藤椅，不只要学好技术，还要静心，耐得住寂寞，毕竟这是相当耗时的手工艺。这常常让在快节奏年代成长的年轻一代望而却步，加上传统手工艺产品利润不高，远不如规模化的工厂流水线生产的产品，现在张畲村的年轻藤椅匠人已没有几个。

（朱金昌）

传统客家（武平）土纸是怎样造的

造纸术是中国四大发明之一，客家人具有悠久的生产土纸的历史传统，土纸既方便了人们的生活，也影响了古往今来的乡土文明，福建武平县大绩村沙背属于梁野山腹地，居民长期以来有做土纸的传统（惜于1997年后中断），2016年7月，笔者访问了林天赐老人（67岁），他对土纸生产工艺了如指掌，他向笔者介绍了土纸生产的完整工艺。

做土纸的主要原料就是竹子，而且必须当年生的，俗话说："竹麻不吃小满水"，故第一步竹子必须于小满前3天或后3天砍伐，砍去枝叶，打成捆，然后放到湖塘里用石灰水腌渍（生石灰比例，每百斤竹片用10~15斤，湖塘里的石灰水要浸没竹片10厘米为宜），这个腌渍时间为40~45天，一般一个湖塘可浸100~200片。

第二步把湖塘的水放干，把竹子上的石灰水洗干净，然后将木枕放塘底，周围放竹片让其继续腐烂，这个时间也是40~45天，中间第7天、第10天、第30天放旧水、加新水，30天后每隔3天换水，主要就是把竹麻的石灰水洗净，这样的竹麻已经大部分腐烂，成了做纸的半成品。

第三步把竹麻捞起晒干，一般阳光充足时七八天即可，没有太阳或时阴时晴一般要半个月。

第四步把竹麻放在水碓中碓烂。这个也是有讲究的，一般竹子分料皮及料肉（即相当于竹青和竹黄），放在水碓中的比例为料皮1/3，料肉2/3，一般碓烂后用水冲洗，除去砂石杂质及坚硬物后再碓一小时，就基本上成为纸浆了。

第五步是成纸。这跟做豆腐非常相似，他们要采集一种植物叶子（当地话叫狼叶），这种叶子的汁就像点豆腐的石膏水或卤水一样是一种催化剂。每百张草纸原料要放上半筒（半斤左右）这种植物叶子挤成的汁，而浓汁则可做200张纸，在纸寮的厂房里做纸师傅就在一个长方形的纸槽中舀纸，舀纸要匀称，从生手到熟练舀纸工人最少要历练三年。

第六步，舀好纸后即揭下贴在焙奢上慢慢烘干，焙奢是用土砖砌成的中空，中间烧柴火，两边墙都发热的装置（类似于烤烟的烤房）。

第七步，土纸在焙奢中烘干后即成为成品纸，然后再包装打捆成了商品纸。一般42张为一刀，40刀为一绸。熟练工人每天可做50~60刀。

　　林天赐老人说，他们那里做土纸已有几百年的历史了，民国时期，他们村有28家纸寮，土纸生产非常环保，也成为村民收入的主要来源，他们大部分劳动力从事土纸生产，而且做纸也需要烧掉竹林间大量杂草，故以前的竹林之间也非常干净，可惜他们村从1997年中断土纸后再也没有恢复生产。

　　以前没有冰箱的时候，土纸就成了许多食品的"保鲜剂"，乡民在猪肉上贴上土纸用来保鲜；若在切开的冬瓜切口上贴上土纸，在通风阴凉的条件下，三四天不会腐败。另外，在漫长的历史时期中，土纸也是妇女们的卫生用纸。可以说，土纸是客家人的智慧型劳动产品，古代生产生活方方面面都离不开它，如今，传承并发扬这门古老的工艺，造福现代生活仍有积极意义。

（东　文）

湘坑村民的炼铁技术

湘坑村地处桃溪镇北面。抗日战争胜利后，村里有对年轻兄弟，名叫何万成、何保成，不知从哪里学来的炼铁技术，由他俩教会了村里一批年轻人，后来又经过这批人的"传、帮、带"，几乎全村的青壮年男子都学会了炼铁。从此，村里人多以炼铁谋生，走遍家乡周边赣粤闽地区。现在龙岩钢铁厂，原是新中国成立前陈慧明办的马坑铁厂。1960年以前，该厂的炼铁技工全是湘坑村民或他们所带的徒弟。

炼铁分铸铁和炒铁两道程序。

一是铸铁：一个铸铁炉需要9个人，两班制生产。原料是木炭、铁砂或铁矿石。铁矿石不是到处都有，而铁砂多是山土利用溪水冲洗淘取的，随处可取。炼铁的主要工具有数条安着长木把且带钩用来开关炉门的铁棍和一个长约2.5米、直径约60厘米的木制圆形大风箱。铸铁炉建在空旷的场地上。开铸时，装好风箱，加入木炭和铁砂或铁矿石。随后鼓风工人不停地牵拉风箱鼓风，使木炭燃烧产生高温，把铁砂或铁矿石熔化为铁水。待炉中的铁水有了一定量时，铸工师傅叫急鼓风，然后用带钩铁棍打开炉门，把铁水从炉中引流出来，注进一个个事先备好的砂模中，冷却后便成了一个个铁块，这叫生铁砖。这就完成了炼铁的第一道程序——铸铁。在正常情况下，一个对时（一天一夜），可生产生铁400公斤左右。

生铁性质硬脆，只能用来制造耕田用的犁头和煮饭的铁锅。

二是炒铁：一个炒铁炉需要11个人，三班制生产。材料是木炭和生铁砖。主要工具有数条安着长木把的炒铁棍和一个长约2米、直径约45厘米的木制圆形风箱。其工序是先将生铁砖放进一个特地挖的地窖中，用木柴加热烧红。钳工用铁钳将烧得通红的生铁砖钳放到炒炼平炉里，加入木炭和少量铁砂。这时鼓风工人牵拉风箱鼓风，使木炭燃烧产生高温。接着炼铁师傅用炒棍把生铁砖捅散、翻炒使之熔化，以减少其中所含的炭成分，熔化后的生铁水，经过几次翻炒，炼铁师傅又利用温度的降低，把它冷却成铁团。这时钳工用铁钳把铁团从炼炉中钳出来，放在铁砧上让工友进行锻打，打成像建房用的薄砖块。然后工友用铁斧把薄铁砖破成每块长约15厘米、厚约5厘米的许多小块，这样就把生铁炒炼成了熟铁，完成了炼铁的两道程序——铸铁、炒铁。在正常情况下，一个昼夜，可炒炼熟铁700公斤左右。

熟铁呈灰黑色，有延展性，可用来制造各种铁制家具和铁器用具，用途广泛。

铸铁厂和炒铁厂都安设有铁拐仙师（八仙中的李铁拐）神位。为头师傅每天要点烛、焚香，祈求保佑多产铁、产好铁，保佑全厂工友平安无事。

铸炒铁用的风箱是用一种叫枫楠树的原木段，中间挖空，经精心刨修造成的。铸铁风箱比炒铁风箱体积大、风力大，两个人合力牵拉，发出嚎嚎巨响，夜深人静时离得很远的地方都能听到。传说老虎的牙齿是铁拐仙师安装的，凡新开铸铁厂，风箱一拉响，必有老虎前来拜师（其实是老虎把拉风箱发出的声响误认为异性求偶的叫声）。笔者小时候，在家乡铸铁厂不远处曾亲眼看过传说中老虎拜师留下的脚印，有小菜碟那样大，直径有十五六厘米。

随着时代的发展，科技的进步，这种炼铁技术过时了，被淘汰了，"拜师"老虎也没有了。上述记述只当历史的回顾。

（何仁宝）

漫话挖冬笋的苦与乐

在武东的大山深处，长年生长着一片片翠绿的竹林，每逢冬季来临之时，竹根底下深藏着不少的山珍——冬笋。

冬笋是宴席上的美味佳肴。每逢过年过节、婚丧喜庆宴请宾客时，取冬笋这一食材，加入肉类，焖、蒸或炒煮，肉质脆嫩，味鲜且甜。竹笋含纤维素多、钙质高，有丰富的营养价值。

每逢冬闲季节，村民们成群结队，带着干粮，前往离村一二十里的大片竹林中去挖冬笋。为解除挖笋劳累，远处传来男女村民们动听悦耳的武东客家山歌。

挖冬笋虽是项简单的农活，但也有其窍门，一是寻"爆头"。所谓的爆头是冬笋长大出土时从土表层挤出的痕迹。在阳光充足、土层板结的区域，能找到呈三角形的一般是冬笋的穴位。如果发现裂痕过于明显或呈直线形则不是长的冬笋，而可能是嫩竹根或树根。二是如果大年毛竹周围，未发现土表爆头，也没发现地面突出的竹根，这说明此处的竹笋长得深且大。可沿毛竹最下端两根竹枝头指示的方向深挖土层，寻找竹根。一旦找到竹根（一般在 30 ~ 60 厘米深处），要小心紧跟竹根走势去挖。如果挖到竹根周围有数根或许多白色鲜嫩的根茎时，就说明找到冬笋了，此时得小心挖，多条大笋将至，这种方法叫"挖笋不到寻竹根"。此种方式费时费力。不过挖到的笋大、产量高。三是数九寒天大雪封山时，挖笋就要去寻找有雪层局部下陷的地方，那里就是长冬笋的地方。因为冬笋在地里每时每刻都在往上长，与土壤摩擦会产生热能，雪层局部融化下陷。在此处小心挖，百分之百能挖到冬笋。四是当发现笋时如何取出竹根上笋至关重要。找到笋时，小心轻挖，清除笋周围的泥土，如果笋大根多，必须用刀或锄头先切断周围的笋根，然后切断笋蒂，用锄头轻轻地撬出冬笋。

挖冬笋是一项极有趣的事，又可增加收益，是农村老百姓赚钱多又成本低的一件事情。近几年来，挖冬笋已产业化，冬笋的产量与产值与日俱增。就拿我们家乡来说，冬天挖冬笋，赚上万元钱的事常有。时下挖冬笋也成为节假日寻找美味佳肴、游山健身的一种乐趣。

夕阳西下，村民们兴高采烈，在返家的路上又唱起了武东客家山歌：

男：月落西山红霞飞，冬笋一担重别哩。

有心老妹等一驳，当得汀州搭船归。

　　喔嗬！

女：月头落山坳里黄，坳里来哩厓个郎。

　　日不同食多作业，夜里睡目共铺床。

　　嗬喂！

村民们笑声一片，踏着晚霞，挑着满满的胜利果实，你追我赶奔走在回家的路上。

（林勇桢　林亮明）

"二十四节气"与客家农耕的气候歌

　　农事节气，是农耕风俗的载体。由于科技的进步和地球的温室效应，气温升高，节气里所述的农事有许多已成为过去，但留下了文明的记忆。2016年11月30日，中国"二十四节气"被正式列入联合国教科文组织人类非物质文化遗产代表作名录。"二十四节气"对公历来说有一定之规，日子只相差两天，是我国特有的农业物候历。它形成于中国黄河流域，综合了天文、气象等知识和经验积累，反映了我国古代发达的农耕文明。

　　在封建社会里，战乱、瘟疫、旱涝等灾害频发，老百姓为躲避厄运，促使北方大规模人口迁徙到南方各地。但长期积累下来的耕作习惯，随着气候的变化，聪明的南迁人，仍根据"二十四节气"和当地的气候适时进行农业耕作，调适生活起居，这是人寿年丰的根本保证。闽西历代客家文化学者为便于居民记忆，写出许多朗朗上口的诗句，将物候与耕作结合起来，广泛流传于客家民间，作为当地人们当今生活的遵循。以下为武平县新建的"香樟田园公社"里竖立的《二十四节气歌》的内容：

立春　万物苏萌山水醒，农家岁首又谋耕。

雨水　南湿北冷两交锋，乍暖还寒斗雨风。

惊蛰　一声霹雳醒蛇虫，几阵潇潇染紫红。

春分　赤道金阳直射面，白天黑夜两均分。

清明　寂静青山人陡涌，冥钱纸烛祭先陵。

谷雨　布谷啼播春暮日，栽插种管事诸多。

立夏　南国似暑北国春，绿绣江淮万木萌。

小满　江南沃野忙插秧，江北麦麸便灌浆。

芒种　南岭四邻禾壮日，大江两岸麦收忙。

夏至　火轮渐近暑徘徊，一夜生阴夏九来。

小暑　地煮天蒸望雨风，偶得雨暴半圆虹。

大暑　日盛三伏暑气熏，坐闲两厌是蝇蚊。

立秋　一叶梧桐一叶秋，稻花田里话丰收。

处暑　一度暑出处暑时，秋风送爽已来迟。

白露　衰荷坠玉闪晶光，一夜西风一夜凉。

秋分　暑退秋澄气转凉，日光夜色两均长。

寒露　天高昼暖夜来凉，草木萧疏梧落黄。

霜降　时逢秋暮露成霜，几份凝结几份阳。

立冬　北风往复几寒凉，秀木摇空半绿黄。

小雪　太行初雪带寒风，一路凋零度孟冬。

大雪　丛山凋敝黯无华，满目寒光晃树杈。

冬至　白天最是时光短，却见金梅竞艳开。

小寒　冰雪万里雪皑皑，径堵千重港口塞。

大寒　老农犹喜高天雪，况有来年麦果香。

（罗炳星）

俗语"六月立秋赶死牛，七月立秋慢悠悠"

在过去，生产力较为低下，生产工具也比较原始落后；耕种土地完全依靠双手，在很长一段时间内，农户都用不上耕牛。水利设施更是稀少，只能靠天吃饭。在这种情况下，二十四节气对人们的生产生活起到了很大的指导作用。拿立秋来说，这个节气在（农历）六月，还是在（农历）七月，对农业生产给出的指导意见却是截然不同的。

"六月立秋赶死牛，七月立秋慢悠悠"。这句谚语主要是针对气候与庄稼之间的关系说的，对庄稼而言，立秋意味着成熟和收割。那么，六月或七月立秋有什么区别呢？六月立秋，称之为"早秋"；七月立秋，称之为"晚秋"。这里的六月和七月指的是农历，因为我国广大农村一直使用农历，二十四节气表月份也均是指农历。

一般情况下，如果立秋时间在六月，那么也就意味着接下来凉爽的时间会来得比较早。这对于农民而言是好事，可以尽早告别炎热。但是对于农作物而言，正好相反。因为植物的生长需要充足的光照。而立秋提前了，意味着降温时间早，庄稼不能足季生长，成熟期相对来说也就缩短了一些，人们需要赶快投入"三秋"工作当中。这里的"三秋"指的是"秋收、秋耕和秋播"。秋收：指收割农作物。秋耕：指犁地翻土。秋播：指对越冬农作物的播种（主要是小麦）。

秋收需要人出力多，秋耕需要牛出力多，秋播需要人和牛共同出力。因为以前农业没有机械化，农民播种、耕地、秋收用的主要劳动力是人和牛，所以，六月立秋时，农民需要赶着牛，抓紧时间完成"三秋"工作，人和牛都会很累。

"六月立秋赶死牛"，这句话对于南方，特别是客家地区种水稻的农民来说很重要，因为客家地区需要种植两季水稻，如果六月立秋，就意味着两季之间的时间缩短了，需要在短时间内收割完第一季水稻，然后还要赶紧种第二季水稻，担心种得晚了，气候凉了，不利于水稻生长。所以农民要在立秋前收割早稻，早稻要颗粒归仓，然后立马用耕牛犁田、耙田、滚田、平田，这一系列活计下来，耕牛也会很累，水稻田撒肥料后，还要耕牛打滚子，就是让肥料溶解到泥浆中，这样农民就要抢着播种晚稻了。

　　如果立秋的时间在七月，季节晚一些，炎热时间比较长，降温时间较晚。农民就不需要过分着急播种水稻。农作物可以足季生长。农民也不需要着急收割庄稼，可以随着农作物成熟的时间慢悠悠地去一茬一茬地收割。这也就是"七月立秋慢悠悠"的由来。

（饶正英）

古时岩前商贸一瞥

岩前北连十方、高梧、平川、中堡，江西省的会昌、寻乌等地。东连象洞、上杭，南连广东省的广福、文福、蕉岭，西连中赤、下坝，所以自古以来这里商贸十分活跃。

每逢农历二日、五日、八日是岩前的圩天，圩天的头一天晚上，几乎所有的客店都住满来自各地的客商，有的客商甚至就在街上过夜，夏天薰蚊、冬天烤火等候天明。岩前的圩天开圩早，天一亮，四邻八乡的人都赶到圩场。中午10点以后，人最多，交易繁忙，12点半以后，人们陆续散去，留下许多在小店吃饭、喝酒的男人们。

岩前流传一句老话："好（hào）吃婆娘唔得月子到，好吃男人唔得圩天到。"每逢圩天，相当一部分男人圩后留在小店子里"打凑聚"（各人平均凑钱买酒肉），喝酒、吃肉、猜拳行令，喝得满头大汗，又摇头晃脑，是何等快慰！

古时，岩前城内有东门街、中街、上中街、下中街、曾屋街、南门街，隔三差五就有一户人家做酒店生意。练毓山的故居"萼园"，人们叫它"酒店子"，后来又有了城脚街、翠丰街、通广街，城内的店铺逐渐移到了城外，城内的市场才逐渐关闭，但至今还可看出它昔日的风采。

入夜，仍有小生意人，挑着肉丸、包子、馒头、白肉丸（薯粉丸）、馍馍、煎粄等风味小食，在城内外的大街小巷中穿梭行走。昔时岩前的水运十分发达，人们把竹、木、柴、炭、大米，顺着河流经过上赤、中赤、下坝运入广东，而从广东把布匹、日用品、海盐、海产品、生产用具等源源不断地运回岩前。夏秋两季，水运码头十分忙碌，狮岩"岩背埠"的船只，晚上装卸货物时更是一片灯火通明。后来，公路开通，又由于水陂、水圳的兴建，岩前的水运才告终止，但"岩背埠"的地名沿用至今。至于有人把"岩背埠"写成"岩背夫"，乃大错也！

到中华人民共和国成立前夕，岩前的物流主要靠人力挑扛、或独轮车运送，往江西寻乌、会昌等地的大都挑盐去，回来时挑回大米、茶油贩卖；到广东的，大都运送茶油、茶叶、大米、花生、竹木、柴炭，挑回来的大部分是百货、日常生活用品。

岩前的商人，都讲诚信。就拿练氏"富记"店来说，凭他印记签署货物的日期、数量、金额在广东省蕉岭县城各大商号都可提货，客方半年一次来岩前结账。他的主货是盐、茶叶、茶油、海货等，还兼营其他各类，"富记"店发了，后来货栈移至天后宫旁边，每逢过年，练氏60岁以上的老人，都可在富记店领到馈赠的两斤茶油。据说曾氏的增华店，经营布匹，过年时，60岁以上的曾姓老人可在店里领到一套衣服的布料。

古语云："无商不活。"无数的经济人，促进了货物的流通，繁荣了市场经济，给人们的生活带来方便。

（练利龙）

"踏遍青山人未老"

——记湘里人的扛树技能

湘里山多田少，加之多数是山坑田，一年只种一季稻，每亩年收水谷400斤左右。改革开放前，除去交给政府的农业税和指令性的"余粮"后，剩下的粮食难度饥荒。好在湘里有18000多亩山林，土地肥沃，适宜树木生长。20世纪六七十年代前，山林覆盖率达98%以上，山上树木郁郁葱葱，长势茂盛，有的杉树高达30多米，根部直径1米有余。

卖木材是湘里人的主要经济来源之一。其方法主要有两种：一种叫"买青山"，山主把做木材生意的老板带到山上去看，点头（棵）卖，成交后由买方自行组织砍伐、运输，山主只收成交时所定金额，其余事宜一概不管；另一种是山主自行组织砍伐、运输，直接卖给外地木材老板。20世纪50年代前，湘里没有公路，无法用汽车载运，再大的树也只能用肩扛。由于湘里木材业的兴旺，锤炼和造就了一代又一代的"扛树师傅"。

湘里人的杉树砍伐上半年在"春分"前后，下半年在"霜降"前后，因为春分前后的杉树好剥皮，杉皮还可以扛回家盖屋顶，霜降前后的树质比较好卖，价较高，所以多数人选择这两个节气砍伐。杉树砍伐后立即剥皮，经一个多月晒干后"裁筒"叫"取树子"。一棵树一般裁三筒，分别叫头筒、腰筒、尾筒，裁完三筒后的叫树尾子，每筒6米长。裁好后滚下山谷，再扛到路上堆起来，这叫"出山"。树筒出山后，如果还湿，为了减轻重量，需待若干时间晒干后再扛。

湘里人的扛树技能远近闻名。在远距离时分驳（段）渐进，其规矩是80步远为一撑，七撑八肩为一驳。如果到外地扛树，因路途不熟也按此规定，以免吃亏上当。照此距离一天扛八趟。有些地方为便于树筒堆放，有些驳缩短或延长距离时则要增加或减少趟数。如湘里的郑屋塘一带的树，在出山时扛到郑屋塘岽上，而后经郑屋塘岽、大寨头岽、过龙凹上、凹峰岽、拱桥子四驳。扛到神潭坝后堆放在那里，待下雨时滚到溪里，靠水力运到桃溪河进行钉排放大。如逢久不下雨，则要直接扛到桃溪河岸，所以湘里人在桃溪河西岸专门买了一处地皮，名为"堆树岗"。

师傅们在扛直径三四十厘米以上、6米长的大树时，要走十多华里的羊肠小道，弯来弯去，上岭下岽，有的达30多度的陡坡，难度之大可想而知。扛树的人不能从树筒的头端排到末端，否则过凹和转弯时会造成一些人肩树脱离无法着力，有的人又无法承受，所以扛一筒树需要再多人也只能分布在中间3米左右，扛大树不能在树的一边扛，否则不仅扛不稳，而且会滚下来，必须采取两人肩头一左一右的办法。扛大树步调非常重要，有时几十个人扛一筒树，哪怕是其中有一个人脚步不一致，都可能造成不堪设想的后果。为了统一步伐，扛树时师傅们叫着号子，起肩时叫："嘿呀、打、打、嘿、嘿、嘿——"；起步时叫："嘿—嘿—嘿—"；上坡时脚步比较慢，叫："嘿—呀、嘿—呀、嘿一呀"；平路时叫"哼唷、哼唷、哼唷"或"迢唉、迢唉、迢唉"。叫号的节奏不是千篇一律，根据脚步的快慢视情况变换。按扛树的人数，从前排到后，第一个人为领号，其他人附和。通过叫号，一是可以步调一致，避免乱了脚步；二是可以集中一定的精力叫号，从心理上减轻负重量；三是体现扛树师傅的技能和艺术，同心协力，振奋精神，在一定程序上缓解疲劳。扛树师傅扛大树时会吸引很多人去看热闹。

由于湘里人的扛树技能远近闻名，周边地方都请他们去，湘里的师傅们自带棉被和日常用品进行劳务输出，江西、长汀等地都曾留下他们扛树的足迹。

扛树是很危险的重体力活。业主常会带香纸、蜡烛到土地伯公那里去烧，以求保佑平安。干这种活时，要讲吉利的话，连不吉利的同音话都不能讲。他们有自己的行业俗语，吃午饭叫作"午朝"或"烧蜂子"，饭碗叫"莲花子"，筷子叫"兵"，米饭叫"蜂子"，茶水叫"汤子"，公鸡叫"红脸佬"，鸭子叫"婆筒子"，鱼叫"耶佬古"，猪肉叫"捆头佬"，兔子叫"缩脚佬"，草鞋叫"马子"，归（收工回家）叫"转邸"……一批树扛完后，业主要买酒、买肉加菜，请师傅们吃喝一餐，大家平平安安，高兴热闹，以示祝贺，这叫"做齐普"。

20世纪60年代后，桃湘公路开通，木材被扛到公路上用汽车运输，加之大树逐年减少，昔日的扛树情景已成为历史，但他们那种清脆宏亮的号子声仍在湘里人的脑海里回荡，教育后人要铭记前辈们的辛劳、勇敢和智慧。

（王正茂）

惊蛰锁虫蚁

　　"惊蛰"这个节气过后，天气渐暖，家中的蚂蚁、蟑螂等各种害虫逐渐活跃起来。岩前、象洞、下坝、中赤一带有"惊蛰锁虫蚁"之古俗。即在惊蛰前后，将生石灰撒于天井、门角、屋角、檐下、猪栏、鸡舍；挂红辣椒于厅堂、房间；桃枝熏烟于厅堂、房间、厨房。撒石灰时边撒边念："惊蛰、惊蛰，锁得虫蚁脚直直。"晚上，家庭主妇还会把剩余的黄豆种、花生种等炒给孩子们吃。炒时一边炒一边念："炒，炒，炒，炒断蚂蚁爪；香，香，香，馋死臭蟑螂。"惊蛰过后，家中老幼一起动手，扫净撒下的石灰，撒去熏烟盆，打扫屋内暗角，去除床底污垢。古俗已为历史，据老辈说，此项活动对减少虫蚁确有其效。

（山　峰）

冬至前"犁金"，冬至后"犁铁"

　　冬至前翻土有下列好处：一是可以把藏在土里的害虫、虫卵翻出土外冻死；二是翻松的土经过冰霜冷冻变得更加膨胀松软，为明年的粮食增产打下基础。故民谚说冬至前"犁金"。冬至后，天气逐渐转暖，所以冬至后犁的田经过霜雪的时间较短，土地较板结，许多害虫又无法冻死，甚至还会耽误农时，致使粮食减产，所以说冬至后"犁铁"。

（谢兰林　钟奇招）

感恩耕牛

九九归一春露头，但见耕牛田中忙！

生长在农村，都和牛有过或多或少的接触，看过高大威武、膘肥体壮的牛摇着尾巴津津有味大口大口地吃着路边的青草，有时还边吃边拉，拉出的屎屎臭哄哄的。在生产队时化肥奇缺，为了土地肥沃，队里会发动闲杂人员（老人和小孩）捡牛屎、狗屎卖给生产队以获取工分。

在那物资匮乏，靠双手拼搏的年代里，耕牛就是生产队的主要劳动力和财富，很多重活靠牛来完成，所以那时大家把耕牛视为珍宝。

每到春夏两季虽然田野路边的青草长得茂密鲜嫩，可因耕牛的劳动力度大，为了不影响耕种的最佳时期，生产队干部发动妇女社员轮流上山割芒和各种鲜嫩的草。让劳累了一天的耕牛把肚子撑得圆圆的。

分田到户后，因当时生活还比较困难，笔者家没有买牛，只能用两天的人工时间和邻居交换牛一天的时间，而且不能让牛过分劳累并负责把牛喂饱。就这样有些人还舍不得用牛的一天换取两天的人工，得看平时的交情呢。

后来父亲卖了烟叶，再去亲戚朋友家借够了买一头牛的钱，也买了一头黄牛回来。这头黄牛看起来很惹人喜欢，弯弯的两只角，一个又宽又大的嘴巴，全身长着金黄色的毛，在阳光照耀下闪着金光，两只圆鼓鼓的牛眼，像极了一对铜铃，它的尾巴不停地左右摆动，嘴里不时地发出"哞哞"的叫声。

这头黄牛是母的，精打细算的父亲说，母牛虽然力气比较小，干活比公牛慢，但母牛可以下牛犊，牛犊长大了又有一笔收入。

每次要劳作时，父亲就把牛喂得饱饱的，然后扛着犁耙牵着牛吆喝着走在乡村的小道上。牛是很有灵性的动物，它知道主人把自己喂得饱饱的，是要为他们卖命，于是也就乖乖地和主人来到田边，等待主人给它全副武装，就像即将出征的战士，当主人挥舞着手中的竹梢子一声令下，它就匆匆地下田开始了辛勤的劳作。

到了午间，如果有空，会把牛牵去放养，没空的话人们会把牛牵到大树下的阴凉处，让辛苦了一上午的牛吃提前准备的草料，为了不耽误耕作，有时主人会把猪的米糠拌些喂牛。牛吃饱后就在大树下卧倒休息片刻，下午又继续劳作。只有到了晚上，牛才会被主人牵回到牛栏里。

农闲时我们天天把牛牵出去放养，有时在山上，有时去小河对岸的草地上。最开心的是去河对岸放牛，那边不但宽广平坦，我们还可以把牛当作马来骑，淌过那条十几米宽的小河。

我们喜欢牛，是因为它忠厚、老实、勤劳。它不像猪那样懒惰，贪吃贪睡，而是默默地奉献自己的一切。每次放牛，我们都会为它驱赶苍蝇、牛虻，捉掉它身上的蜱虫。

随着科技的不断进步，机械化取代了农民繁重的体力劳动，田间地头已经很少再见到牛耕田了，现在牛已经成为养殖户发家致富的资源，变为餐桌上的美味，可耕牛的经历已成为我们这代人的记忆，更是我们永远的怀念！

（钟巧云）

远去的米升筒

米升筒，是很多人都熟悉的一个物件，一听名称，大家就知道它是度量米的工具。说起米升筒，除了度量米，笔者的脑海里不由自主地跳出另一个画面——母亲用米升筒拔罐的场景！她把点着的草纸丢进米升筒里，然后摇两下迅速地扣在病人的大腿上或腰上，年幼的我们看了挺担心的，怕母亲会烫着。

米升筒是用老竹做成的，听父母说在秋天用老竹做的篾具和米升筒耐用，因这时的老竹没有了甜味，连虫子都不会喜欢了，曾经看过不少大人把买来的篾具或米升筒放进石灰堆里，说这样蛀虫就更不喜欢了。

从笔者记事起，就看到家里有一大一小两个米升筒，煮饭时母亲用它们打米（量米）。笔者去小伙伴家玩，才发现他们家也有，再后来知道，每家每户都至少有一大一小两个米升筒，听母亲说，每家的米升筒各不相同，我家的那个大的装一斤六两，小的装一斤，还说，这是非常准确的斤两。

那时条件很差，除了生产队有秤，谁家还有那闲钱补篾箩买秤？

家里除了我们几个吃闲饭，还有个体弱多病的祖母，所以每年都是超支户，生产队分粮时，母亲常常流着泪把空箩担回家，看到母亲沮丧难过的样子和那担空箩，我们心里特别难过，心想这下又得挨饿了。

笔者印象很深，即使分到了谷子，家里也经常断粮，粥钵里的饭粒，勺子都捞不到几粒，母亲除了低三下四受尽冷眼东借西借，还在自家的自留地里种了不少番薯芋子，才把我们拉扯大。

去邻居家借米，母亲和那些同样贫困的超支户都受过不同程度的委屈。借米，这种看似简单的事，其实是有窍门的，有个别心胸狭隘喜欢投机取巧的人，家里准备了几个相似的米升筒，有人来借米时，便用那个做了手脚的米升筒量米，人家还米时，又用那个没做手脚的米升筒，结果可想而知，还米时便有了出入。

另一种技巧是借米给人家，用米升筒直接舀米和用手舀米也有出入，有一次跟母亲去借米，看到人家用手抓了米再慢慢放进米升筒里，心里就想干吗不直接用升筒舀米呢，这样会快很多呀。长大后才知道，直接用米升筒舀米会多出一些，而用手抓了再放进去会少一些。

米升筒，作为那个年代的度量容器，有着非同一般的意义，历史总是在前进，米升筒也已在人们的生活中退隐，可作为一个记忆的符号，它反映出那个年代的生活条件及为人处世之道，给我们这代人留下了难忘的记忆！

（钟巧云）

公鸡结扎

很小的时候，就经常听大人们说结（阉）鸡子，看到大人把家里的雄鸡子用鸡笼装了挑到兽医家结扎，起先由几分钱涨到1角钱，大人把结（阉）了的雄鸡子挑回来后，让雄鸡们在笼里或鸡舍里待着，说雄鸡结（阉）了得让它休养，不能让它到处跑，更不能让其他鸡欺负。

我们不知道结（阉）鸡是什么意思，只知道原来活蹦乱跳老是追得母鸡咯咯叫的雄鸡，被结（阉）了以后一副病态，安静了。

长大些，出于好奇，曾跟着母亲去本大队兽医家看他结鸡子，也算有了些许了解。

曾问过母亲，为什么雄鸡长到2斤左右，头上的鸡冠鲜红时就要结了，而雌鸡的冠再红也不要结？为什么又要留一只雄鸡不要结？母亲回答我，不结的那只雄鸡是留下做种的，雌鸡是留来下蛋的，蛋是要留着孵小鸡的。似懂非懂的笔者只能哦一声，并不敢刨根究底。

到了20世纪70年代，不用把雄鸡挑到兽医家了，他们会上门服务了，结鸡子的辛苦费已经由几毛钱涨到1元。大家听到特殊的（笛）哨声，就知道结鸡子的兽医来了，赶紧把待结的雄鸡关起来，告诉兽医自己家有几只雄鸡可以结，现已关在笼子里。这时候，好奇心特重的小孩子们就可以坐在自家门口等着看结鸡子。

兽医有个专门装工具的袋子，等主人搬来矮凳子，打来一盆清水后，他就坐下从袋子里拿出小刀、小剪刀、钳子、镊子等工具，放到盆里，然后从笼子里抓一只雄鸡，把鸡头包在鸡翼下，左脚踩住鸡爪，右脚踩住翅膀，右手熟练地拔下鸡翅膀下的鸡毛，露出皮肤后从盆中捞起镊子般的结鸡刀，动作娴熟地切开一条道，又用一把两头带钩俗称"铁弓"的工具，把那条小口弓成大口子，接着用一根尺多长，一头系着细线，像缝衣针般大的铁丝，伸进口子里，捻起线拉扯几下，又用一个很小的像勺子一样的工具把鸡的睾丸掏出来，很多时候，我们都看到睾丸了，兽医一不小心，睾丸又掉进去了，兽医又不慌不忙地去掏睾丸，把睾丸放进盆里后，给鸡吃下一种消炎中药或一枚土霉素，用手舀几滴水给鸡吃，再把原先拔下的鸡毛敷在口子上，最后把鸡放进另一只笼子，接着再结另一只。

结一只鸡的过程，也就几分钟，但围观的小孩子都挺紧张的，有时大气都不敢出，怕转移了兽医的注意力，使雄鸡承受疼痛的时间又延长。

如果有小男孩靠得太近，兽医会开玩笑说，再近前，我把你的鸡鸡和蛋蛋也割掉，小男孩就不敢靠近了。

睾丸起先谁都不吃，都让兽医带走，后来听说是有疗效的，对男性提供激素，可以壮阳补肾，对女人有养颜功效，用当归和其他药材一起熬汤，能起到补气健肾的作用，无论药用还是食用价值都很高，因此，结鸡子时就会把鸡睾丸留下自家人食用了。

兽医结鸡有时也不是百分之百成功的，很多时候也会结死雄鸡；也有因没结好，雄鸡变成了回骚（睾丸未摘净），还会追母鸡，也还会啼叫，大人说回骚公鸡追母鸡下的蛋孵出的小鸡养不大，中途会夭折。

如果兽医当时就把鸡结死，主人不但不付辛苦费，还要叫兽医赔偿，但死鸡得给兽医带回家，如果过了一两天雄鸡死了，兽医就不用负责任了，最多主家会怨怪几句，说他技术不好，把鸡给结死了。

乡下人讲吉利，如有些人看到笼子里笼了鸡，开句玩笑："呦，今天有客人来呀？鸡都笼起来准备杀了招待客人。"主人心里特不爽，怕结鸡时会被结死，就把鸡再放出来，叫兽医改天再来，还谎称没把鸡笼好。

不知何时，结鸡兽医走街串巷的身影，连同那悦耳的哨（笛）声已经在我们的生活中消失了，只给人留下了些许记忆。

（钟巧云）

"保禾苗" 习俗

农历四月廿五，是大禾村蓝姓村民的"保禾苗"节。"保禾苗"，顾名思义，就是保住禾苗期待庄稼丰收，请神明保佑。这个"保禾苗"节，据说延续至今已有500多年。每年农历四月廿四日下午，村民到龙坑福田寺迎神，由主持人、乐队、和尚、香主等将神迎至众祠（今蓝氏家庙），以定光佛、观音等神像为主。次日（廿五）为正醮会日，上午由和尚念经，中午做午朝佛事，下午1时左右年轻人把男性神像抬到溪里洗澡。下午4时左右抬回原放处。晚上，和尚做斋事、请愿、祈福等，次日上午送神回庙。

1950年土改后，会田分掉，建醮停止。但这个节日变为接待亲朋好友的特殊节日。斋荤并举，比过去更为热闹。

（蓝文春）

平川等地的换井风俗

在平川街道的红东村、七坊屯里以及武东镇张畲村等地，有新年为老井换水祈福的习俗。其中以红东村的换井风俗最为独特。2021年春，商务印书馆主办的英文双月刊杂志《汉语世界》曾对此作了图文报道，以一个一语双关的短语为标题：All is Well［well 在英语中既是名词"井"又是形容词和副词"好"，All is Well 既可以翻译为"（该图文内容和主题）全都是井"，又可以翻译为"万事胜意""一切皆好"］，言简意赅，精准巧妙。

每年农历七月初七和八月初八，是平川街道红东村2口头等古井的扫井换水日。这个日子以乡规民约或民间约定俗成的方式确定了下来，当地叫"换井"，以此唤起人们饮水思源，保护生态，保护好水资源，至今流传了数百年。

红东村距离河流较远，村庄人口密集。在没有自来水的年代，全村人的用水都要依靠井水。由于村子所处的位置地势较高，加上用水量大，井都打得比较深、直径比较大，大都有七八米深，直径大约两米。

换井是根据约定俗成在指定日期冠以节日方式定期给井下、井上做保洁的一次活动。具体由在该井用水的人家，按房系轮流负责牵头组织。每房又要指定比较有威望的一位老人来当头，被称为"换洁井人"。

换井前一个月，换洁井人要组织本房各家代表开会，商讨换井事宜，发动大家捐款献工，换井日张榜公布。

换井日当天，组织者带领大家来到古井边烧香祈福。年纪大点的老人在井的周边清理垃圾、杂草和排水沟淤泥等；体力较好的中青年人则围在井边，一人提一个水桶，同时、快速将井里的水提去三分之二左右，然后把七八米长的梯子放下去，安排一个人下井，自上而下清理井壁上的杂草等。

当清理完上部井壁后，将梯子拉起来，又开始提水。当水面下降到距离井底约0.3米时，先将长期生长在井里的红鲤鱼装进水桶，提起来放在一个水池中暂时存放。井下作业的人清除掉井下的砂石等落物，用刷子刷干净井壁，清掉全部井水。完成后，人上井，拉起梯子，新的井下泉水慢慢流出，人们用水桶将红鲤鱼再放下井。大家点上香，围在井边对井敬拜，祈祷新的一年井水清澈，大家身体健康。

晚上，把古井口用门板盖住，在古井边上燃放烟花爆竹。

　　换井习俗，不但在红东村有，而且在武平其他乡镇及周边县也有。随着城镇化进程的加快，饮水工程的实施，自来水已逐步替代了井水，换井这个流传了成百上千年的习俗逐渐消失（当然，如今一般居民家也会定期或不定期清洗水塔，但通常不会有那种仪式感，更不会去烧香敬拜）。红东村虽然也早就用上了自来水，但喝古井水长大的人们总无法忘却每天早上古井边传来的妇女洗衣的棒槌声，无法忘却井边上的故事会。

　　换井的习俗，虽然目的和基本方法一致，但不同的井有着不同的故事。如七坊村屯里自然村的换井日是农历正月初六。每当这天，无论刮风下雨还是下霜下雪，都要进行换井，不能改期，而且直接把这天定为该村最大的"打醮"日。千百年来，屯里人以打醮的方式年复一年传承着先人留下的古老习俗。

　　据了解，换井日的确定，应该和这些村的历史有关，有些是挖井人的生日，或村里重要事件的纪念日。

　　关于换井，迄今并未发现有史料记载其历史和故事，只是在当地民间口头约定。这些古井的样式多种多样，科学而精美，存在了几百上千年，是我们祖先的妙手杰作。从每一口井中流入千家万户的甜美井水，就像母亲的乳汁，不知道哺育过多少客家儿女；而那井圈上的累累印迹，纪录了多少不为人知的故事……

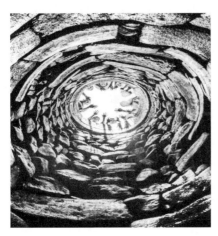

古井　　　　　　　　　　　　　　　　　　　　　　　　李国潮　摄

（李国潮　林永芳）

生活习俗

人生之初的几种习俗

生育习俗

20世纪六七十年代，农村生育一般历经"催生—报姜酒—做三朝—做满月—开荤—过周"几个阶段。

产妇临产前，娘家将糯米粉、鸡蛋等给女儿食用，俗称"催生"。婴儿出生后，家中以鸡、猪肉等和姜煮在一起的酒向姥姥家报喜，名曰"报姜酒"。婴儿出生后三天叫"三朝"，要给婴儿淋浴命名，给邻居小孩吃蛋，给成人吃糯米饭（又叫打炒酒）。小孩满月时请亲戚朋友先吃"姜酒"，后设宴款待，叫"做满月"。小孩出生百日时，给试吃肉类，名曰"开荤"。小孩满周岁，亲戚送小孩衣裤、鞋帽等礼物，主家设宴招待，名叫"过周"。

（钟奇招）

小孩命名习俗

以前识字人不多，孩子出生后命名一般请本房族比较有文化、德高望重的长辈取名，如今文化普及率提高，一般都是由祖父、外祖父或父母给自己孩子取名。

添男丁后，先请算命先生排生辰八字，取名以三个字为多，即姓氏、族谱字辈加一个吉祥的字；如果生辰八字五行属性不平衡，如八字中缺木，会以木字旁的字取名，以此类推。以前男丁取名惯用"福、禄、寿、禧、荣、华、富、贵"，女子则以"春、夏、秋、冬、梅、兰、菊、竹"为多。翻看客家族谱，比较规范的姓氏，即使分散居住，一看名字即知道是本姓第几世族人。

（钟奇招）

周岁习俗

小孩满周岁时，亲戚送小孩衣裤、鞋帽等礼物，主家设宴款待，名曰"过周"。"过周"有"抓周"习俗，把小孩放在大笆篮里，内放算盘、笔墨、红蛋、书等物件，让小孩自己抓，预示小孩将来的职业。

（洪　军　洪炳球）

出新丁

农村凡生男孩，都必须在当年或第二年的正月悬挂花灯，在清明节办酒席款待亲朋好友，并要做新丁粄，在送宗祠祭墓时供大家食用，表示庆贺。同时，做爷爷的要做一张桌子，做父亲的要做四条板凳赠送宗祠公用，这种传统延续至今。

（林锡田）

上新丁

每个宗族特备有一本新丁簿，在祭祖时，将本族新生男孩姓名、生辰登记在新丁簿上，此习俗代代相传，从未间断，已有数百年历史。

谁家新生了男孩都非常高兴。在春季祭祖时，宗族邀集本族有新生男孩的家庭统一筹办酒席，请本族60岁以上的长者到总祠祭祖喝喜酒（有的还请吹班），席间洋溢着欢乐的气氛。饭后，在祠堂中间放一桌，点烛烧香，登记新生男孩姓名、出生年月日，附上父母姓名、辈分，然后燃放鞭炮。新丁簿有承前启后，供历代查询的作用，便于统一造族谱。（何大昌　何根辉）

催　生

笔者前两年在武平县城拍摄传统生育习俗《催生》，希望留下这个习俗的记忆。

已出嫁的女儿快要生孩子了，她的母亲（奶奶也可以）要为女儿做一件事，叫"催生"，即在女儿预产期的当月要选农历初三或者十三这一天给女儿做催生，"三"和"生"客家话同音，跟生育有关，农历初三或者十三比较好，一般不会选月尾带三的日子。

早上母亲要去买新鲜的猪肝粉肠或瘦肉，炒曲加酒加水煮，曲为红色，有红红顺顺之意，曲还有去遗血功效，可以滋补身体，然后把煮好的红酒肉汤装进一个带有出水嘴的酒壶里，在酒壶的出水嘴上要塞一个红纸团，红纸团的外面插上一枚锋利的针或钉子，酒壶嘴上的红纸团和针或钉子象征男孩子的生殖器，在酒壶上系上红绳赶往女儿家，过去的人们以这样的方式祈求生男丁。

到了女儿家，按传统的说法，出来开门的如果是自己的女儿，女儿就会在预产期之前生产。在过去，人们都期待能早生，母亲把酒壶里的酒肉一勺一勺舀出来，每舀一勺说一句祈福的话，如"双生贵子""顺顺利利""母子平安"……女儿开始吃母亲送来催生的酒肉，母亲在旁边一边看着女儿吃，一边念念有词："妹子哦食欸哦""平平安安哦""囝个时候哦倒水般快哦"……

当母亲要离开回家时，女儿的婆婆会回礼，拿两个鸡蛋放进亲家母的酒壶里，祈愿媳妇生下有酒壶嘴一样男丁来传宗接代……　　　　　（李国潮）

客家人的"奶名"

一些农村的客家人中，由长辈取奶名是一种很自然的事。这种现象蕴含丰富的客家文化特征和文化信仰。

客家人的奶名是很丰富的，取材广泛，多种多样，但也有规律可循，即"贱化"的特征。在过去客家人的观念中，男孩子的奶名叫得"贱"一些，目的是想让他更容易成活、成才，日后更有所作为。而女孩相对来说本身地位低，生命力强，所以她们的奶名常称为菊菊、梅子、杏子、荷荷、桃子等，借喻体的某种品质，表达对孩子的一种期望，所以女孩的奶名会简单一些。

贱化的第一个表现是物化。除了女孩子的奶名有这种特征以外，男孩子的奶名会丰富和复杂一些，其中有如下几类。以动物命名：猪牯子、细鸡子等。以植物命名：枫树根、松树头、大头禾等。以建筑物命名：石桥生等。以日常用品命名：细缸子、大钵子、缸钵头等。

贱化的第二个表现是把男性名称女性化，封建时代"男尊女卑"的传统意识影响着客家人。在起奶名时，有的直接在原名上加"妹"字，如金水妹、鸿生妹、陆平妹等；有的更进一步，在物化的基础上再加女性化组合而成，叫得更"贱"，如"松树妹""石桥妹子""榕树妹子""牛栏嬷"等。

贱化的第三个表现是"神化"。把男孩子唤作鬼神，加以神化。期盼一物降一物，以鬼降魔，使其一生平安，顺顺利利。

值得注意的是，贱化特征并不是所有客家奶名的概括，且客家奶名的文化氛围，农村较浓，城镇较淡；过去较浓，现在较淡。一些孩子在农村生活时被叫奶名，一旦上学或移居城市，其奶名就渐渐被人遗忘，叫的人也少了。这是随着农村人口的迁移和经济文化的发展而不断变化的。　　（钟　声）

"新丁"的取名习俗

客家人把新出生的男孩叫"新丁",给"新丁"取名是一件十分庄重的事。

"新丁"平安降生后,家中大人在家门口燃放长串鞭炮以示庆贺,但此时不起名字。过八九天后,由家中长辈将"新丁"出生的年、月、日、时辰、地点端端正正地写在一张红纸上,然后请人排"八字"(即出生的年、月、日、时),卜算"新丁"的命运。如果"八字"有缺损,则在取名时加上。如卜算出这个"新丁"缺"水",则取名时,就加"水"或带"氵""丷"的字;缺"木",则加有"木"字旁的字;如果"八字"跟父、母的"生肖"相克,则"新丁"管父母就不能叫爸爸、妈妈,只可叫叔叔、婶婶或其他称呼。长辈根据卜算,然后按族谱上祖宗定的族谱字辈给"新丁"取一个吉利、好听的名字。在给"新丁"取了正名之后,一般还附带有一个乳名,如"细狗子"(狗又叫犬,"犬"与"健"谐音,喻健康又精灵)、"牛牯子"(喻健壮如牛)等。

"新丁"出生满一个月后,由家中长辈选择吉日良辰,在长8寸、宽2寸的红纸上,用毛笔在右上方直行端端正正写上"新丁取名×××,乳名×××",这些字要一行写完,忌分两行。中间写"长命富贵"。左下行写上家中长辈的名字。然后,摆上三牲,点燃香烛,燃放鞭炮,将红纸条恭恭敬敬地贴在祖宗牌位的柱子上,在一年内不得覆盖,此时,"新丁"取名工作方算真正结束。万一"新丁"夭折,则应及时将纸条偷偷撕去,并把它焚化在祖宗牌位前的香炉里。

春节后至元宵节前,凡有添"新丁"的人家都要购买花灯悬挂在大厅里或祠堂里,并准备酒菜,不论远近的客人,都予以盛情款待,并再次通报"新丁"的名字、乳名。客人喝酒、划拳,直到"日影斜照社鼓远,家家扶得醉人归"。

(罗炳星)

报姜酒

在我们这里，有一种风俗叫"报姜酒"。

"报姜酒"就是家里添了丁，在孩子满月前的一两天，家里就要准备去至亲那里送的礼物了。除了孩子的外公外婆家和爷爷奶奶家的亲戚要"报姜酒"，还有七大姑八大姨也要去"报姜酒"，不然会得罪人的。

"报姜酒"用的是鸡和猪肉，如果是至亲长辈（比如外公外婆、舅公舅婆、太公太婆），都是用鸡，七大姑八大姨则可以用猪肉。鸡和猪肉都要一整只或一整块煮熟，万万不可把生鸡、生猪肉送到亲戚家。

记得我侄女出生到满月的前几天，我（父母）就在一起商量"报姜酒"的事情了，哪些亲戚要送鸡，哪些亲戚可以送猪肉，他们都要记得清清楚楚，万一漏掉了必须给"报姜酒"的亲戚，是会被他们责怪的，甚至有可能会造成误会，导致老死不相往来。

笔者家亲戚多，加上侄女外公家的，父母算了又算，确定没有漏掉哪个亲戚，一共要用25把酒壶、6只公鸡、19块猪肉（2斤左右一块）。

去亲戚家"报姜酒"都是走路去的，所以父母决定分两天去"报姜酒"，那两天，他们一大早就起来，父亲去市场买猪肉，母亲就在家煮开水杀鸡，然后把鸡和猪肉分两次在大锅里煮到七八成熟再挟起来，等一会儿再把鸡和猪肉放到已提前装好了自家酿制的米酒的酒壶里。把鸡和猪肉装到酒壶里也是有技巧的，毕竟生活并不富裕，孩子结婚，家里已被掏空，"报姜酒"、做满月还得花钱，那个时候孩子满月客人来都是买一些给孩子的物品，不像现在都是用红包代替。所以，"报姜酒"的鸡也不可能很大，最多也就3斤左右，猪肉不超过2斤。无论鸡和猪肉，在大锅里一煮就会缩小。有些酒壶大，如果没技术，鸡和猪肉放下去就会看不到，人家就会说你小气，酒壶外都看不到鸡和猪肉，一定是太小的鸡和太小块的猪肉。

提前借够酒壶和圆篮，到了"报姜酒"这天父母分别挑上几把酒壶就出发，他们分头去送，因为要在12点之前送到亲戚家，他们在路上都不敢休息，两天下来累得腰酸腿痛，全身乏力。

"报姜酒"也是有规矩的，也许是为了防止酒壶里的酒溢出来，酒壶嘴必须要用红纸塞好，如果添的是男丁，酒壶嘴上的红纸随便捆一捆就可以了；如果是女孩，红纸就得剪成一朵花样，这样，路上行人看到了，不用问就知道你家添的是男孩或女孩了。

到了亲戚家，亲戚把鸡或猪肉拿出来，把酒倒到自家的酒壶里，在酒壶里装满米，上面放两个贴了红纸的蛋，作为回礼。

到了孩子满月时，这些报了姜酒的亲戚，给孩子的东西相对丰厚，2尺布是太少了，会给孩子买衣服，还会装一香篮的糯米粉或粉干。

现如今，"报姜酒"这一习俗正逐渐消失！

（钟巧云）

"腊子"的制作过程

东留镇是武平县最西边的乡镇，这里有一种逢年过节招待客人的美食，叫作"腊子"。这种香脆食品的制作过程可就繁杂了。

（一）浸米、磨浆

腊子的主要原料是大米。普通的腊子颜色洁白；如果要染色，可用草木灰。草木灰一般用秸秆或某些树枝烧制而成，这是大自然馈赠的上等色素，也是毫无毒副作用的添加剂。将草木灰用开水反复冲刷，滤渣留汁，用汁浸泡大米一天。草木灰的色素便充分浸入大米，使大米呈诱人的黄色，还带有淡淡的香味。将浸好的大米磨成浆备用。

（二）蒸粄皮

蒸粄皮考验客家妇女的能干程度，也可以考验邻里关系。因为大部分的家庭一年就蒸一次粄皮，每次蒸上百斤米，一户人常常忙不过来。这个过程要在半天内完成，需要邻里间互相帮忙。

将磨好的米浆倒在蒸箕上摇匀，放在锅里蒸熟。这和蒸簸箕粄的过程相似，蒸好的粄皮也和簸箕粄的粄皮差不多。

（三）晒粄皮

粄皮蒸好后，一定要趁热揭起，冷了就粘住了。揭起的粄皮铺在竹笪上，拿到太阳底下暴晒。

蒸粄皮要选在天气晴朗、阳光充足的日子。因为，不晒干就容易发霉、变质。而且，这天不能有强烈的风，不然粄皮容易皱裂。

（四）炒（炸）腊子

粄皮干透后坚硬如骨，这就叫腊子，可以长期保存，但不能直接吃。那么，它是如何完成华丽升格，变成香脆可食的呢？有两种方式。

制成后的腊子

　　一是爆炒。以前的东留妇女将河沙洗净晒干，然后放在锅里倒上油，爆炒腊子。原本枯瘦的腊子，仿佛一颗颗蓓蕾，在滚烫的沙子中次第开放，绽放成朵朵美丽的花儿。多炒几次，沙子变得乌黑。这样炒出来的腊子经常沾满黑沙，吃起来不太健康。现在，人们改用食盐炒。

　　二是油炸。油炸的腊子更好吃，又香又脆。相对爆炒来说，更简单方便。腊子在油锅里不断浮动、翻腾，干瘪的身子渐渐舒展、膨胀，摇身变为爽口诱人的美食。

　　爆炒和油炸都要掌握火候。火大了，会烧焦；火小了，不能完全膨胀，吃起来有"骨头"。这两种方式，让腊子在热锅中浴火重生，最终香脆出锅。

　　就这样，大米在经历了浸、磨、蒸、晒、炒（炸）等一系列的锤炼后，便升华成美味的腊子。

　　笔者儿时曾参与腊子的制作，这过程仿佛是见证鲜花的孕育与怒放、凤凰的涅槃与重生。曾几何时，它深受人们的喜爱，并长期充当儿童的主要零食。随着生活的改善，人们不再热衷于制作这种费时费力的食品了，物资的丰富也使大家有了更多的美味，于是，这种浸染劳动人民的辛勤和智慧的食品渐渐淡出生活。但那种人们紧张热闹的劳动氛围、邻里和睦团结的协作场面，至今还令笔者难忘。

（王继峰）

药　膳

　　客家药膳是以中草药和食物为原料，经过烹饪加工制成的一种兼有药物功效和食品美味的特殊膳食。它是中国传统的医药知识与烹调经验相结合的产物。它可以使食用者在心理上获得一种享受，使身体得到滋补，疾病得到治疗。既能满足人们"厌于药，喜于食"的天性，又符合现代人崇尚养生保健的饮食消费观念，逐渐成为时下的饮食潮流。

　　药膳在闽粤赣客家地区有着悠久的历史。客家人居住在交通不便的大山之中，生活贫苦。山区草木丰茂，深山野岭之中生长着无数的草药。客家人祖祖辈辈传承着生产生活中积累的草药知识。他们在艰辛的生活中，为了增强体质，坚持高强度的劳动，必须特别注意保养自己的身体，很自然地就出现了兼有防病治病、保健强身作用的药食一体的客家药膳。

　　心灵手巧的客家人充分利用当地丰富的中草药资源，制作出了品种多样的药膳，现今仍普遍流传在客家地区的药膳有：清凉解毒的鸭脚草蒸排骨、苦斋煮猪肉豆腐、鱼腥草蒸鲫鱼；可祛风除湿的香藤根炖老狗肉、牛奶子根炖猪骨汤、艾根炖老母鸡；去伤健筋骨的石斑子炖鸭肉、五加皮炖猪骨；补气健脾的白术猪肚汤、石参炖猪骨汤、石橄榄炖鸡肉等。这些药膳经过客家人千百年的传承，早已经家喻户晓。

　　药膳不同于食品，也不同于药品。它的特点是以中医药理论为基础，按药物、食物的性能选配组合。以精湛的烹调技术为手段，融药物功效与食物美味于一体。药膳的主要功能是以食物和药物的寒凉、温热偏性来矫正脏腑机能的偏性，或以食物、药物来增强机体的抵抗力和免疫力。每个人的体质有虚实、寒热的不同，根据个人体质特点，配合相应性能的药物或食品，以达到改善体质的目的，若随便乱进食，不但增强不了体质，可能还会使体质变得更差。药膳并不等于营养，根据人们的体质和患者的病症进行选择是药膳食疗的精髓。

　　目前，有养生保健作用的药膳非常受大家的欢迎，特别是一些具有客家特色的药膳菜系，成为许多外地客人品味客家韵味的载体。客家药膳已渐渐成为客家饮食中的一朵奇葩。为了满足现代人追求绿色天然、滋补保健、寓医于食的饮食消费潮流，客家药膳在厨师们的精心烹制下，借助炖、焖、蒸、煮、熬等中国传统的烹调方法，按中医理论和患者需要调配好药膳主料和辅料，制成色、香、味俱全的美味食品。人们在享受美味可口药膳的同时，还能达到治病、保健和强身的目的，真是一举两得。

（李砚辉）

擂　茶

中国茶文化源远流长，在祖国博大精深的茶艺中，客家擂茶是一朵奇葩，它以古朴见奇趣，以保健见奇效，闻名遐迩，蜚声中外。

擂茶的起源据传始于东汉（一说源于少数民族）。当时，朝廷有一位被封为伏波将军的名将马援，晚年奉命进击武陵壶头山。路过乌头村时，时值盛夏，气候异常炎热，将士不服水土，加上瘟疫流行，一下子病倒了一大片，他们个个头晕身重，上吐下泻，浑身无力。马援自己也染上了此疾。他只得一边下令屯兵休整，一边派士兵去寻医问药。当地的一位老婆婆见马援军纪严明，所到之处秋毫无犯，非常感动，便自愿献出了祖传秘方"三生饮"，用生姜、生米、生茶叶擂制成浆，然后冲上沸水，让军队中所有的人每日当茶饮用。说来也怪，服用此茶后，染病将士的病情很快减轻了，后来慢慢就好了；原本健康的军士也没有再染上瘟疫。从此以后，这个独特的防病治病方法就在军队里保存下来，并逐渐流传开。

而在武平，擂茶的传播又有其特殊的原因。相传，由中原而来的客家先民在南迁过程中，历尽千辛万苦，因背井离乡又长途跋涉，水土不服，体质较弱者路途中容易染病，有些人便把路边的药草采集下来，加上一些其他原料按制擂茶的方法制成特殊擂茶给病人服用，原先所患疾病竟然很快痊愈，没有患病的人服后觉得神清气爽，精神百倍。一传十，十传百，很快，这一治病和保健兼有的方法，在广大南迁的客家先民中广泛流传开来，由此出现了客家擂茶的雏形。这也是擂茶在客家地区比其他地区流传更广的原因。

客家先民们到江南居住下来，生活逐渐安定以后，能采集到的草药就更多了，各种食物原料也不断丰富，加工工艺也在不断改进，于是逐渐发展成了"药食俱佳，别有风味"的客家保健饮料，即现在的客家擂茶。

武平客家擂茶与一般茶叶的制作有很大的不同。制擂茶的工具是内壁有辐射状粗密沟纹的圆锥形平底陶制"擂钵"与用上等山苍子树或油茶树干加工制成的"擂棍"。擂茶原料有生姜、生米、茶叶、芝麻、花生、黄豆、八角茴香、茶油、食盐、南瓜子，以及多种草药，如薄荷、鱼腥草、藿香、陈皮、白菊花、金银花、甘草等，可根据个人口味和时令选取一种或数种草药。加工时，先将擂具洗干净，把原料放入擂钵内，然后手握擂棍，沿着擂钵内壁作有节奏的旋转，如此反复地擂，直到把全部原料擂成粉末，其间可酌量加入冷开水，使其成为糊状。然后往擂钵内冲入沸水，用擂棍稍加搅拌就形成集香、甜、苦、辣于一体的"擂茶"，它似豆浆，似乳汁，令人垂涎欲滴。

将冲好的擂茶用勺子舀到瓷碗中，就可以美美地享受这一客家美味了。武平人喝擂茶也有一定讲究：要趁热喝，最好是即沸即冲即舀即喝，手捧一瓷碗热气腾腾的擂茶轻轻地往碗里吹一口气，小心翼翼地试饮一小口，顿时满口皆香，口舌生津；再小饮数口，满腹皆顺；多饮几口，微有汗出，通体舒泰，神清气爽，恨不能把满碗擂茶一口气全喝进肚里。

客家擂茶因选用的草药不同，而有清热解毒、祛暑除湿、提神醒脑、健胃止呕、疏风散寒、消除疲劳等多种功效，且特别适宜家庭制作服用。因此"药食两用"的客家擂茶在客家地区流传范围非常广泛。每当完成了繁重的体力劳动回到家里，客家人总喜欢喝上一碗香气浓郁的擂茶，这样既能消除疲劳，又可解渴充饥。

擂茶已经成为客家人日常生活中不可或缺的茶饮，还成了客家人待客佳品。平时来了客人，客家人不忘端出自制的擂茶为客人敬上一碗。更有趣的是，武平县有些地方的人在婚庆时也请客人喝擂茶，足见客家人对擂茶的重视。其实，喝擂茶是客家人最传统、最普遍也是最隆重的礼节，它已经融入客家人的生活之中。

（榆　木）

腊猪肉

所谓"腊猪肉"，就是在寒冬腊月时方可加工的猪肉。腊猪肉是我们当地农家手工制作的传统食品之一。它风味独特，食用方便，日常用于搭配冬笋、大蒜、菜心等蔬菜，是农户用来招待客人的特色菜，所以腊猪肉制作一直留传至今。每年农历十一月后多数农家会制作一定数量的腊猪肉。

腊猪肉的制作过程虽不复杂，但其选料、加工及制作方法是十分讲究的。

一是选料。一般要选择中等猪的五花肉和颗粒状粗盐，肉盐比例为10∶2。

二是加工制作时间。必须在立冬后至腊月。

晒腊猪肉

三是制作方法及主要过程。首先将五花肉切成2斤左右的长条状；其次将颗状粗盐倒入柴灶大铁锅里用小火炒至烫手；再次把切好的长条猪肉一次放两至三块于锅里热盐中用手用力揉搓，尽量使食盐渗入肉块；然后将揉搓好的猪肉放入干燥洁净的瓷缸里腌渍15天左右；之后选择大晴天将腌渍好的猪肉用绳子一块一块穿好后在锅里开水中快速焯一下；接着把焯过的猪肉用竹筷串起，置于太阳下暴晒若干天，尽量把猪肉的水分晒干，晒至猪肉出油为好；最后将晒好的猪肉用干净的食品袋装好并紧扎袋口，放置在洗净并晒干的腌肉瓷缸内再加缸盖，或放置于干菜缸内，用干菜遮盖保存。

（钟元忠　钟奇荣）

腌菜的制法

　　腌菜是武平人最常食用的家常菜，酸甜可口。腌菜看起来虽然有点土气，但它土得可爱，武平人不但将腌菜当作自己家中的一道菜，而且将腌菜摆上喜庆筵席，尤其用腌菜蒸扣肉更是美味无穷。因为味道好又消食，人们十分喜欢食用。

　　腌菜原材料大多是就地取材，很多地方用芥菜（大菜）腌制。

　　有一种叫三桅篱的芥菜，叶少而梗多。每年一到寒冬，当田野清晨已处处披着白霜的时候，武平农村便出现了一道农作景观——家家户户在田头地尾收割芥菜。收割这些芥菜时要选择晴朗的日子，将较老的菜叶剥下，剩下鲜嫩的部分，放到屋前禾坪或者草坪上晾晒，直晒到芥菜半干后收回家中，把晒干的芥菜散放在簸箕上面用手反复搓揉，直到芥菜变软为止。

　　腌菜时先在芥菜中撒下少许粗盐，再用双手反复揉搓，使咸味进入菜中，待菜变色、变软后卷折成拳头大小的一捆，接着入瓮，一层菜撒一层盐，又铺一层菜再撒一层盐，待菜一层层码好后，接着用手把它一层层在瓮中压实，直至装满为止，最后瓮口塞上揉成团的稻秆封口，将瓮倒置于盛水的盘中，使空气不能进入瓮中，以免咸菜变质。

　　待三四个月后咸菜呈鲜黄色，即告制作完成。一般家庭都有好几瓮咸菜，人口多的有十几瓮。

制作腌菜的三桅篱

（饶正英）

武平传统美食

自中原南迁以来，武平人在几百年生活中广泛流传做客家米粄的习俗。逢年过节、喜庆之际，用籼米、糯米、粳米等大米和杂粮，加上各种配料，做成形状不一、口味各异的粄子，这样既可以改变口味、增进食欲，又可用于馈赠亲友，是武平人对饮食文化的一种创造。武平的传统小吃很多，主要有黄粄、苎叶粄、簸箕粄、糍粑、煎粄、芋子粄、薯包子等。现列举一二。

苎叶粄

苎叶粄是武平人众多粄食中的一种，家家户户都会做，也是客家人特别喜欢的一道小吃。苎叶是多年生的植物，一年四季常青常绿，苎叶底白面绿，长在地头田坎。苎叶粄一年四季均可制作，但以春夏雨季的苎叶为好。采摘苎叶时，需采摘太阳刚出来没经过暴晒的新长的嫩叶。而头次采摘苎叶在清明节前后，苎叶毛茸茸的，鲜嫩欲滴，正是采摘的最好时候。

苎叶粄

苎叶粄的制作方法是：摘取新鲜的苎叶，清水洗净后用开水焯一下捞起，清水漂洗后沥干水分，放入臼钵锤烂。然后倒入适量的糯米粉（也可加上一定比例的籼米粉），放点食糖或食盐，用碓臼舂成粄团，接着把粄团捏成小块，揉成椭圆形或压扁，在蒸笼上摆放整齐。加大火等锅里的水开后放下，隔水蒸40分钟左右出锅，苎叶粄就做好了。也可以油炸。油炸后的苎叶粄金黄焦脆，清香甘润，别有一番风味。

苎叶粄香甜（或咸）可口，软而不腻，常吃苎叶粄，还能耐饥渴、长力气，祛风除湿，强身健骨，是老少咸宜的天然食品。　　　　　　　（饶正英）

黄　粄

黄粄是客家人最喜爱的小吃，每逢过年过节，客家人大多喜欢把黄粄作为给客人的礼物。

黄粄

黄粄制作方法：首先将干茶树枝（也可用其他可食用的枝叶）烧成灰，并在灰中加一些杨梅叶子以调色。然后把灰用干净的布包好，放在桶中用开水淋，去渣后得到浸米用的草木灰水。将糯米和籼米淘净后，放在草木灰水中浸泡数小时后再加工成粄浆，将粄浆倒在文火铁锅中，反复搅拌，以使粄浆不致烧糊，从而制成柔软而有韧性的粄团，将粄团放在铜盆中或竹制盘中蒸熟，再用碓臼舂成粄团，然后把粄团捏成小块即成可口的黄粄。黄粄吃法很多，可炒着吃，或沾上油葱姜汁吃，亦可煮着吃。

（刘添连　刘定贤）

糍　粑

打糍粑是武平各村的传统习俗。每逢七月"尝新禾"和中秋、重阳节、十月半、扛佛、打醮等时节，村民们都要做糍粑。

糍粑由糯米精制而成。制作时，先选好糯米，反复将米洗净，洗好后放在缸中用清水（或加柴灰水）浸泡一个晚上。次日，将糯米捞起后用笆篮或簸箕

打糍粑

晾干，再装进饭甑中用火蒸熟。糯米蒸熟后倒入石制的粄臼中。由力气大的人拿起粄槌，反复槌打臼中糯米团，一女子蹲在粄臼旁，用少量的温开水不断翻动粄团，以免糯米粘在臼壁上。直到打得糯米团呈糊状，就成了糍粑。将糍粑从粄臼中取出放进钵头中，再分成糍粑团，蘸上香豆粉、麻子粉和白糖，吃起来香甜可口、绵柔筋道。　　（王闻福）

簸箕粄

簸箕粄是武平人的传统美食。旧时，用竹制的小簸箕蒸粄皮，所以称为"簸箕粄"。后改用白铁皮制的蒸盘，做出来的粄皮平整，蒸的时间比较短，熟得快。但人们仍称之为簸箕粄。

簸箕粄

　　簸箕粄的制作大致为：先选优质大米（黏米），洗净后用水浸透，磨成粄浆准备蒸粄用；将猪肉、豆角、包菜、香菇、笋类等切碎后，入锅炒熟待用；开始蒸粄时，用勺子将粄浆舀入蒸盘，四周摇匀，将蒸盘放进盛有开水的锅内（或蒸格内），蒸数分钟后取出。再将蒸熟的粄皮用筷子划成四块或六块，每块粄皮上放上炒熟的馅料，卷成长条状，涂上麻油、葱花，吃起来十分可口，很多人把簸箕粄当早餐。　　　　　　　　　　　　　　　　（进　中）

客家食鱼风俗

中国人爱吃鱼，自古便有"无鱼不成席"之说，我国八大菜系，哪一席都少不了鱼，可见自古以来人们对食鱼美味的推崇。

客家人也喜欢吃鱼，而且过年时必吃鱼，有很多地方还必须用鲤鱼，意在祝福来年"鲤鱼跳龙门"，更上一层楼。同时，在吃鱼时也非常讲究，只能吃鱼身体中间的一段，鱼头和鱼尾要完好地保留下来，意即"有头有尾"。就餐时，餐桌上摆放鱼也有学问，鱼头要对着长辈或贵宾，以示尊敬。在客家一些地方习惯吃流水席，鱼是宴席中的最后一道菜，这道鱼是"看（家）菜"，不能吃，意在"来年有余（鱼）"。倘若你手快、嘴快，动了此道菜，就谈不上来年有余（鱼）了，主人也会不高兴的。

虽然客家人大都居住在丘陵地区，但在江河边居住谋生的人也不在少数，在客家水乡地区，逢年过节、结婚喜庆还有一种讲究，那就是当主人呈上鱼菜后，吃了半边，翻开另半边时，千万别说"翻过来"。这样以后他们撑船谋生和出门做生意才能"顺利、安全"。在客家人居住的一些地方，还有"鱼到酒至"的习俗，即主人上了数道菜后，发现酒已喝得正好，再上一道鱼菜，便意味着要一齐举杯喝"团圆酒"，再用饭，故这道菜也叫"催饭鱼"，也叫"止酒鱼"。

在美丽的客家母亲河汀江流域，汀江河鱼的美味遐迩闻名，而鱼肉制品以"上杭鱼粄"的"鲜、嫩、香"最为著名。

（林东祥）

故乡的客家米酒

酒"文化"越来越发达，在不断仪式化、符号化的过程中越来越游离它本身的应有之义。

这使我更加怀念故乡的米酒。它可能是我们这个社会唯一未被商品化的酒类。客家民系本来便是一个奇迹，一个历史之谜。这支以客途为家，饱受战乱、天灾和迁徙之苦的北方汉民后裔，在千百年从北到南的移民过程中，是如何依靠自身巨大的凝聚力和应变能力，接受自然与环境的挑战，在他乡异地开拓自己的生存空间并求得发展的？解开这一问题，便意味着解开了一个引人注目的民系生存发展奇迹的历史之谜。而客家米酒，肯定是开启这个谜语的一把钥匙。

故乡的客家米酒有两种。一种叫"酒酿"，直接从酵化后的糯米酒本中提取，无半点水分，酒液呈乳白色，用筷子一挑，往往可以提起一根长长的浆丝来。它的酒精度极低，营养价值却很高，甜丝丝的，是客家女人坐月子和男人壮筋活血的重要补品。另一种叫"水酒"，它把酵化后的酒本舀进酒瓮，兑进适量的优质井水，用干笋壳封紧瓮口，放在温度适宜的地方贮存两三个月，利用糯米酒本身的微生物群系与优质生水微量元素的化学作用和物理反应，提高酒精含量和芳香成分，让酒自然老熟。然后，滤去酒糟并用粗糠作燃料熏熟。这是最常见的客家米酒，色泽嫩白中略呈淡黄，口感醇和绵软，一般用来家饮与待客。

纯粹的糯米酿作而成，不含任何杂质、色素或人工香料。糯米必须是糙米，因此许多客家人仍然保持着用碓破谷取米的习惯，以便保证酿酒的稻米粒粒晶莹鲜亮，米皮完好无损。此外，我的家乡至今还保持着冬至那天取井水酿年酒的风俗。是不是冬至日的水特别好？这属于神秘的民间经验，我们不得而知。但每年冬至那天来我村"雷公井"挑水的人总是络绎不绝，排起的长龙有时竟达百米。"雷公井"的水太有名了，用它酿酒，宛如神助，酿出的酒格外香醇酽冽。

故乡客家人家家都会酿酒，这项普通而又神秘的工作像家务一样大多是由女人们承担的。许多女人在尚未出嫁前就通晓这门手艺了。酿酒、纳鞋、贮备柴火是闲暇冬日客家妇女们重要的劳动内容，她们三三两两聚在一起，在冬日的阳光下边干活边哼着山歌，让她们的男人永远享受着上路一双鞋、晚归一壶酒的温暖。客家民系千百年来固守着手工酿酒、纳鞋的民俗，这与他们作为移民的生存境遇相关。想想上千年来他们肩挑手提、举家迁徙，历经千难万险进入南方丛莽之地，垦荒辟地，成家立业，也许便能理解客家女人对酒与鞋的看重了。

千百年的迁移漂泊是一条艰难寂寞的路，需要酒松弛身心，需要以酒述怀，赢来理解与信任。正因为酒与生命和友谊相关，所以客家人从不让自己独特的酿酒手艺失传。哪里有客家人，哪里就有醇和芬芳的客家家酿。虽然世上的好酒林林总总，但本色、天然、纯正的情意总是更具魅力。客家人通过米酒展现的是他们自己，纯朴、真诚、热情的客家人与他们酿作的米酒从来就是互为表里。

我的母亲每年春节总是千方百计托人从千里之外捎来她亲手酿作的米酒，不管我怎样劝她少操这份心，她还是固执地说："有些东西不是钱能买到的。"

是的，与生命相关的诸多东西与商业价值无涉，客家米酒便是其中之一。

（王光明）

客家人做豆腐

　　民谚说："腊月二十五，推磨做豆腐。"在曾经物资匮乏的年代，又白又嫩的豆腐是仅次于肉食的奢侈品，更是过年餐桌上的大菜，必须早早准备。豆腐的腐与"福"谐音，"推磨做豆腐"寓意着祈"福"，是广大劳动人民祈求来年多福、身体康健、生活幸福的一种表达。除了做豆腐，过年吃豆腐也可以根据菜肴的不同而有不同的寓意，例如豆腐丸子，寓意着福气就像丸子一样滚滚而来。

　　豆腐谐音"都福"，寓意着每个人都有福气。另外，豆腐的谐音还有"都富"，寓意着大家都富起来，表达了希望大家在新的一年里生活富裕之意。

　　人们都希望自己的家庭锦衣玉食，不愁吃喝，年年有节余。豆腐就代表锦衣玉食中的玉食之意，因玉为白色，豆腐也为白色。另外，民俗腊月二十五还有接玉皇的说法，传说腊月二十三灶王爷上天向玉皇大帝汇报，玉皇大帝听后要于农历腊月二十五亲自下界考察人间善恶，并定来年祸福，所以家家祭之，为来年祈福迎祥。众人这天起居、言行都要谨慎，争取好的表现，以博取玉皇欢心，期待来年降福于己。下面介绍做豆腐及豆制品的制作工艺。

（一）石膏豆腐制作

　　1.选豆

　　黄豆要选大粒，有光泽，无黑，无烂豆、扁形的，要饱满圆实。

　　2.浸豆

　　当黄豆选好后，按所需用量浸泡约6小时，直至黄豆中间无硬心。中途要换水2～3次和洗水。以防黄豆发酸。

　　3.磨浆煮浆

　　把浸泡好的黄豆拿到石磨上磨成豆泥，将豆泥和水煮熟成豆浆。先在锅里放半锅水，再舀几瓢豆泥在锅里，烧灶火。然后用锅铲不停地搅拌着锅里的豆泥，搅动的目的是避免豆泥烧糊。大约过15分钟，锅里的豆泥水开了，把煮开的豆泥水倒入事先准备好的布袋，将乳白色的豆浆沥到桶内。

　　4.撞浆

　　打起浆后，拨开豆皮即可下石膏撞浆，平常温度以摄氏70～80度为准，如煮得太热需冷却，到合适温度再撞浆，否则起豆腐率低。将石膏粉调水后，倒入容器中搅拌，使之互相冲撞，完后豆浆汁中间有轻微震动几下即可，如发现不震动，即为太老，是因为石膏太多或浆太热。

5.成型

慢慢搅动豆浆，观察豆浆的变化。几分钟后，豆浆开始起花，出现了玉米粒大小的豆腐花，此时停止搅动，盖上锅盖等半个小时后，就可以做豆腐了。将厚厚的豆腐花舀在一块纱布上，纱布下面是一个模型，将纱布四个角对折成一个方形，包裹好，上面放一块板，压上重物。10多分钟后，纱布里的豆腐花沥干了水，豆腐也就成型了。

（二）"甜树叶子"豆腐制作工艺

用"甜树叶子"制豆腐是武平县不少村落的传统。"甜树叶子"是山里的一种灌木，人们在做豆腐之前去山里摘一捆"甜树叶子"，把它放在锅里煎煮，熬成浓液，待用。至于把大豆磨浆，放在锅里煮浆、撞浆等程序与石膏豆腐、盐卤豆腐制作方法是一样的，只是把石膏、盐卤换成"甜树叶子"汁而已，但它的风味与一般的豆腐不大一样，有鲜甜、嫩、滑的感觉，更无豆腐吃多了会有结石之虞。

（三）"酿豆腐"的制作方法

客家酿豆腐，是客家的名菜。年节到来，客家地区的人们几乎家家户户都会做上一桌丰盛的午餐。在客家人的生活中，凡有宴席必有此道菜。酿豆腐是中原传统饮食习惯与迁徙地饮食习惯相结合的典型食品。

明清年间，在武所（今中山镇）安家立业的"千户侯"，在春节期间，将豆腐切块煎好备用。将备好的猪肉、鱼肉剁成肉酱，配上冬笋、香菇以及胡椒、淀粉、盐等搅拌均匀作馅料。把豆腐块中间挖空，放进馅料，在锅内蒸30分钟即可出锅，此为"酿豆腐"。

（饶正英）

帽村的"肉粒"和灰水糍粑馏汤

肉　粒

永平镇帽村盛产芋子，村民以芋子和豆腐渣及少量甜酒糟共煮而成为当地一道美食，其味美、爽滑、甘甜而久吃不腻，别有一番风味。清朝乾隆年间村民曾以此招待时任四川大竹县知县方连洞进士及其随从。因为这道美食味道独特，客人们大为赞叹，问此为何物。村民随口答曰："肉粒。"（那时的四川大竹可能不出产芋子）客人走时，村民赠予大量芋子，并教他们如何种植和烹饪，从此"肉粒"的种植和烹饪方法在四川大竹县逐渐传开。

灰水糍粑馏汤

在客家农村有打糍粑的习俗，逢年过节，特别是每年的清明节和农历八月祭祖时，必定要有糍粑供奉祖先。

把上等大冬糯米（即单季稻糯米）淘洗干净，用冷水浸泡数小时（如做"灰水糍粑"则要用"粄柴灰水"浸泡）后将浸泡后的糯米捞起晾干，置于饭甑里用猛火蒸熟蒸透，再放在石粄臼里用木槌连续捶打，旁边一人边添加温开水（或粄柴灰水），边将石臼里的粄团翻转，待糯米粄被捶打成黏稠状时取出，趁热用双手做成一颗颗杯口大小的糍粑，再掺些白糖、炒芝麻、炒花生米末等趁热吃，口感爽滑。灰水糍粑呈棕色，而白水糍粑更爽口、更有韧性。

帽村灰水糍粑馏汤的烹饪方法：取冷却变硬的灰水糍粑切成小方块，先将肉汤（猪或鸡、鸭肉汤），加适量精盐置于锅中煮沸，然后将切成小块的灰水糍粑放进肉汤中，加猛火待灰水糍粑煮软后，放进适量切短的蒜叶（或蒜泥）、味精，舀出来即可食用。灰水糍粑馏汤味道独特，软滑可口，让人大有吃饱了还想再吃的欲望，"帽村姓方，糍粑馏汤"的顺口溜即由此而来。

温馨提示：（1）烹饪糍粑馏汤一定要用冷却变硬的灰水糍粑，切不可用白水糍粑。（2）肠胃功能及肾功能欠佳的老年人慎吃。

（方升照）

珍珠粉的制作及食用习俗

珍珠粉是以籼米为原料加工而成的食品，形似珍珠，洁白如玉，古时是武平县的八大特产之一，曾为朝廷贡品。武平珍珠粉的制作迄今已有200多年的历史。

相传，清朝乾隆己未科（乾隆四年，1739）进士帽村人方连涧任四川大竹县知县时，某年回乡省亲，四川随从带来了制作和烹饪珍珠粉的技术，便在帽村方姓小范围内传授，最先的规矩是制作技术授媳不授女，担心女儿嫁到外乡去会将制作珍珠粉的技术带走、扩散，后来，全村人都学会了这一绝活。于是在一段时间内珍珠粉成了帽村的特产。如今，珍珠粉的制作技术已遍传武北四乡镇乃至闽西客家地区。在农村，每逢传统佳节、喜庆吉事、嘉宾登门均以珍珠粉招待，或作为珍贵礼品馈赠亲戚朋友。

珍珠粉的制作技术：选上等籼米，以冷水浸透，磨成板浆，用布袋滤去（压榨）水分，让阳光暴晒至只含少量水分时（抓粉在手，手握成团，撒手成粉），分别用米筛、糠筛和簸箕顺时针方向筛动，米粉就会逐渐形成粒状，即成筷子尖大小的圆形珍珠粉粒（其中颗粒较大者需用竹筷捡出再做处理），彻底晒干后密封保存备用。

珍珠粉的烹饪技术：待锅中的水煮开后，将珍珠粉颗粒慢慢撒入锅中的滚水，并用竹筷（或小木棒、锅铲）不停地搅拌（使其不至于粘成团），至九成熟时用漏勺捞出，立即置于冷水中浸泡至完全冷却（其间频繁更换冷水），捞起后用猪油小炒，放入猪、鸡、鸭等肉汤共煮，佐以葱花、胡椒粉、香菇丝、煎蛋丝（或肉丝）及适量食盐等即可食用，其味妙不可言！

温馨提示：（1）珍珠粉的制作和烹饪技术含量高，必须在专业师傅的指导下为之，否则，十有八九会失败而只好当成"搅粄子"来吃了。（2）制作珍珠粉必须选在晴天，阴雨天不行，否则会变酸，粉也不能成形。

（方升照）

油头·红菌豆腐渣·薯包子

油　头

油头，学名芜菁。叶似萝卜叶，根大如瓷盘、如碗，圆形如萝卜者多。煮食较萝卜鲜嫩。以其炒冬笋、炆猪脚，佐以花菇、鱿鱼等配料，则可做佳肴酬宾。

油头以武平产者最佳，武平油头又以平川镇磜角产者最佳，附近各县多来收购。各县所产终不及武平鲜美。

油头之叶腌过可食。晒干再蒸，亦可为菜干，味与萝卜叶干无异。然乡人多弃之，或以养兔，或以喂猪。

倘能如四川榨菜，对油头做深加工，开发前景颇为乐观，当不逊于上杭之萝卜干。

红菌豆腐渣

红菌豆腐渣系武平特产，上杭及广东平远一带亦有。它是用豆浆滤出的一般人仅作为猪饲料的渣滓，经过加工制作成为具有鲜明特色的菜肴。它的历史有多久无从考证，像甘草诸药一样，它能配诸菜。无论煮肉、煮豆腐及一般菜蔬，放一点红菌豆腐渣，即鲜美异常，且价格又极低廉，因此备受人们喜爱。据说，许多过南洋的仁居人在回家乡探亲之前，常预先写信，嘱亲属买好红菌豆腐渣，烤熟晒干，用瓶装好，以便带往南洋，赠送亲友做菜。

红菌豆腐渣的制作方法很简单：将新鲜豆腐渣倒入铁锅中以文火烤焙，待豆腐渣干至手捏成团，指缝有湿痕却不溢水，而抛之即散时铲起，置于已铺好芭蕉叶的米筛或糠筛的背面，用手压紧、压平、压匀，厚寸许；俟冷却后，即在豆腐渣表面撒上菌种。菌种的根须很快伸入豆腐渣中，使渣变得既结实又柔韧，同时渣面长出一层红毛，此即为红菌。出售时，用刀切成块状，要多少切多少。食用前，将它切成一块块薄片，放在锅壁上略烤几分钟，无须放油，然后铲起，拌肉或拌菜煮均可。

若豆腐渣表面长出的不是红毛而是黑毛，则说明是变质者，不可食用。

薯包子

武平薯包子的主料为薯。但不是番薯、木薯和药薯（淮山药）。因其形状不同，或称"棍子薯""扫帚薯"等。民国《武平县志·物产志》载：

薯。薯有红白二种，蔓生，根巨者每二三斤一颗。种时不用根，只用薯切成方寸大，其无皮者不用，将有皮之每块沾草灰种之，接皮处生根发苗，由其皮有根须，即根须可生根发苗也。麻薯叶似大薯稍小，根长四五寸，大如手指（笔者按，此说不确，应"大如拳头"），形似药薯，但不及药薯之久煮坚结而不散耳。

做薯包子的器具主要为牙钵，圆形，由上向下倾斜，下端为碗口粗的洞口，钵壁四周遍刻辐射状沟纹，然不规则，若犬牙交错。

其制作方法：刮净薯皮，置牙钵于缸上，右手握薯，沿钵壁四周频频擂转，薯浆即由出口处流入缸中，添少许盐水、味精等佐料，搅匀，复以右手捞一把薯浆，轻轻摔打几下，待薯浆欲从掌心垂直往外掉时，即迅速翻转手背，使薯浆反从拇指与食指中挤出，跌入翻滚的油锅中，状若鹅蛋，如此不断反复。待薯包子浮出油面后，再汆几分钟，一锅的薯包子就汆好了。油锅的半壁上放有一个铁皮圈，用漏勺将一颗颗汆好的薯包子捞起，搁在铁皮圈与铁锅的空隙间，沥尽剩油，香气扑鼻，趁热食之，清嫩爽口。这是名目繁多的包子中唯一不用馅的包子。

（王增能）

武平地区野果十二种

武平人居住在闽粤赣山区，得天独厚，野果很多，采集野果是武平山区儿童们最大的乐事。"逼九子""当梨子""酒饭干团""苦柴子""刺擦子""蔗子""麻藤瓜""山荔枝""酸藤子""糖罂子"、杨梅、布罂子，或甜，或酸，或涩，其种种独特的滋味让人怀念。

（一）逼九子

逼九子学名枳椇。落叶乔木，树高可达10米；果柄含大量葡萄糖和苹果酸钾，经霜后更甜，可生食或酿酒。果柄肉质，扭曲，红褐色；果实近球形，直径约7毫米，无毛，灰褐色。果实形态似万字符"卍"。

逼九子生在向阳山坡、山谷、沟边，多为野生。这种形状扭曲的野生果，在客家山区很常见。冬天成熟后掉落在地上，捡起收藏起来，久沤可以使生涩的果实变甜，还可泡酒。

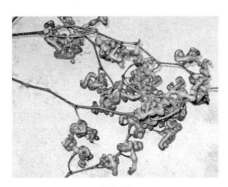

逼九子

（二）当梨子

当梨子学名"桃金娘"，矮小常绿灌木，热带植物，较耐旱，生于红黄壤土丘陵上，两广地区极为常见。初秋是当梨子果熟时节。其果先青而黄，黄而赤，赤而紫。挂果累累，像一个个小酒杯，果中有芯，芯外多籽，味道异常甜美。熟成紫色的时候最好吃，回味甘甜，舌头和牙齿也会被染成紫黑色。而半生不熟的不能多吃，否则会引起便秘。当地人也有人将成熟了的当梨子晒干，蒸熟后浸泡白酒。

　　谣曰："七月七，当梨乌一滴；八月八，当梨乌叭叭；九月九，当梨好蒸酒。"生动地描绘了桃金娘成熟的过程。客家山歌"白白嫩嫩佢唔贪，乌乌赤赤佢唔嫌，阿哥好比当梨样，越乌越赤心越甜"，则将其比作女子心中所深恋的伴侣。

当梨子

（三）酒饭干团

　　酒饭干团学名黑老虎，木质常绿藤本野生水果植物。它果形奇特，营养与药用价值高，成熟时味甜，可食。果肉像葡萄，浆多、味甜芳香；肉色如荔枝，乳白细腻；果香如苹果，馥郁可人。

　　酒饭干团生于海拔1000米的山地疏林中，常缠绕于大树上。每年秋冬之际成熟。近年来因为它的根有药用价值，遭到过度的挖掘，破坏严重。

酒饭干团

（四）苦柴子

　　苦柴子学名荚蒾，忍冬科荚蒾属落叶灌木，粤东客家山区常见。果熟时，累累红果，令人赏心悦目。山区小孩常摘其果实来吃，其果味酸甜，略带苦涩。

枝头红透的"苦柴子"

（五）刺擦子

刺擦子是一种野生的小柿子，果实直径2厘米左右，秋冬之际成熟。长在荒山野岭。以前，山区的孩子未到果实变黄就开始采摘了，青涩的需要放在谷子堆、石灰水、辣蓼水、田泥、盐水等处沤制。

进入21世纪后，山区人口少了，野生柿子也无人采摘，常看到灿烂挂枝的"刺擦子"，黄澄澄、红艳艳地挂在枝头，偶有小鸟啄食。这种野生柿子，也可以作为砧木，嫁接于"水柿"（一种高产的大柿子）。

刺擦子红透枝头

（六）蔗子

蔗子，学名覆盆子，果实味道酸甜，植株的枝干上长有倒刺。其果实是一种聚合果，有红色、金色和黑色的。覆盆子植物可入药，有多种药用价值，其果实有补肾壮阳的作用。

蔗子品种很多，有农历三四月成熟的"耘田蔗""割芒蔗"，有五六月成熟的"酒娘蔗"等。图上的这种覆盆子，是冬天成熟的，是农村山区常见的野生水果，颇能引发旅居外地的客家人对家乡的眷念之情。

成熟的覆盆子

（七）麻藤瓜

客家山区的"麻藤瓜"（也有地方叫作"牛哈卵"或者"拿藤包"的），学名叫作木通，藤本植物。在阴湿的山涧边比较常见。一般等黄熟再去采摘，也有半黄时采摘下来放在家里沤熟再吃的。

麻藤瓜的果实长在"麻藤"上，秋冬之际由青转黄，成熟后浆果鲜甜如蜜，食之则一股清凉的香气沁人心脾。麻藤，本身可以搓制粗绳，结实耐用。

麻藤瓜

（八）山荔枝

山荔枝学名构棘，见于武平山区。花期在5～6月，秋冬时节成熟，果实橙黄色，味道鲜甜，略带腥气，吃起来"甜耶耶"。样子看起来像荔枝，故名。聚花果球形，肉质，直径约2.5厘米，橘红色或橙黄色，表面呈微皱缩。

山荔枝

（九）酸藤子

酸藤子果实及叶子都是强酸中带微甜。果实比较大，果肉比较薄。少吃则有风味，多吃则牙齿发酸。

酸藤子

（十）糖罌子

糖罌子即金樱子，常绿蔓性灌木。果实入药，有利尿、补肾作用。根药用，能活血散瘀、拔毒收敛、祛风驱湿。

客家各地有用"糖罌子"含有糖分的皮（除去内核及外表的刺所剩的部分）泡白米酒的习惯，认为该物浸酒可以壮阳补肾、强健筋骨。

糖罌子

（十一）杨梅

杨梅，在客家山区多是野生的。端午前后是杨梅成熟的时节。这时可以去采摘野生的杨梅。杨梅采摘后，可生吃，也有人用来浸白酒，做成杨梅酒。杨梅，多数是红色的，也有少数是白色的，叫作"白杨梅"。

　　杨梅甜酸解渴，但是不能多吃。客家谚语说"食桃饱，食李饥；食杨梅，树下倚"，就是告诫杨梅不宜多吃。

　　杨梅的花比较隐蔽，传说是除夕晚上开花结果的。客家俗语有"杨梅开花暗结子"一说，比喻珠胎暗结。

杨梅

（十二）布罂子

　　布罂子学名地菍，野牡丹科植物，果实为黑色浆果，孩童喜采摘来吃，其味甜，吃了满嘴黑乎乎的；根及全株入药，有解毒消肿、祛瘀利湿之效。

布罂子

（严修鸿）

武平客家人的"五福"

　　我国民俗中至今有"五福临门"吉祥语，意喻凡事顺顺利利、美满幸福，渴望生活中喜庆祥和。客家人称"五福"是"福、禄、寿、财、喜"。民间有福如东海、福星高照、寿比南山、福禄双全、恭喜发财、大吉大利、双喜临门等吉祥语，在农村、城市，旅馆、酒家等地方自然就出现了福神、寿神、禄神（三星图）、财神（关羽像，被称为武财神）、喜神供人们拜奉。红东村李氏宗祠始建于明隆庆二年（1568），至今已有400多年历史，是县级文物保护单位。在李氏宗祠大门门楼上方的中梁上就刻有五只蝙蝠，寓意"五福临门"，祈盼给武平城北李氏众后裔带来安康吉祥。

（李志俭）

分家习俗

　　早年，武平除了个别家庭几代同居外，一般家庭结构为两代型或三代型，在长子或次子完婚后即分家。分家古称"分爨"，避免在"大房里"吃"大锅饭"，有依赖性。分家后年轻一代能自力更生，成家立业，发挥其独立性，这当然也是新老更替的必然规律。

　　分家多在父母健在时进行，并由父母主持。分家前要先为各儿子备好灶房，筑好厨灶，购齐厨具，然后择日备酒饭请母族血亲及本家房长等长辈来家见证。"怕天上雷公，怕地上舅公"，舅公（或舅父）辈绝不能少，因为他们不会"偏心"。

　　分家的做法是，执笔者先将该户田产、山场、房屋、基地、器具、粮食等开列清单，先抽出父母晚年的"养老房"、"养佃田"（口粮田）和"长孙份"。（因长子年长，为家里多做了贡献；长孙先出世，负担也比较重，故俗例"大房里"要给予照顾一份财产，一般富者较多，贫者较少，有的只是象征性地给些财产。）财产多的还抽出"书灯份"，即做子孙的"助学金"。其余财产照例按儿子人数均分，为防争执，各份优劣搭配并抓阄，为防儿女分家后无法度日，粮食照例不均分，按现有人数分"口粮"。房屋如系新建的，照例按长左次右次序分，即长子分厅堂左边正房，次子分右边正房，三子分左边二房……以此类推。因生产需要，大农具、谷砻、石磨等合用不分，耕牛或归专人饲养，共同使用，轮流放牧，或列家产单分配某人。无产业的贫户分家后父母照例由已婚的儿子供养，未成家的儿子暂无供养责任。"养佃田"于父母百年后多成为祭田，作扫墓办祭席之用。其他问题由父母或由兄弟抓阄决定，称为"阄书"，大家并在上面签字画押，各执一份，作为存照，以防异言。分毕，给执笔者笔资，也送给参加分家的亲朋一点礼物或现金。

　　20世纪80年代后分家，田产按各自口粮田分割，房子照分，对父母轮流赡养。城镇家庭结构变化较大，父母儿女常因职业不同，异地而居，父母也常因有退休待遇不必靠儿女赡养而自主生活。

（四　维）

斟酒斟茶的礼仪

请客或有亲朋好友来做客，免不了要用酒菜招待。在席间，主人敬酒斟酒很有讲究。在斟酒时，要从老者或身份最高的客人开始，一般按顺序斟酒，酒要斟满杯，要走到客人身边，绝不能隔老远斟酒。如果客人在左边，斟酒者要右手执壶，左手按盖；如果客人在右边，就要左手执壶，右手按住壶盖，绝不可单手执壶斟酒。

斟茶的礼仪与斟酒大致相同，只有一点区别，茶不能斟满杯。

（陈建生　钟德玉）

服饰习俗

服饰历来与生活水平或社会流行现象关系紧密。旧社会，农民百姓都是粗布短衣，服饰极其单调，因为尚未达到温饱水平，谈不上穿着打扮。一般家庭，民国及以前，男人基本穿粗布或麻布长衫或对襟短衫。女人穿半长粗布或麻布裙，向右连扣，称"折面裙"。小孩周岁前穿"告裙子"，一种用布索扣的小对襟衫，周岁后亦穿小号的男女衣衫。富人每到年关到县城或托人在广东潮州一带购置一批绫罗绸缎，请来当地有名的裁缝师傅为全家老小缝制衣裳，一般男的穿长袍马褂，假装斯文的还要配上礼帽和文明棍。中华人民共和国成立至20世纪80年代，全国城乡男女几乎都穿蓝、绿、灰色调的简易服饰，其中应数绿军装最时尚。在改革开放40多年后的今天，我国广大居民的穿着日新月异。

（吴清河　吴桥春）

旧时妇女戴银簪子的习俗

　　簪子是别住发髻的一种条状物，用金属、玉石等制成。在客家人聚集的一些农村山区，凡是上了年纪梳盘头髻的妇女，至今仍然保留着在脑后结的发髻上插一支簪子的习俗。

　　客家妇女的簪子一般由白银制成，长约10厘米，中间较窄，两头稍宽，末端尖锐，雕有花纹，精巧玲珑，其形状类似现在的"耳挖子"。

　　旧时，客家人尤其是客家妇女，经常遭遇流寇、土匪或邪恶势力（包括流氓、地痞、无赖等）的欺凌，为了防身自卫，便随身携带一些短小锋利的器具，以便在遭到突然袭击时自卫。簪子不仅可以防身，还可用来治病。一是遇头痛脑热等疾病，客家先辈曾将熟鸡蛋白与银簪用布包在一起，趁热在患者身上擦拭，据说疗效甚佳。二是当客家姑娘要出嫁时，做娘的总要送一支银簪给女儿，并再三叮嘱女儿，在房事时如遇新郎出现"暴脱症"，可取银簪向男方尾椎骨处重刺一针，据说也很奏效。三是如被毒蛇咬伤，用银簪刺蛇咬伤处，挤出毒血，防止蛇毒入心。

　　不过，在现代年轻客家妇女中，由于新潮、图凉爽等缘故，大多是齐耳的短发。即使有些妇女留着长发，也很少有人把头发盘起来，更不用说插上一支簪子了。

（周继章）

农村建房打灶的一些习俗

做门楼

大凡房子的前面都有大小不等的余坪和围墙，在本地客家民居中，围墙的出口处要构筑一个设计庄重、制作考究且具有一定象征意义的"门楼"。

民间认为，一幢房屋风水的好坏几乎取决于门楼，在筑门楼前必须请风水先生到现场选好位置和用指南针确定正确的方向。

在造型上，门楼呈八字形的设计风格，楼顶四角向上翘起，视觉上给人以庄严、雄伟的感觉，建材要经得起风雨侵蚀，因为宁肯房子倒塌而门楼不能倒塌。民间有"千斤门楼四两屋"之说。

（吴龙书　吴桥春）

做大门"开光"

在武平做大门须"开光"，早在明清时就如此。其开光口诀如下：

日辰吉良，天地开章，年通月利，时候正当，今日大门来点光：

一点红花，大门头，代代儿孙出状元；

二点红花，大门心，荣华富贵发万金；

三点红花，大门尾，代代儿孙穿朝衣。

大门点光后，永保家中粮丰丁兴、盛大荣昌。

（林兆发）

乔迁新居仪式

新房建成后要先出煞。出煞时，在厅中央杀猪（也有用公鸡的）敬祖宗，再把杀死的猪沿着新屋外墙四周拖一圈，再入宅地，叫"入福"。入宅时，全家大小手中都要拿一件以上的物品，表示不能空手入宅。

在新房厅中放上谷斗，斗内装上墨斗、角尺、秤子、皇历、宝剑和金银财宝，还要插上带叶的茶树，树上挂12个以上的红包，后面的人挑鸡，小孩子背书包。

家主进宅时要捧谷斗，放于新居后墙边并供香。一个月后，收起谷斗，表示新房日进斗金。

灶主即家庭主妇，挑内放灶具及厨中配料的担子，其余人各拿其他物品，最后面一人拿一根杉（客家话读 chàn 音）树枝，表示产子、产孙。新屋

处要有人接应，鞭炮从老屋燃放到新屋。　　　　　　　　（钟乃平　钟敏添）

打新灶

本地农家至今大多数还是沿用烧柴灶煮饭、炒菜。凡迁居、分家或家中有人亡故，或遇家人患病或事故等灾难，一般都要打新灶。因此，打新灶一直受到农家的重视。有俗语"三年作个灶，赛过打次醮"。

打新灶，首先请算命先生根据家庭主要成员的生辰八字择好日子，起灶脚时除在后灶壁贴上写有"紫微君星，文武君星"的红纸条外，还要点燃蜡烛、清香、鞭炮，用三牲、糯米煎粄、好茶好酒请灶君神外，还得用事先准备好的干杉毛点燃第一把火，紧接着添加干柴，不但要火势旺盛，还要发出噼里啪啦的响声，喻意产子、产孙，烟火兴旺。同时待铁锅烧到一定温度时，放进糯谷，铁锅内糯谷顿时膨胀爆裂，并发出噼里啪啦的响声，爆裂的糯谷米花四处飞溅，整个厨房里显得十分热闹和兴旺。主人要把爆米花分发给周围邻居。然后就在新灶里炸米粄子、豆腐，紧接着烹饪猪、牛、鸭、鱼等宴席用菜，准备宴请前来贺新灶的亲朋好友。亲朋好友都会拿鞭炮到厨房外燃放，向主人讲吉利话；周围邻居会前来贺灶，送上豆腐（意为"头富"）；女主人娘家会派人送来贺礼并在门楣上挂大红布，最后主家要给打灶师傅双倍的工钱（意喻"好事成双"）。

（钟林贵　钟奇荣　陈建生　钟红玉）

旧时建房建众厅（祠）选址习俗

农村住房选址和"禁山"习俗

旧时农村居民建住宅，一般傍山水，坐北朝南，屋后有山称"后龙山"，山上有树称"后龙树"，这"后龙树"是禁止任何人砍伐的。这些树不仅可调节气流，保持水土，还可以含蓄水源解决吃用水问题，所以有许多地方对"后龙山"进行全封山，谓之"禁山"。有的还在山上修筑寺庙，来制约人们在山上砍树劈柴，以永葆青山常绿，此习俗延续至今。

（蓝日焕　蓝如祥）

建众厅、众祠习俗

以前做"众厅"和"众祠"，都要在屋后安一神位，称"后土龙神"，新厅或新祠竣工入迁前，须祭"后土龙神"，意在保护新建厅、祠，保佑家族万年昌盛。除焚香礼拜之外，还要写祝文一篇，以表礼节。

祝文内容如下：

苞符无秘，化生吉龙，山同清影，灵气特钟。

前峰挺拔，后嶂穹窿，左龙生曜，右虎抱胸。

尊神在望，礼当敬恭，备兹不酺，聊表寸衷。

（刘沛南）

禁忌习俗

客家人历来重视禁忌和避讳，小孩病了叫"唔乖"；中药叫"茶"，吃中药叫"食茶"；人死了叫"走了""上山"；问人在何处谋职叫在何处"高就""发财"；农历新年期间和农历每月的初一、十五不准骂人、吵架，不能去探望病人，不能去丧家，等等。禁忌和避讳，是民间普遍传承的文化现象，属心理民俗范畴。它在中国汉族社会中早已产生和流传，古代文献中也不乏这方面的记载。《礼记·曲礼》云："入竟（境）而问禁，入国而问俗，入门而问讳。"禁忌习俗从古至今，在不同的环境和场合均普遍存在。它源远流长，内涵也极其丰富。它渗透到人们的物质生活、社会生活和精神生活的各个领域。

禁忌和避讳的最初形成，大都出于某种功利目的，是用来规范人们的思想、道德和行为的。一种持续均衡状态的社会，靠社会的内部机制来维持，而禁忌习俗和禁忌观念在维持社会均衡中起到了道德和法律（习惯法）规范的作用。而且不少禁忌是有科学道理的，这也是禁忌习俗代代相传、历久不衰的原因。但是某些人往往无视这种因素，割断禁忌与思想、禁忌与行为、禁忌与社会状态之间的联系，结果使社会状态的均衡遭到破坏。

民间禁忌和避讳是一个复杂的社会现象，也是一个神秘的文化系统。在众多的禁忌和避讳事项中，有些禁忌和避讳的起因和功利目的是可以解释的；有些禁忌和避讳只表达一种意象，世世代代就这样流传，很难给予确切的解释。这无法解释的禁忌和避讳也可能是由时代和社会生活的变化造成的。即某种禁忌和避讳在其产生时意义十分明确，但随着时代的变迁，生活发生了变化，禁忌和避讳的原义消失，变得不可解释。从现在的眼光来看，不少禁忌和避讳的民俗带有封闭性和封建迷信的色彩。这需要在今天的精神文明建设中加以革新或破除，客家禁忌和避讳的民俗亦是如此。现将客家民间普遍存在的一些禁忌和避讳习俗归纳记述于后，俾愚者戒，贤者鉴。

（一）行为禁忌

忌祭祀时以手指神牌位，因用手指有"轻蔑"之意。

忌用牛肉、狗肉祭祀，因牛耕田有功，狗守门也有功。

忌把用来祭祀的鱼打鳞去鳃，因鱼不全，有心意不全之意。

忌用吃过的东西祭祀。否则，认为心不诚。

忌孕妇参加婚礼、丧礼、祭祀活动，孕妇被称"双身人"，若她们参加，则视为不吉利，对孕妇本人也极为不利。

忌"万年青"（一种室内瓶栽植物）开花，认为衰运即至。

忌砍伐伯公树，否则，认为会有遭灾之祸。

忌在有关"风水"的地方乱砍树木、乱挖土。

忌跨小孩头顶，否则，认为小孩长不高。

忌听乌鸦啼，认为乌鸦啼叫必死人，是不祥之兆。

忌平时在村头、路边露天烧衣物，因为家里死了人才将死者用过的东西、衣物放在村头、路边露天燃烧。

忌抓在路边、树上呆立的鸟禽，否则，认为会带来疾病。

（二）岁时禁忌

忌大年初一、初二日扫地、倒垃圾。否则，认为财气外流。

忌大年初一杀生。

忌大年初一吃番薯，恐会招致新的一年无米饭吃。

忌大年初一吃稀饭，恐会招致新的一年穷困潦倒。

忌在"入年界"后到"出年界"前（农历十二月二十五至次年正月初五）看医，尤忌大年初一看医、煎药。否则，认为会招致家中年行衰运，病人不断。

忌大年初一放鸡、放鸭，因这些禽畜弄脏了地方，会得罪财神爷。

忌大年初一借钱给人。否则，认为会招致一年内"钱财外流"。

忌"入年界"到"出年界"期间，用大、小便浇菜。否则，认为会招致"肥水""财气"外流。

过年时，忌言"杀""死"等不吉言词。若小孩说出忌言之时，大人则马上以说"童言无忌"来挽转。

逢年过节时忌打碎器物。否则，认为招致不祥。若已出此事，家人应以说"大发""越打越发""岁岁（碎碎）平安"来安慰和禳解。

过年时，有人在外边喊要及时答应，被喊者不在家，其他人也不能说"他不在家"。否则，认为他一年将不顺利或有大祸。

过大年时应自动起床，忌被人叫醒。

忌大年初一大声叫骂。否则，认为赶走财气。

大年初一早上，对去睡觉的守岁人，要说去挖"金窖银窖"，莫说"睡觉"。

忌在"入年界"后"出年界"前的春节期间扛锄头下地、持斧上山砍伐。

（三）两性禁忌

男人忌从晾晒的妇女衣裤下走过，恐妨碍男人的运气。

男人忌被人用女人衣裤甩打。否则，认为是一个男子的大耻辱，会沾上不尽的晦气。

忌女人抽烟，怕"心黑"。

（四）婚姻禁忌

忌生肖相克。认为"白马犯黄牛""羊鼠一旦休""蛇虎如刀绞""鸡犬泪交流""猪猴不到头""龙虎两相斗"等婚忌。

忌结婚礼品落单数。

忌同姓人结婚。

新娘出门时，忌遇出殡，忌听见致哀炮鸣，忌见行人挑扁担、绳子断。这些都被认为有"恶鬼"拦路，是不祥之兆。

忌办结婚酒时打破器具。否则，认为预示夫妻不团圆。

结婚时辰不到，忌新娘进入新郎家，怕以后新娘不跟新郎在一起。

新娘进新郎家时，忌踩门槛，怕将来媳妇返回娘家不归。

（五）丧葬禁忌

忌在外恶死（恶死包括溺死、上吊、雷击、遭杀等）。

忌把在外恶死者抬回家中，一般抬回放在门外的大路旁边，等候入殓。而且，与正常死亡不同，不是头前脚后抬运，而是脚前头后抬运，以示反常。

忌病人床上的蚊帐未拆开而断气。否则，认为死者灵魂升不了天。

尸首入殓时，忌孝男孝女和在场人的人影照入棺材。

忌死者不瞑目盖棺。

出殡前停尸守灵，忌猫近前或从尸体上越过，怕诈尸。

忌服孝期间化妆、穿华服。

亲人亡故时忌说"死"，一般称"走了""去世了""过世了"。或说文雅一点则用"仙逝""逝世""作古"等。

忌在服丧期间剪发、参加宴会和文娱活动。

（六）生育禁忌

忌孕妇与孕妇同睡或同娩，以免"喜冲喜"，难免有一方不吉。

忌孕妇夜间外出，怕胎神抵挡不住夜间出没的鬼煞邪气。

忌孕妇房中放姜，认为放了姜，生出的孩子会多手指多脚趾。

忌孕妇看傀儡戏或凶恶打杀的戏剧。否则，认为生的子女会患软骨症或流产。

忌在孕妇房中动剪刀、动针线，恐使孕妇生下瞎眼或无耳孩子。

忌在孕妇房内搬放东西、修补墙壁，恐触犯胎神，使孕妇头晕腹痛，或流产，或小产，或生下五官不正、四肢不全的怪胎。

忌在孕妇房内捆扎、穿凿、钉钉子等，恐生下十指不伸、眼瞎、耳聋、脚跛或大小眼的婴儿。

忌在孕妇房内放红纸等色纸，恐生下的小孩长紫斑。

忌在孕妇家中随意动土，过重地冲撞房屋及随意移动固定的大型家具，恐胎儿因震动而坠胎或生下受伤的婴儿。

妇女生小孩时，忌外人入内。丈夫要入产房，必须用香熏过，方可入内。认为香气可避邪气和驱除其身上的污秽。

忌已出嫁之女在娘家生小孩。

忌生人窥探婴儿，恐惊小孩，吓出脐带风来。

忌给双生儿穿不一样的衣服，恐一方有失，殃及另一方。

忌产妇吃母猪肉，因母猪肉毒，恐将毒传给婴儿，使小孩容易发毒生疮。

刚生婴儿的妇女被认为是"血人"，忌被阳光晒着、被风吹着，若有急事出房门时，必须裹额、裹头帕。

（七）饮食禁忌

忌打正在吃饭的小孩，恐断饭命。

忌吃饭时把筷子插在饭中央。因为只有祭亡灵时，才在饭中插一双筷子。

忌吃饭时以筷子敲饭碗。因为只有乞讨者才有这样的习惯。

忌吃饭时用五个手指托住饭碗。因为只有乞讨者才这样端碗。

忌用一支筷子扒饭。

忌把碗反扣在桌面上。因为只有病人服药后，才将药碗扣在桌上，以示今后不再生病服药。平时扣碗，则有咒人生病之嫌。

忌在吃饭时擤鼻涕、吐痰、放屁。否则，认为有很大的失礼。

忌吃自死的牲畜，因为容易中毒。

忌站着、走着吃饭。因为乞讨者才这样吃饭。

忌病人食母猪肉、雄鸡肉，认为这些食物对伤口、病情会有加重之势。

忌小孩吃鸡脚，恐将来抓破书，不会读书。

忌小孩吃鸡肠、鸭肠，恐将来写的字歪歪斜斜。

宴席上，忌年轻人先动筷。必须先请共桌吃饭的长者开筷。忌在菜碗里乱翻挟菜。

忌在饭后碗中剩饭。否则，主人会误认为嫌弃他家饭不好吃。

（八）日常禁忌

忌向火中或烧着的炭末谷灰中小便。认为火中有火神，犯忌会使生殖器或膀胱感染。

忌在坟地大小便。否则，认为会被鬼作弄病死。

忌屋内戴笠、张伞。否则，认为会遭小偷光顾或招屋漏。

忌与人交谈时吐痰、放屁、打呵欠、擤鼻涕。

忌向火盆吐痰，忌用火棍在盆中乱拨。

忌用鞋、袜、裤作枕头。

忌用单手接他人送来的东西。否则，认为不礼貌。

忌客人来时主人扫地、洗脸。否则，被认为对来客不诚心接待，有赶客之嫌。

忌用写过字的纸当手纸或用来擦东西。

做客时，必须让在场中辈分最高或年纪最大者先坐且坐上首，切忌乱坐。否则，被认为不尊老，没规矩。

（九）行业禁忌

忌坐在店铺的柜台上，认为犯忌会使生意不顺。

忌店员面朝里坐着，认为背对店门则无事可做，生意冷淡。

忌开铺后的第一个客人不成交而去，恐带来一天的衰运。

忌用手指触碰初结的瓜果，否则，认为瓜果会腐烂或长不大。

忌演员未卸装入睡，恐灵魂认不出自己，醒不来，以致一睡不起。

卖猪时，忌把捆猪笼的绳索同猪一齐出卖，否则，认为财气被带走，对以后养猪不利。

（十）生产禁忌

忌用脚或棍棒打牲畜的头部。

忌打雷时从事生产劳动。在山上闻雷响，必须赶快下山或回家。

牛、猪怀胎时，忌挖圈里的粪土。否则，会使牲畜死亡或流产。

（十一）服饰禁忌

忌反穿衣。因为反穿衣常与丧事联系，象征不吉利。

忌衣服晾干后未折好就直接穿着。否则，认为人会变成"竹篙鬼"。

忌在夜间把衣服晒在外边，恐冲犯夜游神煞。

忌在竖杆上挂衣服，因这与丧事所举旗幡相似。

忌扣子成双，认为"四六不成才"。

忌穿裤衩在户外活动。否则，被认为不雅。

忌用裤子布补破了的上衣。否则，认为会受穷。但裤子破了可以用上衣布补。

（十二）称呼禁忌

晚辈忌直呼长辈名字，应称伯、叔、哥或伯母、叔母、嫂等。否则，被认为不懂礼貌。

忌别人直呼其父亲的名字。否则被认为骂人。

忌晚辈叫长辈的乳名。否则，被认为没有规矩。

（十三）喝酒禁忌

参加客家人举办的喜庆酒宴、酒席，散席后向主人告辞道谢，要说：吃得酒醉饭饱或又醉又饱。切记说：吃得饭饱酒醉或又饱又醉。醉、饱颠倒使用，犯了客家人的忌讳。主人会认为他的酒淡，酒酿得不好，只能充饥，灌饱肚皮，使主人没有面子。

（凌双匡）

避　邪

　　客家人为图吉利，办红、白喜事时，都讲究"避邪"，以求得家人平安幸福。武平人的"避邪"风俗主要有以下几种。

　　一是"上红"。在新居落成之时或者是喜迁新居之日都要举行"上红"仪式。"上红"一般由新居女主人的娘家人来完成。"上红"时，由娘家的两个男丁分别把红布的两端固定在大门上方的两侧，紧接着燃放鞭炮，鞭炮放得越多越响，意味着就越吉利。不管是新居落成时的"上红"，还是喜迁新居之日的"上红"，其意思都是祝愿主人红红顺顺、万事如意、大吉大利。另外，武平人在丧葬典礼结束后，也要举行"上红"仪式，其意思除了噩运已去，好运重来，祝愿主人红红顺顺、万事如意外，还有保佑主人没病没灾、长命百岁、平平安安之意。

　　二是"跳火"。如果有人到过丧家，那么回家时就必须先跳过"火海"才能进家门，因为客家人相信跳过火后就能够烧掉从丧家那儿带来的晦气、霉运等。到过丧家的人跳火的地点一般选择在离自家不远的地方进行，家人预先准备一些木柴点燃并待火烧旺以后，到过丧家的人就要从"火海"上跳过去。"跳火"时，火烧得越旺，"跳火"的人今后的生活就越红火。

　　三是"吃红蛋"。武平人认为，红蛋具有添喜和避邪的作用，所以在红、白大事中都习惯用上红蛋，以祝愿自己或者亲朋好友的身体健健康康、日子红红火火。如果某家人有亲人去世，当把丧事办完后，死者的家属就要准备不少的红蛋分发给来帮忙或者前来送葬的亲朋好友，一般说来，主人要分发给每位亲朋好友一个或两个红蛋。

（朱春华）

闲话民俗门、房、灶的"宜"与"忌"

中国传统文化的核心是"天人相应，天人合一"，将人与自然视为一个彼此联系、相互影响、不可分割的整体。客家人大多居住在山区，瘴气山霾四季常有，豺狼虫豸出没无常，为保平安，他们非常重视周围的生态环境，形成了一整套独特的"风水理论"。虽说"风水理论"存在不少糟粕或迷信的内容，但经过研究也能发现其中有许多原始科学的萌芽，值得今天人们借鉴。

客家风水理论认为，房屋设计有如人体，室内空间有如人体各个器官，均有新陈代谢的作用，气在室内必须平衡普遍地流通，从大门通道到卧室、厨房，气要顺畅地出入，室内居住的人才能获得健康平衡之气的滋养。这种气，不能太强，也不能太弱，要适中，方为吉利。

（一）门的布局

古人云："宁为人家立千坟，毋为人家安一门。"可知门之重要。门是住宅吐纳气之所，宜有足够的空间，大门明亮宽敞者，代表前途远大，具有充分的发展空间与机会。宜开在吉方、旺方，没有任何负面的地形、地物方为合格。中国传统的南北东西分别以四种灵性动物来象征性地表示：朱雀（孔雀）、玄武（蛇龟）、青龙、白虎。一般的房屋开门有四个选择：开南门（朱雀门），开左门（青龙门），开右门（白虎门），开北门（玄武门）。风水学以门的前方有明堂为吉，以开中门为首选。如前方无明堂，以开左方门为佳，因为左为青龙位，青龙为吉，而右方属白虎，一般以白虎位为劣位，在右方开门就不佳。而开北门为玄武门，更是不吉，亦有败北之意，所以家居定要慎开北门。为了得到"去水局"，此时宜开左门来牵引收截地气，此门叫青龙门。入门宜有"三见"。①入门见红，也叫开门见喜。入屋放眼则有喜气洋洋之感，给人温暖、振奋、心情舒畅的感觉。②入门见绿。即一开门能见到绿色植物，显得生机盎然，同时也有明目之功效。③入门见画。若入门就能见到一幅雅致的图画，既能体现居者的涵养，也可缓和进门后的仓促感。故一般客家民居的厅堂中都挂有一幅精致的中堂画，中堂画下面的桌上放置瓶栽千年青，或在天井中间摆放几盆绿色植物。入门宜有"三不见"。①入门不见灶。古人云："入门见灶，钱财耗。"入门见灶，火气冲人，有许多不利因素。

②入门不见厕。一进大门就见到卫生间，就如秽气迎人。③入门不见镜。古人认为镜子会将财气反射出去。

客家人传统住家的大门均设有门槛。进出大门均要跨过门槛，起到缓冲步伐、阻挡外力的作用。门槛还明确地将住宅与外界分割开来，同时门槛还可以挡风防尘，又可把各类爬虫拒之门外。古人还认为，门槛可阻挡外部不利因素，防止财气外泄，对住宅风水颇具重要性。门槛完整，则宅气畅顺；如果门槛断裂，便如同屋中大梁断裂一样，极不吉利，必须及时更换。另外，客家人忌讳楼梯正对大门。如果楼梯正对大门，表示财气从高处往低处流，并且直奔大门而流失。

（二）房间的布局

古人认为，主人房的风水好坏，对住宅运气的影响仅次于大门。它要求位置吉利。房间的形状不宜狭长。因为狭长者不宜通风，易藏污气；光线不宜太强，以免影响休息。眠床的摆设不宜被厨灶挤压，不可邻近强光，不能正对或背对房门。因为眠床乃人休息之处，宜静不宜动；门乃气口，在开关之时，无形之气冲击床位，大为不妙。床头不宜朝西；床位不宜对梁柱，也不可贴地，否则不通风，容易造成腰背酸痛。床头柜以圆形或椭圆形为佳，以免柜冲击头部。

（三）厨房的布局

客家传统认为，厨房的位置和里面的摆设占有很重要的位置。因为它主管一家人的健康、子嗣和财富。

怎样的厨房才算是吉利的呢？客家人的传统习惯认为有以下几点。

（1）厨房以灶门为准，应设在宅的南方，其次是在东方或东南方。忌设在北方、西方或西北方，也不宜设在家的中心，因为住宅的中心最忌受污。

（2）厨房切忌在主人房的隔壁。

（3）厨房内切忌有厕所，或厨房门与厕所门相对。

（4）厨房内阳光要充足，最好有阳光照射，空气流通要顺畅。

灶台是厨房中的核心。安法正确则利于健康、功名和婚姻。《解凶灶法》指出，灶乃养命之源，万病皆由饮食而得，灶宜安生气、天医、延年三吉之方，不宜在凶方。若在坐北朝南的住宅中，生气即指东南方，称为上吉；天医即指东方，称为中吉；延年即指正南方，称为上吉。这三个方位都是吉位，故利于安灶。

　　虽然生气、天医、延年三个方位都是吉位，但如何安灶还应该按照住宅主人的不同情况去具体实施。如功名不利，则宜安生气灶；如健康不佳，则宜安延年灶；如婚姻不顺，则宜安天医灶。

（四　维）

茶亭与风雨亭

客家地区的许多地方，特别是在山区和人烟稀少的古道和乡道中，常常可以看到一种结构简单、占地面积不大的亭子，无偿地供路人休息，躲太阳、避风雨、解困散乏。有些亭子里还放有茶水，无偿地供路人饮用。有些茶亭甚至备有雨伞、斗笠等，供行人取用。这些亭子就叫"茶亭"或"风雨亭"。有人说"茶亭"就是"风雨亭"，"风雨亭"就是"茶亭"，其实不然，两者在选址、结构、民俗等方面都不尽相同。

在选址上，"风雨亭"没什么"地理"要求，随便在路旁建一个亭子让路人能避风雨、遮太阳就行。而"茶亭"，在过去是很讲究"地理"要求的，投资建设者都得请"地理先生"查勘，讲究来龙去脉、风势、水向。一般都选在"风煞"大的山顶或很容易刮到风的地方。曾有人说，茶亭建在"风煞"越大的地方，投资建亭者就越发达。大多数茶亭使道路从其中间穿过，但也有极少数建在路旁。建"茶亭"还讲究吉日良辰。

在结构上，"风雨亭"一般只有一个或两个垂直方向的门，而"茶亭"必须是两个门，而且必须直通，如一个门在东面，另一个门必须在西面；一个门在南面，另一个门必须在北面。对于梁的摆放有严格的要求，茶亭里只能有一根横梁，其余搭在梁上的椽子必须蔸在里，尾朝外，以表示投资兴建者蒸蒸日上，好名声越传越远。

在民俗上，泥匠、木匠建风雨亭用过的工具可以继续使用。地理先生、匠人建茶亭用过的工具不能继续使用，必须丢弃。风雨亭的建设工地没有行规；而地理先生、匠人进入茶亭"建设工地"是有行规的。如：向前走几步后，再后退几步，不同的步法代表不同的意思。风雨亭竣工时，不一定"出煞"。茶亭建成时，地理先生、泥匠、木匠要"呼赞"（"呼赞"者手举雄鸡，以民歌的形式高声唱赞歌），至少要由地理先生"呼赞"。风雨亭里没有茶水，茶亭里却有茶水。茶亭施茶时间一般为自立夏至立秋，茶亭里的"茶"一般并非茶叶，而是放入生姜，冲上开水，一天或半天一换"茶水"。一般是投资建茶亭者施茶。有一家代代相传不间断地为一个茶亭施茶的习俗。茶亭里用陶瓷大缸或大木桶装茶水，茶缸（桶）里放几个长把竹筒，路人用长把竹筒舀起茶就咕咚咕咚地喝。茶亭里放的是姜汤，生姜有杀菌、散痧的效果。

建茶亭或风雨亭，有一家人单独建一个的，也有几家合起来建一个的；有的是以一个或几个人牵头，通过募捐建起来的。施茶是人们很乐意做的一件事，以前，当某茶亭没人施茶时，立即会有人接替，或者施茶者因故不能施茶时，会找人接替。

现在，尽管交通运输都大有改善，不少地方还是有人建茶亭或风雨亭。只不过现在建亭不像以前那么"讲究行规"了。当然，避风雨的效果比以前强得多。现在，都是红砖、钢筋混凝土结构了。因为现在各地都通了汽车，最起码是通了摩托车，改善了运输方式，提高了来往速度，茶亭里基本上看不到"茶"了。

（曾长生）

产妇的药浴

　　武平境内对坐月子的妇女有颇多讲究，如注意避风与居室通风、扎头巾、吃姜酒、药浴、不喝冷水等。其中"药浴"是一个很好的习俗，对坐月子妇女的身体健康有很大的好处，在全国其他地区较为少见。

　　为什么武平境内会在意药浴呢？这跟客家人的居住环境有很大关系。客家人大都居住在山区，山区水土清冷，居民体质多虚寒。坐月子的妇女因分娩时气血损耗很多，人体处于虚弱状态，如不注意，特别容易感染风寒湿气等外邪，从而导致"月子病"，客家人叫"产后病"，出现头痛、腹痛、全身酸痛等症状，影响坐月子妇女以后的生活和劳动。中医学认为"产后病"是虚而受邪，治疗较为困难，常伴随妇女的后半生。

　　客家人在长期的生产生活中充分认识到"产后病"得病容易、治愈难，预防"产后病"显得尤其重要。于是人们在农历五月初五前后在客家山区田间地头采集常见的草药，如艾叶、香藤、络石藤等，在农历九到十月采集姜苗，将这些植物晒干后煎水给坐月子的妇女洗澡。本身洗热水澡就能使血液循环加快，而那些草药又带有发散外邪、疏通经络、运行气血的作用。坐月子的妇女用草药煎的热水洗澡，能使全身血脉通畅，消除产后淤血和恶露，驱除外邪，减少甚至避免"产后病"的发生。

　　坐月子进行"药浴"，充分体现了祖国医学"未病先防"的思想，"药浴"这一习俗千百年来为客家妇女的身体健康做出了贡献。

（李砚辉）

饮食中的"以形补形"

"以形补形"用通俗的语言来说就是"像什么补什么"和"吃什么补什么"。其核心思想就是用吃与人体器官形态相似的动植物来治疗人体相应器官的疾病。"以形补形"是中医通过对自然界长期细致观察，依照"取类比象"的思维方法发现的。

武平客家饮食中常见的"以形补形"有"吃心养心""吃腰子补肾""豆类的形状似肾与睾丸，故补肾""百合形似肺，故补肺""核桃仁形状似脑，故补脑"以及食用猪肚来治疗胃部疾患，以动物的"鞭"（生殖器）来壮阳，等等。例如患有虚咳或哮喘的人，可用猪肺和百合煮汤服用，既可缓和病情，更可收补肺之效；虚寒胃病的人则可常食胡椒炖猪肚以暖胃；经常患腰痛的人就可用猪尾巴炖草药"千斤拔"食用；贫血患者多吃猪血；头晕头痛者可吃天麻炖猪脑或羊头等。经验表明，这些方法常常可收到一定的效果。

"以形补形"起源于唐代。起初，医学家孙思邈发现动物的内脏和人体的内脏在形态和功能上都十分相似，因此创立了"以脏补脏"和"以脏治脏"的理论。例如，肾主骨，他就利用羊骨粥来治疗肾虚怕冷；肝开窍于目，就以羊肝来治疗夜盲雀目；男子命门火衰，肾阳不足，就用鹿肾医治阳痿。后来，在"以脏补脏"的基础上推而广之，就形成了包括植物等在内、范围更广的"以形补形"。后世不少重要的医家都提出了行之有效的"以形补形"疗法。如清代王孟英提出以猪大肠配槐花治疗痔疮等。

从现代科学的角度看，"以形补形"有一定的科学性。如从动物胰腺提取的胰岛素，可治疗糖尿病；猪肝含有丰富的维生素A，所以具有明目作用；核桃中含有的维生素和卵磷脂，对治疗失眠、消除大脑疲劳效果也很好。

"以形补形"在客家地区盛行不衰，原因是客家人居住地一般在山区，交通不便，生活贫苦，缺医少药。人们必须特别注意保养自己的身体，才能坚持高强度的劳动。为此，大家在好不容易有宰杀家禽家畜的机会时，就充分利用动物体内的各个部分，把它们分别给患有不同疾病的人或者说某些器官功能较差的人食用，并可加入一些平时采集的草药，以达到治疗或强身的效果。而田地里出产的或山上采集的与人体组织器官相像的植物种子等就更有条件经常食用了，只要按照"以形补形"的方法稍加注意，就能吃出保健效果来，何乐而不为呢！

　　但是，"以形补形"不能机械地理解，更不能滥用，应该按自己的体质及中医的建议进补，这样才能达到理想的效果，否则可能会适得其反。

（顽　石）

武平人的蛇俗趣谈

武平地处南方，在山脚、田边，庭院周围都常见蛇虫出没。为了避讳，客家话把蛇叫作"蛇哥"。常见的毒蛇有"簸箕甲"（金环蛇）、"花伞柄"（银环蛇）、"青竹蛇"（竹叶青）、"泵戈蛇"（眼镜蛇）、"鸡公髻蛇"（眼镜王蛇），无毒蛇有"过山鳖"（学名待考）、"琴蛇"（蟒）、"南蛇"、"泥蛇"（田地里出没的一种水蛇）、"水鳖蛇"（溪水里出没的一种水蛇）等。另外有两种爬行动物客家话也叫蛇，一种是蜥蜴，叫"狗嫲蛇"；另一种是壁虎，叫作"檐蛇"。

（一）与"蛇"有关的俗语

在乡间夏日的夜晚，常常听到青蛙被蛇在稻田里追捕时发出的惊恐叫声，这叫"蛇打拐"。有句俗语叫作"人话蛇，悉索蛇"。形容听不懂的方言或难听的言语，常说"蛇声拐叫"，也用这话来斥责他人搬弄是非。比喻能力强、本事大的人常说"一条青竹蛇，当得过一畚箕泥蛇"。在客家话里尤其是五华音，"大城市"与"大蛇屎"听起来有几分相似，因此嘲笑未见过世面的人，就说"冇见过大蛇屙屎"。

（二）打蛇

与蛇共处，当地的做法是见蛇就打，常言道："见蛇唔打三分罪。"家里进蛇，一下没打到，蛇躲起来反而更麻烦，因此当地人发明了一种开水烫蛇的办法，将开水泼上去，蛇被烫伤跑不快，这时再用铁钳子夹走。户外的蛇，一般就用竹棍击打，打的时候，要瞄准七寸，也要贴着地面抽打，切莫扬起棍子，以防"打蛇藤棍上"（藤，沿着的意思）。打死的小蛇，常常被挂在村口的某个树枝上。

实际上在乡间被毒蛇咬的确是常有的风险，这也就是为何客家地区有"见蛇唔打三分罪"的说法。客家人认为野外看到"蛇驳艰"（蛇交配）是很"衰"（倒霉）的事情，须赶紧吐着口水躲开。

（三）食蛇

打死的若是一斤重以上的大蛇，则常常会取来食用。蛇肉，因为忌讳的原因，一般不在家里烹制，而在家门口临时砌一个灶来煮蛇羹。做蛇羹的方法很简单，斩去蛇头，将蛇皮、内脏去除后，切成大的蛇段，加一些黄豆、盐，在大锅里煮熟即可。蛇胆也有人拿来吞服的。肥蛇身上的蛇油，也有人会取下来熬膏，涂抹冬天的皮肤，防龟裂用。一家人做蛇餐时，往往邻居都会拿碗来分食蛇汤。客家人认为蛇肉清凉，可以降火去毒，相信蛇羹对皮肤病有治疗的效果。吃完的蛇骨要深埋，当地人认为脚刺到会中毒。

（四）捉蛇

以前，捕蛇的人很少，只是偶尔看到大蛇，会去挖开蛇洞捉来食用。现在因为城市的蛇羹店多了，有人收购，因此乡间也有专门寻觅蛇踪长年捕蛇的人了。

捉蛇，分两种，一种是捉入洞的蛇，另一种是捉洞外的蛇。

捕捉洞里的蛇，要带上一条狗。狗的鼻子灵，可以发现蛇的踪迹。发现蛇进洞后，开始用铁锹开挖，这叫作"改蛇"。挖到三分之二的程度时，要停下来看是否为毒蛇，蛇头是否朝外。如果是，就要用装蛇的袋子翻裹几层包住手，以防咬伤；如果不是毒蛇，则直接用手去抓。抓的时候，直接快速准确地握住其七寸。现在，也有人用鼓风机，在洞口将燃烧的烟雾吹进去，驱蛇出洞再伺机捕获。见到在野外休憩或游动的蛇，则直接去抓蛇的尾端，趁其蛇头未反击前，抓住七寸后放进袋子里。

（严修鸿）

武平历史上的流通货币

货币是商品交易的媒介物，在长期的商品交易过程中，各个时期的货币形态也在不断演变。

民国以前流通的货币

武平何时始用货币？旧县志未有记载。《汀州府志》记载，五代初（公元907年）承用唐朝方孔铜钱，口赋及田税用钱计征，部分城镇用铜钱作交易媒介。据本县1983年十方熊新村出土的货币，其中有王莽时期的"货泉"，东晋时的"兴宁重宝"，唐朝的开元通宝、乾元通宝、大中通宝等铜钱，最近博物馆还收藏有武会边界出土的汉武帝时铸造的"三铢""五铢"铜钱数百枚，说明本县使用方孔铜钱是有悠久历史的。又据民国版《武平县志》，南宋建炎元年（1127）市场交易始以银锭与铜钱混合使用。南宋绍兴三十年（1160）行用钞票，称"会子"，有一贯、三百文、五百文等面额，一贯为一会，与银两及铜钱并用，纳税及大额收付皆钱会参半。南宋景炎（元至元十三年）元年（1276）一度禁用铜钱，城镇通用元朝"中统元宝交钞"，面额有十文至二贯等，每二贯合银一两。元至大二年（1309）复用铜钱。明朝初期混用银锭、交钞及"洪武元宝"铜钱。明洪武八年（1375）后，通行"大明宝钞"，有十文至五十文的小钞、一百文至一贯的大钞，每贯合银一两或铜钱一千文，纳税钱钞兼用。后以宝钞贬值，物价腾贵，人民重钱轻钞，明正统元年（1436）市面交易，已不用钞。嘉靖元年（1522）明令停用宝钞，至明末通用银两及铜钱交易收付，大数用银，小数用钱。清朝通用铜钱、银锭、银元、银角、铜元。铜钱多系各朝皇帝的年号钱，也有少数的明朝"洪武元宝"和宋朝的各年号钱。铜钱有官造的叫"制钱"，各地私铸的质劣量轻，叫"沙皮子"，用时好坏搭配，有三七掺或四六掺，以一千文为一吊，因优劣不一，与银两、银元比价亦时有不同，在道光元年以前，每银一两兑制钱一千文，行使银元时优质的则九百至一千文兑银元一元，劣质的制钱兑价有至两千余文兑银元一元。"银锭"也叫"元宝"或"银锞"，自一两至五十两不等，大多是马蹄形或馒头形、圆饼形，不到一两的称散银或碎银。在道光至同治年间外国银元流入，本县使用的就多种多样。有日本的"龙洋"、墨西哥的"鹰洋"、英国的"站人洋"、荷兰的"马剑洋"、西班牙的"双柱洋"和瑞士、菲律宾的银币。还有一种是台湾岛仿造的银元叫"银饼"（民国十六年县城钟姓建房时出土的银元多属此种），咸丰、同治间，一度用过清政府发行的"户部官票"（银票）和"大清宝钞"（钱票），不久纸钞贬值停用。光绪十四年（1888）有"光绪元宝"及"大清银币"行用，其中广东造光绪大龙洋写明库平七钱三分（当时一切交易往来仍以银两为单位），光绪二十二年后有广东省造银角流通，分单毫、双毫两种，每十角值价七钱二分，此后有福建官局和湖北省造的银角流通，每十角值六钱九分、六钱七分。还有少量的香港地区造伍仙、壹毫银角流通。光绪三十年使用"铜元"，又称"铜片"或"铜板"，有"光绪元宝""大清铜币"，注明当制钱十文，每十枚兑银角一角。随着商品交换的需要，铜元已成为零星交易的主要辅币了。

民国时期流通的货币

辛亥革命以后，市面流通的大部是银元、银角、铜元、铜钱。银锭的使用很少，但市场上大宗交易及买卖契约仍以银两为价格标准，而银元则作为流通和支付手段，保持着两、元并存的局面。民国初期曾一度使用福建银行发行的银元票（称台伏票），每元合银七钱或铜钱一千文，大都用于缴纳税款；民国三年后，始用袁世凯头像银元（简称袁头），与银角、铜元、铜钱混用。在民国十年前后，用三至五个铜钱可买豆腐一块或花生一两。随着市场交易的发展，铜钱逐渐被铜元所代替。民国十六年后，有孙中山头像（简称孙头）银元在市面流通，当时每一银元可购稻谷50斤左右或茶油四至五斤。民国二十二年四月，国民政府公布"废两改元"，规定所有收付交易一律用银元计算，并以当年新铸孙中山大头像（反面有帆船，故亦称帆船银元）银元为国币。当时本县称袁头、孙头银元为"光洋"，可十足使用。还有大清银币、各省土造银元、外国银元及打有戳记的，称"什洋"。光洋每枚可兑银角13.5角，什洋每枚兑银角12.8角。银角亦有优劣之分，光绪元宝、福建官局、湖北和广东造的银角可十足使用，中山毫、三年袁头毫作九折使用，五年袁头毫、甲子毫、癸亥毫因质量差，作六折或七折使用，商人有时拒收。铜元在市面流通的除光绪元宝、大清铜币外，多数是"中华民国开国纪念币"及各省造的铜元，1932年有少量的苏维埃五分铜币流通，和一般铜元同值使用，铜元与银角的比率由县商会根据行情变化调整，从1∶12至1∶22不等。从民国二十年开始，有少量中国银行、交通银行发行的十元券、五元券在市面流通，与银元比价为1：1。

民国二十一年（1932）中华苏维埃共和国国家银行发行的银币券二角、五角、一元票券及闽西工农银行发行的一角、二角、一元券曾在武平县象洞、桃溪、湘店等处有少量流通。红军长征后，商家市民多将苏币秘密保存起来，新中国成立后的1952年中国人民银行给予兑换人民币。

民国二十四年（1935）十一月，国民政府实行法币政策，规定中央、中国、交通、中国农民四家银行发行的纸币为法币，禁止银、铜币流通，规定收兑牌价为银元一元、银角十二角、铜元三百枚均兑法币一元。（武平县民众很少拿到银行去兑换，并在市面照常通用。）初期多用中央银行十元、五元、一元券及中国银行一元、五元、十元券与银元混用。民国二十五年福建省银行发行的五角、二角、一角、五分、一分的辅币券，翌年发行的一元券及广东省银行发行的大洋券、毫洋券（1.44元折法币一元）、江西裕民银行的五角券，还有少量的中南银行、实业银行、四明银行、浙江兴业银行的钞票，在市面与法币同值流通。民国二十九年有五分、十分、廿分的镍币作为法币的辅币在市面流通。这年起法币逐渐贬值，五十元、一百元、五百元、五千元、一万元的大额钞票相继在市面出现。民国三十一年中央银行又发行"关金券"，以一元折合法币二十元的比价与法币并行流通，初期有面额十分、二十分、五百元等，至民国三十七年有五万元、廿五万元券（合法币五百万元）在市面使用，此时币值日低，物价猛涨。在民国二十六年每千元法市可建造土木结构的二层楼房十间，至民国三十年只能造平房一间，至民国三十五年只能买口杯一只，至民国三十七年仅可买火柴一盒，上街买一棵白菜，就得带上一篮的法币。至此法市已形同废纸，彻底崩溃了。

民国三十七年八月十九日，国民政府再次改革币制，发行"金圆券"，以一元折合三百万元的比价，收兑急剧贬值的法币。最初有一元、伍元、十元、五十元、一百元及一角、五角的金圆券流通，十月间因缺乏辅币，由县商会发行二元、一元、五角、二角、一角面额的金圆代用券与金圆券同值行用。次年一月市面已用五千元、一万元、五万元和一百万元券，二月以后，金圆券以比法币更快的速度贬值，物价如脱缰之马，飞速猛涨。至三月市面拒用金圆券，复用银元、银角、铜元。

（王同任）

民国以前的武平民间借贷

武平民间借贷有悠久的历史。20世纪30年代以前，还没有银行借贷，穷苦人民每遇青黄不接或婚丧疾病缺粮缺钱，除个别向义仓或政府积谷借得升斗及在亲友处融通，多向富户借贷，忍受重利盘剥的痛苦。

武平民间借贷形式多种多样，主要有借谷、借钱、借猪肉还谷、买牛出租、凑会等形式。

（1）借谷：多系借谷还谷，春借秋还。明、清两朝奖励人民捐谷设置义社仓，永留境内备荒散赈或出借，春荒时借给贫苦农民，秋冬时收回新谷。如明朝的刘隆、林乾利，清朝的王敦临、王与、李梦宪、李仑等，均私人设置义仓或义田或捐谷散赈，以赡乡里。县城有民间捐谷设置的义仓堂，每年可收谷百余石，仓址设在三官堂内圣殿左右两侧，春荒时借出，秋冬收回，一般义社订有收息之法。民国《武平县志》载："清雍正二年议借本谷一石，收息二斗，小歉减半，大歉只收本谷。至十年后，息倍于本，只加一行息。乾隆三年议定息谷十升，以七升归仓三升归社长，作修仓折耗。"民国二十二年后，城乡义社仓及积谷大多拨充各乡学校为校产。义社仓的设置，虽可备荒利民，法良意善，然多被豪绅掌握，非有情面世交的实难做升斗之求。民国三十一年至三十八年的几年中，政府随田赋带征积谷为备荒赈借之用；但拨给各乡镇后，大部分移作他用，真正贷给群众的，实乃杯水车薪，无济于事，一般穷苦人民只好望仓兴叹！在饥寒交迫的紧要关头，唯有向亲友融通及向富户求借，利谷为30%～100%，即春借一石，秋冬还本息谷一石三斗至二石不等。实物押借多为"卖青苗"，即在四五月间，将耕种的禾苗估算干谷若干，以低价卖给富户，换取少数粮食，于六月间收成时，由债主收获。民国三十一年据福建金融处的调查，本县借粮户约占总农户的60%，其中向亲友融通的占20%，向富户借粮的占80%，实物押借的约50%。

（2）借钱：有信用与质押之分。民国二十八年以前，信用借款，一般借期在一年以内，利率月息2.5‰～30‰，民国三十年以后，因国民政府纸币日趋贬值，借纸币的较少，多以银元或稻谷折算，利率常高达月息10%以上。有一种高利贷名叫"火烟关"又叫"孤老利"，多限期三个月。如借款10元，每日早晨见借户煮饭的火烟，借主即到他家收息一角，如无钱偿息，到月底并入本金计算复息，满三个月，本利和为21.97元。另一种借钱方式，可不归还，叫"打摆世"。穷苦的读书人捐了监生或中了秀才举人，须赴省赴京考试（民国前期为中学毕业后，投考外地高等学校），缺乏旅费时，用书写对联、白扇的方式，送给亲友及本家，叫"发联扇"，请其支持款项，数额不定，也不要归还。

（3）借猪肉还谷：穷苦人家在逢年节无钱买肉时，向屠户或富户借猪肉，借肉一斤秋冬时还谷一斗（13斤）。

（4）买牛出租：农民耕田无力买牛时，请富裕户代为买牛一头，年纳牛租谷二至三石，所生牛犊，养大上鼻圈时，折价均分。

（5）凑会：凑会有月子会、季会、年会之分，谷会、银会之别，民间极为盛行，是各阶层人民遇上婚丧喜庆、修房经商等事，筹借款项最快最好的方式。今以银会的月子会为例，一般由十人组成，有摇会与标会两种。摇会则第一次由需用款项的会首备酒席邀请亲友会餐后（以后每次会餐费匀派），议定会金或摇骰或抽签决定次序（第一次会首不抽签），利息或不计或计些微，每月轮流聚餐交缴固定会金及利息；有的用"蛇蜕皮"方式计算，如会金每人每月10元，首会实入90元（除本人会金），第二次以后，每月应交11元。标会则以经商或急用者为多，逐月定好基数，以投标的方式，按标出利息，最高的得会金，每人只能中标一次，标利一般高达月息二分至五分。此外，有豪霸为建房或婚丧，以凑会为名，邀集富裕亲友会餐，请支持款项后（会金视各人情况而定）即不再续会，至于会金要不要归还或何时归还，由会首自定。此种凑会，则类似"打秋风"了。

（李永荣　王同任）

　　客家语言，既保留了中原的母语，又同当地的世居民族（少数民族）语言融会、同化，形成了一种独特的语言。千百年来，武平客家人在开创基业、勤俭持家、教育后代等方面创造了许多"拟、比"等言简意赅的谚语。它念起来朗朗上口，容易记忆、内涵丰富，充满了哲理。今特录部分以飨读者。

在武平流传的谚语

为人处世类

食哩人家食物嘴软，拿了人家东西手软。

话到嘴边留半句，事在火头让三分。

冷铁难打，冷言难听。

人要长交，账要短结。

破柴看纹里，做事看道理。

信得嘴，时常爱；信得肚，有受苦。（不能大吃大喝）

人争一口气，佛争一炉香。

做人爱像人，做鬼爱吓人。（不管干啥都要干好）

便宜莫捡，浪荡莫收。（不要贪小便宜）

当得软（肯吃亏），上得天。

愿食人家笑面茶，唔愿食人黑面饭。

丢盆丢钵赶走客。

人要衣装，佛要金装。

有钱有肉多兄弟，急难何曾见一人。

一家有难，八方支援。

嘴里微微笑，肚里一把刀。（提防心口不一的小人）

人心不足蛇吞象。

若要人不知，除非己莫为。

老人讲事好包起。

好话讲尽，坏事做绝。

山中冇（无）老虎，猴哥称大王。

在城埋没好狗，在乡埋没人才。（不重视人才）

做人难，难做人，人难做。

大福有大量，冇个量气冇个福气。（量气大就福气大）

急性子办不成好事。

在家靠父母，出门靠朋友。

家中有便饭，出门有贵人。

家有千人，主事一人。

人穷志不穷。

留得青山在，唔愁冇柴烧。

一个人唔敢懒，多多少少做点添。

唔敢嫖，唔敢赌，赚钱好辛苦。

人间有三苦："第一苦锅里冇米煮，第二苦挑担行长路，第三苦砻谷帮（拉）锯磨豆腐。"

花猫公，自家屙屎自家翁（翁：掩盖）。（自作自受。）

菩萨打屁。（神气）

兜凳唔坐讨凳坐。（自讨没趣）

和尚跌比（丢掉）印。（无法）

屙屎唔怕雨大，穷人唔怕债大。

东边日头西边雨，你讲冇晴（情）却有晴（情）。

人怕失足，马怕滑蹄。

学懒三日，学勤三年。

功夫照试，豆腐照捏。（真功夫是比出来的）

心好不必吃斋。

还生唔孝顺，死了敷鬼神。

唔莫愁，子女大了有出头。

屋下（家内）唔和外人欺。（家中不和外人欺）

秤砣细细压千斤。

食唔穷，穿唔穷，冇划冇算就会穷。

唔莫慌，日头落了有月光。

算命先生半路亡，风水先生冇屋场。

健身类

身体健，靠锻炼；若要健，天天练。

少时练得一身劲，老来健康不生病。

夏练三伏，冬练三九。

不愁不恼，百病去了。遇事不恼，长生不老。

笑口常开，青春常在。

渴不急饮，饥不急食。少吃有补，多吃坏肚。

少吃多味，多吃伤胃。千补万补，不如食补。

肚大吃不多，命长才吃得多。

早上莫喝酒，晚上莫吃姜。朝喝杯水汤，赛过食参汤。

感冒不舒服，不要吃狗肉。

少吃骚鸡子鸭，可防旧病复发。（骚鸡即"小雄鸡"，子鸭即"嫩鸭"）

年轻好花色，老来怪病得。（"花色"，风流之意）

饮食贵有节，锻炼贵在恒。饭吃八分饱，肠胃好到老。

立夏狗，吃了天下走。春羊、夏狗、秋鸭、冬鸡。（指各季节比较适宜吃的禽畜）

大蒜是个宝，常吃身体好。

豆腐有补，趁热落肚。

牙齿不捅不空，耳朵不挖不聋。

日日晒日头，身体健如牛。日头是个宝，常晒身体好。

睡觉不遮头，清晨郊外走。睡前洗洗脚，赛过吃补药。

木怕蛀心虫，人怕老来穷。

早睡早起，精神百倍。

若要命长久，不沾烟和酒。

有病早治，无病早防。

三分治疗，七分保养。

药不分贵贱，治好是关键。

饭后百步走，活到九十九。

教育类

还细偷针，大哩偷金。恶人教不出善子。

子女不读书，好比冇目珠。生子不读书，不如养头猪。

学坏三日，学好三年。

一命二运三风水，四读贤书五积德，六勤俭来七诚信，八乐观心九勇气，知足常乐方存人。

日出轮流似转车，有书不读真正差，早晨路上寻麻雀，晚间下水捉鱼虾。

毛笔虽轻拿不动，犁耙辘轴（用于水田犁耙后的整平）却能拿，有朝急事求人写，自己无能莫怨爷。

读书须用意，一字值千金。

婚育类

棘子开花稠打稠，夫妻相吵冇（无）冤仇。（不必计较）

公有事，与婆商量；婆有事，与公商量，能使茶水胜参汤，黄连变蜂糖。

男人心，海般深；女人心，糍粑心。（把握性格特点）

年轻嫖赌，老哩受苦。

结婚生子不怕迟，只要合到好天时。（把握机遇）

生子唔消多，一子当十哥。（少生优生）

青竹蛇一只就够得，狗嘛蛇（蜥蜴）一窿（窝）都闲情。（儿女不要生太多）

生儿不知娘辛苦，生女方知报娘恩。（生女比生男好）

树大会开杈，儿大要分家。（多谅解）

气象类

雷打秋，下季谷子对半收。雷打冬，十只牛栏九只空。

不到惊蛰先响雷，四十九天雨绵绵。

雷公先唱歌，有雨也么（没）多。

初一落雨初二晴，初三落雨透月半。（农历初一下了雨，当天就会停，初三下了雨，半个月内雨天多多。）

日头出来见一见，三日不见面。（天空中雨云层密布，忽然太阳露面，不会有好天气。）

日头送山，明天起来一般般。（连续几天都下雨时，到了傍晚时候，云开见日，意味着明天不会有好天气，还是雨天。）

东闪晴，西闪雨。（东边闪雷电，说明所在地方不会下雨；西边闪雷电，说明会下雨。）

鸡早晴，鸭早雨。（鸡未到天黑自己早早入栅，说明明天会晴。鸭则相反。）

朝变夜变，无水洗面。（"朝"指早晨。连续干旱时，而在早晨、晚上却出现吹风或天空出现云朵，像是会下雨了，其实干旱还会继续。）

春暖春晴，春寒倒春寒。

春分秋分，日夜平分。

清明断雪，谷雨断霜。

日头挂当昼，细雨两头溜。（雨时中午出太阳，早晚还会下雨。）

清明雨，冇水莳秧地；清明晴，有水莳石坪。（清明下雨必定天旱，清明节晴朗必定雨水充足。）

（春天）朝霞夜霞，冇水煎茶。（喻大旱）

三月三，擎伞着白衫。（气候变暖了）

四月四，人脱衣衫树蜕皮。（山上树木更新枝）

秋前三日无禾割，秋后三日沤烂禾。

七月秋风夜浸凉。

霜降寒，即刻寒；霜降暖，还有四十九日暖。

小雪大雪，烧火冇停歇。（白天日子短了）

八月旱，番薯（地瓜）压得担竿（扁担）断。（八月旱天，必定地瓜丰收。）

八月社（节日），大细妹子争灶下（厨房）。（天气转冷，小孩烤火。）

（九月）一只白鹭晴，二只白鹭雨，三只白鹭发大水。

雨打雪，么停歇。（必定连续数天雨雪）

四月初一下大雨，新米高过老米价。（粮食欠收）

冬至前先打雷（响雷），十只牛栏九只空。（预示天气寒冷，牛易死亡。）

穷人不用愁，夏至过后大月头。（即晴天多）

立夏晴，斗笠棕衣高挂起。

雨浇上元灯，日晒清明种，上元若下雨，清明定放晴。

上半月看初三，下半月看十八。（每月初三与十八日的天气可预测本月的天气。）

立春落雨到清明。（立春日若下雨，则直到清明这段时间雨量较多。）

春黑冬白，雨仔泄泄。（春天满天黑云，冬季满天白云，则细雨绵绵，雨水会多一些。）

春寒雨多，冬寒雨少。

立春落雨到清明，一日落雨一日晴。

二月二打雷，稻穗重于锤。

春分有雨病人稀。雷打五更日晒水。

一点雨一个灯，落到明朝也不停。清明风若从南起，田中定有大丰收。

三月死鱼鳅，六月风拍稻。四月芒种雨，五月无干土，六月火烧埔。

西北雨，落不过田埂。

小暑怕东风，大暑怕红霞。（一般会有台风出现）

空心雷，不过午时雨。

六月初一，一雷压九台。

六一九（农历六月十九），无风水也哮。（常有雷暴天气）

七一雷（农历七月初一），一雷九台来。

立秋无雨最堪悲，万物只能对半收。

东闪太阳红，西闪雨重重，北闪当面射，南闪闪三夜。

重阳无雨一冬晴。立冬之日怕逢壬，来岁高田枉费心。

大寒不寒，人马不安。

清明晴，蓑衣笠麻赛先行；清明雨，蓑衣笠麻好挂起。

雷公先唱歌，有雨都冇多；蚂蚁爬高会落雨。

雷打冬，十间禾仓九间空。冬至出月头（太阳），正月冻死牛。

八月里冻桂花，老老少少争灶下。

（摘引自《武平文史资料》第二十辑）

武平流传的《月光光》不同版本

*月光光，秀才郎，骑白马，过莲塘，莲塘背，种韭菜，韭菜花，结亲家，亲家门前一口塘，养条鲩鱼八尺长，鲩鱼背上承灯盏，鲩鱼肚里做学堂，做个学堂四四方，个个赖子（儿子）读文章，读得文章马又走，追得马来天大光。

*月光光，走四方，四方暗，走田坎①，田坎尾，捡枚针，针有眼，交了伞，伞有头，交了牛，牛有角，交了桌，桌有杆，交了缶，缶有口，交了狗，狗有尾，交了鸡，鸡有须，两子叔婆学拉锯，拉锯唔奈何，不如学补箩，补箩篾丝鞠（刺），不如学打铁，打铁会生鹤（生锈），不如学劏猪（杀猪），劏猪难讲价，不如做叫花，叫花难挂筒，不如吹小筒，小筒吹吾响，不如做和尚，和尚难着衫，不如入尼姑庵，尼姑庵会毕尺（裂口），不如上石壁，石壁会开花，不如归屋下，屋下闯出一只狗嬷蛇，吓得哥哥目睐睐。

*月光光，走四方，四方暗，走田坎，田坎心，捡枚针，针有眼，告了伞，伞有头，告了牛，牛有角，告张桌，桌有关（杆），告个安（缶），缶有口，告只狗，狗有尾，告了鸡，鸡有髻，两个伯婆学做戏；做戏难打锣，不如学补箩，补箩难破篾，不如学做贼，做贼惊怕人着（抓），不如学扛轿，扛轿难转肩，不如学食（抽）烟，食烟难点火，不如牵猪古，猪古死下别（死掉了），目出倒倒跌（眼泪不停往下流），倒下入，倒下出，大家喊他老屎北（老家伙）。

*月光光，走四方，四方暗，走田坎，田坎圩，捡枚针，针有眼，多条伞，伞有头，交条牛；牛有角，交条桌；桌有（杆），交条坛；坛有口，交条狗，狗有尾，交只鸡，鸡有继（髻），两子叔婆学做戏；做戏难打锣，不如学补箩，补箩篾丝会刺手，不如学蒸酒，蒸酒酒会酸，不如学打针，打针针会折，不如学做贼，做贼怕捉到，不如学扛轿，扛轿难上柴，不如学打铳，打铳一打打到牛岗圩，拾到一捆烂棉被，棉被打开一看，全是一包臭官蝉（虫），官蝉咬痛人，四脚爬到归。

*月光光，走四方，四方暗，走田坎，田坎崩，捡枚针，针有眼，靠了伞，伞有头，靠了牛，牛有角，靠了桌，桌有杆，靠了缸，缸有口，靠了

---

① 走田坎，意即"刨田坎，除杂草"。

狗，狗有尾，靠了鸡，鸡有警（鸡冠），两子叔婆学做戏，做戏难打锣，不如学做贼，做贼怕捉到，不如学扛轿，扛轿难转肩，不如学食烟，食烟难敲烟屎，不如学挟狗屎，狗屎蓬蓬臭，不如学识字，先生教偓一个字，偓教先生挟狗屎，先生教偓一本书，偓教先生打野猪，野猪走过埂，追得先生嘴半半。

（摘引自《武平文史资料》第二十辑）

岩前农谚一束

春冇三日晴，冬冇三日雨。

天上鲤鱼斑，天光晒谷唔使翻。

鸡上斗窝天必晴，先雨后雷雨必大。

水缸出水蛤蟆叫，唔久将有大雨到。

蚂蚁做窝会落雨，蜘蛛结网天会晴。

早雨天晴，夜雨落得成。

早看东（光照黑雨）夜看西（霞雨黑照）。

朝霞晴，夜霞雨。

早雨三下昼（三个下午）。

鸡早（出笼）必晴，夜早（入笼）必雨。

六月六跌雨点，岭岗栋上等稳捡（丰收）。

雷公先唱歌，有雨也有多。

冇个天晴五月节（总下雨）。

瞎猫公捉到死老鼠（庆幸得到）。

花之花聊（撒谎）么（没）风会起浪，么（没）鬼会死人。

日送山，明日一般般。

七月蜂，八月空。

初一初二娥眉月，十五十六两头光。

十七十八岭背杀鸭，二十耒头，岭背杀牛。

七月蚊生芽，八月蚊生角，九月蚊子躲墙角。

开镰一餐粄，刈糯一餐糍（粑）。

天上怕雷公，地上怕舅公。

光食饱先走，后食饱捡碗又喂狗。

狗郑坏，猪郑大，人郑变田拐。（方言，"郑"即暴饮暴食）

认到妹子真还衰，捉到老鼠入麻袋。（出钱物多）

面上冇肉，做事恶毒，嘴唇薄薄，做事刻薄。

挺胸布娘，匍背男子（厉害）。

催腔冇生树，生了树会打鼓。（没闲）

见腔会打鼓，一庵全和尚。（绝技非人人会）

细妹子跌落塘，两头入水。（收入多）

驼背子唔按蓆，二头翘。（两头受气）

（练康豪　收集）

武平各地民间谚语、歇后语选萃

（一）民间谚语

富人莫断书，穷人莫断猪。

天亏人皮包骨，人亏人壮粒粒。

信得嘴，时常爱；信得肚，有苦受。（不能贪吃）

坐吃山空，口吃山崩。

雷打冬，十间谷仓九间空。

冬至出日头，正月冻死牛。

公不离婆，秤不离砣。

碗子来碗子去，碗子冇来会断气。（邻里之间要经常往来）

人争一口气，佛争一炉香。

出门看天色，入门看面色。

长兄为父，大嫂为母。

老鼠子要有隔夜粮。

世上第一苦，挑担行长路；第二苦砻谷磨豆腐；第三苦锅里冇米煮。

懒疏嫲睡到日头斜，懒疏古嘴嘟嘟。

早起三朝当一天。

夜路行得多，总会碰到鬼。

闲时唔烧香，临时抱佛脚。

春么种，秋么（没）收；人唔省（节省），家唔有。

做人爱像人，做鬼爱吓人。

做客莫在后，见官莫向前。

便宜莫捡，浪荡莫收。（不要占小便宜）

床上加双脚，又爱食又爱着。（孩子多负担重）

初一落雨初二晴，初三落雨烂泥坪。（预测天气谚语）

春天出门唔戴笠，淋哩目汁汁。

路在嘴上。（不认得路时要问别人）

食在肚中，着（穿）在威风。

冇划冇算一世穷；有划有算有当有。

人有人缘，菜有菜园。

一般米谷养出百般人。

累唔会累坏人，饿才会饿坏人。

当得软（吃亏），上得天。

雷打惊蛰前，米谷会便宜。（丰收年，粮食便宜）

日看东南，夜看西北，日头送山，两日一般般。

（何力　收集整理）

（二）养生谚语

脑不学不聪，身不练不壮。

坐如钟，睡如弓，站如松，行如风。

寒从脚起，病从口入。贪吃贪睡，添病减岁。不染烟和酒，活到九十九。

一勤生百巧，一懒生百病。吃人参，不如睡五更。

若要孩儿安，三分饥和寒。今年笋子明年竹，少年体健老年福。

五谷杂粮多进口，大夫改行拿锄头。无事勤扫屋，强过上药铺。

早上要吃好，中午要吃饱，晚餐要吃少。

常洗衣服常洗澡，常晒被褥疾病少。指甲常剪，疾病不染。

笑一笑，十年少；愁一愁，白了头。生气催人老，快乐变年少。

（吴德样　收集整理）

（三）有关月亮谚语

初一初二月落西，初三初四鹅眉月，

初七初八月半边，十五、十六月团圆。

十七、十八岭背剧鸭，十九、二十岭背剧牛。（此时的月亮，在天黑后，要有剧一只鸭或一头牛的时间后才会出来。）

二十二三，鸡啼月对山。二十七八，天亮月才出。

（王炳辉　收集整理）

在武北山村流传多年的歇后语

脱裤子放屁——多此一举。

韩信点兵——多多益善。

孔夫子搬家——都是书（输）。

秀才遇到兵——有理说不清。

屁股眼上烧蜡烛——屙火（"屙火"系客家方言。意为遇到烦心事像肛门里起火一样难受）。

辣椒下酒——烧口（"烧口"系客家方言。因某件事生气至极，怒气从肚中喷发至口腔，致使口腔灼热难受而产生厌恶之感）。

阎罗皇嫁女——鬼爱（要）。

阎罗皇开酒店——鬼食。

戏台上的皇帝——好景不长。

半天门上装广播——唱高调。

半天门上拉二胡——空弹（谈）。

画蛇添足——多余。

十五只桶吊水——七上八下。

田坎下点蜡烛——照拐（"拐"指青蛙。"照拐"是蒙人，言语上的轻微拐骗，说谎）。

黄连树下弹琴——苦中作乐。

胸前挂锁匙——开心。

棺材头上放鞭炮——吓死人。

哑巴读文章——默念。

瞎子唱歌——盲目乐观。

盲人讲故事——瞎说一场。

庙里的和尚——秃顶。

哑巴食黄连——有苦难言。

哑巴谈恋爱——无话可说。

茶壶里煮饺子——倒不出来。

伯公放屁（伯公系土地山神）——神气。

订了婚不进洞房——无圆（缘）。

离了多次婚的女人——前公（功）尽弃。

手拿火筒（用于柴灶吹风鼓气的竹筒）——两头空。

风箱里的老鼠（"风箱"为土法铸钢用的鼓风工具）——两头受气。

蛇进竹筒——进退两难。

厕所里吃馒头——开不了口。

茅厕里的石头——又臭又硬。

猴子捡到辣姜——吃了会辣，丢弃可惜。

肉包子打狗——有去无回。

木棍敲腹脐——打肚（赌）。

矮子骑大马——上下为难。

穿短裤烤火笼——不知寒暑（"火笼"是里有钵，外为竹篾的圆形制品，用于冬天烤火取暖）。

脚踩西瓜皮——溜之大吉。

狗食糯米——有变（相传，狗吃了糯米类食物不消化，仍会以米粒状拉出来。对固执己见不听劝说，或在教育子女不理想时而脱口说出"狗食糯米"四个字，意思就是"没变化"）。

（何家斌）

武北山村流传的谚语

（一）通用谚语

是不是去过四川了？（对受托外出办事，好久未有回音的人比喻。清朝康熙乾隆年间，遵照"湖广填四川"的君令，本村何姓人士有迁徙四川之举。但在信息及交通不发达的当时，大多数村民不知晓"四川"在何方，只知道四川是个很遥远的地方。）

送鬼落潭。（意指：送水鬼去水潭，回不来了）

床上加双脚，又爱食又爱着（"着"为穿着）。

你若有听话，狗都会做条裤给它穿。（这是对教育淘气孩子的一种比喻语。20世纪之前，狗穿裤是罕见的事。意为：只要淘气孩子能听从教诲，罕见的事也愿意去做。）

一条黄鳝只那么多鰳。（"鰳"的读音le，指黄鳝体表的黏液。比喻：所需之求有限，并非应有尽有。）

三碗田螺冇碗肉。（比喻：利用率低）

老虎交媾只一回。（意指稀少的交往、交集行为）

朝中无人莫做官，厨下无人莫去串。（意为：朝廷中没有自己人不要去当官，即使当了官也升迁无望，在受人排挤或遭人陷害时没人为你作主或撑腰。在做菜的厨房中没有熟悉的人不要去串访，即使串访了，也莫想得到美味的食品。）

穷人无须多，半升米都会唱歌。（比喻：贫穷人家物质上的期望值不高，容易满足。）

家无读书子，官从何处来？

好子过学堂，好女过家娘。（意为：好儿子都要经过学校的培养教育才能成才；好女儿都要经过婆婆的"传、帮、带"，才能传承好的家风。）

人穷猪命短。（意为：贫穷人家养的猪命较短，还没等长肥壮，就被宰杀卖钱。）

闲嘴咬鸡笼。（"鸡笼"为圈养鸡的竹制品。被关在笼子里的鸡闲着时，常会用嘴啄咬笼的竹篾。人在闲着时聊一些天南海北的话题，就像关在笼子里的鸡一样，做一些与生活主题关系不大、与周边的人和事没什么利害关系的事。）

分食唔平，打到连城。（意为：民以食为天。食物分配不公平，将跟你打斗至很远的地方不休止。"连城"为很远的地方。客家方言中，"城"与"平"押韵。）

跌落屎缸平臭。（这是纷争过程中以各无所得来平衡心理的一句话。意为拟把纷争物品丢落至粪池，大家都得不到，以此体现公平。比喻：众人分割某项权利或财物时难以分配妥当，宁愿丢进茅厕，舍弃各自的权利而平息纷争。）

没有闲钱补罩箩。（"罩箩"是用于将粥汤中半熟米饭捞起的竹制品。它不值几个钱，破旧后无修补的价值，就扔了。比喻：没有闲钱去修补本身不值钱的东西。）

这头揞，那头翘。（指在处理社会关系时，与跷跷板一样，这头按下去，另一头会翘起来。意为：在处理平衡关系或利益时，这头得到好处或利益，另一头却失去好处或利益。）

死猪唔怕滚水烫。

少年夫妻老来伴。

（子女）忤逆父母遭雷劈。

秤不离砣，公不离婆。（意为：秤离开了秤砣，就无法发挥出秤的作用，男女不合就无法发挥出家庭的功能与作用。）

人情长，数目短。（意为：人与人之间的情感贵在长久，人与人之间的债务宜在短时间内结清。）

亲兄弟明算账。（意为：亲兄弟之间的来往账目，应明明白白结算清楚，才不至于伤害兄弟情分。）

肥猪肉上贴猪膏。（与"锦上添花"同义。比喻：对富有钱财的人，再把钱财给他。）

人无千日好，花无百日红。（比喻：人的身体不可能永远健康，难免会有些小疾病，系安慰之词。）

捡起千年货，有个好人做。（意为：在当时看来没有使用价值的物品收藏起来，以后赠予他人还会有恩德。）

一年火烧山，三年死树子。（意为：一次灾害，殃及多年，后患多多。）

先小人，后君子。（意为：在涉及某项权益而缔结口头或书面合约关系时，不可大度粗放，而要像小人的肚量一样，将细枝末节表述清楚。在合约履行中或完毕时，对细枝末节可像君子一样大度又从容。）

　　男人口，将军箭。（意为：男人说出去的话，如将军射出去的箭一样，不可回头。）

　　养狗咬脚跟。（比喻：恩将仇报。）

　　狗咬吕洞宾，不识好人心。

　　唔声狗子会咬人。（比喻：不动声色的人更凶险。）

　　好心当作驴肝肺。（意为：对他人一片好心的劝导听不进去，当作不值钱的驴肝肺一样对待。）

　　随早夜到汀州。（"汀州"曾为"汀州府"，就是现在的长汀县城。意为：徒步远行、行车不要赶时间，顺其自然。）

　　先生食饭不用伙夫教。（比喻：有学问的人办事用不着莽夫来指点。）

　　风水轮流转，三十年河东，三十年河西。

　　人情留一线，事后好见面。

　　多栽花，少栽刺。

　　肥田唔当瘦店。（意为：耕种肥沃农田的收获，抵不上经商开设一个小的店铺。）

　　一条竹竿打倒一船人。（意为：不分青红皂白，一句话出口否定了与当事者相关的众多人。）

　　人在做，天在看。

　　善有善报，恶有恶报。不是不报，时候不到。

　　日日到，狗上灶。（意为：天天到他人家里串门，有如狗爬上煮饭的灶，令主人生嫌讨厌。）

　　见到封皮就是信。（意为：看到信封的皮就认为是信。比喻：只看表面，不看内在。）

　　家有千口，主事一人。

　　唔见骑马扛轿过，只见猴哥摁树头。（意为：看不到路过的行人，只看到猴子抱树戏闹。比喻：位于近山偏避之地。）

　　婆说婆有理，公说公有理。（比喻：各人立场不同，陈述的理由各有所长。）

　　清官难断家务事。

　　既要马儿跑得快，又要马儿不食草。

　　先生手一指，蛮人累出屎。

　　人争一口气，佛争一炷香。

　　好事不出门，坏事传千里。

磨刀不误砍柴工。

人心不足蛇吞象。

一方水土养一方人。

在家靠父母，出门靠朋友。

打铳唔论硝，只要打到雕。（意为：只要能达到目的，不惜付出代价。）

凑火炒硝。（"硝"为土制鸟铳用火药。在制作过程中需与硫黄相配，并用温火烘烤，此时若急于添加柴火，则易发生爆炸。比喻：办事不得操之过急，否则会引出大问题。）

牛毛出在牛身上。（与"羊毛出在羊身上"同义。）

黄牛嘞轭。（意为：调皮的黄牛会将担在其肩上的牛轭挣脱。比喻：滑头滑脑的人遇事总推脱，没有担当。）

屎出唉来挖屎窖。（比喻：做事没有事先安排，急切时才采取应对措施。）

食了闲饭唔得消。（意为：在粮食紧缺时，吃饱了饭是要干正经事的，不能去戏闹而白白消耗体能。）

打蛇粘棍上。（意为：用棍子抽打狡猾的蛇，它会沿棍子爬上来咬你。比喻：与颇有心计且出言不逊的人对话，他会抓住你说话的某些漏洞或某一句不够严密的话，反击你，使你处于尴尬境地。）

老艄公打破船。（意为：老水手在粗心或不经意间也会将船撞在礁石上，而将船打破。比喻：老有经验的人在不经意间也可能做出违背意愿的孬事。）

来说是非者，便是是非人。

七坐，八爬，九打丁旦，十喊爷。（意为：对发育正常的婴儿而言，七个月能坐立，八个月能在地上爬行，九个月会摇摇晃晃地站立，十个月会呼唤爸爸、妈妈。）

只有状元学生，没有状元老师。

懒人推屎尿。（意为：需要干活时，懒惰的人总以要拉屎或撒尿为由推脱。）

看着狐狸叼死猫。（比喻：眼前有险情而不参与解救。）

（二）反映气候方面的谚语

春分、秋分，日夜平分。（又称为"六光六暗"，即早晨六时天亮，傍晚六时天黑。）

立夏、小满，盆满钵满。

芒种、夏至天，行路要人牵。（意为：这两个节气属春夏之交，人倍感疲惫。）

寒露见寒，霜降见霜。

头季香花无人哦（读音 di），二季香花盖棉被，三季香花冻得牙唏唏。（"香花"即"桂花"。指的是这里土生土长的桂花。）

"冬至"至长，"夏至"至短。（冬至节气过后，白昼会逐渐变长，直到夏至节气止。夏至节气过后，白昼会逐渐变短，直到冬至节气止。）

月头送山，两日一般般。（意为：能看到太阳西下，第二天的天气与头天的天气相同。即：当日天晴第二天也会晴，当日阴雨第二天也会阴雨。）

初一落雨，初二晴，初三落雨烂泥坪。（意为：若农历初一下雨，初二当天晴。若初三下雨，则半月内下雨多，泥土封面的坪将会是烂烂的。）

雷打惊蛰前，四十九日暗天门。（意为：惊蛰前打雷，当年春季会有长时间阴天或下雨。）

朝晨配雨毛，日上萘出膏。（意为：早上下毛毛雨，白昼可能有烈日出现，致使煎出人体内的板油。）

狗食水，天落雨。

冬至出月头，正月炊牛头。（意为：如果冬至这天出太阳，来年正月气温低而冻死耕牛，牛头被食客炊着吃。）

清明断雪，谷雨断霜。（意为：根据这里的气候，过了清明就不会再下雪，过了谷雨就不会再有霜冻。）

月朗昼，两头溜。（意为：上午下雨，中午出太阳，下午也会下雨。）

处暑豆，升管斗。（意为："处暑"之前种植大豆，播下一升大豆种，能有一斗大豆的收获。一斗为十升。）

立冬油菜，小雪麦。（意为：立冬节气种油菜，小雪节气种麦子。）

五月节，杨梅哆哆跌。（意为：农历五月端午节，野生的杨梅成熟了，树上的杨梅纷纷地往地面上掉。）

（三）调侃语

泻肚屙硬屎。

背膛上肚疾。

医脚跟包断筋。医目珠包满口。（此两句是对医术不高医生的嘲讽。）

天晴打鹧鸪，落雨担塘泥。（比喻：不识气候时务。）

"阳春三月种麦子，八月十五种花生""火烧山上捡田螺"（比喻做违背自然规律的事。)

噢狗踔（zu）鹎（bei）雕。(意为：很傻的狗会去追赶空中飞的鸟。比喻：傻行为出不了好结果。)

唉狗入蓬笼。(意为：引导、唆使他人进入是非不明的地方。)

奎凉伞拗断把("奎"的读音qia。意为：很笨，像打开凉伞这样简单的事都做不好。)

做了一世的和尚，都擂烂鼓。(擂鼓，是和尚的职业之一。意为：做了很长时间职业内的事都做不好。)

墪爆石浴槽。("墪"的读音dun。意指说话办事鲁莽冲动，即使石制的洗澡浴槽都会被撑爆。)

卖凉笠，看人去。("凉笠"是20世纪60年代前专用于中年妇女遮凉的帽子。小商贩走村串户叫卖，有年轻貌美的妇女前来购买时便满面笑容、价钱低廉售卖，反之没有笑容则价钱较高。也就是说，卖凉笠的价钱高低因人而异。是对售卖人不公平交易的嘲讽。)

喇鹝叫叫叫空脄，田鹐哥哥得肚饱。("鹝"读音di。"脄"读音gui，指鸟类的胃囊。"鹐"读音kan。"喇鹝"是一种喜欢高声叫唤的鸟。"田鹐"是一种不声不响在农田中飞来飞去的鸟。意指高声叫唤的人，叫空了肚子，得不偿失；不声不响的人，填饱了肚子，自己受益。)

地理先生冇屋场，算命先生半路亡。(比喻：局内人却不能把握自己的前景。)

口念阿弥陀，心中偷割禾。(比喻：表面行善，心有恶念。)

针头上削铁。(意为：在很细小的缝衣针的头上削下铁来作他用，可能性几乎为零。比喻：与在针头上削铁一样，获取物品十分有限。)

会算唔会除，白米换番薯。("白米"指大米，"番薯"指地瓜。白米的价值比番薯高得多。只会做乘法而不会做除法的人，才会用大米去换地瓜。比喻：较傻的人会用大米去换地瓜。)

人唔活，说姜冇辣。(意为：自己不够活络未将事情办好，却推脱说，因为姜不辣没有把菜肴烹调好。)

肚饱唔谛肚饥者。

捡田螺唔嘀坑穷。

嘴讲鼻公听。(意为：说的话有悖常理。耳朵不愿听，只好由鼻子听，以示抗议。)

兜香炉出水口。（与"吃里扒外"的意思相近。）

问客宰鸡。（鸡为农村餐桌上的上等佳肴。客人来了，先试问他是否喜欢吃鸡。意为：嘲讽那些在主观上不想用鸡招待客人，而采用试问的形式由客人来做否定的方式，来达到不用佳肴招待客人的目的。）

唔得羊子驳癣。（意为：因生癣的羊子不宜再牧养，馋嘴食客很希望自家羊子生癣，好为自己解馋。）

主人打帮客。（意为：在物资稀缺年代，难得有好菜吃。只有在客人光临时，家中才会做好菜。）

死佬守棺材。（在土葬时期，死尸总与棺材长期相伴。比喻：不够活络的人盯住某项事长期不放。）

有初一，就有十五。有岭上，就有岭下。

（头天晚上对农耕的想法）南山好种树，北山好种茶。（第二天早上起床后却说）南山有老虎，北山有大蛇。

久病床前无孝子。

瞎子唔怕铳。

有嘴话别人，无嘴话自家。

（四）其他

在唢呐（鼓手）吹奏班中，缘于行业需要，便于在大庭广众之中本行业成员间的沟通，自创物品名称、生活用语等鼓手班的行话。比如：把"走"称为"扯线"；把"酒""醉酒了""档次低"分别称为"拐老""上酸了""麻稀"；把"鸭子""公鸡""兔子"分别称为"泊同""红面""缩脚"……

砍伐林木与扛抬硕大圆木，不仅是重苦力活，而且是高风险作业。为图吉利，回避作业中的忌讳用语（比如"伤""血"等字眼），工人们便创造出行业代用语言。比如：把"撑棍"（"Y"字形的木棍）称为"师傅"；把"米饭""血"分别称为"蜂子""旺子"等。

这些日常生活中总结和使用的"歇后语""谚语"等，语句精练、言简意赅、形象生动、幽默有趣、富于哲理、令人回味，这是该地山村宝贵的文化遗产。

（何家斌）

民间信俗

《何仙姑传奇》序

古人云，山不在高，有仙则名；水不在深，有龙则灵。我的家乡——福建武平是个山清水秀的有仙有龙的地方。仙，便是古代道家八仙之一的何仙姑；龙，则在何仙姑出生和修炼的岩前狮岩，旧称南岩石洞，旁有蛟湖和龙穿窟。小时候常听长辈们叙说何仙姑行侠仗义、惩恶扬善、扶贫济困的故事。原以为只是乡人杜撰的神话传说，后阅《古今图书集成》、《福建通志》、《武平县志》和《何氏族谱》等典籍志书，方知武平历史上确有其人。《福建通志》记载："仙姑世居武平南岩"，生于后晋天福二年丁酉（937）。据《何氏族谱》记载，仙姑生时性质异凡，幼性清净，不饮酒，不食荤牲，长年隐居狮岩之中，一生矢不适人。她在南岩修身养性，传说能知过去未来之事。当时的善男信女不知其名，通称之为"仙姑"。仙姑天生性善，喜为老百姓解除病痛，颇识草药治病，方圆数十里内，谁家大人、小孩患病，凡有求于仙姑者，她便抓草药等，给来人带回家治病。患者服之，疾病即除。因此，仙姑颇受远近百姓的敬仰。家乡父老深为邑中出过这样一个四海驰名的仙女感到自豪，编织了许多五彩斑斓的故事，把许多美好的愿望寄托在仙姑身上。现在，邑中文化人士根据这些传说故事，创作出十集电视连续剧《何仙姑传奇》，这对于挖掘地方人文资源，宣传传统客家文化，弘扬扶贫济困、见义勇为的精神，具有十分重要的意义。

读罢案头的剧本，清纯脱俗、美丽善良、嫉恶如仇、积德扬善的何仙姑形象活跃在我心头。剧中浓郁的地方特色和优美的客家风情使我宛若又回到千里之外的故乡，聆听着纯朴的乡音，品味着浓浓的乡情。剧中曲折的情节和生动的细节，既丰富了人物形象，又增强了故事的可读性。该剧构思独特，笔触细腻，颇具匠心。整个故事既忠实于历史，又贴近现实生活，既有神仙世界的虚无缥缈，又有脚踏实地的现实感受，不时还有针砭时弊的笔触，读来使人畅快淋漓，深有感悟。剧本固然未摆脱传统神话传说电视剧本的影子，但有了上述特色，已经非常难能可贵了。听说《何仙姑传奇》将搬上荧屏，我深为家乡文化事业的繁荣感到欣慰。希望何仙姑形象能早日见诸荧屏。

（林默涵）

闽西定光佛信仰探究

（一）定光佛信仰的形成和发展

史载，定光古佛俗姓郑，俗名自严，福建泉州同安人（今厦门市同安区）。祖父在唐代曾任四门斩斫使，父任同安令。郑自严11岁时恳亲出家，依本郡建兴寺契缘法师席下。17岁时游豫章（今江西南昌），过庐陵（今江西吉安），契悟于西峰园净大师。30岁时从梁野山寻胜而来，从此在武平岩前南安岩弘法52年直至圆寂。大中祥符四年（1011），汀州郡守赵遂良延入郡斋，宋朝廷赐"南安均庆院"匾额。大中祥符八年（1015），正月初六申时，郑自严在南安六均庆院示寂，春秋八十有二，其生前逝后镇蛟伏虎、呼风祈雨、御寇除妖、救死扶伤等善行义举及无边佛法在闽西各地广泛流传，如史书所载"十七游豫章，除蛟患"。北宋乾德二年（964），来汀之武平南岩。"郡城南潭有龙为民害，师投褐，少涌成洲"[1]，在南安岩，"数夕后，大蟒前蟠，猛虎旁睨，良久，俯伏而去……淳化间，去岩十里立草庵牧牛，夜常有虎守卫，后迁牧于冷洋径。师还岩，一日候云：'牛被虎所中。'日暮有报，果然。师往彼处，削木书偈，厥明，虎毙于路"[2]，这些记载以及修陂辟路、祈雨疏河、送子救生等民间传说使定光佛在闽西客家民众心目中既是佛法无边、神通广大的神灵，又是大智大勇、功德无量的圣贤。于是，郑自严和尚圆寂后，"众收舍利遗骸，塑像岩中。煕宁八年（1075），守许当之祷雨感应，初赐均庆禅院开山和尚，号'定应大师'"，其在世时，已被闽西、赣南、粤东等客家聚集地不少信徒视同神明，并为之建造殿宇，踊跃供奉。圆寂后，当地信众在岩前均庆院收舍利遗骸塑为真像，香火供奉，终年烛光吐焰，香风四溢，善男信女顶礼膜拜，成为客家人的保护神。圆寂后，郑自严大师曾七次受到宋朝廷带敕封，终获敕赐"定光圆应普慈通圣"大师徽号，享誉至极。郑自严大师是历史上唯一被朝廷正式赐封为定光佛转世的高僧，人们称之为定光古佛。

---

① （清）曾日瑛修，李绂纂《汀州府志》，方志出版社，2004，第682页。
② （宋）胡太初修，赵与沐纂《临汀志》，福建人民出版社，1990，第164页。

1. 定光佛信俗形成

郑自严大师来武平岩前,把南岩石洞作为道场,在此弘法。其间,他吸收和借鉴各地盛行的某些宗教思想和做法,为百姓解决生产、生活中的实际问题,所以百姓都信奉他,视他为救苦救难之神明。这一改良的佛教适应了官方对老百姓进行精神统治的需要。随着他影响的日益扩大,官方改变了对他的态度,开始对他进行大力表彰和宣传。如北宋大中祥符四年,汀州郡守赵遂良慕名请其到汀州府城,建寺庵于州府后供定光佛居住。曾先后请定光佛出水、除蛟等,结果一一奏效,他便表闻于朝,获赐"南安均庆院"匾额。继任者胡咸秩看到定光佛祈雨解除旱情,是年农业大丰收,对其敬佩有加,卸任后,便"历言诸朝列",由是"丞相王公钦若、参政赵公安仁、密学刘公师道皆寄诗美赠"。大中祥符八年正月初六,定光古佛82岁时圆寂于狮岩后,"众收舍利遗骸"所塑真像,其他遗物便供奉和收藏于此。嘉泰年间汀州郡守陈公瑛将其抬升到汀州精神领袖的地位。各任郡县官都对扩建修缮庙宇和奏请加封郑自严赐号方面不遗余力。在官方介入后,定光佛崇拜由原先百姓的自发信仰行为,发展成为百姓与官方共同推动的信仰。定光佛信仰形成后由闽西核心地区迅速向各地传播。武平、长汀、上杭、连城、清流、宁化六县,是宋代汀州的全部属县,它们都有定光佛寺庙或有关的古迹。宋代之后,定光佛信仰在闽西地区的影响不断加深和强化。除了汀州各县之外,以武平南岩均庆寺为中心,定光佛信仰迅速辐射到与汀州相邻的南剑州、广东梅州、江西赣州等地。到南宋晚期,定光佛信仰已传遍整个福建。因此,自北宋初到南宋末,以汀州尤其以武平南安岩均庆寺为中心,旁及赣南、粤东、闽西北等地,已经形成一种具有广泛群众基础,适应各方面、各阶层需要的民间信仰——定光佛信仰。

2. 定光佛信俗发展

元代以后,定光佛信仰进入了新的发展阶段,其地位已无可动摇,"自江以西,由广而南,或刻石为相,或画像为祠,家有其祀,村有其庵"[1],这大致反映了定光佛受到闽粤赣各地民众广泛崇信的情形。元代,定光佛除了原有的神职功能外,还出现了历史性的转变,"他如起疫病,解冤诅,盲者视,跛者履,猎者悔过,机械者息心,梦寐胇蟹,迁善远罪,起死回生,无

---

[1] 邓穗明主编《千年定光古佛》,社会科学文献出版社,2014,第211页。

远弗届"。这时候，定光佛的功能突出为调解。调解社会纠纷，教化人心，惩恶扬善，作为客家民众的保护神，此外还有为百姓治病的神职功能，"凡病而祷者，奉纸香上，良久可得药"。到明代，定光佛信仰在闽粤赣都有很大影响。一些在上述地区任职的地方官，或因见证了定光佛的神迹，或因受到定光佛的庇佑，在回归故里后仍虔诚地祀奉定光佛，定光佛信俗向更大范围扩展。明末清初，定光佛还增加了为民请命的神职功能。清代，长汀县定光寺香火鼎盛，客家人对定光佛信仰更是顶礼膜拜，"汀人朔望岁时持香灯，诣院稽首礼拜者，男女常及万人"。定光佛信仰的发源地武平县，甚而出现了定光佛独尊的局面，县城寺庙较大型佛寺（如南山堂），供奉的大多是定光古佛（郑自严），并作为庙中的主祀神，其次为观音。

（二）定光佛修炼圆寂的祖庙——岩前均庆寺

均庆寺是定光古佛在南岩修炼、起居和圆寂的祖庙。据《临汀志》"寺观"和"仙佛"篇章记载，北宋乾德二年（964），定光佛驻锡南岩时，因其普度众生且法力无边，周边民众"咸起敬信，相与披榛畚土，筑室岩中，遂为一方精舍"。淳化二年（991），又"别立草庵居之"。大中祥符八年（1015）正月初六，定光古佛82岁时圆寂于狮岩后，"众收舍利遗骸"所塑真像及其他遗物便供奉和收藏于此。均庆寺是宋代以来最受信众敬崇并唯一香火延绵至今的定光古佛寺庙。自宋代以来特别是定光佛圆寂之后，均庆寺便成为定光佛信众心中的圣地，四面八方前来朝圣者络绎不绝。而这种宗教崇拜从宋元及明清，到今世皆未中断，而最盛的数元代，正如方志所述："元代为武平佛教鼎盛时期。据传南安岩均庆寺有僧众百余人，有良田千顷，寺院经济相当发达。"[1]作为定光古佛信仰的祖庙，均庆寺曾在明万历年间和清乾隆十六年（1751）先后两次重修，乾隆十六年重修所需银两，除了在武平境内募缘外，还"外募十方，远及台湾"，共花费了一千多两银子，使之更加富丽堂皇。而每次毁坏后重新修建时，都得到各地信众的热心响应和积极捐助。台湾信众一直与武平岩前均庆寺祖庙保持着密切的联系。此前，此地曾出土一块"台湾府善信乐助建造佛楼重装佛菩萨碑"（清雍正十一年岁次癸丑孟春立）。该碑记载了雍正十一年（1733），三房主持僧盛山、得济、

---

① 福建省武平县志编委会：《武平县志》，中国大百科全书出版社，1993，第752页。

远铎往台募捐及在台汀州客捐款造佛楼塑金身之事，共镌刻960位台湾善男信女芳名及捐资数量，证明了定光古佛在雍正十一年前就已传播到了台湾，是两地共同神缘的历史见证。均庆寺是定光古佛祖庙和定光古佛信仰的发源地，所以，均庆寺对于台湾定光佛信众同样是魂牵梦萦的圣地，甚至不畏山高水远前来朝圣拜谒。正是有如此广泛的虔诚信众，均庆院自宋代以来香火一直旺盛并延续至今。

（三）定光佛信仰成为海峡两岸客家同胞联系的精神纽带和桥梁

明末清初以来，随着闽西客家人一批批渡海迁台，定光佛信仰也被传播到岛内，成为台湾最具影响力的民间信仰之一，也成为台湾同胞寻根谒祖的重要依据。在台湾，现今仍保存的定光佛庙有两座，一座是彰化定光佛庙，另一座是淡水鄞山寺。台湾自1987年解除"戒禁"以来，岛内一些信众更是迫不及待前来寻根朝拜，其中淡水鄞寺住持胡俊彦等人在1989年就穿越海峡走遍福建几个县寻找均庆寺。未果后又于1991年组织了35人来到大陆寻根，结果在杭州法相寺查阅有关资料得知均庆寺在武平后，随即前往圣地，并包上燃灭的香灰才欣慰返台。此后，他们建立了台湾信徒每三年一次到武平奉香续灵的交流活动。2007年6月，台湾彰化定光古佛寺庙主任委员黄子祯随同台湾海峡两岸合作基金会董事长张世良先生率领的宗教文化参访团一行前往武平岩前拜谒古佛。2008年7月，龙岩市邀请台湾有关专家召开了海峡两岸定光古佛与客家民间信仰学术研讨会，并前往武平岩前狮岩参观。中华海峡两岸客家文经交流协会理事长、世界客属总会荣誉会长饶颖奇先生2010年回武平寻根谒祖时，还专程前往狮岩均庆寺进香拜谒。2010年3月，武平县佛教协会与台湾彰化定光佛庙签订了交流合作协议。2010年3月中旬以来，已有彰化定光佛宗教文化、台湾狮子会、台湾大叶大学、台湾客家公共事务协会、花莲劳工教育发展协会、台北市武平同乡会等单位、团体回访武平，到均庆寺举行进香朝拜仪式。2010年12月中旬，武平县人民政府和台湾中华海峡两岸客家文经交流协会、彰化定光佛庙、台北淡水鄞山寺联合举办了定光佛金身巡安台湾6个客家县活动，宝岛万名信众的焚香朝拜，祈求普福消灾、国家昌盛、两岸和平。武平以特有的汉剧形式，编排古佛传奇汉剧节目赴台巡演，举办了大型综合庙会纪念活动等，邀请台湾乃至世界各地的客家族群参加。

定光佛信仰在闽粤赣台客家具有广泛而持久的影响力，是两岸客家同胞联系的精神纽带和桥梁，对于海峡两岸的历史、文化、民族、宗教、血缘认同具有特殊的作用。定光佛信仰是闽台乃至东南亚客家人的文化认同，是最重要的民间信仰之一，是客家文化交流的重要纽带，是海内外客家人的重要特征符号。随着宗教地位在海峡两岸交流中重要性的日益凸显，定光佛信仰已成为海峡两岸的非物质文化情缘见证，两岸同祭共祀，充分体现了闽台区域文化的历史同一性和不可分割性。在两岸日益频繁的民间文化交流中，突出定光古佛信仰的桥梁纽带作用，不断拓宽对台交流平台，对于文化认同、民族认同、国家统一，具有特殊的作用。

（谢福英）

武平妈祖历史文化古今谈

妈祖，是中国东南沿海以及东南亚人们信仰的海神，是历代船工、海员、旅客、商人和广大渔民共同信奉的神祇。相传，妈祖的俗名叫林默，又称默娘，于宋建隆元年（960）农历三月二十三日，出生于福建莆田县湄洲屿（今莆田市秀屿区）一个林姓仕宦之家。林默娘救世济人，泽被一方。沿海人民都尊其为海神，立庙祭祀。妈祖信仰从出现至今，历经1000多年，成为民间信仰乃至朝廷祭祀的对象（宋、元、明、清四朝皇帝共敕封36次）。2009年10月，妈祖信仰入选联合国教科文组织人类非物质文化遗产名录。

妈祖信仰经过千百年的传播，随着信众走向全国、走向世界，发展成国际性民间信仰，对中国东南沿海和东南亚地区文化产生了重要影响。

大爱慈悲的海神妈祖，后来又被中国内地的信众奉为水上保护女神，泽被江河湖泊。凡江河湖泊甚至小河、小渠的水旱灾害及人畜安全，都得到了她的庇护。再后来，信众们甚至在山上择址建立妈祖庙，水上女神又晋升为山神，如武平县香火最盛的太平山妈祖庙等。明朝时期，妈祖信仰传入武平。据民间族志记载，最早从莆田携香火至武平的，是今武东镇袁田村人林奇卿。明末清初他在莆田经商，铺子里供有妈祖像，生意做得风生水起。后来他专门去湄洲岛妈祖庙包取香灰带回武平，从而将妈祖信仰引回故乡。在袁田村祷祝后（民间传说，请女神择址建庙，建庙地点由所烧纸钱的纸灰飘向何处来决定），择定了袁田与袁畲两村交界处，名曰"飞天凤形"的地方建庙。此庙成为武平最有影响的妈祖庙。

该县最早见于县志记载的妈祖神庙，是溪东妈祖庙。明朝徐甫宰修的《武平县志》（残本），记载（《附录·仙释条》）：县溪东乡有妈祖庙。据考溪东妈祖庙系建于明清时期的丰顺平里[①]，在县城南十里处，相当于今城厢镇下东村一带。据民国版《武平县志》卷十八《祠祀志》载："天妃庙，'赵志'（清代赵良生修的志）载在溪东乡，后改在武庙对面[②]。民国十六年（1927），国民政府废除淫祀，准改林孝女祠。各乡建置，所在多有，不具载，惟太平山香火最盛。"据此，则民国版《武平县志》把天后宫列入"古

---

① 时行政区划：基层设里图乡，丰顺平里，相当于今城厢、中山镇一带。
② 武庙在"县前直街旧南门城上"。

迹志",而把溪东天妃庙单例(因其古老),又把太平山妈祖庙列入"祠祀志",盖因民国十六年(1927)国民政府令之故。见于县志记载的较早的妈祖神庙,还有今武东镇六甲村大坑里自然村的妈祖庙。据民国版《武平县志》卷二十《古迹志》载:"妈祖庙,在大坑村口。"查大坑村,俗名大坑里村,距老六甲圩场约二华里处,此庙当地人当作地名,曰妈祖庙埂上。遗址建在六甲溪溪西村的水潭旁,此水潭系六甲溪流经溪西村村口时,石壁小瀑布急流冲刷而成。古代凡山洪暴发,皆有人畜殁于此潭(有些自上游被冲于此潭)。因此周边群众动议建了此庙,意在由水神妈祖护佑周边百姓云云。

据民国版《武平县志》卷二十《古迹志》记载,本县较早建立的妈祖庙中称天后庙的有:中堡的梧地、罗助水口、王字崇水口(疑即互助村水口)、十方凌云岩、鲜水乡、张畲村水口,称天后宫的有:武所太平乡(宫后有大樟树)、万安乡的凤尾岭、山岭水口、山峰下莲湖、池家里水口、陈坑水口、象洞水口(今设高等小学)、下坝墟,共14处。因20世纪30年代编修的《武平县志》对于此类记载完全依靠采访册,主编丘复又是上杭人,对武平县情不是十分了解,因此遗漏的必然很多。从今天统计的武平全县境内仍存有百余座妈祖庙来看,当时的统计是很不到位的。

当然,大多数庙宇建于江河湖泊边,因此被水冲毁的事时有发生。上述妈祖庙也是几经损毁,屡毁屡建,至今仍保存有百余座庙宇。可见老百姓对妈祖信仰之虔诚。诚然,武平县专祀妈祖的庙宇并没有这么多,有相当一部分庙宇是兼祀。因为客家人宗教信仰的多神性及兼容性,很多主祀佛、道、巫的寺庙,也安放了妈祖神像。如岩前均庆寺洞殿,整顿之前,主祀定光古佛,定光古佛右前方供妈祖神像,而佛龛前则供着专司生育的巫神——吉祥子,形成了诸神融合又各司其职共享香火的局面。

因为妈祖女神信仰的普遍性,衍生了武平县内相当数量的庙会、醮会以妈祖女神为主祀神。许多人不明底细,只将醮会分为吃荤的醮会(主祀道教、巫教神)和吃斋的醮会(主祀定光古佛及其他佛教神)。

(林善珂)

"剥皮公爹"与正月二十六

　　人们一提起万安镇，自然会联想到万安农历正月二十六日隆重的庙会。该庙会是为纪念"剥皮公爹"——魏公的生日。四周乡镇的舞龙舞狮队、船灯队都来万安参加迎神走古事的游行。从数十里远道而来观看会景的群众更是人山人海、热闹非凡。古诗云："行人如织乐熙熙，妇孺提携趁会期。结伴也偕来访古，万安城外魏公祠。周遭犹见直城坚，老树婆娑六百年。解组为民筹保障，至今人识使君贤。"① 今天虽然庙会没有了，筑城时南门头种植的社公树（枫树）也没有了，但延续670年祭祀魏公的民俗节日从未间断。近年来结合农民文化节，热闹场面有增无减，公路上车水马龙、人来人往，公路两旁停放的小轿车长龙似的一直排到五里村。每家每户都准备了丰盛的酒席迎接宾朋。人们利用这天走亲戚，会朋友，共同缅怀魏公的英勇事迹，祭祀老百姓心中的神明，以弘扬魏公的浩然正气，传承魏公的爱民精神。

　　万安人为何这样崇敬魏公？庙会为何会办得如此隆重？且听我慢慢道来。

　　魏公，即魏侃夫。民国版《武平县志》记载，元末至正元年（1341）魏公任武平县县尹（正堂）。籍贯一说是山东，一说是浙江。据魏氏后裔魏宗勋撰《魏氏定居武平源流简叙》一文中说祖居安徽。现在经考证，魏侃夫是南京江宁府人。他任职时勤政爱民，建树良多，深受民众爱戴。卸任后，有感于当地民情淳厚诚朴，决定不再回原籍，而携眷择居县北十华里的刘坊镇。当时处于元末明初，时局纷乱，盗贼不断，社会不得安宁。魏公为保百姓生命财产，召集乡中贤达，商议以上镇为中心，构筑土堡，作为防御工事。万安乡贤一呼百应，立即动员百姓筑城防寇。筑土城后，盗匪望而却步，不敢侵犯。对社会治安、保护百姓生命财产起了非常重要的作用。但是，因有一李姓祖坟围在城内，说有碍风水，便捏词向朝廷诬告魏侃夫及乡绅私造王城，图谋不轨。当时朝廷不分青红皂白，下令抓捕魏侃夫及乡绅善士。这时魏公为保乡民，宁愿牺牲自己，他挺身而出，坚持一人承担责任，以救全乡。结果对他处以剥皮的极刑。后来地方正义之士，

---

　　① 民国版《武平县志》。

义愤填膺，联名上书。惊动了朝廷，便派员下来明察暗访。幸老天有眼，确认冤枉实情，此案得以平反昭雪。并为求补过，平息民怨，皇上追敕封魏侃夫为光禄大夫。

魏侃夫是为保民受罪的好官吏。万安乡民及远近百姓对其崇敬有加，魏公自然成为乡民心目中的神明，每年都受到百姓隆重的祭祀。为更好地纪念魏侃夫，歌颂他的丰功伟绩。万安人认真做了几件事。

（1）从此，万安乡民敬称魏侃夫为"剥皮公爹"。以表达对魏侃夫的爱戴和尊敬。

（2）将原来刘坊镇的地名改为万安镇，寓长治久安之意，以歌颂他率众筑城，保境宁民，使乡民安居乐业之功德。

（3）集资建筑魏公庙，安魏公神明塑像，以便开展祭祀活动。当初由万安谢姓人牵头立庙，选址在谢爵一公奉献的农田里，后来经三次扩建成为三栋厅堂的大型庙宇，内还设戏台、餐厅、宿舍等。

（4）举行盛大的庙会。昔时在正月二十四开始活动。

魏公被处死的正月二十六日（乡民敬称"剥皮公爹"生日）是庙会的高潮。是日，上午开纪念会，请和尚、道士念经。然后众人上香叩拜神明，历时约两个小时，接着吃中午饭，参加庙会的人每人一份，都由庙会供应。饭后举行盛大游行，队伍前面是魏公及其夫人的轿子，后面是儿童扮的古事队、菩萨队，接着是数十个队的龙灯、狮灯和船灯组成的灯艺队。从上镇游到下镇，锣鼓喧天，鞭炮齐鸣，后再返回魏公庙。这时魏公庙的戏台上开始唱大戏，吊傀儡。晚上烧花，有架花、竹筒花，相当于现在的礼花烟火。烧花就在李姓的坟地上举行，意在烧死诬告魏侃夫的李某人。这时整个夜空五光十色、五彩缤纷，真是"火树银花不夜天"。

（5）发动乡绅儒士撰文作联，以歌颂魏侃夫功德事迹。如笠樵先生撰联："本众志以为城扰攘一时能择地；非其罪而成狱吁嗟千载得传名。"爵一公撰联："官于斯葬于斯真迹存于斯慨当年筑堡防匪未营地宅；妻在此子在此神主奉在此幸吾日报德崇功聿修庙堂。"为记此事，丽滨先生作哀词曰："哀哉正月廿六，魏公此时遭杀戮。保民御寇遭剥皮，千载闻风齐痛哭。乱世岂容作好官，问公何事城高筑？呜呼，城已废，民不忘，人生何赖臭皮囊，祭祀年年报赛忙。"魏公庙建成后，大门正上方书："公庇乡闾"，两侧对联为："祀隆正月；绩著元朝。"神龛上坐着魏公实木雕像，雄壮威武。龛眉联："保境宁民。"两侧对联是："潜受匪剿苦心何殊岳少保；

民怀帝威芳躅几等颜将军。"中厅联为："深斯沟高斯垒子婿协力卫民哪个敢忘遗爱；捍厥寇御厥侮夫妻同心为国谁人不乐效忠。"整座庙宇美轮美奂，恢宏壮观，具有深厚的文化底蕴和丰富的文化内涵，真是珍贵的人文景观。

（谢观光）

漫谈古代武平乡村的土地神信俗

在中华大地成百上千种信俗中，土地神信俗可以说是最普遍、最广泛的信俗之一。这种信俗起源于中国上古时期。据古籍堪舆书记载，古代有奉土祭社的礼俗，所谓皇天后土。因为土地承载万物，又生养万物，中国人历来尊天而亲土地。《礼记·外传》称："国以民为本，民以食为天。故建国君民，先命立社。地广谷多，不可遍祭，故于国城之内，立坛祀之。"《汉书·五行志》载："旧制，二十五家为社。"可见那时"社"是最小的行政单位，所以社坛的土地神又称"社公"。

民间常有"三爷"之说，即"城隍爷"（一城的保护神），"土地爷"（一村或一地的保护神），"灶王爷"（一家的保护神）。其中的"土地爷"，民间亦称后土、土正、社神、社公、伯公、福德正神、福德公王等。考其诸名，福德正神是正称，其余都是别称。

福德正神，传说起源于周武王时期，姓名张福德，生于立春后第五个戊日，后改为二月初二。据传他自小聪明灵秀，事亲至孝，36岁时官至国中总税官（那时的国很小），为官清廉正直，体恤百姓疾苦，做了许多善德之事，102岁时无疾而终。死后数日不腐，有贫户用四块大石围屋奉之，后贫户致富，百姓相信是此人死后成神庇佑，于是建庙祭祀，尊其为福德正神。当时他代表了人们祛邪、避灾、祈福、护佑一方平安的美好愿望。

土地庙中的土地神原只是男性，慈眉善目，着装一般，个子较矮，简陋一点的则只有一块石牌或木牌。后世人们可怜土地公公作为一个最底层的"公职人员"孤单无伴，为百姓操劳辛苦，又为他配了一个土地婆婆。传说土地婆婆是一个不漂亮的老妇女，且敢讲真话：一说土地公公怜悯人们对死者难分难舍呼天抢地那份深情，而决定复活死者。遭到土地婆婆的反对，她说，生死乃人的因果轮回。如果人人都长生不老，这世界上岂不挤满了人？大家还能生存下去吗？土地公只好打消了此念头。二说土地公公有抑富济贫使天下人无贫富贵贱之分的念头，遭到土地婆婆的阻挠。她说，人分三六九等，有富有贫才能分工发挥社会功能。如果大家均富，谁还愿意干辛苦的活呢？土地公公只好作罢。由此两件事，人们于是不待见土地婆婆，甚至干脆省略或塑其身丑陋以示惩戒。但多数土地庙还是认可土地婆婆的，因此庙门外贴副对联：公做事公平，婆苦口婆心。

武平的土地神信俗，可以说也是诸信俗中最广泛的。

一是土地庙遍布城镇乡村和田头坎尾，大大小小估计有上千座之多。笔者居住的小区外，一条西门小溪在汇入平川河之前的几百米的两岸就有土地庙五座。

二是建庙的宗旨各异、名目繁多。有一村建一座小庙的；有几村合建一座庙的；有一个家族建一座小庙的；有建新房或新坟临时搭建一个简易的土地小庙的；也有在一棵古树或巨石下放置一块石碑即视为土地伯公的，不一而足。

三是祭祀目的各异、名目繁多。可以说村中、族中、家中凡喜事如节庆、婚庆、添丁、丰收要祭伯公，凡不好的事也祭，如丧事、歉年、野火烧山。古代人们觉得玉皇大帝、佛祖、仙姑离他们太遥远，而伯公就在眼前且管辖一方安危，因此对其倍感亲切。因为伯公的护佑跟自己的生产生活息息相关，家里的美食，乃至一鸡、一鸭、一粄，人们都要拿出来先祭献伯公后才自己享用。

四是人与伯公之间产生了许多神奇的故事且口口相传。

关于土地神的传说故事，自古以来文学作品中多有涉及，如《西游记》中，悟空每遇来历不明的妖怪时，都要请教土地神；又如《天仙配》中的七仙女，下凡后求助土地神撮合才成就了她与董永的好事。武平民间，关于土地神灵验甚至人神互动的故事也很多。如明代就有湘店进士刘隆与土地神的神话故事：刘隆小时候受父命去田野放牧一群鸭子。因小孩贪玩，鸭子放在田里后，即命田头伯公："我家鸭子请你看管，如若少了唯你是问。"临晚笼鸭回家时，鸭子却少了一只，气得刘隆把田头伯公（只是一块石牌）捆绑起来吊到树上。晚上，刘隆父亲梦见一个老头对他说："快放我下来，刘大人错怪我了，你家鸭子跌入田头洞窟跳不出来，不是我弄丢的。"刘隆父亲经此一梦，第二天立即带了供品去了田头，把捆绑的伯公归位并上供品，还许愿，倘若他儿子日后发达，定为伯公神建一座豪华小庙。后来刘隆高中进士并任大理寺卿，其父践诺为此伯公建了一座豪华小庙，至今仍在云云。

记得笔者小时候，村里一老妇受了儿子、儿媳委屈，先是到先夫坟上哭诉，而后又到就近土地伯公小庙前哭诉，小孩子好奇，近前听了她的哭诉；老妇絮絮叨叨，历数儿子儿媳的不孝，祈求伯公神惩罚儿媳，但不要处罚儿子，因为都是儿媳挑拨离间刁难所致。真是难为了天下父母心啊。也许，通过哭诉，化解了胸中块垒，第二天该老妇就恢复了常态。

（林善珂）

武平城隍庙和崇真观考略

　　"城隍"的本义是指墙和护城河,《易》云:"城復于隍",有水为池(城池),无水为隍(城隍),后来引申为一座城的保护神。城隍文化源于古代人们对城墙和城壕的自然崇拜,认为城墙和护城河保护了城内官民的生命财产。《礼记·郊特篇》云:"天子大蜡八。""腊祭八神"(年终祭祀的八位神明),其七为"水庸",水则隍也,庸则城也,水庸即城隍。后来,对自然神的崇拜逐渐演变为对人鬼的崇拜,城隍被赋予了人格。早在6世纪时,《北齐书·慕容俨传》中就有祭城隍事。唐代的张说、张九龄、韩愈、李商隐的文集中亦有祭城隍文。历代封建王朝都利用城隍神作为统治工具,将祀城隍列入祀典。后唐清泰中始封城隍王爵。宋代以后城隍神演变为管理阴间的地方官,祀城隍已遍及全国。明初,京都郡县皆为坛以祭城隍。明太祖朱元璋利用城隍神"鉴察民之善恶而福祸之",曾谓翰林学士宋濂曰:"朕立城隍神,使人知畏;人有所畏,则不敢妄为。"(《明史》,下同)御批"着礼部各指一人以为神之姓名",敕封京城城隍为"帝","其祀与社稷同义";开封等四城城隍为"王";府城隍为"公"(监察司民城隍威灵公,二品);州城隍为"侯"(监察司民城隍灵佑侯,三品);县城隍为"伯"(监察司民城隍显佑伯,四品)。一些生前对国家和人民有显著功德、受世人景仰的英烈被奉为城隍神。洪武二十年,改建城隍庙如公廨,设座判事,如官府公堂,即建成阴间的衙门,设置等级分明的主神、佐神、隶役等。城隍的职司由阴间兼及阳间,成为兼司阴阳两界、掌管人间祸福的地方最高神祇。到清代因袭旧制,仍将其列入祀典。旧时,新到任的地方官都得按例到城隍庙祀拜,祈求保佑,有的还"宣誓",以后遇到难断的案件也常常求助于城隍爷。民间有财产争议和其他纠纷而是非难分时,往往双方当事人具香烛到城隍庙,杀鸡发誓,表白自己无辜,如有讹诈,愿受神明惩罚。发誓之后,一笔勾销,诈骗者却占了便宜,故民间有"发誓有灵,世上没人"的俗语。各地祀奉的城隍神大多不相同,如杭州祀民族英雄文天祥,上海祀陈化成(鸦片战争中率部血战吴淞口而英勇殉难的江南提督),福州祀周苛(汉御史大夫,守荣阳为项羽生擒,羽以大将军、万户侯劝降,苛大骂项羽,被烹死。刘邦感其忠烈,封之为郡县之神,"令天下州郡附城祀之"),泉州祀韩国华(北宋时任泉州知府,是抵御西夏的名将韩琦之父),汀州祀开拓闽海的闽王王审知，武平所（现中山镇，武平建县初期为县治）祀张巡（唐代抗击安禄山叛逆以身殉国的县令）。武平县城隍相传祀显佑伯，指哪位名人，无从查考。

据《武平县志》（康熙三十八年重纂），县城隍庙于宋绍兴年间建于北门谢婆岭上，岁久就圯。明初，于县城西门内三十步处新建了城隍庙，嘉靖戊午邑令徐甫宰重修。明洪武十三年于县城北门内建崇真观。观，原为道教庙宇。后来，因庙址在原城隍庙谢婆岭下，并安上显佑伯、慈惠夫人神像，两旁还有佐神、隶役，当地人都称之为"北门城隍庙"，奉为"阳城隍"，是专管活人吉凶福祸的。而把城西后建的城隍庙称为"西门城隍庙"，系"阴城隍"，传说主管人们死后奖惩、报应，把恶人打入地狱受酷刑吃苦之事。

关于"阴城隍""阳城隍"的来历，民间有一个神奇的传说。清初，江苏南通县出了一位全国知名的年羹尧，系康熙进士，历任内阁学士、四川总督、川陕总督，封抚远大将军，曾主管西北军务。年羹尧幼时在私塾里很贪玩，每天放学后跑到城隍庙，要城隍爷看好书包，自己去踢毽子、玩球子。有一次玩后不见了书包，便责怪城隍不负责任，爬上神龛拔其胡子。当晚，城隍托梦告知先生。次日上课时，先生问年羹尧是否拔了城隍爷的胡子，年不敢否认，被先生责罚，斥责之外还打掌心。年羹尧回到家里，内心愤愤不平，写了一张纸条撒气："南通城隍，搬弄是非，罚去辽东充军。"他把纸条夹在书本内。夜晚，城隍又托梦给先生，诉之上述情况。翌日，先生检查年羹尧的书本，找出纸条，付之炬。是晚，先生在睡梦中见城隍前来辞行，并含泪说："撕即毁，烧则存，先生烧了纸条，已送往阴间矣！"光阴似箭，一晃二十几年过去，年羹尧已是一品大臣、抚远大将军，领兵出征，得胜回朝。半路上，一阵旋风，飞沙走石，天昏地暗，随即出现一个未戴乌纱帽的官员，跪陈二十多年前因先生烧了纸条而被革去南通城隍官职之事。年羹尧回忆往事，觉得城隍因为自己的过错而无辜受罚，感到内疚，便应允当奏明皇上，为其官复原职。年羹尧到了京都，将此事奏明，皇帝准奏降旨：南通城隍官复原职。当晚，年羹尧梦见这位被革职的城隍前来求情，说阳间圣旨难以遵命执行，阴间已另派一位城隍管事了。次日，年复将此事启奏，皇帝口谕：另建一座阳城隍庙，专管民间活人的善恶是非，这阳城隍可以带夫人。据老人们说，武平城北崇真观就是根据这个传说故事安上显佑伯和慈惠夫人神像的。

崇真观建于明洪武十三年（1380），经明嘉靖三十三年，清乾隆二十一年、四十五年三次维修扩建，左有乐善祠、右有广福寺相衬，庙堂轩敞，栋宇森严，林荫鸟鸣，蛙声咕咕。红紫石碑坊大门内，一进三台五栋，从低而高，门厅较小，中厅、上厅宽敞高昂，全长约36米，宽约12米。中厅的"虾公梁"长约13米，迄今完好无损。几十根木柱上撰写着发人警醒的楹联，如："世事如棋，让一着不为亏我；心田似海，纳百川方见容人。""反观自己难全是，细论人家未尽非。""做个好人，心正身安魂梦稳；行些善事，天知地鉴鬼神钦。""拜斯人必学斯人，莫糊涂磕了头去；入此庙便仰此庙，当仔细扪着心来。""翘首一瞻，觉神目睒睒不禁落胆；躬身三拜，把自心问问且慢叩头。""为恶必灭，为恶不灭祖宗有余德，德尽乃灭；为善必昌，为善不昌祖宗有余殃，殃尽乃昌。"上厅两廊为佐吏、胥差群塑像；中间玻璃神龛内，安放着显佑伯、慈惠夫人神像，大小如凡人，乌纱金冠，红袍紫裙，庄严慈祥，目光炯炯，栩栩如生。

据中赤乡上赤村几位老人说，崇真观庙址原系上赤张姓祠堂圯址。明初，为争执这块地基，上赤张姓与城北何姓打官司，官司持久不结，张姓人到城隍爷那里行香许愿：若能依理打赢官司，定将这块原张家祠旧址作为兴建庙宇的用地。不久，官司结案，上赤张姓胜诉。于是，献出地基，并筹措银两，偕当地的善男信女一起建崇真观，又从本村深山中砍伐上好的樟木运送到县城来雕刻神像。后来有些人趣称上赤张家是城隍姨馳（注：方言，意与今"阿姨"同）的外家（慈惠夫人的娘家）。崇真观举行庙会时，主事者必恭请上赤张姓赴会的长者坐首席，这是一个不成文的规矩。

旧时上赤张屋每三年建醮一次，必选派几位年轻力壮者到崇真观迎神。从县城抬神像到上赤要走一天路程。迎神送神时都要抬慈惠夫人在前面走，后面才是显佑伯，据说以免显佑伯牵挂夫人而频频后顾云云。

几百年来，每逢过大年时，城北人家大都到观内割鸡打血纸荐神明；挑来"三牲"供品，行香叩拜，恭请城隍爷和夫人过大年。年初一开门后，许多长者率晚辈到观内"烧头香"（即一年中的第一炷香），祈求城隍爷保佑四季平安，招财纳福，五谷丰登，六畜兴旺。

"文化大革命"时崇真观遭破坏，加上年久失修，屋漏垣颓。1987年善男信女慷慨解囊，捐资6000余元，捐献一批建筑材料，献工500多人次，镇、村二级政府拨款900元资助，选出董事会，开工修茸，重塑神像。历时一年有余竣工，崇真观已面目一新，1990年被县人民政府列为县级文物保护单位。有人员专门管理，新建了小厨房两间，逢庙会时可以会餐。观内宁静舒适，冬暖夏凉，香烟袅袅，添置了桌椅和棋牌、乐器等文化娱乐用品，订阅了报刊，每天都有不少老人在此相聚，崇真观成了老人们聚会聊天的好地方。

（李坦生）

中山老城城门守护神

　　老城是中山最早的庇护所，也是古镇人最安全的庇护所。明朝二百多年间，有史料记载的发生在中山古镇的战斗有数十次，与悲摧的新城相比，老城很幸运，除了明清交替之际被清兵攻破一次之外，史志中没有第二回被破城的记录。老城高厚的城墙将土匪贼寇们御之城外，驻扎在老城里的武平所官兵除了骁勇，还供了四座大神在老城四个城门的内侧，以护佑老城。

　　老城的东门叫迎恩门，迎恩门内侧曾有一座晏公庙。据老人说：东门的庙叫晏平公王庙，庙里供奉的是春秋时期齐国的宰相晏子。笔者听后觉得是老人记错了。晏子在历史上很有名，但从来没有被作为一尊神出现过，在古镇里不可能有例外。庙里应供奉的应该是晏平公王，因晏公在长江中救了朱元璋皇帝，被册封为"神霄玉府晏公都督大元帅"，命天下建庙祀之。

　　无独有偶，晏公庙的故事除了在东门坊有，还出现在了西门坊。老城的西门叫平定门，取名平定。后因城墙拆毁只剩一条路通往西门外，两侧都被民房遮挡。唯有城门石匾依然还在，现保存在县博物馆内，石匾上除了"平定门"三个大字外，还有几行小字，告诉后人平定门建于洪武二十四年，后在崇祯、康熙年间二次重修。平定门内侧有一座很是老旧的房子，墙被不同大小的砖修修补补，但红紫石砌成的门框足以让人眼前一亮，像是历史上的大户人家。有人告诉笔者，这房子原来叫赖公庙，庙里供奉着赖公元帅，几十年前分地分屋时这座庙分给了私人，所以现在不是庙了。

　　晏公、赖公在中国的神仙谱中不算什么大神，却是民间信仰多样化的呈现。有人曾问：为何拜了太上老君，还要拜土地公公？老人们回答：太上老君是大神，求他保佑的人太多，忙不过来，有些小事求土地公公这样的小神帮忙就可以了。晏公、赖公虽是小神，却也是天上的元帅下凡，镇守老城的东西两门，绰绰有余。与东西两门的守护神相比，南北两门守护神的名声则要大得多。

　　武平所城是一座军事重镇，怎能少得了武圣人关羽关老爷呢？老城南门叫永安门，取名永安，美好的寓意不必多说。永安门连着片月城，它与平定门一样，成了历史名词。据传，永安门旁以前也有一座庙宇，叫"关帝庙"，里面供奉着关老爷的神像。

南门还藏着关老爷的小庙，而北门就没有任何寺庙的遗址了。老城的北门叫常乐门，与永安这个名字一样，期望值特别高。北门内侧也曾有一座小庙，供奉着真武大帝。真武大帝，又叫玄武大帝，北方之神，天庭的北大门就由其镇守，其他有震慑力的别名还有一大堆。北门是官方给的名字，往往叫玄武门。武平所城的官兵们虽想常乐，也不敢忘了规矩，于是把真武大帝门内一供，心安理得，不常乐也没有道理了。北门的城门与真武庙都已无迹可寻，唯见北门外的公路上车来车往，以及公路边有一段长满杂草貌似城墙的高坎。有人说那间房子就是原来的真武庙。

呜呼，老城的城门虽然只剩一座了，但四个城门守护神的故事还在。时间可以把很多故事冲淡，甚至让人遗忘，但愿晏公、赖公两位元帅被古镇人铭记，自然，也不要忘记关帝、真武两位大神。毕竟，他们守护老城已有600多年的时间了。我想他们也还会继续守护、庇护古镇人的。

（林文峰）

平川七坊对齐天大圣的信仰

在平川七坊的坑里有座独特的寺庙——齐唐山寺。齐唐山寺里供奉的是齐天大圣孙悟空，同时，还供奉观音菩萨和吉祥哥子等。

相传，1937年的春夏间，城关地区久旱不雨，田中禾苗枯黄，农民心急如焚。为了祈求老天爷早日降雨，派人到上杭湖洋三角塘猴王庙迎来了能呼风唤雨的齐天大圣佛祖"打醮"。打醮当日下午真的下了一场大雨，村民们欢喜万分。七坊村民将齐天大圣送回湖洋猴王庙，商议在七坊建一座"齐天大圣庙"。在修国璋、钟朝熙、钟朝东、钟鸿勋、钟肇兴、修朝魁等施主的捐资下经堪舆先生现场踏勘详查点穴。择吉日良辰开始动工兴建。据说在破土清基时还发现了一本藏于地下的消灾经书。寺庙泥木结构，平房，瓦屋面，参狮口，正厅，左右各有厢房共计三间，占地面积95平方米左右。由于种种原因，前后历时两年方竣工。正厅安奉齐天大圣六英寸佛照。1939年春，施主钟朝熙又木刻一尊大圣偶像奉祀。传说同年冬月朝熙喜得男孙，因果善报一时传为佳话。从此，善男信女朝拜者日众，香火鼎盛。涞鼻（姓修，名玉辉）相继驻庙，住持侍奉佛祖，接送来往香客。

20世纪60年代"文化大革命"中，该庙遭到破坏，直至1982年春邱倩女再次独资木刻齐天大圣佛像一尊。众善男信女捐资完善了庙内大门、餐厅等设施。1997年七坊村委会成立了齐唐山齐天大圣庙管理小组。目前，这里也成为七坊老年人就近活动的娱乐场所。

每逢新春佳节、初一、十五和逢九，十方、民主、下坝、东留、万安等地的善男信女都会来齐天大圣庙进香，顶礼膜拜，络绎不绝，香火比以前更加旺盛。

（王闻福）

邓坑村迎大红蜡烛信俗

邓坑村的特殊之处，源于一座始建于清朝乾隆乙未岁（1775）的古屋桥：永金桥是座单孔石拱风雨桥。此桥又名荫桥、廊桥，是座有200多年历史的老石拱桥。屋桥内供奉着道教宏天上帝、黄天官、马元帅三座神像。永金桥现属武平县级文物保护单位。

现在古屋桥侧又添一景：由周围各个村落信众自发捐建的太平庵于2013年年底落成，于2014年正月初六迎菩萨入庵。太平庵原址位于离邓坑村十几华里远的太平山，庵内供奉如来佛祖、观音佛母、定光古佛、三爷古佛、弥勒佛、罗公祖师等神像。太平山因驻扎过太平天国的部队而得名。听村里老人传说太平军埋藏了很多金银珠宝在太平山。笔者记得小时候有不少想发横财的外村人，买了探宝器材在太平山里挖坑找珍宝，至于有没有找到，笔者没有探问清楚。

原太平庵为邓坑邓有职（号时旺公）所创建。谱载："公为人心性持斋谋猷远大、创大坪（平）山斋堂一所，广立善众结交上人钦服人心。亦杰人也"（引自大禾镇邓坑村《邓氏族谱》）。但原太平庵因年久失修倒塌，后于1989年重建，为上下厅式。先父邓仁基退休后，到"太平庵"服侍菩萨至2002年前后，约13年。这次能将太平庵顺利移至邓坑村水口永金桥侧，将永金桥与太平庵连在一起，可谓是件善事。现在菩萨与信众靠近，敬侍更方便，不会因山高路远而香火冷落。村民因佛近而信善，必将少做僭越之事。

邓坑村的各房各族都有祠堂，每年会轮流在三个祠堂打醮，而打醮时要将菩萨从"太平庵"扛至祠堂。扛菩萨、扛大红蜡烛、迎接菩萨是最热闹的仪式。

邓坑村自古以来以浇大红蜡烛著名，曾多次申遗而未果，2020年3月李国潮说浇大蜡烛已经通过了市里非物质文化遗产申报，但现在还没有确切消息。申遗未果并未影响村民的激情，因为这是村里的传统文化。现在这浇蜡烛的技艺也就那么几个人会，后辈不学会便将失传。

邓坑村人有自己特别隆重的节日，就是正月十五、三月初三、十月半等打醮日。

为了迎接正月十五打醮日，村人都要为浇制大红蜡烛而忙活；而到了元宵节，扛菩萨打醮和迎大红蜡烛则成为山村盛事。村里面浇蜡烛的老传承人，提前7天就必须开始吃斋，听说这样浇大蜡烛才能顺利。因打醮都是轮流在各个宗祠举办，村人还要提前去太平山接菩萨。届时每家每户都会在接菩萨回来的路上摆上一张桌子，桌子上摆满祭品，各家的祭品（水果、糖果、煎粄、豆腐）都是摆得满满的。当菩萨被四人大轿抬着路过的时候，村民们便放鞭炮，一家比一家的鞭炮长，一家比一家响。

大年初六，参与浇制大红蜡烛的师傅们便要开始沐浴斋戒，并着手筹备工作。初九开始正式浇制蜡烛，至正月十二日上午完成。据说，浇制地点须由族人占卜决定，其间还不能有"不干净"的闲杂人员靠近，否则无法浇成。

据该村邓荣锦师傅介绍，制作大红蜡烛的主要原料是菜油和白蜡。蜡芯由3块在滚烫油锅里煎透的竹片合成，外缠棉花，用苎麻丝线扎牢成棍棒样；然后在大锅里煎熬融化菜油白蜡，待其冷却至不烫手而成糊状时，便可开始浇制。浇制的关键在于对蜡浆温度的把握，过冷或过热都不行，功夫全在感觉，此为不传之秘。而后以师傅为主，帮手配合，用铁钩子或麻绳把"棍子"倒吊起来，下置大锅以防蜡浆滴落，师傅用铁勺把蜡浆浇于"棍子"上，帮手转动"棍子"，就这样重复浇制大约200次，蜡烛便"棒棒糖"似地渐渐由小变大，待其定形，外涂一层红粉。最后用烫金剪纸装饰，分别贴上"元宵灯火人间乐，此日笙歌天上闻；改革开放日，民乐太平时"的字样。

这样制作的大红蜡烛，分主烛和副烛各一对，主烛高1.3米（3.9尺），直径28厘米，重80公斤；副烛高1.2米（3.6尺），直径18厘米，重30公斤。置办所需材料费用，由族人按人丁分摊。师傅和帮手纯属自愿献工，不仅不收工钱，连饭都是自备。村人按居住片区，轮流牵头打醮迎大红蜡烛。每到正月十三日，便要开始准备打醮的物品。十四日，扛菩萨到打醮的地点。十五日上午开始祭祀，请道士（不请和尚，却请道士，怪哉）念经、作法、画符，仪式非常烦琐复杂。

打醮和迎大红蜡烛，有一套固定的程序，游行、祭拜、占卜，一般要20多人参与，放鞭炮、鸣锣、捧檀香炉、鼓手乐队演奏，而后抬着观音菩萨，由其带路，把金童玉女、文昌五谷、三四五古佛、定光佛金身等，由村外的"太平庵"抬至村中祖祠。然后是迎大红蜡烛，仪式和扛菩萨大体相似。正月十四日晚子时，村人开始点蜡烛；而后由专人轮流值守，直到十五祭祀完毕，大蜡烛要在这里点一天一夜，寄托村民对新的一年的美好祝福。

据了解，邓氏到此开基已近700年历史，总祠由一世祖文公建造，目前已繁衍至二十六世。迎大红蜡烛活动起源于明万历年间，迄今已有400多年历史。世世代代沿袭着祖上流传的民俗活动，守护着这个宁静的山村，大红蜡烛散发出的文明光亮，使得村里人心凝聚，人际和谐，民风淳朴。

（邓一笑）

"红紫拱" 探微

　　红紫拱，原名红紫冢，在平川镇西厢村砦角路。地名最先出现在《武平县志·冢墓》中："元县尹李实墓 城西红紫冢。"后在武平民国县志主编邱荷公的《南武赘谭》中亦云："元二县尹皆有墓在武，一为魏侃夫，一为李实，子孙皆居于武。……据其《氏族稿》云，在任十三年，以官为家，后人即宅立祠，墓在西门外红紫冢。"再查《武平县志·官师表》："李实，字伯英，汴人。令武平，平易近民。时邑制草创，学舍颓圮，士弦诵久辍，实捐俸修葺，加以作兴，事载学碑。"由此可知，早在元朝，时任武平县令的李实，在邑制草创初期，百业待兴之际，捐出薪俸修缮校舍，为武平兴学育才作出了巨大贡献，"事载学碑"，确是值得大书特书，彪炳史册。那么，其"墓在西门外红紫冢"，也就是为后人留下的唯一纪念标志了。

　　"红紫冢"之"红紫"，应指建墓之红紫石（或红岩石）。"文革"前，村东口和村北山上各有一座红紫石巨墓，只是"文革"时遭到了毁坏，墓碑也不知去向，哪座才是李实墓，更是难以查考了。

　　民国初年及以前叫"红紫冢"，为何后来改叫"红紫拱"？据笔者推测有两个原因：一是"冢"与"拱"韵母相同，口口相传，容易误读；二是"冢"为坟墓之意，嵌在地名之中，似有不祥之嫌，故有意改读。孰是孰非，有待考证。

（王桓基）

武平客家民间祭祀（祠祭）习俗

祭祀，是向神灵求福消灾的一种传统礼俗仪式，"祭祀"意为敬神、求神和祭拜祖先。民间祭祀有家祭、墓祭和祠祭等。家祭，即居家设龛（位）祭祖，家祭以家庭为基本单位，规模较小，仪式也较简单。墓祭，即在祖先坟茔内致祭，祭祀时间一般有春祭（清明）和秋祭（中秋节），个别地方冬至祭墓。祠祭，即在祖祠内致祭祖先亡魂。祠祭是祭祖活动中最正规的一种，春秋二祭，一般都比较郑重肃穆，世家望族尤为隆重。

"济水源流远，南山世泽长。"宗祠大门上的对联既灵动典雅，又向人们表述了林氏"济南"郡的渊源，这里祭拜的是林九郎公的魂灵和客家先民不避艰辛开基创业的无畏精神。

武平中堡林氏家庙是供奉林姓历代先祖，尤其是宋朝时来此地开基的林九郎公的祖祠，近八成武平林氏为其后裔，并播迁至中国南方闽、台、浙、粤、川、桂、赣等地，人口已达百万以上。每年春分日，闽、浙、粤、赣等地后裔齐聚祖祠缅怀先祖，联谊宗亲，追本溯源，承先启后。是日，各地宗亲数千人来到祖祠内，准备好祭品（猪头、鱼、羹、茶、酒、果品等），请来传统乐班就位，引赞、通赞数人，主祭一人，预祭两人，族裔奉香肃立，主人率领族姓，盛服祠内等候，陈祭文于祝案，实水于盥盘加巾，准备就绪后，礼生主持祭典，历年仪式是，礼生高呼：大家肃静，祭典开始。其礼仪主要有：①乐工起鼓；②放炮三声；③鸣金三阵；④吹大乐；⑤奏小乐；⑥乐止；⑦排班执事者各施其所；⑧主祭裔孙就位；⑨预祭裔孙就位；⑩净手；⑪迎神；⑫向林氏先祖神主位鞠躬；⑬跪拜：一叩首、二叩首、三叩首、四叩首；⑭起，主祭裔孙至神主前行上香礼；⑮拜；⑯上香、再上香、三上香；⑰附伏，听读祭文；⑱起；⑲平身复位；⑳拜，一叩首、二叩首、三叩首、四叩首；㉑起；㉒主祭裔孙至九郎公太神主前四献礼（献茶、献酒、献羹、献帛）；㉓平身复位；㉔拜，一叩首、二叩首、三叩首、四叩首；㉕起。这是初献，然后重复一遍（亚献），重复两遍（三献），灌地（酒浇于地上），平身复位。礼毕化裁（烧银纸），焚祝文。

历年的祭文如下：

维——公元××××年××岁（农历）仲春月××日××良辰，主祭裔孙林某与预祭裔孙林某、林某某谨具清香烛帛牲礼果品诸仪，致祭于济南堂开基始祖八、九郎公暨林氏历代考妣一脉宗亲神主前，拜曰："济水流长，南山永镇。携八姓以入闽，分四邑而传盛。恭惟我祖，八、九郎公。胋衍汀城，濯田发迹。忠孝有声，莺迁武邑。宋元明清，俾昌俾炽。祖德恢宏，宗功丕展，在堂嗣裔。思百族之繁昌，长发其祥。忆我上祖，光前裕后。根深枝茂，源远流长。子子孙孙，敦睦一堂。谨千秋之令节，春祀秋尝。虔备菲仪，微惆输浆。敬笃陈词，用酌酒浆。上祖先灵，来格来尝。尚飨！

（林东祥）

武北四乡打醮习俗

位于闽西客家武平县东北方的湘店、桃溪、大禾、永平四乡镇总称为武北。这一带流传已久的民间独特的"打醮"习俗神妙，吸引了不少游客。

武北"打醮"是人们为祈求众神保佑五谷丰登、四季平安而进行的一项民间祭祀活动。一般有"春醮"：农历正月十四、十五、十六，保佑四季平安。"保苗醮"：农历四月半，保佑禾苗生长，祈求风调雨顺、五谷丰登。"七月醮"：农历七月十四左右，欢庆丰收。"冬醮"：农历十月以后，为还愿醮。感恩一年来的丰收与平安。为便于大家走亲串戚，各乡村的"打醮"时间有所不同。

每逢打醮，村民都吃斋戒荤，家家户户都要做粄子、煎豆腐，准备供品。亲朋好友欢聚一堂，其乐融融。尤其是武北打"春醮"，独特神秘，内容丰富。

（一）恭请众神

每年农历正月十五前后，由各村轮到做头的主家将道教诸神迎奉至祠堂，请来道士念经、鼓手奏乐。信众与道士在神像坛前烧香谒拜，恭请众神，虔诚祷告：满堂仙佛，同降醮坛，保佑合乡人民六畜兴旺、五谷丰登、万事如意、大吉大利！"打醮"期间，当地的人们提着供品，纷纷前往总祠烧香祭拜。

（二）起经做法事

道士边念经边绕着神坛转，跟随着道士一人双手合十执香火，俗称"陪香"；一人端神牌于胸前，走在前面，一人打克子（小钹）相随，节奏随经文有快有慢。进香者迎面相逢，相互侧身敬拜。

（三）下阳幡

这是武北永平中湍人"打醮"时的一道程序，由村中德高望重的族人亲自挑选一根翠竹，修整光滑后，系上红色丝带，挂上灯笼，当地人把它叫作立幡。竹子从正月十三一直立到正月十五，蕴含保佑全村人一年四季大吉大利之意。立幡时同样要烧香，念幡经。

（四）回坛读榜

道士回到神坛前诵读《心经》，向神灵宣读全村参醮人员名单，俗称"黄榜"。主家及子女读全名，主妇只读姓氏。如，蓝门刘氏，子某某，女某某。读完后将"黄榜"烧掉，以告神灵。

以上过程统称"早朝法事"。接下来，还有"中午法事"和"晚上法事"。都离不开下阳幡、念经这两道程序。其中，"散斋"也是少不了的。"散斋"，即散发供品给前来进香的人们，他们带回给家人吃，特别是给小孩吃，蕴含小孩吃了供品健健康康，四季平安。

武北"打醮"除举行上述祭祀活动外，湘店尧山的菩萨"游境"，永平中湍的"上大供"，民间绝技表演特别引人注目。

尧山的菩萨"游境"，场面壮观。人们恭抬着佛像，沿村游行，俗称"游境"。每年的农历正月十六这天，湘店尧山人早早地在自家门前摆好香案，呈上供品，点燃香火，等待菩萨"游境"。同时，每家每户都会提着供品和大量的香、纸、烛、炮，恭候在本宗祠堂厅下，迎接菩萨到来。菩萨扛到每一个厅下，都要恭迎欢送，不断燃放鞭炮，为菩萨上红包，由道士按上述程序念经读榜、烧榜，祈求神灵保佑大家风调雨顺、五谷丰登、四季平安！"游境"队伍所到之处，鞭炮轰鸣，焰火冲天，烟雾弥漫，热闹非凡。

中湍的"上大供"，即感谢神灵。应备供品：香、灯、花、水、果；财、食、宝、珠、衣；五碗豆腐渣，每碗豆腐渣上分别书写：天下太平、五谷丰登、六畜兴旺、恭迎神驾、丰衣足食。以示对神灵的崇敬，祈求神灵保佑。

中湍的民间绝技具有浓郁的客家民俗特色。主要绝技有：赤脚上刀山、徒步下火海、空手捞油锅、拧香火、掌心燃放鞭炮、鞭炮缠颈燃放、光脚走锥床、坐锥椅等。其中，"上刀山、下火海"作为省级非物质文化遗产保护项目已成为民俗品牌，在闽、粤、赣三省客家地区具有重大影响。据悉，以前中湍村的民间绝活还有竹篮挑水、草席撑船等，现已失传。

武北"打醮"习俗随着时代的发展已被赋予了新的内涵，与美丽乡村建设、民俗文化旅游相融合，成了非物质文化遗产一道亮丽的风景。

（梁玉清）

武平客家"打醮"习俗

客家人畏天地、敬鬼神、重人事，打醮就是其中的集中表现形式。"醮"是古代祭祀的一种，同时也指"僧、道设坛祈祷"。武平客家人也不例外，在古代，作为偏僻山区和经济文化相对落后的地方，生产力水平低，天灾、瘟疫等自然灾害频繁，乡民心理上更加依赖天神和菩萨的庇佑。民国三十年《武平县志》主纂，闽西文史大家（上杭人）丘复在《南武赘谭》①中说：

武人迷信，迎神建醮无虚日。梁野山定光佛像有三。太平山天后像无日在庙，迎神者必预订期，到一处极少须送庙祝三十元。往往送神未至山，半路已为他村迎去。香火之盛，无愈此者。

清康熙时武平举人用客家话创作的通俗韵文《元初一》，也有"打醮"的记载："（四月）初三扛佛保禾苗，落佛忏后做午朝；福首陪香并践道，擂锣擂鼓真唠嘈；请来和尚著袈裟，口念南无做香花……尽是恳求保禾稼，丰亨大熟救济民。"又，十月时，"梁野山中大老佛，迎来敬打保安醮，香钱座米无人分，跟佛和尚自家倒；午朝上供裹馒头，夜间建醮早发表"。

武平县政协文史研究员罗炳星先生详细记录了新中国成立前岩前定光古佛醮会的情景：

在醮会的当天上午吉时，先由和尚、道士在定光古佛前点上香烛、念经，待香燃至约三分之二时，鸣大铳三响后，燃放鞭炮，锣鼓震天，然后起驾。迎佛的队伍顺序为：前首是由身穿长衫、头戴礼帽、德高望重的老翁，双手捧檀香炉，炉内香烟袅绕，接着是四位年轻力壮，品行端庄的男子，抬着定光古佛座像缓步行走，座像右边有一男子擎着宽大的"凉伞"，在定光古佛座像头上，随着锣鼓的节奏转动凉伞。接着是锣鼓队，……锣鼓队后面为"十番"音乐队（但禁止用"唢呐"），十番乐队后面跟着一大群善男信女（但当年家中有亡人或寡妇或受族规告诫者不得进入此行列），浩浩荡荡，沿路居民不分姓氏，点

①武平县政协编《武平文史资料》第18辑。

燃香烛，燃放鞭炮，在路边双手合十、作揖，闲杂人、物均主动让道。①

上面是热闹的大集镇岩前的打醮情况，偏僻的山乡"打醮"情况怎样，笔者调查中堡镇芳洋村，采访周维光老先生（1944年生），记录如下：旧时打醮一年两次，第一次在上春（春天），称祈福；第二次为秋冬，称还福，芳洋村一年打醮的日期是正月十六日和十月十六日，因为定光古佛作法灵验，但不能满足广大乡村乡民祈福保民之要求，故古佛有五个分身，分别称大古佛、二古佛、三古佛、四古佛和五古佛。

乡民打醮前要食斋半月，打醮日要焚香迎接古佛，到村后要到各个大厅厦念经祈福及绕村巡游一周，这个过程称游境，迎佛有十样果（物），有花、灯、宝（银元）、珠、茶等十种。迎佛时几乎全村出动，长辈在前，晚辈在后，必须跪拜迎神，迎佛要有乐队（乡民称吹鼓手），请外村道士一齐来，主要念求福经、消灾经、迎福经等，村民备好纸扎的龙、凤、狗牙旗（绣有麟麟的三角旗）作为仪仗为古佛巡游开道。打醮一般一年为两次，但若年成不好、庄稼歉收、村民灾厄连连，则有可能再请神一次，打醮时，比较富足的村庄会请人表演上刀山、下火海、捞油锅等民间绝技，表演前由人扮演的小鬼即牛头马面舞蹈一番，当然这主要为了辟邪。

可以说，"打醮"是乡民祈福禳灾的集中表现形式，"打醮"形式多种多样，在家庭则有"家醮"，一姓一自然村有打醮，一乡一镇或相邻县份（片区）也有打醮，迎神主要有定光佛、妈祖、五谷仙、弥勒佛、观音、土地、社公等，这都体现了客家人多神崇拜的特点，祈盼五谷丰登、人寿年丰是醮会永恒的主题，迎神、娱神。这些都是乡民精神的释放和对美好未来的期望。在现代，打醮作为民风民俗载体和文化传承的重要内容可以窥见农耕时期客家先民筚路蓝缕、艰辛谋生而又愈挫愈勇、苦中作乐的心路历程。

（林东祥）

---

① 《武平文史资料》第22辑。

武东陈埔村三年一次打大醮习俗

陈埔村过去有三年一次打大醮的文化习俗。看似是佛教活动，其实它反映了农民期盼五谷丰登、百业兴旺、扬善惩恶的心理诉求。

笔者小时候曾经历过两次打大醮。时间都是在阳光灿烂、天气暖和的农历十一月冬至前，打醮地点其中一次安排在老墟坪，共搭了四座台篷。

第一座台篷为佛台，台上安坐的是梁野古佛和村庄诸神，如水神、风神、五谷神、福主神等。还有一尊山大人，是纸糊的，三米多高，头大如斗，眼大如蛋，嘴大如盆，舌长尺许，因其高大雄壮，摆在醮场入口处。它是山神，镇压山中妖怪的佛。

第二座台篷，叫献佛台，搭在佛台前，略低于佛台。台上摆的是箩装斗盛的五谷：稻、黍、稷、麦、豆；还有纸糊的六畜：牛、马、羊、猪、鸡、狗，显示和期盼五谷丰登、六畜兴旺。

在献佛台前，还安放有纸糊的地府和天堂。

再后是两班两座鼓手十番的台篷。两座台篷面对面，中间隔着一块空地，供香客游人欣赏乐曲。

醮期共三天，第一天迎佛，第二天正日，第三天送佛。

正日是热闹高峰，游人香客人头攒动。古佛和诸神前，供品琳琅满目，香火旺盛，青烟缭绕，木鱼声声，大小和尚齐声诵经，鼓手十番共奏丰收曲，香客鱼贯上前，进香跪拜古佛和诸神。

至上午十点，忽然停锣息鼓，醮场庄严肃穆。片刻后，又音乐骤起，鞭炮声惊天动地。在和尚齐声敬请下，古佛与诸神乘上马轿后，开始游境。鸣锣开道，旗帜导行，礼炮不断，古佛、诸神和山大人的轿马徐徐向前，五谷六畜的车马紧跟其后，鼓手十番一路吹奏，香客和游人各持香火，在后跟随，一路浩浩荡荡。

沿路村民，摆起香案，跪拜古佛和诸神，乞求垂恩，保佑年年丰收，家家户户安康幸福！游境人马回场、古佛和诸神归位后，鼓乐又起，烧香叩头，游境结束。

当晚，游人香客人山人海。在佛台和鼓手十番台前，拥挤得水泄不通。特别是纸糊的地府和天堂，人们争相观看。只见地府里，阎罗王满脸横肉、切齿暴眼，紧盯着世上作恶、死后在地狱受酷刑的人。有正过奈何桥的，桥下黑浪滔天，夜叉海鬼张开血盆大口，欲吞吃掉下去的人。除此之外，还有下油锅、受锯分尸等酷刑场面。

而在天堂的是，勤劳善良之人，死后灵魂上天，受到天使和一群仙女载歌载舞地迎接，在玉皇大殿上，受到天庭的封赏。

时至当晚十点，在台篷外，一片空旷地上，烧架花和放焰火。架花像一条巨龙，先在地上翻滚盘旋，然后直冲夜空。这时焰火紧跟其后，像巨龙在天空呼风唤雨，阵阵甘露播洒人间。人们喝彩之声，一浪高过一浪。片刻后，正日活动结束。

第三天，众人各持香火，锣鼓喧天，送古佛和诸神归位，至此，大醮结束。

（饶稳祥）

中山镇的历史名人信俗

中山镇在唐宋时是武平的镇治、场治、县治所在地，明洪武二十四年在此设立千户所，所以中山镇又称武平所，简称武所。镇内曾聚居108姓氏居民，现有102姓，流行特殊方言"军家话"，与客家话兼相使用，以"百姓镇""军家方言岛"著称。2014年2月被评为中国历史文化名镇。

厚重的历史文化，孕育了丰富的民间信俗，如一河十里五座妈祖庙、南山寺供奉着定光古佛、西岭宫神案上摆着观音菩萨、长安崇及其周边住着三十六位大仙、赖公菩萨、孙大圣、三官大帝、花公花母、吉祥菩萨、土地伯公……诸神、诸仙、诸菩萨皆成为中山镇百姓的心灵寄托。释、道、巫信俗常见，但中山镇百姓为历史名人建庙祭祀的案例在闽粤赣周边都是相对少见的。

祭祀诸葛亮的武德侯王庙。武德侯王庙又名武侯祠，顾名思义，是祭祀三国时期的名人诸葛亮的。除了四川成都，武侯祠在其他地方则不多见，但在闽粤赣边的中山镇有一座，这有着特殊的意义，据说，明代正德年间出现了一次严重的匪患，匪徒围了武平所（中山）半个月，最后没有攻进来，后来因其粮尽又遇暴雨，就自行撤退了。武平所的军民把退匪的功劳记在了诸葛亮的身上，说是因为孔明显灵，于是武平人在东门外（后为新城）200米处建起武德侯王庙，将诸葛亮的神像供奉在正厅中央。清同治年间重修时，前厅梁柱悬挂着"道蕴南阳"牌匾，中堂两柱上刻有左宗棠撰写的一副对联："文章西汉两司马，经济南阳一卧龙"，凸显诸葛亮的经邦济世。诸葛孔明是"军神"，指挥作战神鬼莫测，尤其是《三国演义》中把孔明渲染得如神仙，深受兵家崇拜。中山古镇这座庙宇的存在，充分说明武所是军事重镇的历史真实。

祭祀张巡的东平公王庙。无独有偶，在中山街上，距武德侯王庙不到百米，还有一座祭祀张巡的东平公王庙。建东平公王庙的原因与建武德侯王庙的原因相似，据说贼匪围城七昼夜未破城，用爆破方式攻城，结果伤到自己，后仓皇而逃。武所军民则把此事记在了历史名人张巡的头上。张巡何许人？安史之乱时坚守一城使整个东南免受战乱，作为唐朝的忠臣，乃守城名将，被后人供为城隍爷。东平公王庙也是按照城隍庙的规制去建的，按规制只有县治以上的城内才可建城隍庙，所以该城隍庙不以城隍称呼，名为东平公王庙。后人也将武德侯王庙与东平公王庙并称上下两庙或文武两庙。

为明初三大名将建庙。在中山老城西山岗有一座比武德侯王庙和东平公王庙更具军家文化特色的庙宇，体现了明代武所这座军事重镇的军民价值取向。这座庙的名字叫洪沙庙，里面供奉的不是神仙，也不是菩萨，而是明朝的三位开国功臣徐达、常遇春、胡大海。其实最初是建了三座庙的，三个人一人一座，分别叫忠沙庙、洪沙庙、赤沙庙，只是前些年忠沙和赤沙两庙被毁，旧址建起了民房。毁庙时，有信众将供奉的将军雕像寄放在了没有被拆除的洪沙庙中，每逢醮日，周边村民都到庙中祭祀这三位明代将军。相传，明代武所驻军正是来自这三位将军的麾下，因此建庙，以示传承。

祭祀朱熹的紫阳祠及考亭书院。明代为朱熹建祠立庙在全国都十分普遍，以军籍人为主要居住群体的中山镇尤其突出。而把祭祀朱熹与祭祀军家先祖同时进行，把朱熹庙当作军籍人的总祠，却是中山的一个特殊社会现象。武平县志对明代中山建造紫阳祠的过程有着详细记载，建祠的主要目的是纪念南宋先贤朱熹，同时该祠成为军家人办学读书的场所。但到了清朝，紫阳祠逐渐有了别称，叫"十八将军祠"，祠内供奉朱熹和军籍各姓氏始祖和将军神牌，逢年过节军籍人带上供品到紫阳祠进香烧纸，祭祀祖先。无独有偶，除了紫阳祠，中山新城下庙通往通济门的路上又建有一座朱子祠，该祠也是为纪念朱熹，同时供奉军籍姓氏祖先的牌位。清初军籍人又在朱子祠旁建了考亭书院。考亭，正是朱熹的字号。不论是紫阳祠还是朱子祠（考亭书院），都体现了中山军籍人崇尚朱熹，武人更尊文人的传统，把祖先牌位与朱熹一同祭祀，体现了中山军籍人怀念祖先恩德，对明代皇姓（朱）的忠诚感恩。

诸葛亮、张巡、明初三大将、朱熹，这些人都有一个共同的特点——忠君爱国。祭祀他们，正体现了武所军籍人崇尚忠义的精神本质。

（林文峰）

象洞龙源宫祭祀的由来

龙源宫坐落在象洞，是为纪念宋朝功臣钟友文兄弟而建的宫庙，迄今已有800多年的历史，是座建筑悠久、有深刻人文内涵的历史文化遗产。

北宋时，友文三兄弟相继登进士后，均在朝为官，友文官御史，友武官大中丞，友勇官光禄寺监厨司，三公在朝忠心耿耿，勤政爱民，正直敢言。宋神宗时，王安石变法，因友文兄弟同上奏疏，拂旨俱罢任。至元丰八年乙丑（1085），神宗崩，以司马光为相，凡在熙宁、元丰年间被罢职者，存者复其官职，亡者皆示其子孙。友文兄弟子侄皆博学多才，均复职在朝。崇宁元年壬午（1102）7月，蔡京为相，实行专权，借口追查"元祐党"事件，叠加打击和迫害朝中元老及其子孙，扬言要诛钟友文九族，毅公共祖兄弟被迫迁徙避难，改名易姓称"郎"。至宋徽宗政和元年辛卯（1111），为纪念友文兄弟忠君爱国，慰藉其在天之灵，遂敕封友文、友武、友勇兄弟为龙源助国尊王。为尊祖敬宗，弘扬祖德，象洞钟氏后裔，遂建成龙源宫并雕刻雄伟庄严、怒目圆睁之金像，永世崇祀。友文兄弟子侄俱博学秀士，多在朝中为官，这个大家族中，有进士多人。赦钟氏一族无罪后，父以子贵，赠钟山为文林郎，钟岱为崇义公，配享龙源宫庙祀。毅公兄弟遂复原姓，于宋高宗建炎四年（1130），携家眷回迁象洞故里。

龙源宫初立于象洞碑子前坑背蛇形，塑像朝奉；后复立庙宇于洋贝坊径子蛇形。此宫历经沧桑，据考在清顺治十二年（1655）重建，并分别于康熙五十年（1711）和民国三十一年（1942）两次重修，至今宫庙仍存，香火旺盛。

（钟春林）

武平及周边客家人土地伯公崇拜习俗

在客家人生活居住的村村堡堡，山山水水，在一些不显眼的地方，千百年来供奉祭拜着他们最亲近的神明，村头地尾、隘口岭崇、大树水口及路旁荒冈等地方，毫无例外地供奉着这些本土神祇（即福主公王，俗称土地神），这些神祇村民一般称为伯公、社公、公王或福主，不过客家民俗均称为土地伯公。安置这些神祇的场所大都简陋，有的就在一棵大树的根部，有的则为几块石头搭就的石龛，而大部分地方是用石头打制的形制不到1立方米的神龛，前面敞口，左右后方各一整石，上盖石件如屋顶形，这些不起眼的地方，几乎都香火旺盛，年年月月日日享受村民的祭拜和供奉，影响着乡村百姓的世俗生活。

（一）乡土传统和今人记述

武平清朝举人林宝树（1673～1734）著有通俗客家韵文长诗《元初一》，其中"农历四月份"讲：

> 初三扛佛保禾苗，落佛忏后做午朝。……伏羲神农黄帝氏，掌苗使者五谷神，又请雷公并电母，风伯雨师加虔诚；又有田头地塅等，杨大伯公召几声；上至坑源下水口，通乡福主一切神；尽是恳求保禾稼，丰亨大熟救济民。[①]

林宝树记述的是春耕时节他的家乡迎神酬神的情景，执掌禾稼丰熟不但有（权力较小）田头地塅的杨大伯公，还有通乡福主，更有神通广大的伏羲、神农、黄帝、五谷神，及至雷公、电母、风伯、雨师自然神，乡民对大大小小的神灵皆虔诚祭拜，为的是求得一年的庄稼好收成，从这里也可以看出客家人多神崇拜的特点。

土地神中社公和公王在民间俗称"福主"或"福主公王"。其中，福主即主一方福祉之意。清初上杭士人丘嘉穗对其乡中福主神坛进行了描绘："吾乡有福主之神，旧设坛宇，苍松郁然，四境之民出必祈，过必揖，耕种畜牧必祷，岁时伏腊奉膋萧，燎灯烛于神前者无虚日，可不谓虔矣哉！"这段描述揭示了土地神崇拜的一般形式，反映了土地神崇拜是乡民日常生活的

---

① 林宝树：《图说元初一》，中国言实出版社，2015，第8页。

重要组成部分，除了设坛崇奉，闽西的土地神崇拜还体现在公王神榜、公王挂像与道教神谱的结合等几个方面。[1]

祭祀公王、社公在大多数地方用香烛、果品、"三牲"、花纸等，但刘大可记述武平武北地区有专门祭祀公王的祭文，可见公王祭祀的庄重和虔诚——

再从祭祀公王、社公的祭文看，也可知公王、社公一方面的职司与功能，我们在孔厦村调查时曾抄录到二份祝文，一份为《醮完祭社令真官、福主公王祝祠》，文曰：伏以土德厚深，万民沾养育之泽，福神慈惠，一乡赖护卫之恩。秋报春祈，钦崇祀典，祭蜡伏瞒，乐为吹幽。恩有常临，时赐鸿庥于渤海；仁也不育，长垂厚德于关山。兹当宝忏初究，迎神归庙，敬具不腆，用仲郜忱。伏愿歆尝弗吐，更祈降福无疆。尚享。

另一份为《牛、猪染瘟疫合乡许醮——宵醮完祭，社令真官，福主公祝文》，文曰：

伏以土德厚深，万民沾养育之泽，福神慈惠，一乡赖护卫之恩。有求必应，有感必灵。逐邪魅，而六畜蕃衍；安物产，而四境清平。某等沐浴，神化感戴铭心，设坛建醮，酬谢深仁。兹当良愿赛还，敬具牲醴，用仲悃忱。伏愿神之来格，更祈百福骈臻。尚享。[2]

上面第一篇祝文是酬神的，第二篇祝文是祈愿的，说明祈愿和酬神有一完整的规制，也可看出伯公在村民生活中的重要地位。

（二）石群秋的口述

石群秋，武平县朱坊村人，他是一寺庙的负责人，对农村习俗熟稔于胸，非常熟悉乡土历史及乡村神灵崇拜，笔者特地对他作了采访，下面根据他的口述整理。

福主（公王）为一村之主（指精神领域），亦是主管一村祸福，庇佑村

---

① 巫能昌：《闽西客家地区的伯公、社公和公王崇拜》，《世界宗教研究》2014年第1期。

② 刘大可：《公王与社公，客家村落的保护神》，《世界宗教研究》2003年第4期。

庄平安的神明，（福主）通天达地，日管阳，夜管阴，福主大都管辖一村或几个村落，但社公执掌（权）较小，而土地伯公则（权）更小，最小的为杨大伯公，也称田太伯公，只是主管一小片土地、山林的小仙，不可与福主相提并论，客家山村不太重视山神，他们把山神称过山大王，似是闲职无关紧要的神明。

祭崇福主，整村村民都要参加，很隆重，上半年为祈福（一般在早春），下半年为还福，日期不固定，要请当地先生（对懂得传统文化和乡村礼俗的人的尊称）看日子，合天时地利而确定。

福主公王称福德正神，以区别旁门左道成仙的野神，福主公王有明晰的管理（村庄）区域，比如在高处，视线所及之处受其护佑，视线不及者和背面等地则不受其保护，但到（福主神）坛前烧香和供祭，则福主亦可保护他们，这叫灵光显应，神威广大。有社公（神），也有社婆（神），一般社公位置较高，社婆位置较低，且都在水口处。福主公王主管五方即东西南北中五个方位，福主和社公一般是上天派下来的（神），有的是犯了错误（降职）下来的，从前，高坊（中堡地名）有一公王，它为非作歹，每年都要童男、童女献祭，村民深受其苦，后有一当地村民到外地学法，回来后与公王斗法，公王大败，被人丢落河中，漂到下游三里处连坡村被人救下，这公王就在溪边安置，村民祭祀它只要一盘溪鱼即可。

（东　文）

民主乡祭祀"三仙"习俗

地处闽粤赣三省交界处，位于武西南接合部的民主乡，早期叫溪头墟、和平乡。它占地面积有102平方公里，有6个行政村、总人口目前约7000人，都属纯客家人，其民情风俗和生产生活习惯都与邻县各乡镇雷同。据调查，全乡姓氏目前有钟、张、王、彭、林、刘、谢、朱、赖等32个。6个村的村民都与"三仙菩萨"有缘，目前全乡已有六座"三仙宫"。

什么是"三仙菩萨"？据走访几位90多岁的老人回忆：相传仙师公名黄倬三，儿子黄十三郎，女婿倬公八郎。他们父子、郎舅三人，受到北宋皇帝钦点挂帅出征、征战在闽粤赣客家所属地区，他们所到之处秋毫无犯，深受广大百姓拥戴。平息倭寇后，他们辞去官职，在吕山修炼学法，听说他们来无影，去无踪，但常常为周边百姓造福。

若干年后，各地百姓为了纪念他们的丰功伟绩，自愿捐钱、捐物、捐工，为"仙师"建宫立庙，以供香火，日夜朝拜。

有诗为证：三仙将帅一家亲，父子郎舅掌精兵；仙法无边人莫测，三尺神鞭呈威灵；山摇地动号角响，令旗招展泣鬼神；声扬宗室战功赫，千古朝代留芳名；信民怀德虔供奉，风调雨顺贺太平；五谷丰登衣食足，一年四季庆安宁。

自古以来，"扛菩萨""游庆""迎祥""集福"是民间一种祭祀神祇的传统风俗，也是人们的一种美好祝愿。就民主乡而言，具体时间有所不同，溪头三仙宫是在端午节，水尾三仙宫是在六月六日，中铺三仙宫定在每年的"五一节"，而高书（黄沙）三仙宫和流芳三仙宫、高铺三仙宫等都定在农历的七月节之时举行。

每年的扛菩萨一般必须经过三个程序：第一天，上午所有理事全部到位，按照分工，各尽其职，里里外外忙个不停，如张贴对联、打扫卫生、准备酒菜、清点贡品等事项。中午前法师来到。饭后便开始在坛前吹角请神，先请天神地神，再拜请"三仙"下座。

晚上砻师"善公"便开始表演节目，表演一些古老的农事活，如笼谷、做米、农妇煮饭、喂鸡等生动活泼的农事活动，吸引广大观众。

第二天早晨是"迎祥集福、扛菩萨"出巡游庆的日子，也是全村人最高兴的日子。那天家家户户备有"三牲"、贡品，早早摆在自家门前，恭候"菩萨"

的到来。首先按规定每个小村庄都要停留几十分钟让善男信女上香叩拜"三仙",然后理事读奏表,走到中心点就举行龙灯表演,鞭炮齐放,呈现出风调雨顺、国泰民安、欢乐祥和的气氛。

下午"善公"法师专项作法表演,形式多样:有上刀山、捞油锅、跳火坑、寄兵顶将和吃碗等各项精彩表演,博得广大观众喝彩。扛菩萨最后一道仪式是"送神",待到夜深人静时,一般挑选五个有胆识的青壮年,带上准备好的米粥、汤圆和金银纸币、香烛、连炮和一只雄鸡送到三岔河口。法师点燃香烛,念念有词,把食品倒入河中,献上雄鸡"红花",烧上纸钱,祈祷百姓平安、五谷丰登、百业兴旺、万事大吉。

（张义荣）

民国以前城区庙会一瞥

武平城区的庙会始于何时？后来有什么发展、变化？由于无文字资料，难以考证。但可以肯定的是：庙会跟宗教、宗族、社团有紧密的关系。在原始社会、奴隶社会阶段，中国只有原始宗教。

东汉时期，中国才开始有外来宗教，然后渐渐流传开来。武平何时才有宗教？史书无载，但在宋时，武平已有很多寺院了，较有名的寺院如禅果寺、绵洋寺、灵洞天竺院、梁山寺、均庆寺等都已建成。明清时期，寺、观都有了，且遍及各乡镇，庙会也就多了，至于庙会情况如何，因无资料，就不太清楚了。事情的发展都有其原委，并有所传承。因此，这里就武平城区民国及以前的庙会情况走访老前辈，加上笔者的见闻，就几个规模较大、文化品位较高的庙会简单介绍如下。

夫人宫醮会：夫人宫在县城西门城外，建于明末清初，内供奉三位夫人。谢氏、萧氏，另一位夫人姓氏不详，三位夫人生前贤惠，孝敬公婆，泽被乡邻，积德行善，饮誉乡里。为弘扬三位夫人的德行，她们逝世后，每年农历三月二十三日举行醮会，除祭拜三位夫人外，还有出"古事"，由小孩扮演《三国演义》中的人物及古代贤人，在城区游行，晚上进行"过火坑"的活动，非常热闹。

关帝庙醮会：关帝庙在县城东门城外之东门坝，该庙址至今犹存，内供奉关（羽）圣帝君。每年农历五月十三日举行醮会，这天有展出纸扎"二十四孝图"，规模甚大。

县衙内的地官赦罪醮会：县衙内供奉地官（地官：神名。道家以天官、地官、水官为三官）。每年农历七月十三日至十五日，县衙举行"地官赦罪"醮会，请道士念经作法，以化冤魂，祭祀地官，并展出纸扎的四大金刚，甚是庄严肃穆。当时就有士人曾立堂赋《感怀》诗："泥墙满目尽刑书，乱世苍生犬不如，同是圆颅同是趾，几人刀俎几人鱼。"嘲讽了这个醮会。

东安桥醮会：该桥原在县城北门，今县公安局东侧。桥长近30米，宽16.63米，为一座高大廊桥，桥面平铺大石板72块，整齐平滑。中栋二层楼高9.83米，东西两栋高8.33米。桥上有神庙四间，供奉观音菩萨、定光古佛、妈祖太太、财神菩萨；商店五间，坐南朝北，为李氏家庙之拱案；中宫面前为回廊客厅，左右两间为鼓乐亭。庙会不定期，经费由李仕诚公尝及李姓群众捐助。庙会除祭拜上述四位菩萨外，还请两个吹班在鼓乐亭竞演，他们都演奏悠扬的古典名曲，悦耳动听，人山人海都在聆听美妙的乐曲，其情其景妙不可言。

文昌宫醮会：文昌宫在东门大桥边，供奉文昌帝君。这个庙会经费由地方筹集，是个不定期的庙会。1947年深秋，曾举行过一次庙会，规模甚大，展出纸扎的"十殿阎君"，还请了两个汉剧班子，搭两个戏台，同时竞演，他们演出了几部汉剧传统剧目，观众认为这是难得的艺术享受。

南山堂醮会：南山堂在县南操场侧，该寺庙至今犹存。这也是个不定期的庙会，1947年曾举行过一次，晚上进行"上刀山"表演，吸引很多人前来参观。

这些庙会举办期间，当地群众都要备办酒席，招待亲戚朋友。庙会周边有小商贩出卖物品，增强物资交流，促进经济发展；拓宽人们的视野，增长知识，并提高艺术鉴赏能力。当然，庙会也有很多糟粕，特别是其迷信、虚妄部分，对人们的毒害是不可取的。

（传　斌）

东留大阳廊桥与华光菩萨

在东留乡大阳村大阳溪上，横跨着一座造型别致、历史悠久的廊桥，那就是著名的大阳桥。现为县级文物重点保护单位。大阳廊桥是在长长的木桥上竖起木柱，架上屋顶，像一座房子，能遮风挡雨，所以客家人称它为屋桥或风雨桥，又叫"荫桥"。这座桥始建年代不详，今天的桥是清咸丰元年（1851）重修的，《重造大阳桥记》云："斯桥也可以蔽风雨，可以代舟揖"，道明了此桥的主要作用。桥身长数十丈、宽一丈余，巨石砌成的两座桥墩上有数层粗大杉木架构，形似斗拱，结构精巧，风格别致。

大阳廊桥联结着闽西的武平和江西的会昌。过去，货物往来全靠肩挑，武平与会昌之间边境贸易繁荣，大阳桥是挑担者往来的必经之路。以前，桥上设有店铺，摆有桌椅，墟场也设在这里，所谓"桥即是墟"。桥上还有慈善人士捐赠的"茶惶"，每天有人将煎好的茶水置于桶中，免费供路人解渴。在闽西各地，廊桥并不少见，缘何大阳桥远近闻名？这与大阳桥及周围的景观有关。

大阳桥下的溪流之中，有长条形石块露在水面上，形似鲤鱼。鱼头、鱼身、鱼尾清晰可辨。人们立于岸上朝溪中看去，就如一条条栩栩如生的鲤鱼，头朝上游，逆水而跃，形态逼真。为此，古人在这"鲤鱼"的上游修建了这座如"龙门"的大阳桥，取"鲤鱼跃龙门"之意，期望附近地区的学子们能金榜题名，平步青云。

大阳桥头有一副对联："大块文章浮水面，阳春烟景锁桥头。"这是一副"嵌名联"，即对联里镶嵌有桥名"大阳"二字，此副上联与"鲤鱼跃龙门"一样，希望本地能多出人才，下联描绘了如画的自然景观。这副对联借用了李白《春夜宴从弟桃花园序》中的诗句："阳春召我以烟景，大块假我以文章。"大阳桥最有特色的地方要数桥头的"华光庙"了。由庙中对联"三目三光光德泽；五通五显显威灵"可知，这是座供奉五显菩萨的庙宇。但是，历代的守庙老人均说五显菩萨就是华光菩萨。这是为什么呢？原来，华光菩萨全称"五显华光大帝"，是传说中的一位火神，据说他有三只眼。20世纪30年代曾有人考证过其来历，说"五显大帝"是佛书上的"华光如来"的混合体。以前，五显神与华光菩萨是不同的，五显神也被称为五通神，是泰山之神的五个儿子，是中国传说中的五个淫魔，常在南方作祟，曾经有"北狐南五通"的说法，"五通神"经常到人家中找寻美貌女子供其享乐。华光菩萨是火神，玉皇大帝封其为"玉封佛中上善王显头官大帝"，与五通神这个凶神恶煞是截然不同的。后来，民间却不知何因，竟把两者混为一谈，合称为五显华光大帝了，这从另一个侧面说明，当时人们从中原筚路蓝缕到南方后，由于势单力薄，为了站稳脚跟，不但敬奉"善神"，也敬畏"恶神"，希望他们不要再来作祟侵扰人们的心理状态。

据明史记载，南京有"五显灵顺庙"，与华光帝诞日（农历九月二十八日）相符。传说这位火神很喜欢玩火，有一次，他玩火把玉帝的九龙墩给烧了，玉帝很恼火，就下令民间打清醮来恭迎他，使他听醮着迷，无暇玩火。他每年八月初一下凡，那天如果下雨，那年的火灾必然少，否则就多。

由于以前的大阳桥上有客家山区特有的桥上墟市，店铺、摊点众多，人来人往，且每年农历八、九月间，秋高气爽，天气干燥，容易发生火灾。传说大阳桥曾多次被烧毁，乡人为了避免火灾的发生，就在桥头建了这座供奉火神的庙宇。据说，自从庙宇建成后，果然再也没有发生过火灾。十里八乡的乡亲们都说华光菩萨灵验得很，求男生男，求女得女，经商者外出获利，读书者金榜题名，农耕者五谷丰登，真可谓"有求必应"了，因而华光庙至今仍香火旺盛。

农历九月二十八是华光菩萨诞辰，每年的这个时候，是大阳桥边最热闹的日子。善男信女们不畏山路崎岖，带上香烛，怀着无比虔诚的心情，从大老远赶到庙里烧香，参加打醮活动，祈求风调雨顺，田禾大熟，四季平安。是日，大阳桥上人来人往，摩肩接踵，卖杂货的、玩杂耍的都来凑热闹。大阳村的人家，在这天家家户户都杀鸡宰鸭，做豆腐、做煎粄款待客人，比过年过节还要热闹。桥头还专门搭有一座戏台用来演酬神戏，请来的木偶戏班在这里通宵表演，有些年份还特地请上两个木偶戏班唱对台戏。演者卖力表演，观者如痴如醉，戏演完了还久久不愿离去。有一首当地民歌道出了当时的情景："簇簇人群看出神，登台傀儡似活人，长笛锣鼓紧又密，抬头东方天已明。"打醮结束后，附近居民把易燃的木炭、纸屑等捆成一把，放置门口，由巫师、和尚挨家逐户收取，集中于纸船上，投入河中焚烧，称为"送火灾船"，喻为不再发生火灾了。随着文化科学知识的普及，此项活动已经停止。但醮期依旧，醮日的热闹情景比以前有过之而无不及。

（李永义）

浅谈武平古代民间巫术

古代的人们对自然现象、自身的许多疑难杂症等，在无法找到科学解释之前，不得不求助于鬼神，这是许多民间宗教信仰产生的基础。因此，民间产生多神信仰：山神、水神、路神、桥神、石神、土地神，等等。在人的世界之外，他们又构想了另两个对应世界——神的世界和鬼的世界。他们把自己的所有休咎都与天地鬼神联系在一起。巫术就是古代人与神、仙、鬼沟通的一种形式，且在民间十分普遍。作为一种古代重要民俗，出于"存史"的需要，现略举数例，以示其概。

（一）巫医

古代民间常常医巫不分，医中有巫，巫中有医。民间医生往往兼用两术医治疾病。如对小儿发热之症他们往往判断为惊吓、风寒。于是先用招魂术招魂，而后施以驱风寒、散热解毒之中药。又如对身体外伤出血之症，他们往往先念"止血咒"，呜哩呜噜念一通咒之后，大喝一声，再施以止血草药，据说确有一定效果。盖因其念"咒"时，使人精神集中，最后大喝一声，可使患者惊吓，而致血管收缩止住流血。

（二）招魂

这是古代民间最常见的一种巫术。如小儿（有时也对成人）发热且有呓语等症，即被认为在哪里丢了魂灵，因施以招魂之术。由巫婆（大部分是病人亲属）实施，她们找到病人"失魂"所在，焚香祷祝后，以病人衣物在香火上转几圈，而后一路呼唤病者名字，"×××，归啊"在寂静的山村夜空中，唤声哀厉悠长，至病人榻前，即将衣服在病人身上转几圈，祷曰："×××，归来了，归来了。"术毕，当然还施以汤药。据分析，此举虽为无稽之巫术，但病者听说自己魂灵已归，可起精神安慰之效用。

（三）昏瞳

这是古代民间一种人神或人鬼沟通的巫术，一般由巫师（或巫婆）执行。巫师往往世袭，据说他们掌握的"经咒"，秘不示人，一旦外传则失效。如尘世中人需向有关神灵请示报告某事，或尘世中人思念某已故去亲人，需与他（她）"约谈"，则请巫师操作，巫师先焚香祷祝，口中诵念"经咒"，接着便像喝醉酒一样摇摆飘忽。据说此时巫师（婆）便已将某神或某鬼摄来附在身上，亦即成为某神或某已故之人的魂灵代言人。于是与当事人问答，作人神互动或人鬼互动。此巫术之所以能行于古代民间社会，盖因巫师系练达之人，且阅人多矣，故能有针对性地扮演好某神或某鬼的角色，如遇该角色特别陌生，则利用当事人的求问意愿，从对话中套出那个角色生前之事。一些愚昧的当事人不察个中奥妙，还连呼灵验且广为宣传。应该说，此术纯系迷信，无合理成分可言。

（四）扶乩

扶乩之术曾盛行于古代中国民间社会，甚至上层亦参与此举。此术在武平则谓"问仙"或"问神"。其术主要表现为问神，神则通过扶乩者书写作答。其术过程为：扶乩者先焚香祷告，并指定要请某神，而后设一乩坛，乩盘为光滑板块（近代以后用镜子），上置一层均匀的粉末（常用米粉末），扶乩者双手平端锡箕（类似粪箕，无耳，系装载工具）一个，箕底扦筷子一只，问一事，则扶乩者抖动双手，箕底筷子便在乩盘粉末上划出类似汉字的线条，通过辨认，即为降坛之神的答问，有亲见者言，其字纯靠猜测，如问下雨否，乩盘划当然只从"下""可""不""否"等几个字中猜测。此术亦纯系迷信，毫无合理成分可言。

（五）送鬼

古代民间社会，如家中有久病不愈之人，或有突发病人，一般会被认为是鬼邪附身，因此必须送鬼。此术一般在夜间进行，由病人家门至村外三岔路或十字路口，摆上供品，焚香祷告。到此即谓已将某鬼送走，给久病不愈之人一个心理安慰而已。

（六）筷子神

把筷子当成"神"，是客家人信仰习俗的一种，恐怕也是汉族中绝无仅有的一种传统文化的遗留。"筷子神"主要是客家妇女所崇拜的一种神灵。首先，她们认为"筷子神"可以使他们有饭吃、有菜配。其次，她们认为"筷子神"能够未卜先知，特别是孕妇生男还是生女，求它是非常灵验的。所以，每到农历八月十五晚上，月挂中天时，已婚妇女或孕妇，就会成群结队地带上帮手，乞求筷子神的庇佑，预卜所怀的胎儿是男还是女。具体的做法是：准备六根筷子，自己拿三根，请帮手也拿三根（帮手一般是老婆婆或者是小孩子），在月光下每人将筷子用手握住，每手一根，另一根横握在两手之间，形成"卜"状，然后俩人将筷子对顶起来，形成"卜卜"状。求神者心里念念有词，例如请问身怀之胎是男还是女，婚后第一胎是男还是女，问毕，不一会儿对顶着的筷子就会发生变化，如果是生男的，对顶着的筷子便变成"K〉"形，如果是生女的，对顶着筷子便变成"▷◁"形。筷子神还能知过去之事，即原来生了几胎，是男是女都可以"问"出来。这种占卜方法简单，故时至今日，仍在一些偏僻山村流传。此术亦为迷信或一种巫术。

（林善珂　罗炳星）

话说祠堂

客家乡村最具代表性的建筑除了围屋，大概就是祠堂了，几乎每一个村庄，每一个姓氏都建有一座祠堂，庇佑着一方古朴、祥和的同时，也昭示着宗族的兴旺与昌盛。

乡村里的祠堂多数建在村中央，一是方便村民平日里前去上香祈祷，缅怀祖宗；二是逢年过节开展宗族活动时，更容易召集村民。稍为古老且规模大的祠堂，都非常讲究建造结构，一般情况下，只有单层，以青砖杉木建造而成，厅堂为主体建筑，必须宽敞明亮，而且分为上、下厅。在下厅设有屏风，跨过屏风，掘有一口四方形的大天井，用于盛水和纳光，上、下厅完整地分开，下厅代表阳，上厅代表阴。因此，只有上厅才能摆设神坛，神坛上依次安放着列祖列宗的灵位牌，神坛前有一张巨大的八仙桌，桌上端放着一个香火盆，盛满了参差不齐的香骨。下厅一般不摆设什么东西，只在两边的墙壁上绘有各种代表吉祥如意的动物图案，比如飞翔中的金凤凰、双龙出海、九龙戏珠等。任何一种图案都栩栩如生。下厅两侧的过路巷处，多数建有两个房间，一间用于议事，另一间用于放置桌凳。许多祠堂下厅的大门上挂有一块牌匾，书写着某某祠堂。每逢年后"上灯"或清明祭祖时，就是祠堂最热闹的时候了。因为这两种客家传统活动都必须到祠堂里举行。"上灯"前后的一个星期，祠堂里天天都要保持灯烛通明，而"上灯"当天，祠堂大厅花灯高挂，香烟袅袅，锣鼓喧天，里里外外人潮涌动，渲染出一派浓重的客家节日喜庆气氛。

武平比较出名的祠堂有湘店湘湖刘氏家祠、中堡远富的林氏九郎公祠、平川红东李氏家庙、象洞洋贝的练氏家祠、岩前东峰荣琳公祠和最近新建的钟氏总祠等。

古人云："人非草木，孰能无情。"侨居海外的客家人对祖地的情感用语言是无法表达的，祖祠、祖坟是联结他们感情的桥梁和纽带。所以台、港、澳及海外客家裔孙每年都会风雨无阻地纷纷组团来寻根问祖，在本家祠堂里烧香祭拜祖先。

（小　草）

漫话"水口"

　　水口，顾名思义是指水流的入口或出口。古人一方面认识到水流会影响"气"："气之阳者，从风而行，气之阴者，从水而行。""顺阴灭阴阳之气以尊民居。"另一方面又认为水主财，所以特别重视水口的选定和建设，把它看作是保护神和生命线。水口得当的标志是，天门开，地户闭。即水来之处谓之天门，宜宽大。水去之处谓之地户，宜收闭，有遮挡。水是生命之源，能生养万物，传统风水学认为水是财源，如果建筑与风水理论上水口结合，自然生财，会给主人带来财源，反之，则带来灾难。因此，人们为追求人与自然能和谐相处，特别注重一村一户的水口测定，以期庇荫子孙后代、福泽家园。

　　客家人的水口选址，一般在村落道路入口及水流出口的地方，也就是村边的一个隘口，至于东南西北方位的测定则需根据整村的规划布局而定。但见二山相对雄峙，其中高出溪流的一块平地就是水口所在的位置。

　　水口风景优美、风光旖旎。客家人的水口大多栽种着各种花草树木：一棵棵茂盛、高大遮天蔽日而又浓郁的柯树、樟树、枫树等，它们的枝叶碧绿碧绿的，枝丫不断向外伸展，树干笔直，高高地挺立在这片树木葱茏的水口上，不断吸收阳光和雨露，它是那么地秀颀挺拔，那么地完美无缺为路人遮风挡雨，休憩纳凉；树下是一片大草坪，一眼望去，像一块绿色的大地毯。花开在草与草之间，不时散发出淡淡的清香，彩蝶在花间翩翩起舞；一条溪水从村中穿过，溪水极清至碧，潺潺地流淌着，每一个小小的旋涡，都是一片笑意映着蓝天白云，和着岸边在风中婀娜多姿地摇摆着的细长柳枝。当夏天到来时，小伙伴们都喜欢在此乘凉、做游戏、嬉水，鸟鸣、蝉声此起彼伏，顿时整个水口闹腾起来了。水口上一般人们都用条石砌起一个小石屋，里面供奉着"土地伯公"，设有香案、烛台，每月逢初二、十六日，善男信女们会摆上供品，进行祭拜。古时，还有在水口处设有"瞭望哨"的，一旦有事，便可及时为村人通风报信，以避祸害。它是客家人的守护神。

　　随着时代的变迁，水口又被赋予了一层新意。武北的小澜村水口，除了保持着昔日的旧貌，让人们不忘过去、记住乡愁外，又在旁边建造了一座高大雄伟的天后宫，里面供奉着天上圣母等各种神灵，保佑着一方人的兴旺发达、平安健康，还拓整了一片平地，供人们停车、娱乐之用；武东南的川坊村水口，则不惜花费巨资，在水口上建起了农民文化活动中心及村部。有篮球场、排球场等，特别引人注目的是一个占地面积上千平方米的大广场，中间建有戏台、两旁有回廊，可供上千人集会。村部有图书阅览室、棋牌室、科普演示厅等活动场所，每当夜幕降临，华灯初上，劳作了一天的村民便徜徉在这五光十色的水口公园里。而上畲村的水口上则建起了亭台轩榭，九曲回廊，四季花种各异，一年之中都充满了生机，使人仿佛盘桓在苏州园林。

　　水口，客家人一个时代的特有产物。它记录着整村历史的变迁和兴衰，承载着人们的梦想，孕育着一辈辈人的希望，成为一个铭记历史、记住乡愁的重要载体。

（林建华）

后 记

按照县委主要领导讲好武平故事的构想，我们编成了这本《武平民间习俗文化》。当然，武平故事的概念是广泛的，它不仅有习俗文化，还应该包含地名文化、历史故事、历代传说、幽默笑话等。虽然它只是博大精深的中华文化宝库中的沧海一粟，但它体现的是邑中人民代代相承的生产生活风貌和物质精神追求，也是一面历史的镜子。我们这一代人，有责任把它记载保存下来，并传之后世，对一些含有封建迷信色彩的习俗我们要批判地继承。

作者诸君，出于对家乡这一方热土的钟爱，通过口耳相传的历史记载搜集，通过辛劳的田野调查，去粗存精，去伪存真，成就了各有特色的篇章。对邑中文史传承，功莫大焉。

诚然，习俗文化，远远不止书中记述的这些内容。期盼邑中文史工作者、文史爱好者、读者诸君不断补充完善，留待再版时或出版续集时增补。

因编辑本书需要，我们采用了某些刊物（如武平县政协文史资料）的未正式出版的优秀文章；也为了完善本书内容，转载了少量已正式出版的书刊文章。在此对上述文章作者也表示谢意。

由于时代的局限和写作逻辑的需要，书中各篇文章，有些可能会或多或少存在一些纰缪，如封建迷信和封建陋习等。也由于编者的水平所限，肯定有一些欠科学的文章被选弃和删改。在此特向作者和读者诸君致以歉意并请不吝赐教。

编 者

辛丑年初冬

图书在版编目（CIP）数据

武平民间习俗文化 / 舒健主编 . -- 北京：社会科
学文献出版社，2022.8
ISBN 978-7-5228-0463-7

Ⅰ. ①武… Ⅱ. ①舒… Ⅲ. ①风俗习惯 - 介绍 - 武平
县 Ⅳ. ① K892.457.4

中国版本图书馆 CIP 数据核字（2022）第 129742 号

武平民间习俗文化

主　　编 / 舒　健
执行主编 / 林善珂

出 版 人 / 王利民
组稿编辑 / 宋月华
责任编辑 / 吴　超
文稿编辑 / 周志宽
责任印制 / 王京美

出　　版 / 社会科学文献出版社 · 人文分社（010）59367215
　　　　　　地址：北京市北三环中路甲 29 号院华龙大厦　邮编：100029
　　　　　　网址：www.ssap.com.cn
发　　行 / 社会科学文献出版社（010）59367028
印　　装 / 三河市龙林印务有限公司

规　　格 / 开本：787mm × 1092mm　1/16
　　　　　　印 张：28.75　字 数：483 千字
版　　次 / 2022 年 8 月第 1 版　2022 年 8 月第 1 次印刷
书　　号 / ISBN 978-7-5228-0463-7
定　　价 / 198.00 元

读者服务电话：4008918866